실전 주식투자와 재무분석

박범진

신영사

머리말

주식에 관한 책을 쓸 줄은 몰랐다. 증권회사에 다닐 때 주식매매는 그저 월급을 받기 위한 근로행위였다. 그래서 주식을 연구하여 돈을 벌어볼 생각은 별로 하지 않았다. 어떻게 하면 증권회사를 벗어나 더 안정적인 직장을 구할지에만 몰두하였다. 다행히 천신만고(千辛萬苦) 끝에 증권회사를 벗어나 대학교로 왔다.

대학교에 와서는 더 이상 주식을 쳐다볼 일이 없을 줄 알았다. 그런데 사람들은 나를 만날 때마다 좋은 주식 좀 추천해 달라고 말했다. 좋은 주식을 알았다면 내가 먼저 샀을 것이다. 그리고 마음속에서는 "내가 당신에게 좋은 주식을 추천하면 당신은 제대로 팔 수나 있을까?"라고 반문하였다. 좋은 주식이 왜 좋은 주식이고 왜 지금 사야 하는지도 모르는 사람이 어떻게 좋은 시점에 주식을 매도할 수 있을까!

만나본 많은 사람은 주식에 관심은 많으나 의외로 주식에 대해 잘 모르고 있었다. 내가 알고 있는 상식 수준의 지식이 그들의 머리에는 아예 없거나 오해하고 있었다. 사실 나는 나의 지식이 부족하여 주식투자를 해도 큰 이익을 얻지 못한다고 생각했었다. 그래서 유튜브에 나오는 그 잘난 사람들처럼 주식에 대해 말할 자신이 없었다. 그러나 생각보다 많은 사람은 주식의 기초 지식조차 어디서 어떻게 공부를 시작해야 할지 잘 몰랐다.

내가 참여하는 독서 모임에는 주식에 관심 있는 사람들이 많다. 그러나 그들은 주식을 잘하기 위해 무엇을 공부해야 하는지 잘 몰랐다. 그저 서점의 가판대에 자리 잡은 재테크 책을 통해 주식에 관한 지식을 습득하였다. 그들은 체계적으로 지식을 습득하지 못해 습득한 지식을 주식투자에 어떻게 적용해야 하는지 잘 몰랐다. 물론 그렇게 지식을 습득한 사람 중에 나보다 주식에 관해 더 많은 능력과 경험을 축적한 사람도 있었다. 얼마 전에는 알고 있는 지식으로 학생들에게 주식 강좌를 열었다. 내가 전달하는 내용이 이미 유튜브나 블로그에 나와 있어서 학생들이 싫증을 내면 어떻게 하나 걱정이 앞섰다. 그런데 의외로 강의 내용이 재미있었고 좀 더 심도 있는 내용을 다루었으면 좋겠다는 의견이 있었다. 학생들은 주식에 관심은 있었으나 어떻게 하면 체계적으로 주식을 배울지 고민하고 있었다. 사실 대학교 교과과정에는 이미 주식에 관한 기본 과목이 포함되어 있다. 그러나 경영학 전공자가 아닌 사람들에게는 주식이 생소할 수도 있겠다는 생각이 든다.

간혹 자기가 산 주식의 회사가 어떤 제품을 만드는지 재무상태와 경영성과는 어떤지 전혀 모르는 사람을 만난다. 주식은 증권회사 직원이나 지인의 추천으로 샀다. 그는 아무런 노력도 하지 않고 이익만 얻으려는 것이다. 세상에 그런 공짜 이익은 없다. 돈을 벌 때에는 시간과 영혼을 갈아 넣으면서 유독 주식투자할 때에는 아무런 노력도 하지 않는다. 아마 그는 노력하지 않은 대가로 큰 손실을 돌려받을 것이다.

주식은 공부를 열심히 한다고 이익을 얻는 것은 아니다. 그러나 공부를 하면 이익을 얻을 확률이 높아진다. 공부하면 최소한 풍문으로 터무니없이 산 주식 때문에 몇 년간 마음고생할 일은 없을 것이다. 공부하면 큰 이익은 못 내도 큰 손실은 보지 않을 것이다. 그렇다면 주식투자를 위해 최소한 알아야 할 지식은 무엇일까?

주식에 투자하려면 최소한 이 정도는 알아야 하지 않을까 하는 생각에 책을 쓰기로 하였다. 일반적으로 주식에 투자하기 위해서는 주가와 거래량을 이용한 기술적 분석과 기업의 내재가치를 파악하는 기본적 분석을 병행한다. 기술적 분석은 주가, 거래량, 패턴 그리고 보조지표 등을 활용하여 주식의 매매시점을 포착한다. 기본적 분석은 주로 회계정보를 이용하여 내재가치를 평가하고 미래의 주가를 예측한다. 이 외에도 주식투자를 위해 여러 가지 지식이 필요하겠지만 최소한 기술적 분석과 회계정보는 이해해야 한다고 생각한다.

본 책의 전반부(제1장~제4장)에는 주로 기술적 분석을 다루었고, 후반부(제5장~제10장)에는 회계를 중심으로 한 기본적 분석을 다루었다. 주식에 관한 지식을 한 권의 책에 모두 담을 수는 없지만 한 권의 책으로 주식의 기초는 다질 수 있도록 하였다. 될 수 있으면 이론적 지식은 줄이고 직관적으로 적용할 수 있는 지식만 서술하였다. 특히 무료로 이용할 수 있는 다양한 정보를 포함하였다. 또한 회계지식을 장롱 속의 지식이 아닌 주식투자를 위한 실전 지식으로 사용할 수 있게 많은 사례를 포함하였다. 물론 필요한 지식이라고 생각하고 포함하였지만, 경영학 전공자가 아닌 사람에게는 어려운 부분도 있을 것이다. 따라서 본 책의 모든 내용을 알아야 주식투자를 할 수 있는 것은 아니다. 가끔 이해가 가지 않는 내용이 있다면 저자의 부족한 글쓰기에 기인할 수도 있다.

사람들은 물건이 싸야 산다. 그런데 사람들은 주식이 비싸야 산다. 주가가 내려가면 더 떨어질까 봐 두려워 주식을 못 사고, 주식이 오르면 더 오를까 봐 얼른 산다. 조금이라도 손해 보지 않으려는 욕심은 주식을 싸게 사지 못하게 만들고, 조금이라도 이익을 보려는 욕심은 주식을 비싸게 사게 만든다. 욕심을 줄이든 지식을 높이든 제값으로 주식을 사야 시장에서 살아남을 수 있다. 본 책이 누군가의 주식투자에 도움이 되었으면 하는 바람이다.

저자 드림

차 례

6 재무제표 분석

7 재무비율 분석

8 주식가치평가

9 사업보고서 이해

10 재무예측과 투자심리

1

주식시장의 이해

1 발행시장과 유통시장

2 주식매매

3 시장감시제도

1 발행시장과 유통시장

주식시장은 크게 발행시장과 유통시장으로 나눌 수 있다. 발행시장은 주식이 처음으로 발행되는 과정을 나타내며, 유통시장은 발행된 주식이 거래되는 과정을 나타낸다. 주식투자자는 일반적으로 유통시장에서 주식에 투자하지만, 발행시장에 참가하여 본질가치보다 할인된 주식에 투자함으로써 큰 이익을 얻기도 한다.

(1) 발행시장

1) 투자자 대상에 따른 분류

① 공모발행

불특정 다수(50인 이상)를 상대로 유가증권을 발행하는 것으로 비용이 경제적이고 수요가 있는 양질의 투자자를 유치할 수 있다.

② 사모발행

50인 미만의 특정 개인이나 기관투자자 등 특수관계인을 대상으로 유가증권을 발행한다. 적은 비용으로 단기간에 투자자를 모집할 수 있지만 발행한 유가증권이 모두 인수된다고 보장할 수 없다.

2) 발행자 위험부담에 따른 분류

① 직접발행

발행자가 투자자를 직접 찾아서 유가증권을 발행하고 자금을 조달한다. 그러나 투자자를 찾기가 쉽지 않고 대량의 자금을 조달하는 데 한계가 있다.

② 간접발행

중개인(보통 증권사)에게 유가증권 발행업무를 위임한다. 중개인의 부담 수준에 따라 다음과 같이 세 가지 방법으로 나눌 수 있다.

• 위탁발행 : 증권사 명의로 발행하고, 유가증권 매출의 미달 위험은 발행자가 부담
• 잔액인수법 : 발행자 명의로 유가증권을 발행하고, 잔액은 증권사가 인수
• 총액인수법 : 유가증권 발행 총액을 증권사가 일괄하여 인수

유가증권의 발행가능성이 가장 큰 방법은 총액인수법이지만 그만큼 발행비용도 많이 든다. 반면에 유가증권 발행가능성이 가장 작은 방법은 위탁발행이지만 그만큼 발행비용도 적게 든다. 일반적으로 기업은 자금을 조달하기 위해 유가증권을 발행하므로 총액인수법을 사용한다.

3) 기업공개

주식을 발행하고 요건을 갖추어 증권거래소에 거래될 수 있도록 등록하는 과정을 상장(listing)이라고 한다. 기업공개(initial public offering : IPO)는 주식이 최초로 대중에게 매각되는 과정이지만 일반적으로 비상장법인의 주식이 상장되는 공모주 청약과정으로 이해한다. 상장은 신규상장, 재상장(상장폐지 후 5년 이내 상장), 추가상장(유상증자, 무상증자 등) 그리고 변경상장(액면분할, 자본감소 등)으로 나눌 수 있다.

(2) 유통시장

유통시장은 이미 발행된 유가증권이 거래되는 시장이다. 구체적으로 유통시장은 유가증권시장과 코스닥시장, 제3시장 그리고 사이버 시장으로 나눌 수 있다. 유가증권(KOSPI)시장과 코스닥(KOSDAQ)시장은 공식적인 시장으로 장내 시장(floor market)이라고 한다. 제3시장(프리보드)은 상장 전 단계의 시장으로 주로 비상장 또는 비등록 주식이 거래된다. 사이버 시장은 거래소가 아닌 가상의 공간에서 당사자 간에 직접 거래가 일어나며 점두시장(over-the-counter market)이라고도 한다. 유통시장 중 장내시장은 급격한 가격변동을 막기 위해 다음과 같이 세 가지 시장안정제도를 두고 있다.

1) 가격제한폭제도

현재 유가증권시장과 코스닥시장은 전날 종가를 기준으로 상한가(+30%)와 하한가(−30%)의 가격제한폭을 설정하고 있다. 반면에 미국의 주식시장은 가격제한폭이 없어서 시장안정이 상대적으로 떨어진다.

2) 매매거래중단제도

매매거래중단제도는 서킷브레이크(circuit breakers)라고도 한다. 시장 전체의 주가가 과도하게 폭락하여 위축된 투자심리를 진정시키기 위해 일시적으로 거래를 중단하는 제도이다. 이 제도는 전날 지수의 종가 대비 하락폭에 따라 3단계로 조치한다.

단 계	1단계	2단계	3단계
지수	8% 이상 하락	15% 이상 하락	20% 이상 하락
조치	20분간 거래정지 후, 10분간 단일가매매	20분간 거래정지 후, 10분간 단일가매매	당일 거래 중단

3) 프로그램매매 호가 관리제도

프로그램매매 호가 관리제도는 사이드카(side car)라고도 한다. 선물시장의 급격한 가격 변동이 현물시장의 가격 변동에 영향을 주지 않도록 선물시장의 매매를 중단시키는 제도이다. 코스피 선물가격이 전일 대비 5% 이상 등락하고 1분 이상 지속되거나 코스닥 선물가격이 전일 대비 6% 이상 등락하고 1분 이상 지속되면 프로그램매매가 5분간 정지된다. 사이드카는 5분이 지나면 자동으로 해제된다. 사이드카는 1일 1회만 발동할 수 있고, 14시 50분 이후에는 발동할 수 없다.

2 주식매매

(1) 매매거래 절차

주식매수자와 주식매도자는 각각 증권회사에 계좌를 개설한 후(①), 주식매매주문을 제출한다(②). 거래소 회원인 증권회사들은 각각 거래소에 매매호가를 입력한다(③). 각 증권회사가 거래소로부터 체결통보를 받으면(④) 주식매수자와 주식매도자는 체결을 확인하게 된다(⑤). 주식매수자와 증권회사는 현금을 결제하고(⑥, ⑦), 주식매도자와 증권회사는 주식을 결제함으로써(⑥, ⑦) 거래소에서 매매체결이 확정된다(⑧). 이러한 과정은 3영업일이 소요된다. 따라서 거래가 체결되었어도 주식과 현금이 완벽히 교환되는 데는 3일이 걸린다.

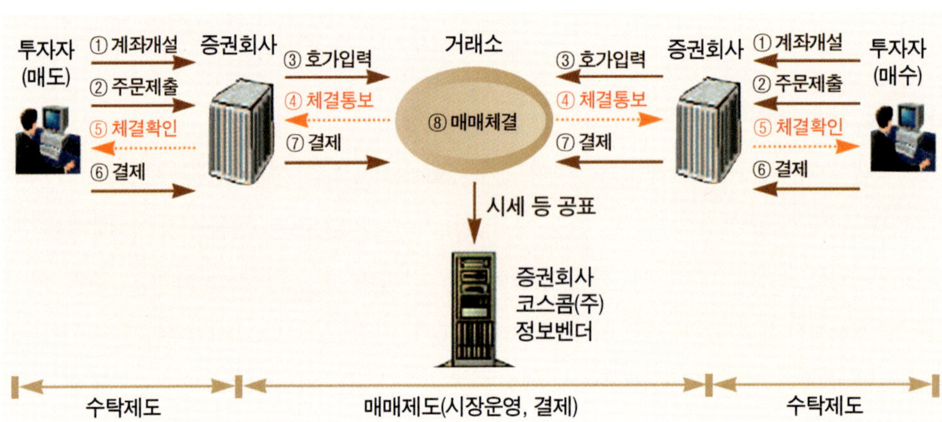

* 자료 : 한국거래소

(2) 매매호가

주식매매의 호가 창에는 다양한 호가가 존재한다. 각 호가의 의미를 이해한다면 주식매매에 도움이 될 수 있다. 일반적으로 특정 가격으로 주식을 매매한다면 '지정가'를 이용한다. 반면에 특정 가격보다 매매체결이 더 중요하다다면 '시장가'를 이용한다. '최유리지정가'는 투자자에게 가장 낮은 매도호가로 매수주문이 들어가고, 가장 높은 매수호가로 매도주문이 들어가 거래가 가장 유리한 가격으로 체결될 수 있다. 반면에 '최우선지정가'는 투자자에게 가장 높은 매수호가로 매수주문이 들어가고, 가장 낮은 매도호가로 매도주문이 들어가 거래가 우선적으로 체결될 수 있다. '중간가'와 '스톱지정가'는 대체거래소(ATS)가 출범하면서 생긴 호가이다.

〈표 1-1〉 매매호가의 종류

호 가	종 목	수 량	가 격	비 고
지정가	○	○	○	• 투자의사결정에서 가격이 중요
시장가	○	○	×	• 투자의사결정에서 체결이 중요
조건부지정가	○	○	○	• 정규시장에서 지정가이나 체결되지 않으면 장 마감 10분 전 시장가로 변경
최유리지정가	○	○	×	• 매수시 가장 낮은 매도호가로 주문 • 매도시 가장 높은 매수호가로 주문
최우선지정가	○	○	×	• 매수시 가장 높은 매수호가로 주문 • 매도시 가장 낮은 매도호가로 주문
일부충족조건(IOC)	○	○	○	• 조건이 충족된 수량만큼만 체결되고 나머지 취소
전량충족조건(FOK)	○	○	○	• 전부 조건이 충족되지 않으면 전부 취소
중간가	○	○	×	• 최우선매수호가와 최우선매도호가의 평균가
스톱지정가	○	○	△	• 현재가가 스톱가격에 도달하면 지정가 주문
동시호가	○	○	×	• 동시호가 시간에 주문은 단일가격으로 체결 • 주문은 시간이 아닌 가격우선순위로 체결

(3) 매매시간

한국거래소에서 주식매매의 정규시간은 오전 9시부터 오후 15시 30분까지이다. 그러나 2025년 3월 4일부터 대체거래소(ATS) 넥스트레이드(NXT)가 정식 출범하면서 복수의 시장에서 주식매매가 가능하게 되었다. 대체거래소는 정규시장(9시~15시 30분) 외에도 프리마켓(오전 8시~8시 50분)과 애프터마켓(오후 15시 30분~20시)이 존재하여 하루에 12시간 주식매매가 가능하다. 대체거래소는 거래시간 확대뿐 아니라 새로운 호가 도입(중간가, 스톱지정가), 수수료 인하 그리고 프리마켓과 애프터마켓에서의 공매도 금지 등 다양한 이점을 포함하고 있다. 그러나 다양한 이점들이 주식가격을 왜곡시키지는 않는지 살펴볼 필요가 있다.

〈표 1-2〉 주식매매시간

구 분		기 간
정규시간		• 09:00~15:30
대체거래소(NXT) 거래시간		• 08:00~20:00
동시호가	장 시작 동시호가	• 08:30~09:00
	장 마감 동시호가	• 15:20~15:30
시간외 종가	장전 시간외 종가	• 08:30~08:40(전일 종가로 거래)
	장후 시간외 종가	• 15:40~16:00(당일 종가로 거래)
시간외 단일가		• 16:00~18:00(10분 단위로 체결, 당일 종가 대비 ±10% 가격으로 거래)

* 자료 : 한국거래소, 네이버

3 시장감시제도

(1) 시장경보제도

시장경보제도는 시장감시위원회가 불공정거래 개연성이 있는 종목이나 주가가 비정상적으로 급등한 종목에 대해 투자위험을 알림으로써 사전에 불공정거래를 예방하기 위한 제도이다. 시장감시위원회는 건전한 자본시장을 만들기 위해 「자본시장과 금융투자업에 관한 법률」에 의해 설립된 자율규제기관이다.

시장경보제도는 해당 종목에 대해 '투자주의'→'투자경고'→'투자위험'의 단계로 지정한다. 법적 근거는 시장감시규정 제5조의2, 제5조의3 및 시장감시규정 시행세칙 제3조~제3조의7에 의한다. 〈표 1-3〉은 시장경보제도의 단계별 목적과 규제를 나타낸다. 구체적인 단계별 지정요건은 한국거래소(https://www.krx.co.kr/)에 공지되어 있다.

〈표 1-3〉 시장경보제도의 단계

<table>
<tr><th>단 계</th><th>투자주의</th><th>투자경고</th><th>투자위험</th></tr>
<tr><td>법적 근거</td><td>• 시장감시규정 제5조의2 및 시장감시규정 시행세칙 제3조</td><td>• 시장감시규정 제5조의3 및 시장감시규정 시행세칙 제3조의3</td><td>• 시장감시규정 제5조의3 및 시장감시규정 시행세칙 제3조의4</td></tr>
<tr><td>목적</td><td>경각심 고취</td><td>시장 안정화</td><td>시장 경보</td></tr>
<tr><td rowspan="2">규제</td><td rowspan="2"></td><td colspan="2">• 해당 종목을 매수할 때 위탁증거금 100% 납부
• 신용융자로 해당 종목을 매수 금지
• 해당 종목은 대용증권으로 인정 안 됨</td></tr>
<tr><td>• 주가가 추가적으로 급등할 때 매매거래 정지 및 투자위험종목으로 지정</td><td>• 지정과 동시에 매매거래 1일간 정지
• 주가가 추가적으로 급등할 때 1일간 매매거래 정지</td></tr>
</table>

(2) 관리종목과 상장폐지

유가증권시장 상장규정은 관리종목 지정과 상장폐지 기준에 대해 상세하게 명시하고 있다. 다음 자료는 한국거래소(https://www.krx.co.kr/)에 공지되어 있다.

〈표 1-4〉 관리종목과 상장폐지 비교

구 분	관리종목 지정	상장폐지 기준
법적 근거	• 유가증권시장 상장규정 제47조	• 유가증권시장 상장규정 제48조
정기보고서 미제출	• 법정제출기한(사업연도 경과 후 90일) 내 사업보고서 미제출 • 법정제출기한(분·반기 경과 후 45일 이내) 내 반기·분기보고서 미제출	• 사업보고서 미제출로 관리종목 지정 후 법정제출기한부터 10일 이내 사업보고서 미제출 • 반기·분기보고서 미제출로 관리종목 지정 후 반기·분기보고서 미제출
감사인 의견 미달	• 감사보고서상 감사의견이 감사범위 제한 한정인 경우 • 반기 검토보고서상 검토의견이 부적정 또는 의견거절인 경우	• 최근 사업연도 감사보고서상 감사의견이 부적정 또는 의견거절인 경우 • 2년 연속 감사보고서상 감사의견이 감사범위 제한 한정인 경우

자본잠식	• 최근 사업연도 말 자본금의 50% 이상 잠식 * 자본잠식률 =(자본금－자본총계)/자본금 * 종속회사가 있는 경우 연결재무제표상 자본금, 자본총계를 기준	• 최근 사업연도 말 자본금 전액 잠식 • 2년 연속 자본금의 50% 이상 잠식(상장적격성 실질심사)
주식분산 미달	• 최근 사업연도 사업보고서상 일반주주수 200명 미만 또는 최근 사업연도 사업보고서상 일반주주 지분율 5% 미만. 다만, 200만주 이상인 경우 해당되지 않는 것으로 간주	• 일반주주수 200명 미만 2년 연속 • 지분율 5% 미만 2년 연속. 다만, 200만주 이상인 경우 해당되지 않는 것으로 간주
거래량 미달	• 반기 월평균 거래량이 반기 말 현재 유동주식수의 1% 미만	• 2반기 연속 반기 월평균 거래량이 유동주식수의 1% 미만
지배구조 미달	• 사외이사수가 이사 총수의 1/4 미만 등(자산총액 2조원 이상 법인의 경우 사외이사 3인 이상, 이사 총수의 과반수 미충족) • 감사위원회 미설치 또는 사외이사수가 감사위원의 2/3 미만 등(자산총액 2조원 이상 법인만 해당)	• 2년 연속 사외이사수 미달 또는 감사위원회 미설치 등
공시의무 위반	• 최근 1년간 공시의무 위반 누계벌점 15점 이상	• 관리종목 지정 후 최근 1년간 누계벌점이 15점 이상 추가(상장적격성 실질심사) • 관리종목 지정 후 고의, 중과실로 공시의무 위반(상장적격성 실질심사)
매출액 미달	• 최근 사업연도 말 50억원 미만(지주회사의 경우 연결매출액 기준)	• 2년 연속 사업연도 말 50억원 미만(지주회사의 경우 연결매출액 기준)(상장적격성 실질심사)
시가총액 미달	• 시총 50억원 미달 30일간 지속	• 관리종목 지정 후 90일 이내 관리지정사유 미해소
회생절차	• 회생절차 개시신청	• 회생절차기각, 취소, 불인가 등(상장적격성 실질심사) • 기업의 계속성 등 상장법인으로서의 적격성이 인정되지 않는 경우(상장적격성 실질심사)
파산신청	• 파산신청	• 법원의 파산선고 결정

즉시퇴출 사유		• 최종부도 또는 은행거래정지 • 법률에 따른 해산사유 발생 • 주식양도에 제한을 두는 경우 • 당해 법인이 지주회사의 완전자회사가 되고 지주회사의 주권이 신규상장 • 우회상장시 우회상장 기준 위반
상장적격성 실질심사		• 주된 영업이 정지된 경우(분기 매출액 5억원 미달) • 주권의 상장 또는 상장폐지와 관련한 제출서류의 내용 중 중요한 사항의 허위 기재 또는 누락 내용이 투자자 보호를 위하여 중요하다고 판단 • 기업의 계속성, 경영의 투명성, 기타 공익과 투자자 보호 등을 종합적으로 고려하여 상장폐지가 필요하다고 인정 • 유상증자나 분할 등이 상장폐지요건을 회피하기 위한 것으로 인정 • 당해 법인에 상당한 규모의 재무적 손실을 줄 것이 인정되는 횡령·배임 등과 관련된 공시나 사실 확인 • 국내 회계기준을 중대하게 위반하여 재무제표를 작성한 사실이 확인 • 주된 영업이 정지된 경우 • 자본잠식에 따른 상장폐지기준에 해당된 법인이 자구 감사보고서를 제출하여 상장폐지 사유를 해소한 경우 • 감사인 의견 미달 사유에 해당하는 법인이 상장폐지 사유를 해소한 사실 • 거래소가 투자자 보호를 위해 상장폐지가 필요하다고 인정하는 경우

* 자료 : 한국거래소

요약정리

1. 발행시장과 유통시장

종 류	내 용
발행시장	• 투자자 대상에 따라 공모발행과 사모발행 구분 • 발행자 위험부담에 따라 직접발행과 간접발행(위탁발행, 잔액인수, 총액인수) 구분
유통시장	• 발행된 유가증권이 거래되는 시장으로 유가증권(KOSPI)시장과 코스닥(KOSDAQ)시장, 제3시장(프리보드) 그리고 사이버 시장이 있음 • 시장안정제도로 가격제한폭, 매매거래중단 그리고 프로그램매매 호가 관리제도 이해

2. 주식매매

• 매매거래 절차, 매매호가 그리고 매매시간의 이해 필요

3. 시장감시제도

종 류	내 용
시장경보제도	• 해당 종목에 대해 '투자주의' → '투자경고' → '투자위험'의 단계 지정
관리종목/상장폐지	• 관리종목과 상장폐지 대상 종목의 근거 확인

2

주가와
거래량 분석

1 기술적 분석

2 선도표와 봉도표

3 주가와 거래량 분석

1 기술적 분석

기술적 분석은 과거의 주식가격과 거래량 자료를 이용하여 어떠한 추세 변화를 발견하고, 이러한 추세가 지속될 것이라는 믿음으로 미래의 주식가격을 예측하는 방법이다. 기술적 분석은 기업의 재무상태가 나쁘다고 해도 추세를 통해 매매시점을 포착하여 수익을 낼 수 있다. 그러나 기본적 분석과 마찬가지로 기술적 분석도 과거의 자료를 이용하여 분석하기 때문에 미래에 발생할 수 있는 예상치 못한 경제상황이나 시장변화는 반영할 수 없다. 따라서 기술적 분석은 과거의 추세나 시장의 흐름이 미래에도 같을 것이라는 비현실적인 가정을 하고 있어서 주식투자에서 기술적 분석을 전적으로 의지하면 안 된다.

일반적으로 기술적 분석은 '차트분석'이라고도 불린다. 차트분석은 다시 크게 추세분석과 패턴분석으로 나눌 수 있다.

(1) 추세분석

추세분석(trend analysis)은 계량화된 시간의 연속자료를 이용하여 추세를 파악하고 그 추세가 미래에도 지속될 것이라는 가정하에 미래의 주식가격을 예측하는 방법이다. 따라서 이러한 추세분석은 시계열분석이라고도 한다. 즉 특정의 주기적 시간마다 수집된 관측치를 연결하여 의미 있는 변화를 확인하는 것이다. 일반적으로 미래의 주가를 예측하기 위해 주가를 5일, 20일, 60일 그리고 120일 이동평균한 값을 연결한 이동평균선이 추세분석의 대표적인 예이다. 주식투자자는 이러한 추세분석을 통해 매매시점을 포착한다.

(2) 패턴분석

패턴분석(pattern analysis)은 과거의 주가나 거래량을 이용하여 계량화 또는 도표화한 후, 이러한 자료의 특정 패턴을 분석하고 정보화하여 미래의 주식가격을 예측하는 방법이다. 이러한 패턴분석은 주로 봉도표나 주가의 추세선을 통해 패턴화한 후, 미래에도 반복될 것이라는 가정하에 주가변동을 예측한다. 패턴분석은 단기적 매매전략에는 유효하나 장기적 매매전략에는 적합하지 않을 수 있다.

2 선도표와 봉도표

선도표(line chart)는 주식가격을 세로축, 기간을 가로축에 두고 매일의 주식가격 종가를 연결하여 시간에 따른 변화를 보기 위한 것이다. 선도표는 개별종목의 주가뿐만 아니라 종합주가지수를 연결하여 만들 수도 있다. 따라서 시간에 따른 개별종목의 추세뿐만 아니라 주식시장 전체의 흐름도 파악할 수 있다. 그러나 선도표는 매일의 주식가격 종가나 종합주가지수를 이용하여 만들기 때문에 해당일의 주가나 지수의 움직임은 확인할 수 없다.

한편, 봉도표(bar chart)는 일정 기간의 시가, 종가, 고가 그리고 저가를 하나의 봉으로 나타낸 도표이다. 따라서 선도표와 달리 특정일 또는 특정 기간의 주가흐름을 한눈에 확인할 수 있다. 기간에 따라 일봉, 월봉 그리고 주봉으로 나타낼 수 있으며, 데이트레이딩(day trading)의 초단기매매를 위해 분봉도 활용된다. 일반적으로 봉도표는 선도표와 함께 이용되며 봉도표가 모여서 선도표를 이룬다고 볼 수 있다. 대표적인 봉도표를 설명한 후 패턴분석을 통해 선도표를 이해하고자 한다.

(1) 봉도표의 이해

봉도표는 크게 고가선, 저가선 그리고 몸통으로 이루어져 있다. 주식시장이 열리면서 시작하는 가격을 시가(open)라고 하고, 주식시장이 마감하면서 끝나는 가격을 종가(close)라고 한다. 그리고 장중에 가장 많이 올라간 주식가격을 고가(high)

라고 하고, 장중에 가장 많이 내려간 주식가격을 저가(low)라고 한다. 따라서 봉도표의 몸통이 길면 해당일의 시가와 종가의 차이가 매우 큰 것으로 주가변동성이 매우 큰 날임을 알 수 있다. 시가보다 종가가 높은 날은 주가가 낮은 가격에서 시작하여 높은 가격으로 끝난 날로 '양봉'이라고 한다. 반대로 시가보다 종가가 낮은 날은 주가가 높은 가격에서 시작하여 낮은 가격으로 끝난 날로 '음봉'이라고 한다.

한편 몸통에서 위로 뻗은 선은 '고가선'이고, 몸통에서 아래로 뻗은 선은 '저가선'이다. 이러한 고가선과 저가선이 긴 봉도표는 해당일에 주가의 변동범위가 매우 넓었다는 것을 의미한다. 이런 유형의 봉도표는 당일매매(day trading)가 잦은 투기종목들에서 많이 찾아볼 수 있다.

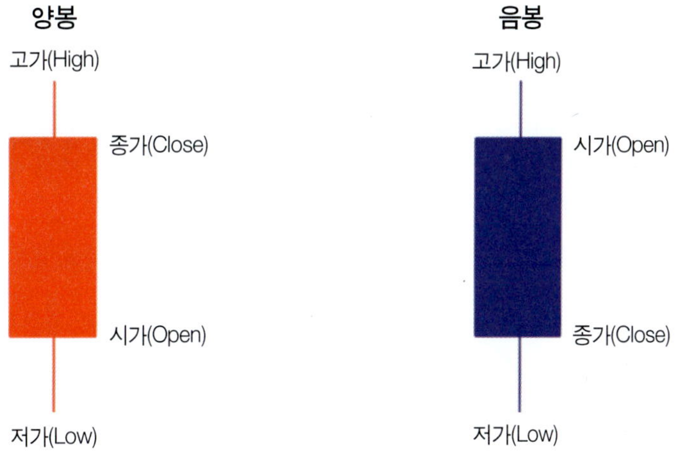

[그림 2-1] 양봉과 음봉의 의미

만약 [그림 2-1]의 양봉으로 해당일의 주가흐름을 그래프로 그린다면 [그림 2-2]와 같다. 양봉이므로 시가보다 종가는 높을 것이다. 저가는 시가보다 낮았을 것이고 고가는 종가보다 높았을 것이다. 물론 오전에 고가가 발생하고 오후에 저가가 발생하여도 같은 양봉의 봉도표를 얻게 된다.

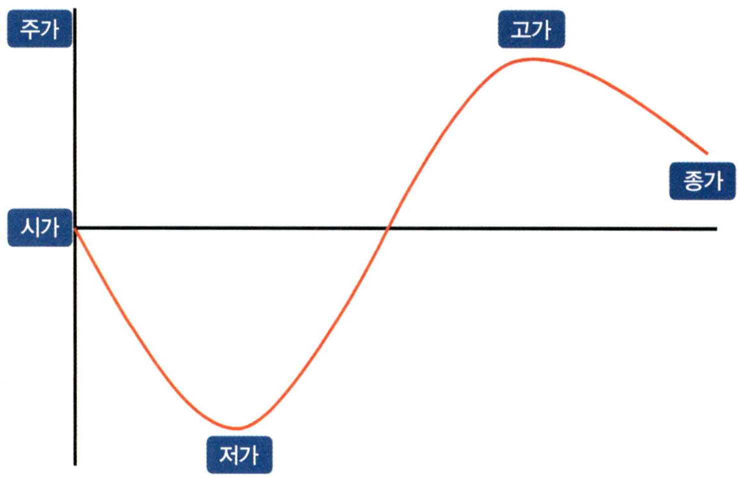

[그림 2-2] 양봉의 주가흐름

만약 [그림 2-1]의 음봉으로 해당일의 주가흐름을 그래프로 그린다면 [그림 2-3]과 같다. 음봉이므로 시가보다 종가는 낮을 것이다. 저가는 종가보다 낮았을 것이고 고가는 시가보다 높았을 것이다. 물론 오전에 저가가 발생하고 오후에 고가가 발생하여도 같은 음봉의 봉도표를 얻게 된다.

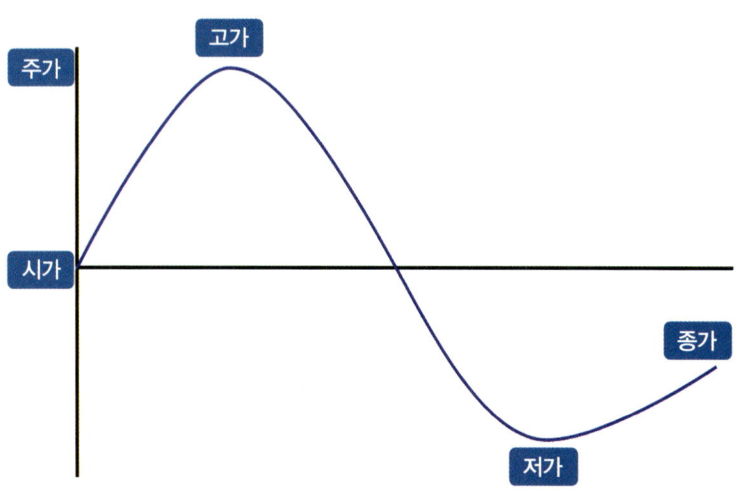

[그림 2-3] 음봉의 주가흐름

이러한 봉도표를 통해 주식의 매수세와 매도세의 힘겨루기를 파악할 수 있고, 여러 개의 봉도표를 이용하여 패턴화함으로써 매매시점을 파악할 수도 있다. 다음과 같이 봉도표를 통해 주가의 방향을 예측할 수 있는 다양한 패턴들이 존재한다.

1) 강세형(상승전환 패턴)

봉도표의 분석을 통해 주가가 상승할 것으로 예상되는 패턴이다. 예를 들면, 망치형, 상승 장악형, 관통형, 상승 잉태형, 역전된 망치형, 샛별형 등이 있다.

2) 약세형(하락전환 패턴)

봉도표의 분석을 통해 주가가 하락할 것으로 예상되는 패턴이다. 예를 들면, 교수형, 하락 장악형, 먹구름형, 하락 잉태형, 유성형, 석별형 등이 있다.

3) 중립형(지속형 패턴)

봉도표를 통해 매수세와 매도세의 힘겨루기가 같은 상황을 보여주는 패턴이다.

아래에서는 봉도표를 통해 매매시점을 파악할 수 있는 대표적인 패턴을 설명하고자 한다.

(2) 망치형과 교수형 패턴

망치형은 시가가 종가보다 아래에 있고 장중에 저가에서 반등하여 시가를 넘어선 패턴이다. 이러한 패턴은 주가추세의 바닥에서 자주 발생한다. 즉 처음에는 매도세가 매수세보다 커서 주가가 시가보다 하락하였다가 저가에서 강력한 매수세가 들어와 주가를 시가보다 높은 종가로 만든 것이다. 저가선의 길이가 길수록 매수세가 매우 강했다는 것을 방증한다. 따라서 다음 날에도 매수세가 매도세를 압도하여 주가가 상승할 것으로 예상하는 패턴이다.

반면에 교수형은 종가가 시가보다 아래에 있고 장중에 저가에서 반등하여 시가에는 미치지 못했지만, 주가가 회복된 패턴이다. 이러한 패턴은 주가추세의 천장에서 자주 발생한다. 즉 처음부터 매도세가 매수세보다 커서 주가가 시가보다 하락하였다가 저가에서 매수세가 들어와 주가를 시가보다는 낮은 종가로 만든 것이다. 저가선의 길이가 길수록 매수세가 강했다는 것을 방증한다. 이러한 교수형 패턴은 주가추세선의 어디쯤에서 나타났느냐에 따라 해석이 달라질 수 있다. 만약 천장에서 발생하였다면 주가추세가 하락 반전하는 과정에서 반발 매수로 나타났다고 해석할 수 있다. 반면에 바닥에서 발생하였다면 주가추세가 상승 반전하는 과정에서 매수세 유입으로 해석할 수 있다. 종가가 시가보다 낮아 매수세가 처음의 매도세를 이기지 못했다고 볼 수 있다. 따라서 일반적으로 다음 날에도 매수세가 매도세를 압도하지 못하여 주가가 하락할 것으로 예상하는 패턴이다. 그러나 망치형이나 교수형은 매수세의 유입으로 발생하므로 어느 위치에서 나타났느냐가 매매시점을 판단하는 데 더 중요하다.

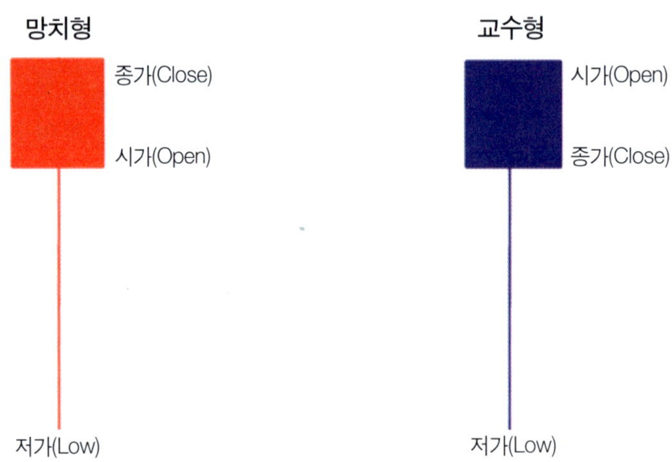

[그림 2-4] 망치형과 교수형 패턴

(3) 큰 십자형 패턴

큰 십자형은 매수세와 매도세가 팽팽한 힘겨루기를 하는 상황이다. 고가와 저가의 폭이 클수록 더 큰 힘겨루기를 하는 것으로 주가의 방향성이 모호해진다고 해석할 수 있다. 매수세와 매도세가 비슷하여 시가와 종가도 거의 같으므로 봉도표에서 몸통은 거의 선에 가깝다. 이러한 십자형 패턴은 주가추세선의 어디쯤에서 나타났느냐에 따라 해석이 달라질 수 있다. 만약 천장에서 발생하였다면 주가추세가 하락 반전할 수 있는 신호일 수 있다. 반면에 바닥에서 발생하였다면 주가추세가 상승 반전할 수 있는 신호일 수 있다. 따라서 십자형 패턴은 주가추세선과 함께 판단해야 매매시점을 판단하는 데 효과적일 것이다.

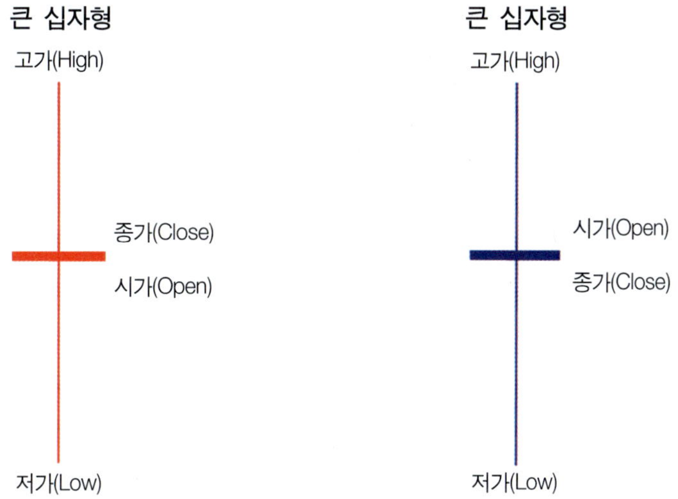

[그림 2-5] 큰 십자형 패턴

(4) 상승 장악형과 하락 장악형 패턴

상승 장악형은 다음 날 양봉이 전날 음봉을 완전히 감싸는 패턴이다. 전날 음봉이 발생했다는 사실은 매도세가 매수세보다 강했다는 것이다. 다음 날 전날 음봉의 종가(특히 저가)보다는 낮은 가격에서 시가가 형성되었고 시가보다도 밀리는 저가도 발생하였다. 그러나 종가는 전날 음봉의 시가(특히 고가)보다 높게 끝났기 때문에 전날의 매도세를 다음 날의 매수세가 압도적으로 눌렀다고 볼 수 있다. 이러한 패턴은 주가의 하락추세에서 상승추세로 전환할 수 있는 신호로 받아들여진다.

반면에 하락 장악형은 다음 날 음봉이 전날 양봉을 완전히 감싸는 패턴이다. 전날 양봉이 발생했다는 사실은 매수세가 매도세보다 강했다는 것이다. 다음 날 전날 양봉의 종가(특히 고가)보다는 높은 가격에서 시가가 시작되었고 시가보다도 높은 고가도 형성되었다. 그러나 종가는 전날 양봉의 시가(특히 저가)보다 낮게 끝났기 때문에 전날의 매수세를 다음 날의 매도세가 압도적으로 눌렀다고 볼 수 있다. 이러한 패턴은 주가의 상승추세에서 하락추세로 전환할 수 있는 신호로 받아들여진다.

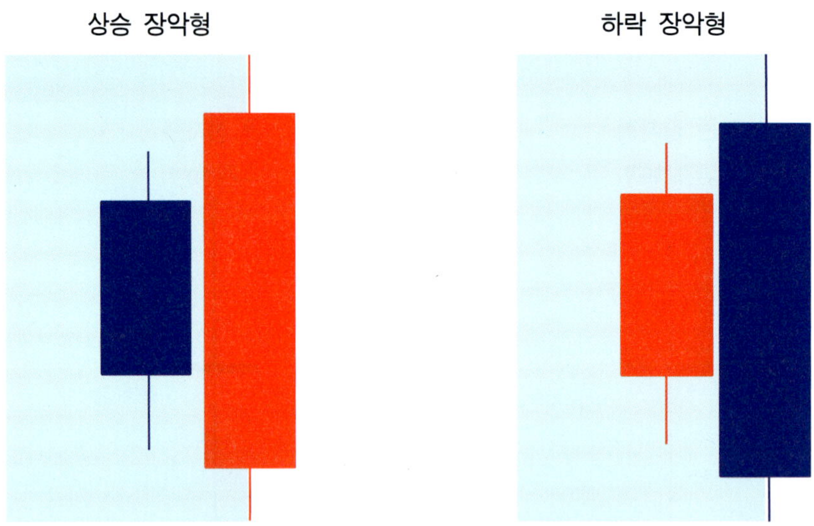

[그림 2-6] 상승 장악형과 하락 장악형 패턴

(5) 상승 잉태형과 하락 잉태형 패턴

상승 잉태형은 전날 긴 음봉이 다음 날 몸통 사이로 작은 양봉을 완전히 감싸는 패턴이다. 전날 긴 음봉이 발생했다는 사실은 매도세가 매수세보다 강력했다는 것을 의미한다. 다음 날 전날 음봉의 종가보다는 높은 가격에서 시가가 형성되었고 저가도 전날 음봉의 시가보다 밀리지 않았다. 종가는 전날 음봉의 시가보다 낮게 끝났고 고가도 전날 음봉의 시가보다 낮은 가격에서 형성되었다. 그러나 전날의 강력한 매도세가 다음 날 매수세에 의해 진정되는 국면에 들어선 것으로 해석된다. 따라서 이러한 패턴은 하락추세에서 매도세가 약화하면서 상승의 기운을 잉태하고 있다고 받아들여진다.

반면에 하락 잉태형은 전날 긴 양봉이 다음 날 몸통 사이로 작은 음봉을 완전히 감싸는 패턴이다. 전날 긴 양봉이 발생했다는 사실은 매수세가 매도세보다 강력했다는 것을 의미한다. 다음 날 전날 양봉의 종가보다는 낮은 가격에서 시가가 형성되었고 고가도 전날 양봉의 종가보다 높지 않다. 종가는 전날 양봉의 시가보다 높게 끝났고 저가도 전날 양봉의 시가보다 높은 가격에서 형성되었다. 그러나 전날의 강력한 매수세가 다음 날 매도세에 의해 진정되는 국면에 들어선 것으로 해석된다. 따라서 이러한 패턴은 상승추세에서 매수세가 약화하면서 하락의 기운을 잉태하고 있다고 받아들여진다. 모든 패턴이 마찬가지지만 설명한 패턴이 실제로 정확하게 나타나지 않는 경우도 많아 시장상황에 따라 유연하게 해석할 필요가 있다.

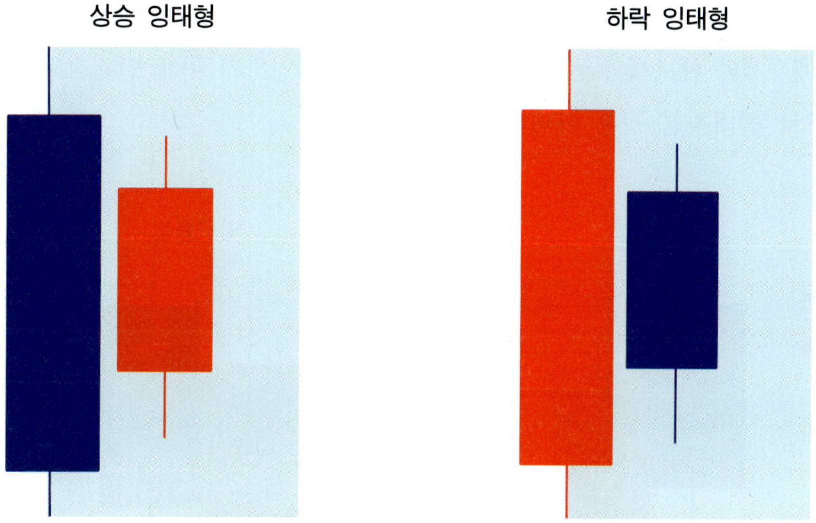

[그림 2-7] 상승 잉태형과 하락 잉태형 패턴

(6) 관통형과 먹구름형 패턴

관통형은 전날 음봉이 발생하였고, 다음 날 양봉의 종가가 전날 음봉 몸통의 50% 위에서 형성되는 패턴이다. 전날은 매도세가 매수세를 압도하여 음봉이 발생하였다. 다음 날은 전날 음봉의 종가보다 낮은 가격에서 시가가 형성되었으나 전날 음봉 몸통의 50%를 관통하며 위쪽에서 종가가 형성되는 양봉이 나타난다. 즉 전날의 매도세를 다음 날의 매수세가 관통하여 압도한 것이다. 이러한 패턴은 주가가 하락추세에서 상승추세로 전환하는 신호로 해석된다. 전날 음봉과 다음 날 양봉의 길이가 길수록 방향에 대한 신뢰성이 커지며 다음 날 종가가 전날 고가에 많이 접근할수록 상승가능성이 커진다.

반면에 먹구름형은 전날 양봉이 발생하였고, 다음 날 음봉의 종가가 전날 양봉 몸통의 50% 아래에서 형성되는 패턴이다. 전날은 매수세가 매도세를 압도하여 양봉이 발생하였다. 다음 날은 전날 양봉의 종가보다 높은 가격에서 시가가 형성되었으나 전날 양봉 몸통의 50%를 관통하며 아래쪽에서 종가가 형성되는 음봉이 나타난다. 즉 전날의 매수세를 다음 날의 매도세가 관통하여 압도한 것이다. 이러한 패턴은 주가가 상승추세에서 하락추세로 전환하는 신호로 해석된다. 전날 양봉과 다음 날 음봉의 길이가 길수록 방향에 대한 신뢰성이 커지며 다음 날 종가가 전날 저가에 많이 접근할수록 하락가능성이 커진다. 여기서 50%의 기준은 매수세와 매도세의 균형이 깨지는 지점을 확인하기 위해 인위적으로 설정한 기준으로 절대적인 것은 아니다.

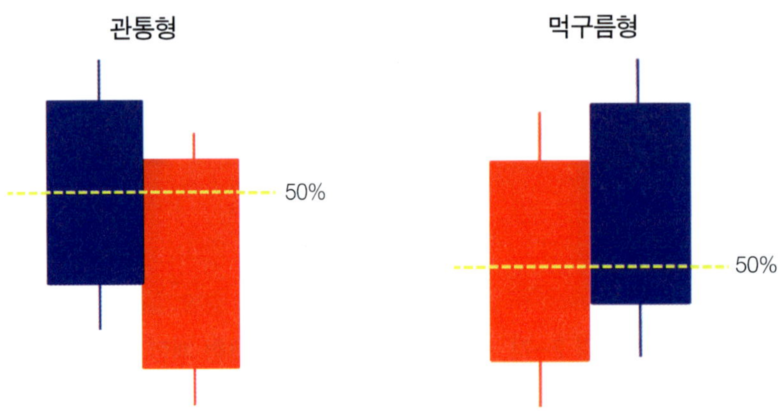

[그림 2-8] 관통형과 먹구름형 패턴

(7) 상승 반격형과 하락 반격형 패턴

상승 반격형과 하락 반격형 패턴은 관통형과 먹구름형 패턴보다 더 약한 형태이다. 상승 반격형은 전날 음봉이 발생하였고, 다음 날 종가가 전날 종가와 같은 양봉이 발생하는 패턴이다. 전날은 매도세가 매수세를 압도하여 음봉이 발생하였다. 다음 날은 전날 음봉의 종가보다 낮은 가격에서 시가가 형성되었고 종가는 전날 음봉의 종가와 같은 양봉이 나타난다. 즉 전날의 매도세로 다음 날 주가가 전날의 종가보다 낮은 가격에서 시작하였지만, 종가가 전날의 종가와 같아져 매수세가 유입되었다는 것을 의미한다. 이러한 패턴은 주가가 하락추세에서 상승추세로 전환할 수 있다는 신호로 해석된다. 전날 음봉과 다음 날 양봉의 길이가 길수록 방향에 대한 신뢰성이 더 커진다.

하락 반격형은 전날 양봉이 발생하였고, 다음 날 종가가 전날 종가와 같은 음봉이 발생하는 패턴이다. 전날은 매수세가 매도세를 압도하여 양봉이 발생하였다. 다음 날은 전날 양봉의 종가보다 높은 가격에서 시가가 형성되었으나 종가는 전날 양봉의 종가와 같은 음봉이 나타난다. 즉 전날의 매수세로 다음 날 주가가 전날의 종가보다 높은 가격에서 시작하였지만, 종가가 전날의 종가와 같아져 매도세가 유입되었다는 것을 의미한다. 이러한 패턴은 주가가 상승추세에서 하락추세로 전환할 수 있다는 신호로 해석된다. 전날 양봉과 다음 날 음봉의 길이가 길수록 방향에 대한 신뢰성이 더 커진다.

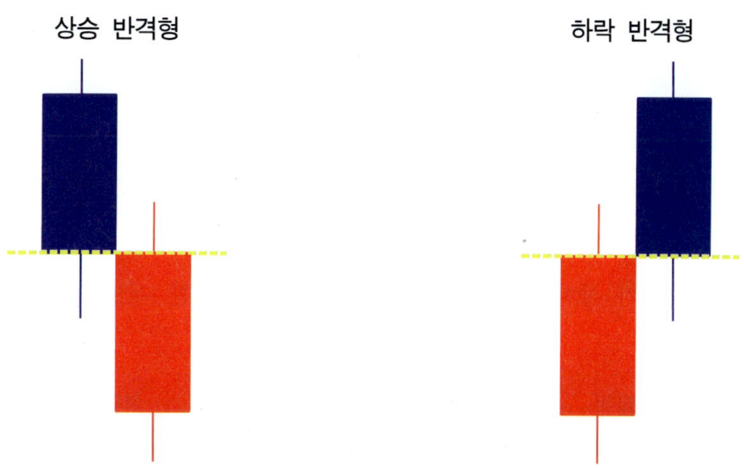

[그림 2-9] 상승 반격형과 하락 반격형 패턴

(8) 샛별형과 석별형 패턴

지금까지 2개의 봉도표 패턴을 이용하여 주가의 방향성을 설명하였다. 샛별형과 석별형 패턴은 3개의 봉도표를 이용하여 주가의 방향성을 설명한다.

샛별형은 첫째 날 긴 음봉이 발생하고 갭 하락한 후 작은 몸통의 양봉(또는 음봉)이 발생하고 마지막 날 긴 양봉이 발생하는 패턴이다. 첫째 날은 강력한 매도세가 매수세를 압도하여 긴 음봉이 발생하고, 둘째 날은 첫째 날의 매도세 영향으로 전날 종가보다 낮은 가격에서 시가가 형성되고(갭 하락) 종가도 시가보다 낮지만 짧은 음봉이 나타난다. 여기서 둘째 날의 봉도표는 양봉이든 음봉이든 중요하지 않다. 봉도표의 몸통이 짧고 첫째 날의 음봉 몸통에 들어가지 않는다는 것이 중요하다. 마지막 날에는 전날의 종가보다 높은 가격에서 시가가 형성되고 종가가 첫째 날 음봉의 시가보다 높은 가격에서 형성된다. 결국 첫째 날의 강력한 매도세가 둘째 날 진정되고 마지막 날 강력한 매수세가 들어와 첫째 날의 매도세를 압도한다는 것이다. 이러한 패턴은 주가의 하락추세에서 상승추세로 전환하는 강력한 신호로 해석된다.

반면에 석별형은 첫째 날 긴 양봉이 발생하고 갭 상승한 후 작은 몸통의 음봉(또는 양봉)이 발생하고 마지막 날 긴 음봉이 발생하는 패턴이다. 첫째 날은 강력한 매수세가 매도세를 압도하여 긴 양봉이 발생하고, 둘째 날은 첫째 날의 매수세 영향으로 전날 종가보다 높은 가격에서 시가가 형성되고(갭 상승) 종가도 시가보다 높지만 짧은 양봉이 나타난다. 여기서 둘째 날의 봉도표는 양봉이든 음봉이든 중요하지 않다. 봉도표의 몸통이 짧고 첫째 날의 양봉 몸통에 들어가지 않는다는 것이 중요하다. 마지막 날에는 전날의 종가보다 낮은 가격에서 시가가 형성되고 종가가 첫째 날 양봉의 시가보다 낮은 가격에서 형성된다. 결국 첫째 날의 강력한 매수세가 둘째 날 진정되고 마지막 날 강력한 매도세가 들어와 첫째

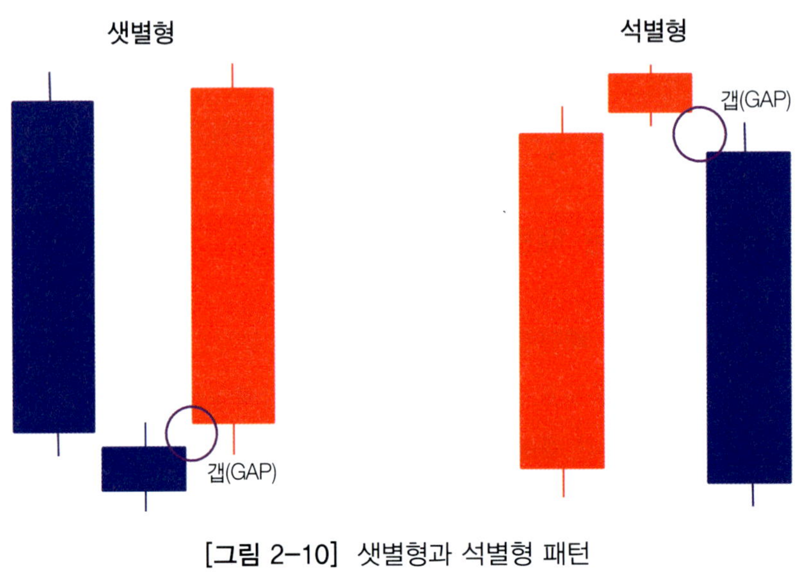

[그림 2-10] 샛별형과 석별형 패턴

날의 매수세를 압도한다는 것이다. 이러한 패턴은 주가의 상승추세에서 하락추세로 전환하는 강력한 신호로 해석된다.

(9) 까마귀형 패턴

약한 까마귀형 패턴은 첫째 날 양봉이 발생한 후 둘째 날 갭 상승하면서 몸통이 짧은 음봉이 발생하고, 마지막 날에는 긴 음봉이 전날 음봉을 감싸면서 갭을 줄이는 패턴이다. 갭은 시가가 전날 종가보다 높거나 낮은 가격에서 시작할 때 발생한다. 전날의 매수세가 다음 날에도 영향을 준다면 주가는 갭 상승하며 시작할 것이다. 반면에 전날의 매도세가 다음 날에도 영향을 준다면 주가는 갭 하락하며 시작할 것이다. 이러한 갭 상승과 갭 하락도 매도세와 매수세를 반영한 것이므로 서로 반대의 세력에 의해 상쇄된다면 갭이 메워진다. 첫째 날의 매수세가 둘째 날의 매도세로 약화하고 셋째 날의 긴 음봉이 둘째 날의 짧은 음봉을 감싸면서 매도세가 강해진다는 것을 의미한다. 한편 까마귀형 패턴은 약한 까마귀형 패턴보다 더 강력한 하락가능성을 나타낸다. 까마귀형 패턴에서는 둘째 날 높은 갭 상승으로 시가가 시작하였지만, 종가는 하락한 음봉이며, 마지막 날에는 시가가 둘째 날의 음봉 몸통에서 시작하며 종가가 첫째 날의 종가를 뚫고 내려가 첫째

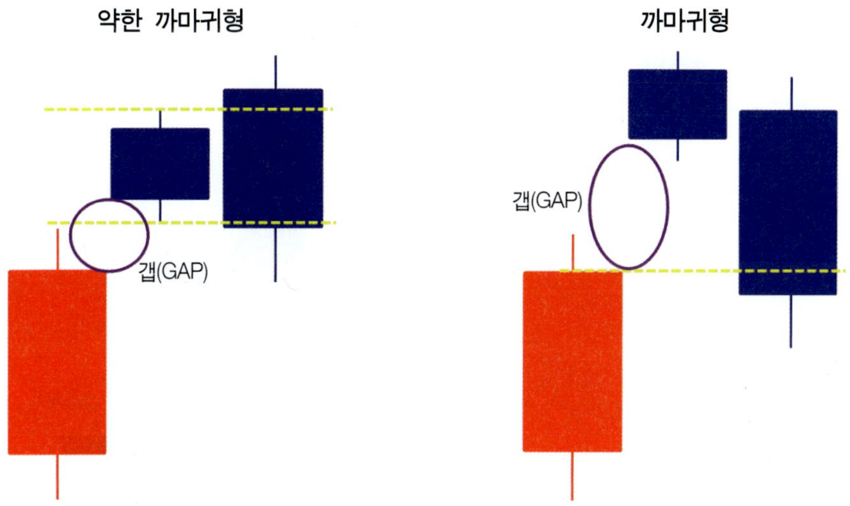

[그림 2-11] 까마귀형 패턴

날의 갭 상승을 메우는 긴 음봉을 보인다. 따라서 약한 까마귀형 패턴보다 첫째 날의 매수세가 더 많이 소진되어 주가의 하락가능성도 커진다. 그러나 실제 주식 투자에서는 새로운 상승추진력이 발생하면서 종종 상승 반전하는 예도 있다.

(10) 적삼병과 흑삼병 패턴

적삼병은 3개의 양봉이 연속해서 발생하는 패턴이다. 빨간색 양봉 3개로 구성되어 있어서 적삼병이라고 불린다. 적삼병은 강한 매수세가 지속해서 들어오는 것을 의미하며 상승추세전환의 중요한 신호이다. 특히 매수세가 강할수록 양봉 사이에 갭 상승이 발생한다. 그러나 주가가 일시적으로 갭 상승을 메우기 위해 잠깐 하락할 수도 있다. 이러한 적삼병 패턴이 계속 이어져 대세 상승추세를 이끈다.

반면에 흑삼병은 3개의 음봉이 연속해서 발생하는 패턴이다. 흑색의 음봉 3개로 구성되어 있어서 흑삼병이라고 불린다. 흑삼병은 강한 매도세가 지속해서 들어오는 것을 의미하며 하락추세전환의 중요한 신호이다. 특히 매도세가 강할수록 음봉 사이에 갭 하락이 발생한다. 그러나 주가가 일시적으로 갭 하락을 메우기 위해 잠깐 상승할 수도 있다. 이러한 흑삼병 패턴이 계속 이어져 대세 하락추세를 이끈다. 봉도표는 17세기 초 일본에서 만들어졌다. 만들어졌을 당시 음봉은 흑색으로 표시하여 지금도 흑삼병이라고 불린다.

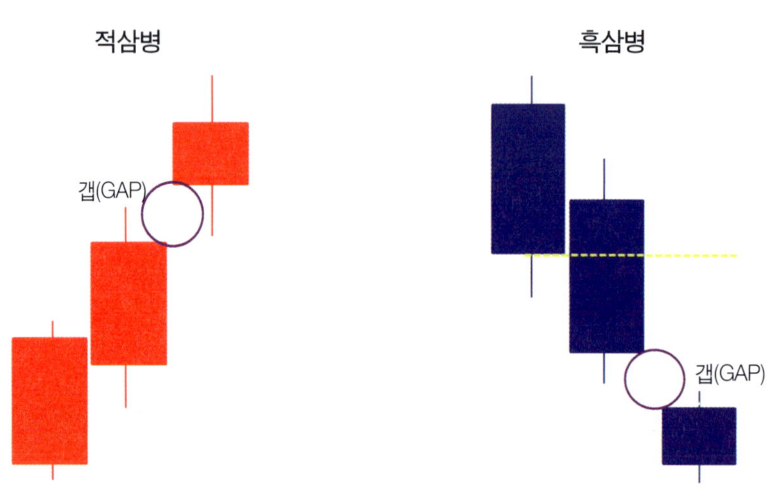

[그림 2-12] 적삼병과 흑삼병 패턴

(11) 상승 삼법형과 하락 삼법형 패턴

상승 삼법형은 첫째 날 긴 양봉이 발생한 후 작은 무리의 음봉이 나타나고, 마지막 날에는 긴 장대 양봉이 발생하는 패턴이다. 마지막 날 긴 양봉의 종가는 첫째 날 긴 양봉의 종가를 뛰어넘는다. 즉 첫째 날의 매수세가 이후 매도세에 의해 약화하다가 마지막 날 강력한 매수세가 들어와 매도세를 압도하고 첫째 날의 매수세도 뛰어넘는 모습이다. 추세가 전환될 수 있는 강력한 호재가 있을 때 발생할 수 있다.

반면에 하락 삼법형은 첫째 날 긴 음봉이 발생한 후 작은 무리의 양봉이 나타나고, 마지막 날에는 긴 장대 음봉이 발생하는 패턴이다. 마지막 날 긴 음봉의 종가는 첫째 날 긴 음봉의 종가보다 더 낮아진다. 즉 첫째 날의 매도세가 이후 매수세에 의해 약화하다가 마지막 날 강력한 매도세가 들어와 매수세를 압도하고 첫째 날의 매도세도 뛰어넘는 모습이다. 추세가 전환될 수 있는 강력한 악재가 있을 때 발생할 수 있다.

긴 양봉이나 음봉 사이의 무리는 주가의 방향이 모호하면 상당 기간 지속될 수 있으며, 추세를 전환하는 호재나 악재가 나타나지 않으면 무리의 방향대로 긴 봉도표가 발생할 수도 있다.

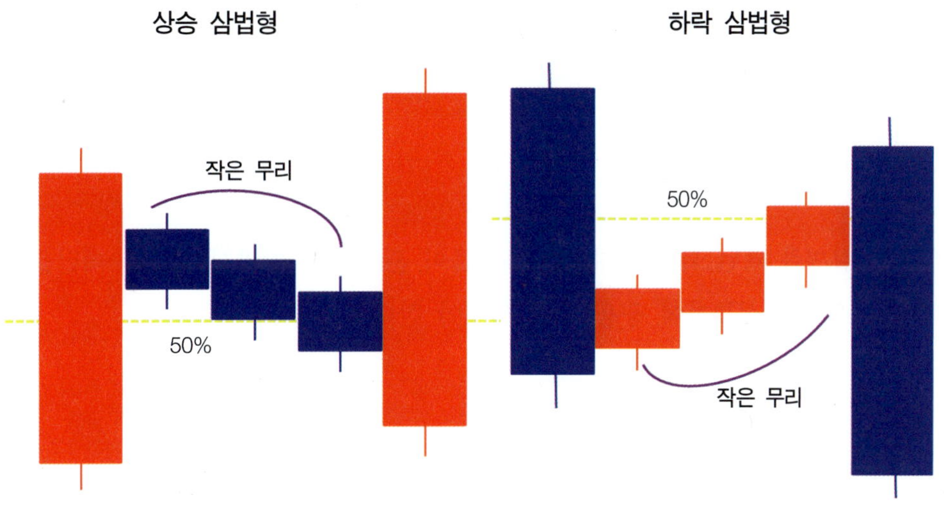

[그림 2-13] 상승 삼법형과 하락 삼법형

[그림 2-14]의 주식차트를 보면, 봉도표로 이어진 추세선이 확인된다. 이러한 봉도표 패턴을 분석하여 추세를 예측할 수 있다. 왼쪽 아래에 있는 원 안의 패턴은 변형된 상승 삼법형 패턴이 보이며, 오른쪽 위에 있는 원 안의 패턴은 십자형 패턴과 하락 장악형 패턴들이 보인다. 지금도 주가추세를 예측하기 위해 다양한 패턴이 개발되고 있어서 예시로 보여준 패턴 외에도 다양한 패턴들을 분석해야 한다.

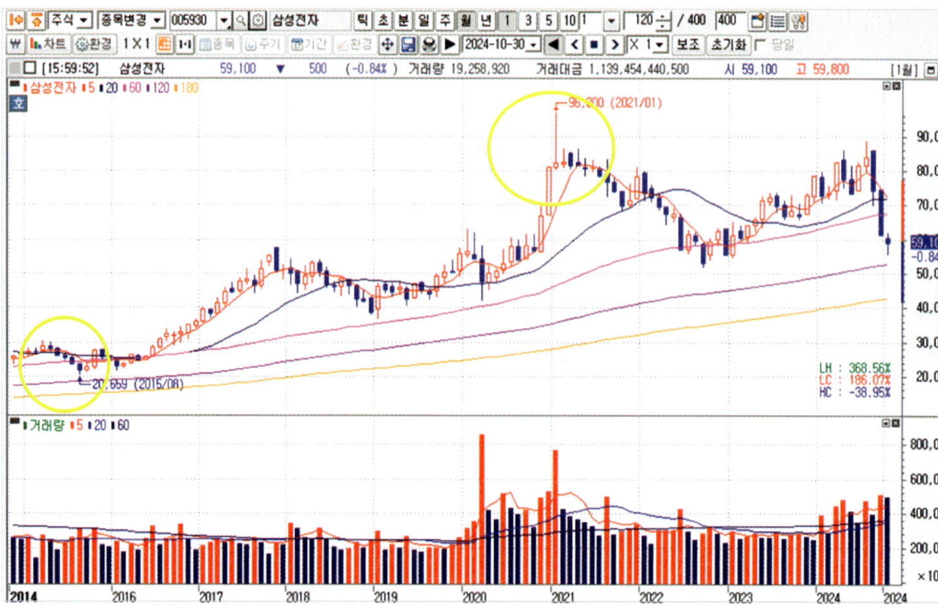

[그림 2-14] 봉도표 패턴의 실제 사례

(12) 기타 패턴

위에서 설명한 패턴 외에도 다양한 패턴들이 존재한다. 따라서 다양한 패턴을 이해하여 실제 주식투자에 응용할 수 있어야 한다.

〈표 2-1〉 기타 상승형 패턴

패턴		설명
역망치형	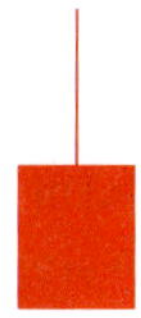	• 시가가 종가보다 아래에 있고 장중에 고가선이 발생하면서 반등을 시도하는 모습 • 주로 하락추세의 바닥에서 나타나며, 다음 날 갭 상승하며 긴 양봉이 발생하면 상승 반전의 신호 받아들임.
상승 십자잉태형	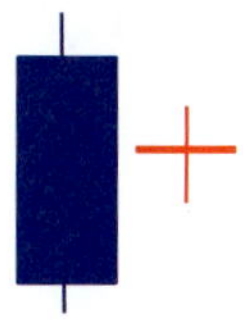	• 전날 긴 음봉이 다음 날 십자형을 완전히 감싸는 패턴으로 전날 매도세가 진정되어 상승 반전가능성이 있음. • 상승 반전이 일어나지 않으면 오히려 하락추세가 강화될 수 있음.
집게 바닥형		• 하락추세에서 두 개 또는 그 이상의 봉도표 저가가 같은 패턴 • 더 이상 주가가 저점 밑으로 내려가지 않아 상승 반전 가능성이 크며, 저점이 지지선 역할을 함.
십자 샛별형		• 첫째 날 긴 음봉이 발생하고 갭 하락한 후 십자형이 나타나며 마지막 날 긴 양봉이 발생하는 패턴 • 샛별형보다 신뢰성이 높아 적극적으로 매수 고려
상승갭 타스키형	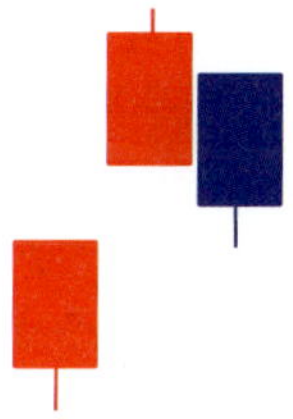	• 첫째 날 긴 양봉이 발생하고 갭 상승한 후 양봉이 나타나며 마지막 날 음봉이 갭을 메우지 못하는 패턴 • 마지막 날 매수세가 유입되어 상승추세가 지속될 것으로 예상 • 마지막 날 음봉이 갭을 메우면 상승추세가 강화될 것으로 예상

〈표 2-2〉 기타 하락형 패턴

패 턴		설 명
유성형		• 시가가 종가보다 위에 있고 장중에 고가선이 발생하면서 반등을 시도하는 모습 • 주로 상승추세의 천장에서 나타나며, 다음 날 갭 하락하며 긴 음봉이 발생하면 하락 반전의 신호로 받아들임.
하락 십자잉태형	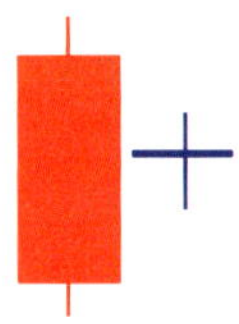	• 전날 긴 양봉이 다음 날 십자형을 완전히 감싸는 패턴으로 전날 매수세가 진정되어 하락 반전가능성이 있음. • 하락 반전이 일어나지 않으면 오히려 상승추세가 강화될 수 있음.
집게 천장형		• 상승추세에서 두 개 또는 그 이상의 봉도표 고가가 같은 패턴 • 더 이상 주가가 고점 위로 올라가지 못해 하락 반전가능성이 크며, 고점이 저항선 역할을 함.
십자 석별형	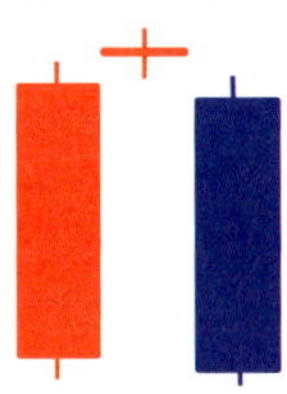	• 첫째 날 긴 양봉이 발생하고 갭 상승한 후 십자형이 나타나며 마지막 날 긴 음봉이 발생하는 패턴 • 석별형보다 신뢰성이 높아 적극적으로 매도 고려
하락갭 타스키형	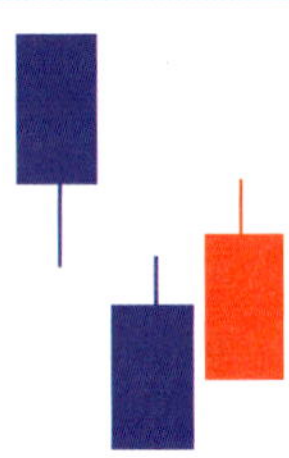	• 첫째 날 긴 음봉이 발생하고 갭 하락한 후 음봉이 나타나며 마지막 날 양봉이 갭을 메우지 못하는 패턴 • 마지막 날 매도세가 유입되어 하락추세가 지속될 것으로 예상 • 마지막 날 양봉이 갭을 메우면 하락추세가 강화될 것으로 예상

3 주가와 거래량 분석

(1) 이동평균선

봉도표를 통해 일일 주가의 흐름을 파악할 수는 있지만, 좀 더 긴 기간의 주가추세를 파악하려면 시간이 지나야 한다. 이러한 한계를 보완하기 위해 이동평균선을 이용한다. 이동평균선은 일정 기간에 대해 주가를 평균하고 그 평균값들을 이은 선이다. 이동평균선은 매일의 주가가 일정 기간 어떠한 관계를 맺으며 움직이는지 분석하여 향후 주가의 방향을 예측하는 데 사용된다. 여기서 일정 기간은 절대적인 기준이 없지만, 일반적으로 다음과 같이 구분하고 있다.

1) 단기 이동평균선

단기 이동평균선은 단기적인 주가흐름을 파악하기 위한 목적으로 사용된다. 주로 5일, 10일, 20일의 이동평균선이 포함된다. 예를 들어, 5일간의 주가가 1,000원, 1,200원, 900원, 1,000원, 900원이라면 평균은 1,000원이 된다. 이렇게 5일 동안 주가의 평균을 이어서 만든 것이 5일 이동평균선이다.

2) 중기 이동평균선

중기 이동평균선은 3개월 이상 중기의 주가흐름을 파악하는 목적으로 사용된다. 일반적으로 60일과 100일 이동평균선이 여기에 해당한다.

3) 장기 이동평균선

장기 이동평균선은 장기적인 투자를 위해 사용된다. 120일, 200일, 300일 이동평균선이 여기에 해당한다. 그러나 앞서 언급한 대로 미래의 경제상황이 어떻게 변할지 모르므로 기술적 분석은 장기적 투자에 적합하지 않을 수 있다.

[그림 2-15]에서 왼쪽 원 안은 이동평균선이 짧은 기간부터 긴 기간 순(5일, 20

일, 60일, 120일 순)으로 배열되어 있다. 이를 정배열이라고 하며, 주로 상승장에서 나타난다. 반면에 오른쪽 원 안은 이동평균선이 긴 기간부터 짧은 기간 순(120일, 60일, 20일, 5일 순)으로 배열되어 있다. 이를 역배열이라고 하며, 주로 하락장에서 나타난다.

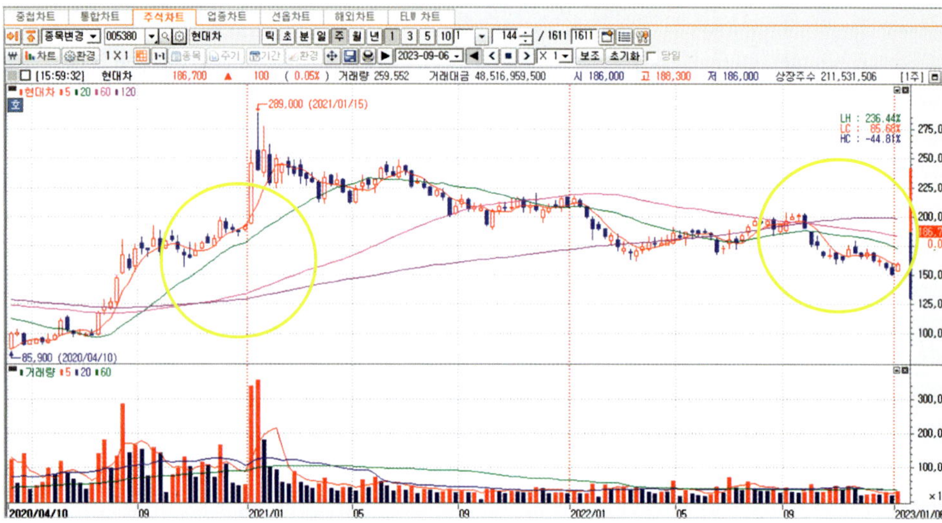

[그림 2-15] 이동평균선 정배열과 역배열

정배열은 단기 이동평균선이 중 · 장기 이동평균선 위에 있을 때이다. 역배열은 중 · 장기 이동평균선이 단기 이동평균선 위에 있을 때이다. 주가가 상승추세에 있다면 단기 이동평균선은 장기 이동평균선과 교차하지 않고 위쪽으로 멀어진다. 반면에 주가가 하락추세에 있으면 단기 이동평균선이 장기 이동평균선과 교차하지 않고 아래쪽으로 멀어진다. 정배열인 상태에서 단기 이동평균선이 중 · 장기 이동평균선에 가까이 가 뚫지 못하고 다시 위쪽으로 멀어진다면 중 · 장기 이동평균선은 단기 이동평균선의 '지지선'이 된다. 역배열인 상태에서 단기 이동평균선이 중 · 장기 이동평균선에 가까이 가 뚫지 못하고 다시 아래로 멀어진다면 중 · 장기 이동평균선은 단기 이동평균선의 '저항선'이 된다. 이렇게 지지선과 저항선이 깨지지 않으면서 이동평균선 배열이 유지된다면 이동평균선이 지지선에 가까워지면 매수시점이고, 저항선에 가까워지면 매도시점이 된다. 따라서 이동평균선이 지지선에 가까워지면 긴 양봉이 발생할 수 있고, 저항선에 가까워지면 긴 음봉이 발생할 수 있다. 그러나 지지선과 저항선은 영원히 깨지지 않는 선이 아니라 기술적 분석에서 단기매매의 기준이 될 수 있다는 것이다.

단기 이동평균선이 저항선인 중 · 장기 이동평균선을 뚫고 올라가면(golden cross) 주가가 상승추세로의 전환을 예고하는 신호가 되어 매수시점이 될 수 있다. 반면에 단기 이동평균선이 지지선인 중 · 장기 이동평균선을 뚫고 내려가면(dead cross) 주가가 하락추세로의 전환을 예고하는 신호가 되어 매도시점이 될 수 있다. 따라서 이동평균선이 정배열 상태라면 주가가 지속해서 상승할 가능성이 크다. 반면에 이동평균선이 역배열 상태라면 주가가 지속해서 하락할 가능성이 크다.

(2) 거래량

주가의 추세를 확인하기 위해 주식 거래량을 살펴보아야 한다. 일반적으로 주가의 추세를 바꾸는 매수세나 매도세가 들어오면 엄청난 규모의 거래량을 수반한다. 따라서 주가가 상승추세라면 주가가 상승한 날의 거래량은 주가가 하락한 날의 거래량보다 많아야 한다.

1) 거래량과 추세

거래량을 수반하지 않은 주가의 상승이나 하락은 그 방향의 신뢰성을 잃게 된다. 엄청난 양의 거래량을 수반하며 단기적으로 상승하였다면 투자자는 차익실현 욕구가 발생하여 주가는 일시적으로 하락할 수 있다. 그러나 적은 거래량으로 지속해서 상승세가 유지된다면 매도세가 적은 것이므로 더 상승할 수 있다. 주가가 하락추세에 있다면 일시적으로 주가가 반등해도 그 거래량은 하락추세의 초입기에 발생한 거래량보다 적을 것이다.

주가가 직전의 전고점을 돌파하는 상황이 되면 전고점에 물려 있던 투자자들이 원금회복으로 매도욕구가 생겨 악성매물이 쏟아진다. 이러한 상황에서 거래량이 늘며 주가가 전고점을 돌파한다면 새로운 투자자가 악성매물을 받아내며 주가를 끌어올리는 것이므로 추가상승이 발생할 수 있다. 반면에 거래량이 줄며 주가가 전고점을 돌파하지 못한다면 악성매물을 받아줄 새로운 매수세가 유입되지 않아 주가가 하락할 수 있다.

거래량은 주가의 추세전환을 확인하는 좋은 지표이다. 주가가 상승추세에 있다가 갑자기 거래량이 늘면서 상승이 멈춘다면 매도세가 유입된 것으로 추후 하락가능성을 예상할 수 있다. 반면에 주가가 하락추세에 있다가 갑자기 거래량이 늘면서 하락이 멈춘다면 매수세가 유입된 것으로 추후 상승가능성을 예상할 수 있다. 특히 지루한 횡보장세에서 갑자기 거래량이 늘어난다면 주가상승의 신호가 될 수 있다.

[그림 2-16]에서 예시 그래프 하단의 거래량 막대를 보면 주가가 하락추세나 상승추세로 전환하는 시점에 거래량이 늘어난 것을 볼 수 있다. 보통 거래량 막대의 색깔은 빨간색과 파란색으로 구분한다. 물론 막대의 색깔과 의미는 투자자가 임의로 설정할 수 있다. '이전값'으로 설정하면 당일 거래량이 전일 거래량보다 많을 때 막대는 빨간색으로 표시된다. 반면에 '이전종가'로 설정하면 당일 종가가 전일 종가보다 높을 때 막대는 빨간색으로 표시된다. 일반적으로 거래량 막대는 '이전값'으로 설정하여 거래량 변화를 확인한다. 만약 당일 거래량이 전일 거래량과 같다면 검정색으로 표시될 수 있지만, 그런 일은 거의 일어나지 않는다.

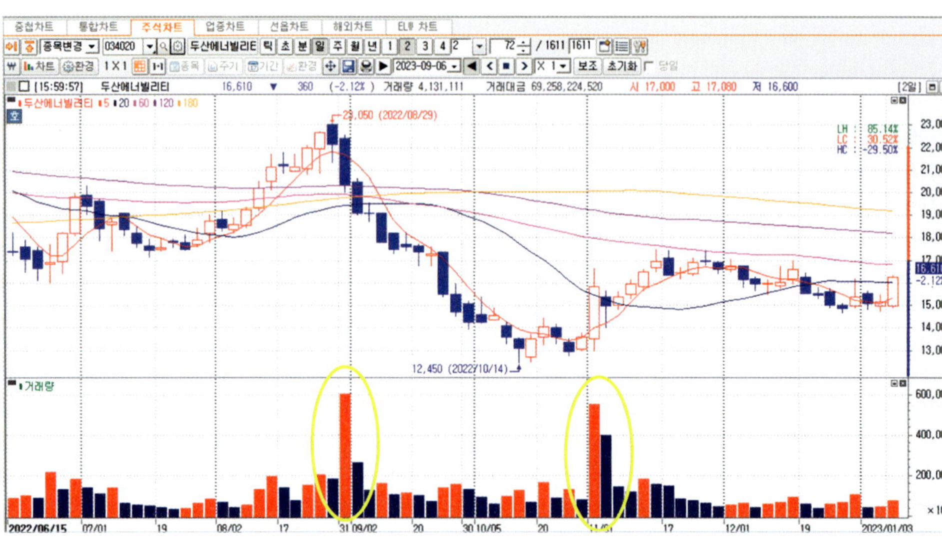

[그림 2-16] 추세전환을 나타내는 거래량

2) 주가와 거래량의 조합

봉도표는 거래량 막대와 함께 해석해야 한다. 물론 봉도표와 거래량 막대의 길이에 따라 다양한 해석이 가능할 것이다. 다음은 봉도표와 거래량 막대의 색깔을 조합하여 해석한 것이다.

〈표 2-3〉 주가와 거래량의 조합

주 가	거래량	
	빨강	파랑
빨강	①	②
파랑	③	④

① 주가가 상승하였고, 당일 거래량도 전일 거래량보다 증가한 상황이다. 당일 거래량의 증가는 매도세력과 매수세력의 힘겨루기 끝에 매수세력이 이긴 결과이다. 보통 주가상승기의 초입이나 주가하락기의 바닥에서 나타날 수 있다.

② 주가가 상승하였고, 당일 거래량은 전일 거래량보다 감소한 상황이다. 당일 거래량은 매도세력보다 매수세력에 기인한 것이다. 당일 거래량이 전일 거래량보다 감소한 이유는 대다수 투자자가 주가상승을 예측하여 주식을 많이 매도하지 않았기 때문이다. 보통 주가상승기의 중간 구간에서 나타난다.

③ 주가가 하락하였고, 당일 거래량은 전일 거래량보다 증가한 상황이다. 당일 거래량의 증가는 매도세력과 매수세력의 힘겨루기 끝에 매도세력이 이긴 결과이다. 보통 주가 상승기나 하락기의 정점에서 나타난다.

④ 주가가 하락하였고, 당일 거래량도 전일 거래량보다 감소한 상황이다. 당일 거래량은 매수세력보다 매도세력에 기인한 것이다. 당일 거래량이 전일 거래량보다 감소한 이유는 대다수 투자자가 주가하락을 예측하여 주식을 많이 매수하지 않았기 때문이다. 보통 주가하락기의 중간 구간에서 나타난다.

3) 이동평균선과 거래량의 관계

이동평균선과 거래량의 관계는 다양한 상황에서 변화하므로 둘 간에 절대적인 원칙은 없다. 그러나 기본적으로 주가의 추세를 확인하는 데 이동평균선뿐만 아니라 거래량도 함께 고려해야 한다.

일반적으로 주가의 상승추세에서는 매수 거래량이 늘고 주가의 하락추세에서는 매도 거래량이 늘어난다. 그러나 거래량이 점점 줄어드는데도 주가가 지속해서 상승추세에 있다면, 매도세가 적어 주가가 상승하는 것이다. 반면에 거래량이 점점 늘어나는데도 주가가 지속해서 하락추세에 있다면, 매수세가 적어 주가가 하락하는 것이다.

주가추세의 위치에 따라 거래량의 변화도 달라진다. 만약 주가가 상승하여 꼭대기에 다다르면 거래량이 감소할 수 있다. 이러한 현상은 주가가 꼭대기에 다다르면 매수세와 매도세가 힘의 균형을 이뤄 방향성을 잃었기 때문이다. 그러나 주가가 하락추세로 전환하려고 하면, 서서히 매도 거래량이 늘어날 수 있다. 반면에 주가가 하락하여 바닥에 가까워지면, 주가의 하락추세에도 불구하고 서서히 거래량이 증가할 수 있다. 이러한 현상은 주가가 바닥에 다다르며 매도세가 약화하고 새로운 매수세가 유입된 것으로 조만간 상승추세전환의 신호가 될 수 있다. 일반적으로 거래량의 변화가 발생한 후 주가가 움직이는 경우가 많다.

(3) 그랜빌 법칙

미국의 주식분석가 그랜빌(J. E. Granville)은 주가와 이동평균선을 이용하여 8가지 주식 매수·매도시점을 제시하였다. 그러나 그랜빌 법칙은 주가의 단기적 예측에는 유용해도 장기적 추세 예측에는 한계가 있다. 또한 거래량 등 다양한 주가 결정요인을 고려하지 않았다. 따라서 그랜빌 법칙은 수많은 투자도구 중 하나이므로 다른 분석방법과 함께 종합적으로 평가해야 한다.

〈표 2-4〉 그랜빌 법칙의 주식 매수시점

유 형	설 명
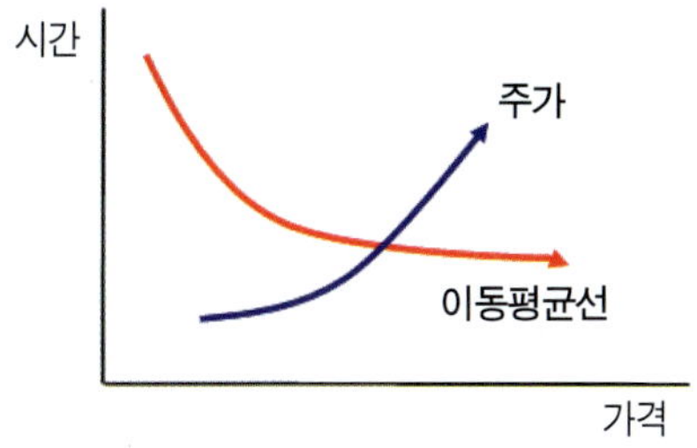	• 이동평균선이 하락 또는 보합에 있을 때 주가가 이동평균선을 뚫고 상승한다면 매수시점(골든 크로스) • 주식의 매수세력이 이동평균된 주식의 매도세력을 이겨 주가가 상승할 것을 예상한다.
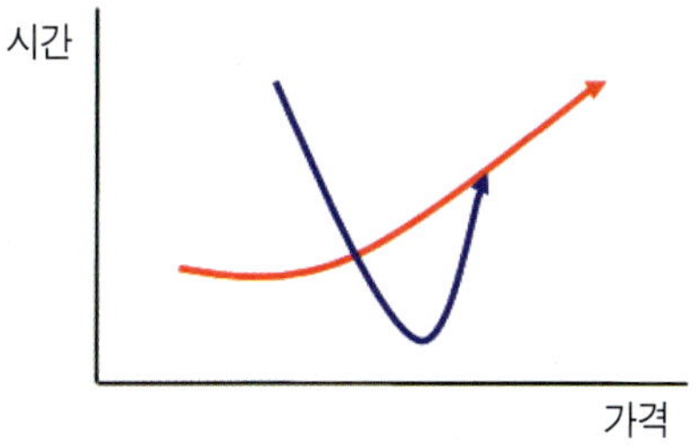	• 이동평균선이 상승하고 있을 때 주가가 잠시 이동평균선을 뚫고 내려왔다가 다시 상승하면 매수시점 • 이동평균된 주식의 매수세력이 여전히 유효한 상태에서 일시적인 주가의 하락 후 상승은 지속적인 상승추세를 훼손하지 않는 것이다.
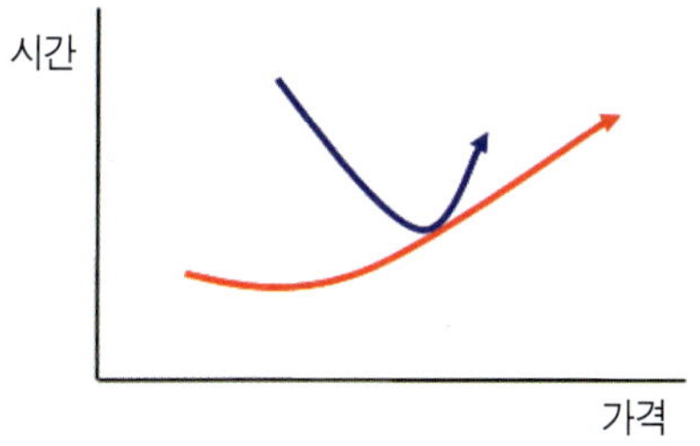	• 이동평균선이 상승하고 있을 때 주가가 하락하였다가 이동평균선에 부딪히고 다시 상승하면 매수시점 • 이동평균선이 지지선 역할을 하는 것으로 투자자가 이동평균선 위의 가격을 저점으로 인식하고 있기 때문이다.
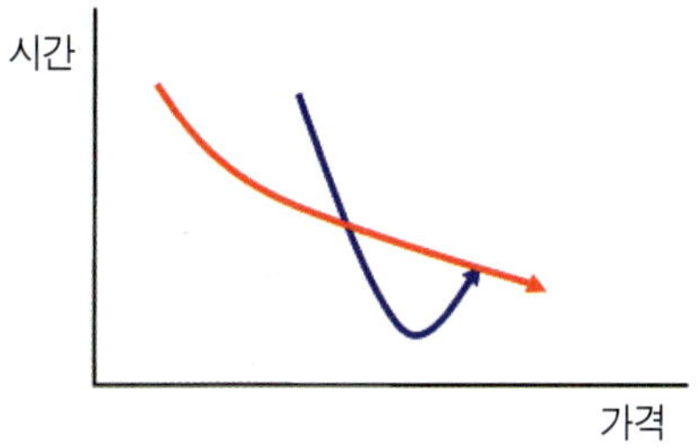	• 이동평균선이 하락할 때 주가가 이동평균선을 뚫으면 단기 반등가능성이 높아 매수시점 • 이동평균된 주식의 매도세력이 여전히 유효하지만 투자자가 주가가 지나치게 하락하였다고 인식하여 일시적으로 매수세가 유입될 수 있다.

〈표 2-5〉 그랜빌 법칙의 주식 매도시점

유 형	설 명
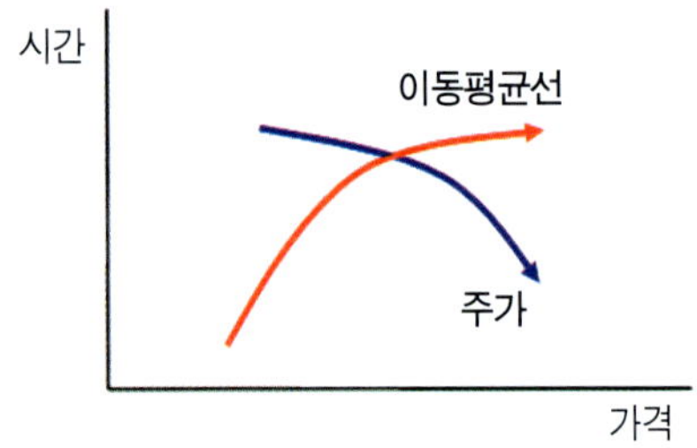	• 이동평균선이 상승 또는 보합에 있을 때 주가가 이동평균선을 뚫고 하락하면 매도시점(데드 크로스) • 주식의 매도세력이 이동평균된 주식의 매수세력을 이겨 주가가 하락할 것으로 예상된다.
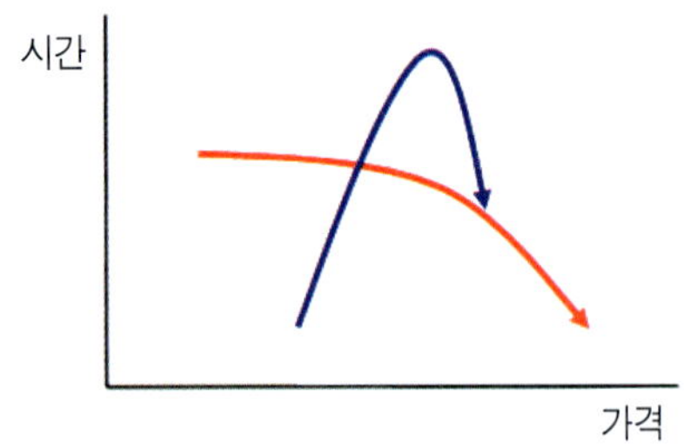	• 이동평균선이 하락하고 있을 때 주가가 잠시 이동평균선을 뚫고 올라갔다가 다시 하락하면 매도시점 • 이동평균된 주식의 매도세력이 여전히 유효한 상태에서 일시적인 주가의 상승 후 하락은 지속적인 하락추세를 훼손하지 않는 것이다.
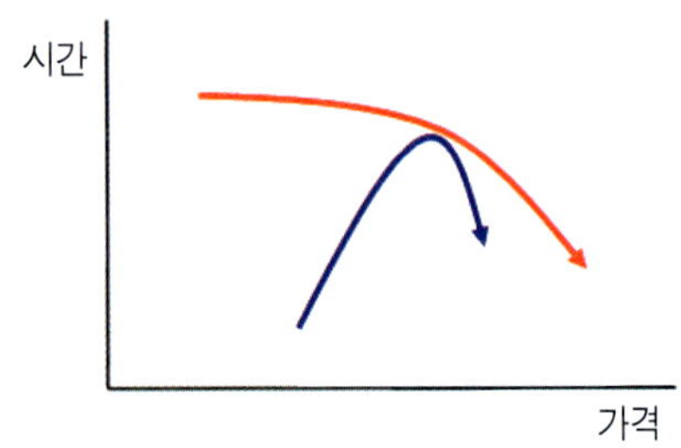	• 이동평균선이 하락하고 있을 때 주가가 상승하였다가 이동평균선에 부딪히고 다시 하락하면 매도시점 • 이동평균선이 저항선 역할을 하는 것으로 투자자가 이동평균선 위의 가격을 고점으로 인식하고 있기 때문이다.
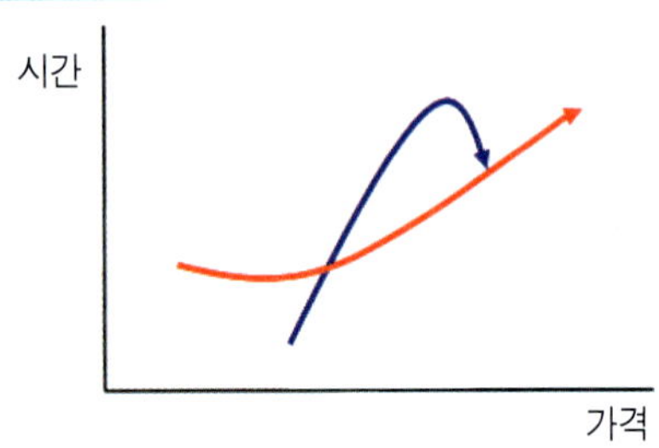	• 이동평균선이 상승할 때 주가가 이동평균선을 뚫으면 단기 하락가능성이 높아 매도시점 • 이동평균된 주식의 매수세력이 여전히 유효하지만 투자자가 주가가 지나치게 상승하였다고 인식하여 일시적으로 매도세가 유입될 수 있다.

(4) 엘리어트 파동이론

랄프 넬슨 엘리어트(R. N. Elliott)가 대공황 시기에 개발한 주가변동이론으로, 주가의 변화는 대자연의 법칙에 따라 일정한 규칙을 가지고 반복한다는 주장이다. 엘리어트 파동이론에 의하면 주가변동은 상승 5파와 하락 3파로 움직이면서 끝없이 순환하는 과정이다.

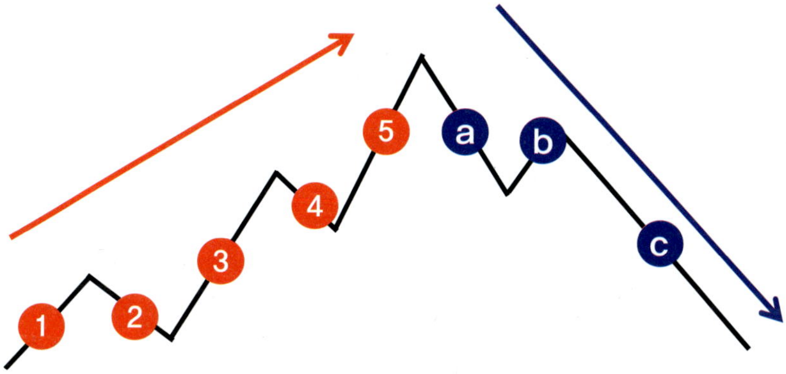

[그림 2-17] 엘리어트 파동

1) 대파동

대파동은 하나의 주기로 상승과 하락의 반복을 의미한다. 이러한 대파동 안에는 소파동인 상승 5파와 하락 3파가 있다.

2) 소파동

① 1파 : 1파는 2파의 조정 시기까지 지속 상승한다. 보통 5파 중 가장 짧으며, 바닥에서 대량의 거래량과 함께 나타난다.

② 2파 : 2파는 하락하지만 1파의 저점까지 내려가지 않고 중간에 다시 반전한다. 1파와 크기는 같지만, 이중바닥을 형성하여 단단한 상승추세를 만든다.

③ 3파 : 3파는 1파의 고점을 지나면서 가장 강력하고 길게 상승한다. 3파가 1파의 고점을 지날 때 매수시점으로 본다. 대량의 거래량과 갭(gap)이 자주 발생한다.

④ 4파 : 4파는 다시 하락 반전하지만 1파의 가격 범위까지 내려오지 않는다.

⑤ 5파 : 5파는 3파의 고점을 지나면서 상승한다. 그러나 3파보다 강하지 않고 주가의 정점에 다다랐다는 신호가 나타난다. 1파의 길이보다 길어야 강한 상승을 가져온다.

⑥ a파 : 하락국면 a파는 상승국면 5파의 고점을 정점으로 하락하여 새로운 저점을 형성한다. 하락 신호가 나타나며 대량의 거래량이 발생할 수 있다.

⑦ b파 : b파는 상승 반전하지만 5파의 고점까지 올라가지 못하고 중간에 하락 반전한다. 상승추세로 전환했다고 착각하게 만드나 보통 거래량은 감소한다.

⑧ c파 : c파는 하락하여 1파의 시작점 밑으로 내려가거나 그렇지 않을 수도 있다. c파는 상승을 기대할 수 없는 대세 하락기에 있다.

시장의 진행방향과 같은 방향의 파동을 '충동파동'이라고 하며, 소파동 1, 3, 5와 a, c가 있다. 반대로 시장의 진행방향과 반대방향의 파동을 '조정파동'이라고 하며 소파동 2, 4 그리고 b가 있다. 각 파동에는 다시 변형된 작은 파동들이 존재할 수 있다. 결론적으로 상승은 5개의 파동을 거치고 하락은 3개의 파동을 거친다. 그러나 소파동의 움직임이 시장상황과 항상 일치하는 것은 아니므로 다양한 지표를 통해 보완해야 한다.

3) 매매전략

① 1파 : 1파에서는 향후 상승 5파가 형성될지 확실하지 않으므로 관심만 두거나 소액투자만 한다.

② 2파 : 2파가 1파의 저점을 깨지 않으면 적극 매수를 고려한다. 그러나 매수 후, 주가가 1파의 저점을 깨고 내려간다면 즉시 손절매를 한다.

③ 3파 : 3파는 5파의 상승기를 앞두고 있으므로 적극적으로 매수한다. 그러나 매수 후, 1파의 고점을 뚫지 못하면 손절매를 고려한다. 발생한 갭(gap)은 메워지지 않아야 강력하게 상승한다.

④ 4파 : 4파는 5파의 상승기를 앞두고 있으므로 매수가 가능하다. 그러나 4파가 1파의 가격 범위까지 내려온다면 손절매해야 한다.

⑤ 5파 : 5파는 매도를 고려할 시점이다. 거래량이 가장 많은 파동이므로 욕심을 줄이고 거래량을 살펴야 한다.

⑥ a파 : 5파에서 매도하지 못했다면 a파 고점에서 매도해야 한다. 그러나 주가가 a파 저점에 다다랐다면 b파를 기다려 볼 필요가 있다.

⑦ b파 : b파는 주식을 매도할 수 있는 마지막 기회이다. 상승의 기대를 접고 매도를 고려해야 한다.

⑧ c파 : c파에서는 주식을 무조건 매도해야 한다. c파에서 매도하지 못하면 주가가 언제 반등할지 알 수 없다.

(5) 다우이론

다우이론은 다우존스지수를 만든 찰스 다우(Charles H. Dow)가 개발한 기술적 분석방법이다. 다우는 지수의 추세가 방향을 잡으면 다른 방향의 추세가 나타나기 전까지 지속할 것이라는 가정하에 주가의 방향을 예측하려고 하였다. 따라서 다우이론은 추세의 변화시점에 주식 매도와 매수를 결정하기 위해 그 추세의 전환점을 파악하는 것이 목적이다.

1) 추세의 종류

추세는 크게 장기추세, 중기추세 그리고 단기추세로 나뉜다.

① 장기추세(primary trend) : 주가가 1년에서 수년간에 걸쳐 장기적으로 상승하거나 하락하는 추세를 말한다. 따라서 장기추세선이 상승세에 있으면 강세시장이라고 말하며, 장기추세선이 하락세에 있으면 약세시장이라고 말한다.

② 중기추세(intermediate trend) : 주가가 3주에서 수개월 간 상승하거나 하락하는 추세를 말한다. 중기추세선이 진행되는 과정에서 추세를 조정하려는 주가의 반전 작용이 발생할 수 있다.

③ 단기추세(minor trend) : 주가가 매일 단기 변동하는 추세를 말한다. 그러나 다른 추세에 비해 기간이 짧아 신뢰성이 상대적으로 떨어진다.

다우이론에 의하면 중기추세의 최저점이 장기추세의 최저점 위에서 움직인다면 상승국면에 있고, 중기추세의 최고점이 장기추세의 최고점을 넘지 못한다면 하락국면에 있다고 해석한다.

2) 강세시장

다우는 시장국면에 따른 투자심리와 투자전략을 제시하였다. 주식시장을 강세시장과 약세시장으로 구분하고, 각 시장을 3국면으로 구분하였다. 강세시장과 약세시장의 구분은 장기추세에 근거한다. 또한 국면별 일반투자자와 전문투자자의 투자심리 차이를 설명하고, 각 국면에 맞는 투자전략을 제시하였다.

① **매집 국면**(강세 1국면) : 강세시장의 초기 국면은 경기침체의 끝자락에 있어서 시장환경이 좋지 않고 주가가 횡보하는 상황이다. 일반투자자는 여전히 공포에 휩싸여 시장을 부정적으로 보기 때문에 매도를 한다. 반면에 전문투자자는 추세의 바닥이라고 확신하고 일반투자자의 실망 매물을 적극적으로 매수한다.

② **상승 국면**(강세 2국면) : 경기가 회복되면서 주가가 상승하는 국면으로 경제여건과 기업의 영업수익이 개선되는 상황이다. 일반투자자는 하락추세의 공포에서 다소 벗어나 투자심리는 회복되었으나 적극적으로 매수하지는 못한다. 반면에 전문투자자는 주가의 상승추세를 확신하고 투자도 하지만 경계성 매도도 한다.

③ **과열 국면**(강세 3국면) : 강세시장의 마지막 국면으로 투기세력이 들어와 주가를 폭등시키며 시장의 과열 양상을 보인다. 일반투자자는 주가의 상승추세를 확신하고 적극적으로 매수하며 거래량이 급증한다. 반면에 전문투자자는 추세의 정점으로 확신하고 하락에 대한 공포로 매도한다.

3) 약세시장

① **분산 국면**(약세 1국면) : 강세시장 제3국면인 과열 국면에서 주가가 정점에 다다르며 하락추세로 전환하려는 상황이다. 일반투자자는 여전히 주가의 추가상승을 확신하고 적극적으로 매수한다. 반면에 전문투자자는 추세의

정점을 확신하고 하락가능성에 공포를 느껴 매도한다. 매도세력과 매수세력이 힘겨루기하면서 거래량이 늘어나고 추세선의 기울기는 완만해진다.

② **공포 국면**(약세 2국면) : 경제상황과 기업수익에 대한 어두운 전망으로 매도세력이 매수세력을 지배하여 주가는 급격하게 하락하는 상황이다. 일반투자자는 여전히 주가가 반등할 것을 기대하여 일부 추가 매수한다. 반면에 전문투자자는 하락추세의 공포로 매수를 하지 않는다. 매도물량을 받아줄 매수주체가 점점 줄어들어 거래량은 줄어들게 된다.

③ **침체 국면**(약세 3국면) : 주가추세선의 기울기가 매우 완만해지며, 매도세력이 여전히 시장을 지배하고 있어서 주가 움직임이 소강상태에 있는 상황이다. 일반투자자는 주가하락에 대한 공포로 지속적으로 주식을 매도한다. 반면에 전문투자자는 추세의 바닥을 확신하며 서서히 매수를 시작한다.

〈표 2–6〉 강세시장과 약세시장 국면

시장국면 / 투자자	강세시장			약세시장		
	제1국면 (매집)	제2국면 (상승)	제3국면 (과열)	제1국면 (분산)	제2국면 (공포)	제3국면 (침체)
일반투자자	공포	공포	확신	확신	확신	공포
전문투자자	확신	확신	공포	공포	공포	확신
투자전략	매수	점차 매도	매도	매도	점차 매수	매수

강세시장과 약세시장을 주가의 흐름으로 나타내면 [그림 2-18]과 같다. 주식시장에서 보합은 매수세력과 매도세력이 힘의 균형을 이뤄 시세가 변화 없이 유지되는 상태로 주로 주가의 바닥이나 주가의 천장에서 많이 나타난다. 강보합은 시세 변화가 매우 적으면서 조금 오른 상태이며, 약보합은 시세 변화가 매우 적으면서 조금 내린 상태를 의미한다.

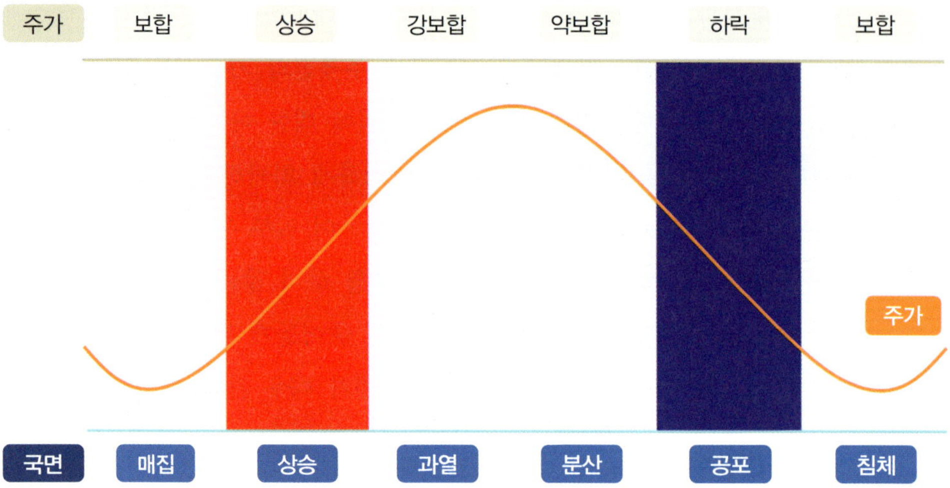

[그림 2-18] 국면에 따른 주가 움직임

요약정리

1. 기술적 분석

기술적 분석	추세분석	패턴분석
내재가치를 분석하여 투자하는 기본적 분석과 달리 과거의 주가와 거래량의 자료를 이용하여 미래의 주가 예측	계량화된 시간의 연속자료를 이용하여 추세를 파악하고 추세가 미래에도 지속될 것이라는 가정 하에 미래의 주가 예측	과거의 주가나 거래량을 이용하여 계량화 또는 도표화한 후, 특정 패턴을 분석하고 정보화하여 미래의 주가 예측

2. 선도표와 봉도표

종 류	내 용
선도표	매일의 주식가격 종가나 종합주가지수를 연결하여 시간에 따른 변화를 보기 위한 도표
봉도표	일정 기간의 시가, 종가, 고가 그리고 저가를 하나의 봉으로 나타낸 도표 ① 상승형 패턴 : 망치형, 상승 장악형, 상승 잉태형, 관통형, 상승 반격형, 샛별형, 적삼병, 상승 삼법형, 역망치형, 상승 십자잉태형, 집게 바닥형, 십자 샛별형, 상승갭 타스키형 등 ② 하락형 패턴 : 교수형, 하락 장악형, 하락 잉태형, 먹구름형, 하락 반격형, 석별형, 까마귀형, 흑삼병, 하락 삼법형, 유성형, 하락 십자잉태형, 집게 천장형, 십자 석별형, 하락갭 타스키형 등

3. 주가와 거래량 분석

구 분	내 용
이동평균선	• 단기 이동평균선은 단기적인 주가흐름을 파악하기 위한 목적으로 사용되며, 주로 5일, 10일, 20일 이동평균선 • 중기 이동평균선은 중기의 주가흐름을 파악하기 위한 목적으로 사용되며, 일반적으로 60일, 100일 이동평균선 • 장기 이동평균선은 장기적인 투자를 위해 사용되며 120일, 200일, 300일 이동평균선 • 정배열은 이동평균선이 위로부터 단기, 중기, 장기 순으로 배열되며 상승추세 의미 • 역배열은 이동평균선이 위로부터 장기, 중기, 단기 순으로 배열되며 하락추세 의미
거래량	• 상승추세에서는 주가가 상승한 날의 거래량이 주가가 하락한 날의 거래량보다 많음 • 적은 거래량으로 지속해서 상승세가 유지된다면 매도세가 적은 것이므로 추가상승 • 거래량이 늘며 주가가 전고점을 돌파한다면 새로운 매수세가 악성매물을 받아내며 주가를 끌어올리는 것으로 추가상승 • 봉도표 색깔과 거래량 막대의 색깔을 조합하여 주식매매전략을 수립 • 이동평균선과 거래량을 함께 고려하여 추세를 예측
그랜빌 법칙	• 이동평균선과 주가를 이용하여 4개의 매수시점과 4개의 매도시점 제시
엘리어트 파동이론	• 대파동은 하나의 주기로 상승과 하락의 반복을 의미하며, 소파동인 상승 5파와 하락 3파로 구성 • 각 소파동의 의미와 확인하는 방법 그리고 매매전략을 제시
다우이론	• 장기추세는 1년에서 수년간에 걸쳐 장기적으로 상승하거나 하락하는 추세 • 중기추세는 3주에서 수개월 간 상승하거나 하락하는 추세 • 단기추세는 매일 단기 변동하는 추세 • 강세시장 3국면과 약세시장 3국면으로 구분하고 각각의 국면에서 매매전략을 제시

3

보조지표와 패턴분석

1 보조지표

2 패턴분석

1 보조지표

주식투자에서 주가와 거래량 분석은 필수적인 요소이다. 그러나 주가와 거래량 분석만으로는 매매시점을 잡기가 쉽지 않다. 따라서 주가와 거래량 자료를 가공하여 보조지표를 만들고 이를 활용하면 투자의사결정에 더 효과적일 수 있다. 한편 주식의 일봉 차트는 단기적인 시장 변동성을 나타내며 단기 투자의사결정에 활용된다. 반면에 주봉 차트는 중·장기 추세를 나타내며 장기 투자의사결정에 활용된다. 보조지표를 설명하기 위해 일봉 차트 또는 주봉 차트를 사용하였다. 보조지표는 매우 많지만, 다음과 같이 대표적인 보조지표를 소개하고자 한다.

(1) MACD 지표

MACD(Moving Average Convergence & Divergence)는 1979년 제럴드 애펠(Gerald Appel)이라는 투자분석가에 의해 만들어졌다. MACD와 Signal의 이격도를 이용하여 주식의 매매시점을 포착하는 기법이다. MACD는 단기 이동평균선과 장기 이동평균선의 차이로 구해진다. 보통 단기 이동평균선은 12일이며, 장기 이동평균선은 26일을 사용한다. Signal선은 MACD의 9일 이동평균을 이은 선이다. MACD 기법은 이동평균선이 모이면 떨어지려고 하고, 떨어지면 다시 붙으려 하는 속성을 이용하였다. 이동평균선이 가까워지면 멀어질 것을 예상하여 주식매매시점을 결정한다. 또한 이동평균선이 멀어지면 가까워질 것을 예상하여 주식매매시점을 결정한다. MACD는 단순 이동평균선의 골든 크로스(Golden Cross)나 데드 크로스(Dead Cross)보다 매매시점이 더 빠르게 나타난다는 장점이 있다.

1) 계산식

- MACD＝단기 이동평균－장기 이동평균
- MACD Signal＝MACD의 n일의 이동평균

2) 매매전략

① MACD선이 Signal선 위로 돌파하면 매수신호로 인식하고, MACD선이 Signal선 아래로 돌파하면 매도신호로 인식한다.

② 0선 아래의 하단에서 MACD선이 Signal선과 사이가 크게 벌어졌다면 시세 상승을 예상한다.

③ MACD선이 0선을 상향 돌파하면 매수신호로 간주하고, MACD선이 0선을 하향 돌파하면 매도신호로 간주한다. 0선은 단기 이동평균과 장기 이동평균이 차이가 없는 상태를 의미한다. MACD선이 상승한다는 뜻은 단기 이동평균이 장기 이동평균을 넘어 주가가 상승하고 있다는 것을 의미한다.

사례 1 MACD 지표를 이용한 매매시점 포착

[그림 3-1] 하단의 왼쪽 노란색 원 안은 MACD선(주황색)이 Signal선(분홍색)을 뚫고 위로 올라가는 지점으로 매수시점으로 인식한다. 가운데 노란색 원 안은 MACD선이 0선(녹색)을 뚫고 위로 올라가는 지점으로 매수시점으로 인식한다. 오른쪽 노란색 원 안은 MACD선이 0선과 Signal선을 뚫고 아래로 내려가는 지점으로 매도시점으로 인식한다. 그러나 추세가 한쪽으로 강하게 형성되면 거짓매매 신호가 나타날 수 있으므로 주의해야 한다. 따라서 주식투자에서 MACD 지표뿐만 아니라 다른 지표도 활용해야 더 정확한 매매시점을 포착할 수 있다.

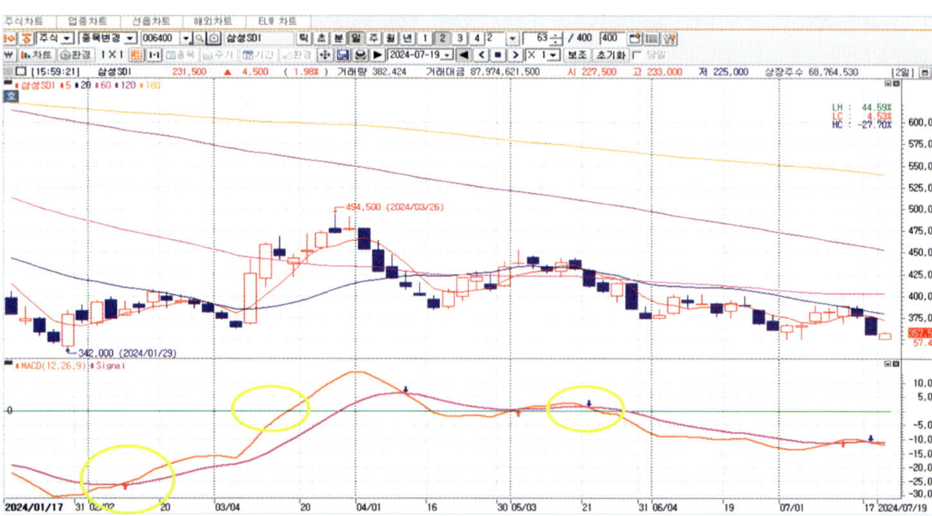

[그림 3-1] MACD 지표를 이용한 매매시점 포착

(2) 스토캐스틱 지표

스토캐스틱(Stochastic) 지표는 조지 레인(George Lane)이라는 투자분석가가 만들었다. 일정 기간 주가가 움직인 가격 범위에서 현재의 주가가 과열 상태인지 과냉각 상태인지를 판단하여 매매시점을 찾는 기법이다. 일정 기간은 단기매매 목적이라면 보통 5일을 설정하고, 중기매매 목적이라면 21일을 설정한다. 구체적으로 빠르게 움직이는 %K선과 느리게 움직이는 %D선의 교차를 이용한 기법이다. 스토캐스틱은 빠른 변동성으로 단기매매에 적합한 빠른 스토캐스틱(Fast Stochastic)과 변동성을 느리게 만든 느린 스토캐스틱(Slow Stochastic)으로 나눌 수 있다.

1) 계산식

① 빠른 스토캐스틱

- Fast %K$=\dfrac{\text{(종가}-\text{n일 중 장중 최저가)}}{\text{(n일 중 장중 최고가}-\text{n일 중 장중 최저가)}}\times 100$
- Fast %D=Fast %K를 M일(보통 5일) 동안 이동평균한 값

② 느린 스토캐스틱

- Slow %K=Fast %D
- Slow %D=Fast %D를 L일 동안 이동평균한 값

2) 매매전략

① 스토캐스틱값이 70~80 이상이면 과매수 상태로 간주하여 매도시점으로 본다. 스토캐스틱값이 10~20 이하이면 과매도 상태로 간주하여 매수시점으로 본다.

② %K선이 %D선을 뚫고 위로 올라가면 매수신호로 간주하고, %K선이 %D선을 뚫고 아래로 내려가면 매도신호로 본다. 그러나 교차신호가 너무 자주 나올 수 있어서 다른 지표들과 함께 고려하여 매매시점을 포착해야 한다.

사례 2 스토캐스틱 지표를 이용한 매매시점 포착

[그림 3-2]는 n일은 14일, M일은 5일 그리고 L일은 3일로 설정한 스토캐스틱을 보여주고 있다. 아랫부분의 상단은 빠른 스토캐스틱(Fast Stochastic)이고, 하단은 느린 스토캐스틱(Slow Stochastic)이다. 80% 위쪽은 과매수 구간으로 매도를 고려할 수 있다. 20% 아래쪽은 과매도 구간으로 매수를 고려할 수 있다. 왼쪽 노란색 원 안은 20% 이하의 과매도 구간으로 %K선(주황색)이 %D선(파란색)을 뚫고 위로 올라가서 매수시점으로 인식한다. 오른쪽 노란색 원 안은 80% 이상의 과매수 구간으로 %K선이 %D선을 뚫고 아래로 내려가서 매도시점으로 인식한다. 그 외에도 빨간색 화살표는 매수시점으로 인식하고, 파란색 화살표는 매도시점으로 인식한다. 매매시점은 빠른 스토캐스틱보다 느린 스토캐스틱에서 더 늦게 온다는 것을 확인할 수 있다.

[그림 3-2] 스토캐스틱 지표를 이용한 매매시점 포착

사례 3 스토캐스틱 지표의 잦은 매매 신호

[그림 3-3]을 보면 2) 매매전략에서 설명한 대로 주가의 추세에 비해 너무 많은 매매시점이 발생하여 잘못된 매매시점을 선택할 수 있다. 따라서 주가와 거래량 등 다른 지표를 고려하여 매매시점을 포착해야 한다.

[그림 3-3] 스토캐스틱 지표의 잦은 매매 신호

(3) 볼린저밴드 지표

볼린저밴드(Bollinger band)는 1980년대 미국의 재무분석가 존 볼린저(John A. Bollinger)가 만든 기법이다. 볼린저밴드는 주가의 표준편차를 이용하여 주가의 상한선과 하한선 범위를 설정하고, 그 범위 내에서 주가의 움직임을 통해 매매시점을 확인한다. 볼린저밴드의 중심선은 일반적으로 20일 이동평균선을 사용한다. 상한선은 '중심선+(승수×표준편차)'이고, 하한선은 '중심선−(승수×표준편차)'로 승수는 보통 2를 설정한다. 주가의 변동성이 커지면 상한선과 하한선은 중심선에서 멀어지고 주가의 변동성이 작아지면 상한선과 하한선은 중심선에 가까워진다.

1) 계산식

- 밴드의 상한선 = 중심선 + (승수 × 표준편차)
- 밴드의 하한선 = 중심선 − (승수 × 표준편차)
- 밴드의 중심선 = 일반적으로 20일 이동평균선

2) 매매전략

① 주가가 볼린저밴드의 상한선을 돌파하면 매도신호일 수도 있지만, 또 다른 추가상승의 신호일 수도 있어서 다른 지표와 함께 판단해야 한다.

② 주가가 여러 번 상한선 돌파를 시도했지만 밀려버린다면 매도신호로 간주할 수 있다.

③ 변동성의 감소로 상한선과 하한선이 중심선에 몰리면 향후 상승이든 하락이든 강한 움직임이 예상되므로 주의 깊게 관찰해야 한다.

④ 주가가 밴드의 폭이 넓어지면서 상승한다면 변동성이 큰 상태이므로 단기 급등했다가 하락할 수 있다. 반면에 주가가 밴드의 폭이 좁아지면서 상승한다면 변동성이 적은 상태이므로 지속적인 대세 상승일 수 있다.

사례 4 볼린저밴드 지표를 이용한 매매시점 포착

[그림 3-4]에서 왼쪽 노란색 원 안은 볼린저밴드가 넓은 상태이다. 주가는 하한선(하늘색)에 근접하여 20일 이동평균선인 중심선(녹색)보다 밑에 있다. 볼린저밴드가 그대로 유지된다면 매수를 고려할 수 있다. 가운데 노란색 원 안은 볼린저밴드가 좁은 상태이다. 주가는 상한선(주황색)에 근접하여 중심선보다 위에 있다. 볼린저밴드가 그대로 유지된다면 매도를 고려할 수 있다. 위에서 설명한 대로 주가는 밴드가 좁고 중심선이 꺾이지 않을 때 방향성의 신뢰성이 높다. 그러나 오른쪽 노란색 원 안에서 주가가 중심선(20일 이동평균선)을 뚫고 아래로 내려가면서 하한선에 닿았고 중심선도 아래로 꺾이는 것을 볼 수 있다. 하락 방향으로 주가의 변동성이 커지면서 볼린저밴드도 넓어지는 것을 볼 수 있다.

[그림 3-4] 볼린저밴드 지표를 이용한 매매시점 포착

(4) 이격도 지표

이격도는 중심선을 기준으로 주가가 얼마나 벗어나 있는지를 통해 주가가 높은 상태인지 낮은 상태인지를 확인하고 매매하는 방법이다. 즉 주가가 중심선에서 멀어지면 회귀하려고 하고, 중심선에 근접하면 다시 멀어지려고 하는 속성을 이용한 방법이다. 이격도는 [당일 종가/당일의 이동평균 가격]에 100을 곱한 값을 이어서 만든 추세선이다. 볼린저밴드는 이동평균선을 중심으로 표준편차에 따른 상한선과 하한선의 범위를 정하고, 그 범위에서 주가의 움직임을 관찰한다. 반면에 이격도는 현재 주가가 현재 이동평균 주가에 대비하여 어느 위치에 자리 잡고 있는지를 보여준다. 따라서 현재 주가가 현재 이동평균 주가와 같다면 100%의 값을 갖게 된다. 중심선이 되는 이동평균선은 보통 20일 이동평균선을 사용하나 다른 일수의 이동평균선을 중심선으로 사용할 수도 있다.

1) 계산식

$$\bullet \text{ 이격도} = \frac{\text{당일 종가}}{\text{당일 기준 n일 이동평균}} \times 100$$

2) 매매전략

① 이격도가 100% 이상이면 주가가 이동평균선 위에 있다는 것을 의미한다. 이격도가 100% 이하에 있으면 주가가 이동평균선 아래에 있다는 것을 의미한다. 20일 이동평균선을 기준으로 이격도가 102~106% 정도의 범위에 들면 과열 국면으로 보고 매도를 고려할 수 있다. 이격도가 92~98% 정도의 범위에 들면 침체 국면으로 보고 매수를 고려할 수 있다.

② 60일 이동평균선을 기준으로 이격도가 104~110% 정도의 범위에 들면 과열 국면으로 보고 매도를 고려할 수 있다. 이격도가 88~98% 정도의 범위에 들면 침체 국면으로 보고 매수를 고려할 수 있다. 이동평균선의 일수가 길수록 매매시점을 확인하는 이격도 범위가 커지는 이유는 이동평균의 일수가 커질수록 불확실성도 커지기 때문이다. 따라서 매매시점을 확인하는 이격도의 범위는 절대적인 값이 아니므로 상황에 맞게 조정하여 보조지표로 사용해야 한다.

사례 5 이격도 지표를 이용한 매매시점 포착

[그림 3-5] 하단의 주황색 선은 20일 이동평균선을 중심선으로 한 이격도이다. 파란색 선은 60일 이동평균선을 중심선으로 한 이격도이다. 주황색 선이 파란색 선 위에 있다는 것은 현재 주가 대비 20일 이동평균 주가가 60일 이동평균 주가보다 낮다는 의미이다. 반면에 주황색 선이 파란색 선 아래에 있다는 것은 현재 주가 대비 20일 이동평균 주가가 60일 이동평균 주가보다 높다는 의미이다. 이러한 의미는 5일, 20일, 60일, 120일 그리고 180일의 이동평균선 배열을 통해 가늠할 수 있다. 왼쪽 노란색 원 안은 60일 이동평균선을 기준으로 이격도가 90% 아래에 있는 침체 국면으로 매수를 고려할 수 있다. 오른쪽 노란색 원 안은 이격도가 100% 위에 있는 과열 국면으로 매도를 고려할 수 있다. 한편 주가가 대세 상승기일 때도 현재 주가와 이동평균 주가는 같이 상승하므로 여전히 이격도는 100%와 90%를 기준으로 움직인다. 이격도의 기준점은 시장상황에 따라 조정할 수 있다.

[그림 3-5] 이격도 지표를 이용한 매매시점 포착

(5) 심리도 지표

심리도는 특정 기간 주가가 상승한 날이 며칠이었는지를 파악하여 투자심리가 과열 국면인지 침체 국면인지를 파악하는 방법이다. 특정 기간은 보통 10일을 이용하지만 다른 지표와 마찬가지로 상황에 따라 일수를 조정할 수 있다. 심리도는 [n일 중 주가가 전일 대비 상승한 일수/n일]에 100을 곱한 값을 이어서 만든 추세선이다.

1) 계산식

$$\bullet \text{ 심리도} = \frac{\text{n일 중 주가가 전일 대비 상승한 일수}}{\text{n일}} \times 100$$

2) 매매전략

① 종합주가지수는 보통 심리도가 70% 이상이면 과열 국면으로 판단하여 매도를 고려할 수 있다. 심리도가 30% 이하이면 침체 국면으로 간주하여 매수를 고려할 수 있다.

② 개별 종목의 주가는 보통 심리도가 80% 이상이면 과열 국면으로 판단하여 매도를 고려할 수 있다. 심리도가 20% 이하이면 침체 국면으로 간주하여 매수를 고려할 수 있다. 개별 종목의 주가는 종합주가지수보다 변동성이 크기 때문에 매매시점을 고려할 때 심리도 범위를 더 넓게 고려한다. 그러나 이러한 기준 역시 절대적인 기준이 아니므로 상황에 맞게 조정하여 판단하면 된다.

사례 6 심리도 지표를 이용한 매매시점 포착

[그림 3-6] 하단에 심리도 선(주황색)은 12일로 설정하였고, Signal선(분홍색)은 9일로 설정하였다. 심리도의 상한선(녹색)은 75%로 설정하였고, 하한선은 25%로 설정하였다. 왼쪽 노란색 원 안은 25% 미만인 침체 국면으로 심리도 선이 Signal선을 뚫고 위로 올라가서 매수시점으로 인식한다. 오른쪽 노란색 원 안은 75% 이상인 과열 국면으로 심리도 선이 Signal선을 뚫고 아래로 내려가서 매도시점으로 인식한다. 그 외에도 빨간색 화살표는 매수시점으로 인식하고, 파란색 화살표는 매도시점으로 인식한다. 심리도 상한선과 하한선의 설정은 시장상황에 맞게 조정할 수 있다.

[그림 3-6] 심리도 지표를 이용한 매매시점 포착

③ 심리도 선이 Signal선을 뚫고 위로 올라가는 지점을 매수시점으로 인식한다. 심리도 선이 Signal선을 뚫고 아래로 내려가는 지점을 매도시점으로 인식한다.

④ 주가의 대세 상승기에도 심리도의 최댓값은 100%이고, 주가의 대세 하락기에도 심리도의 최솟값은 0%이다. 따라서 어떤 시장상황(상승추세로 전환 또는 하락추세로 전환)이든 심리도는 0~100% 범위에서만 움직이므로 중요한 매수기회나 매도기회를 놓칠 수 있다. 이러한 한계를 보완하기 위해 매매할 때 다양한 보조지표와 이동평균선을 고려해야 한다.

(6) 일목균형표

일목균형표(Ichimoku Cloud)는 1930년대 일본의 호소다 고이치라는 신문기자가 만든 지표이다. 일목균형표는 주가의 움직임이 매도세와 매수세의 균형이 무너지는 방향이라고 가정하고 시간 개념을 이용하여 현재의 주가추세가 언제까지 지속될 것이며 언제쯤 추세가 전환될지를 예측하는 기법이다. 일목균형표는 총 7권의 원서로 설명되는 복잡한 기법으로 짧은 시간 내에 그 원리를 완벽하게 이해하기는 쉽지 않다. 그러나 일목균형표를 통해 일반적으로 널리 알려진 매매전략을 소개하고자 한다.

일목균형표는 주식의 매매시점을 확인하기 위해 전환선, 기준선, 선행스팬1, 선행스팬2 그리고 후행스팬의 5개 선과 2개의 구름대를 이용한다. 전환선은 과거 9일 중 최고가와 최저가를 더한 후 2로 나눈 값을 이은 선이다. 기준선은 과거 26일 중 최고가와 최저가를 더한 후 2로 나눈 값을 이은 선이다. 선행스팬1은 당일 전환선과 당일 기준선의 평균값을 선행하여 26일 후에 표시한 선이다. 선행스팬2는 과거 52일 중 최고가와 최저가를 더한 후 2로 나눈 값을 선행하여 26일 후에 표시한 선이다. 후행스팬은 현재 주가를 후행하여 26일 전으로 옮겨 놓은 선이다. 구름대는 선행스팬1에서 선행스팬2를 뺀 값으로 1보다 크면 양(+) 구름이라고 하고, 반대이면 음(−) 구름이라고 한다. 양(+) 구름은 단기 이동평균이 장기 이동평균보다 높은 상태라고 생각하면 좋을 것이다. 음(−) 구름은 단기 이동평균이 장기 이동평균보다 낮은 상태라고 생각하면 좋을 것이다.

1) 계산식

- 전환선 $= \dfrac{\text{과거 9일 중 최고가} + \text{최저가}}{2}$
- 기준선 $= \dfrac{\text{과거 26일 중 최고가} + \text{최저가}}{2}$
- 선행스팬1＝전환선과 기준선의 평균값을 당일 기준 26일 선행 표시
- 선행스팬2 $= \dfrac{\text{과거 52일 중 최고가} + \text{최저가}}{2}$ 를 당일 기준 26일 선행 표시
- 후행스팬＝당일 종가를 26일 후행 표시
- 구름대＝선행스팬1－선행스팬2

2) 매매전략

개발자가 일목균형표를 통해 제시한 매매시점이 왜 타당한지를 이해하는 것은 매우 어렵다. 그러나 일반적으로 알려진 다음의 네 가지 매매전략을 제시한다.

① 현재 주가가 구름대 위에 있다면 상승추세에 있다고 간주한다. 현재 주가가 구름대 밑에 있다면 하락추세로 간주한다. 현재 주가가 구름대를 뚫고 위로 올라가면 상승추세의 전환으로 인식한다. 현재 주가가 구름대를 뚫고 아래로 내려가면 하락추세의 전환으로 인식한다. 따라서 구름대가 두꺼울수록 주가의 추세 전환에 어려움이 있어서 구름 두께를 주가의 저항 정도 또는 지지 정도로 인식한다.

② 전환선이 기준선보다 더 짧은 기간에 대한 평균값을 이은 선이므로 전환선이 기준선의 위에 있으면 주가의 상승추세를 나타낸다. 전환선이 기준선의 아래에 있으면 주가의 하락추세를 나타낸다. 또한 전환선이 기준선을 뚫고 위로 올라가면 주가의 상승전환으로 간주하여 매수시점으로 본다. 전환선이 기준선을 뚫고 아래로 내려가면 주가의 하락전환으로 간주하여 매도시점으로 본다.

③ 후행스팬이 26일 전의 주가를 뚫고 위로 올라가면 현재 주가가 상승추세로 전환할 것을 예상하므로 매수시점으로 본다. 후행스팬이 26일 전의 주가를 뚫고 아래로 내려가면 현재 주가가 하락추세로 전환할 것으로 예상

하므로 매도시점으로 본다. 이러한 원리는 현재의 주가가 과거의 주가를 상향 돌파하거나 하향 돌파하는지를 통해 매매시점을 확인하는 것이다.

④ 주가가 상승추세에 있을 때에는 일목균형표의 요소가 후행스팬, 주가, 전환선, 기준선, 양(+) 구름대 순으로 배열된다고 알려져 있다. 주가가 하락추세에 있을 때에는 음(−) 구름대, 기준선, 전환선, 주가, 후행스팬 순으로 배열된다고 알려져 있다. 일목균형표는 다양한 방법을 통해 매매시점을 확인하고 있지만, 여전히 과거자료를 이용한다는 한계에서는 벗어날 수 없다.

사례 7 일목균형표를 이용한 매매시점 포착

[그림 3-7]의 왼쪽 노란색 원 안은 전환선(주황색)이 기준선(녹색)을 뚫고 아래로 내려가는 하락추세 전환(데드 크로스)을 보여주므로 매도시점으로 간주한다. 가운데 노란색 원 안은 양(+) 구름 아래에 주가가 형성되어 지속적인 주가의 하락추세를 보여주므로 매도를 고려할 수 있다. 오른쪽 노란색 원 안은 후행스팬(하늘색)이 주가를 뚫고 아래로 내려가 주가의 하락추세 전환이 예상되므로 매도를 고려할 수 있다. 그러나 일목균형표도 주가의 대세 상승기나 대세 하락기를 놓칠 수 있으니 다른 지표들과 함께 고려해야 한다.

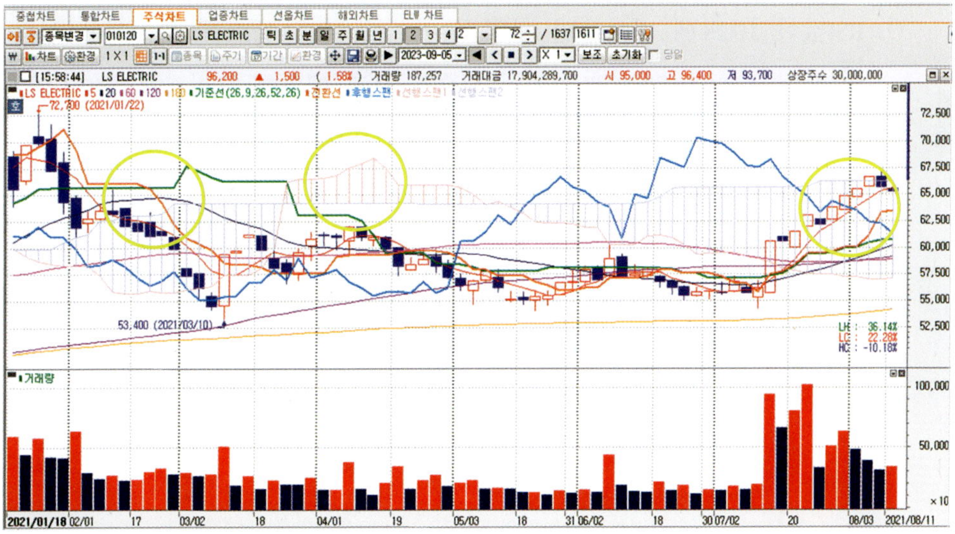

[그림 3-7] 일목균형표를 이용한 매매시점 포착

(7) 상대적 강도 지수(RSI)

상대적 강도 지수(relative strength index : RSI)는 1978년 미국의 웰스 와일더(J. Welles Wilder)가 개발한 지표이다. RSI는 일정 기간 주가의 변동폭을 이용하여 주가의 상승압력과 하락압력을 비교함으로써 주식의 움직임을 예측하는 방법이다. RSI는 보통 14일간 주가가 상승한 날의 상승분 평균값을 14일간 주가가 상승한 날의 상승분 평균값과 14일간 주가가 하락한 날의 하락분 평균값의 합계로 나눈 후 다시 100을 곱한 값이다. 따라서 주가가 14일 동안 상승만 하였다면 RSI값은 100%일 것이며, 주가가 14일 동안 하락만 하였다면 RSI값은 0%일 것이다. Signal선은 RSI를 9일 이동평균하여 만든 선이다.

1) 계산식

$$\bullet \ \text{RSI} = \frac{\text{n일간 전일보다 주가가 상승한 날 상승분 평균}}{\text{n일간 전일보다 주가가 상승한 날 상승분 평균} + \text{하락한 날 하락분 평균}} \times 100$$

2) 매매전략

① RSI값이 100%에 가까우면 과열 국면으로 보고 매도를 고려해야 한다. RSI값이 0%에 가까우면 침체 국면으로 보고 매수를 고려해야 한다. 일반적으로 RSI값이 70% 이상이면 과열 국면으로 매도신호로 간주한다. RSI값이 30% 이하이면 침체 국면으로 매수신호로 간주한다.

② Signal선을 이용하여 매매시점을 포착할 수도 있다. RSI선이 Signal선을 뚫고 위로 올라가면 매수시점으로 간주한다. RSI선이 Signal선을 뚫고 아래로 내려가면 매도시점으로 간주한다.

사례 8 상대적 강도 지수(RSI)를 이용한 매매시점 포착

[그림 3-8] 하단에 RSI선(주황색)은 14일로 설정하였으며, Signal선(분홍색)은 9일로 설정하였다. RSI의 상한선은 70%로 설정하였고, 하한선은 30%로 설정하였다. 왼쪽 노란색 원 안은 30% 미만인 침체 국면으로 RSI선이 Signal선을 뚫고 위로 올라가서 매수시점으로 인식한다. 오른쪽 노란색 원 안은 70% 이상인 과열 국면으로 RSI선이 Signal선을 뚫고 아래로 내려가서 매도시점으로 인식한다. 그 외에도 빨간색 화살표는 매수시점으로 인식하고, 파란색 화살표는 매도시점으로 인식한다. 그러나 RSI도 0~100% 범위에서 움직이므로 주가의 대세 상승기나 대세 하락기에 결정적인 매매시점을 놓치지 않도록 주의해야 한다.

[그림 3-8] 상대적 강도 지수(RSI)를 이용한 매매시점 포착

(8) CCI 지표

CCI(Commodity Channel Index)는 1980년 도널드 램버트(Donald E. Rambert)가 만든 지표로 현재 주가가 이동평균선에서 얼마나 벗어나 있는지를 나타낸다. 따라서 현재 주가가 과매수 구간에 있는지 과매도 구간에 있는지 확인하여 매매를 결정하는 방법이다. CCI 계산에 사용되는 주가(M)는 고가, 저가 그리고 종가를 평균

한 값이다. 이동평균 가격(m)은 주가(M)를 일정 기간(보통 14일이나 20일) 이동평균한 것이다. CCI는 주가(M)와 이동평균 가격(m)의 차이를 표준오차(D)에 승수(0.015)를 곱한 값으로 나누어 계산한다. 표준오차(D)는 일정 기간 주가(M)와 이동평균 가격(m) 차이의 절댓값을 일정 기간 일수로 나눈 값이다. CCI선은 CCI를 일정 기간(보통 14일이나 20일) 이동평균하여 만든 선이다. Signal선은 CCI를 9일 이동평균하여 만든 선이다.

1) 계산식

- $\text{CCI} = \dfrac{M - m}{D \times 0.015}$
- $\text{주가}(M) = \dfrac{\text{고가} + \text{저가} + \text{종가}}{3}$
- 이동평균 가격(m)=M을 일정 기간 이동평균한 가격
- $\text{표준오차}(D) = \dfrac{\sum_{i=1}^{n} | M_i - m_i |}{n\text{일}}$

2) 매매전략

① CCI선이 Signal선 위로 돌파하면 매수신호로 인식하고, CCI선이 Signal선 아래로 돌파하면 매도신호로 인식한다.

② CCI선이 0선을 뚫고 위로 올라가면 매수신호로 간주하고, CCI선이 0선을 뚫고 아래로 내려가면 매도신호로 본다.

③ CCI선이 +100을 넘으면 과매수 구간으로 보고, −100 아래로 내려가면 과매도 구간으로 본다. 따라서 CCI선이 +100을 뚫고 위로 올라가면 매수신호로 간주하고, CCI선이 +100을 뚫고 아래로 내려가면 매도신호로 본다. 마찬가지로 CCI선이 −100을 뚫고 위로 올라가면 매수신호로 간주하고, CCI선이 −100을 뚫고 아래로 내려가면 매도신호로 본다.

사례 9 CCI 지표를 이용한 매매시점 포착

[그림 3-9] 하단에 CCI선(주황색)은 14일로 설정하였으며, Signal선(분홍색)은 9일로 설정하였다. 왼쪽 노란색 원 안은 CCI선이 Signal선과 0선(녹색)을 돌파하는 구간으로 매수시점으로 인식한다. 실제로 이 구간 이후 주가가 상승추세로 돌아섰다. 가운데 노란색 원 안은 CCI가 +100 이상인 과매수 구간으로 매도시점으로 인식한다. 실제로 이 구간 이후 주가가 하락추세로 전환되었다. 오른쪽 노란색 원 안은 CCI가 −100에 머물러 있는 과매도 구간으로 매수시점으로 인식한다. 실제로 이 구간 이후 주가가 상승추세로 돌아섰다. 그러나 CCI도 일정 범위 내에서만 움직이므로 대세 상승기와 대세 하락기를 판단하기 위해 다른 지표와 함께 고려해야 한다.

[그림 3-9] CCI 지표를 이용한 매매시점 포착

(9) DMI 지표

DMI(Directional Movement Index)는 1978년 미국의 웰스 와일더(J. Welles Wilder)가 개발한 지표이다. DI(Directional Indicator)는 전일과 당일의 주가 차이를 이용하여 시장의 추세 방향성을 보여준다. DI는 주가의 추세를 나타내는 DM을 가격변동 범위를 나타내는 TR(True Range)로 나눈 값이다. +DM은 당일 고가에서 전일 고가를 차감한 값으로, 양(+)의 값을 갖는다면 상승가능성을 나타낸다. −DM은 전일 저가에서 당일 저가를 차감한 값으로, 양(+)의 값을 갖는다면 하락가능성을 나타낸다. DI를 계산할 때 둘 중에 더 큰 DM값을 사용한다. TR은 가격변동 범위를 당일 고가에서 당일 저가를 차감한 값, 당일 고가에서 전일 종가를 차감한 값 그리고 당일 저가에서 전일 종가를 차감한 값 중 가장 큰 값을 사용한다. DI선은 DI를 일정 기간(보통 14일) 이동평균하여 만든 선이다.

1) 계산식

- DI=DM/TR
- $\text{PDI}=\dfrac{+\text{DM을 n일간 이동평균}}{\text{TR을 n일간 이동평균}}$, $\text{MDI}=\dfrac{-\text{DM을 n일간 이동평균}}{\text{TR을 n일간 이동평균}}$
- DM=max(+DM, −DM), TR=max(①, ②, ③)
- +DM=당일 고가−전일 고가, −DM=전일 저가−당일 저가
- ①=당일 고가−당일 저가, ②=당일 고가−전일 종가, ③=당일 저가−전일 종가

2) 매매전략

① PDI선이 MDI선을 뚫고 위로 올라가면 매수신호로 간주하고, PDI선이 MDI선을 뚫고 아래로 내려가면 매도신호로 간주한다.

② PDI선이 30을 넘으면 과매수 구간으로 보고 매도를 고려한다. PDI선이 10 아래로 내려가면 과매도 구간으로 보고 매수를 고려한다. 그러나 추세의 강도를 나타내는 ADX와 함께 고려해야 더 정확하게 매매시점을 찾을 수 있다.

사례 10 DMI 지표를 이용한 매매시점 포착

[그림 3-10] 하단의 PDI선(주황색)과 MDI선(파란색)은 14일로 설정하였다. 기준선(녹색)은 30과 10으로 설정하였다. 왼쪽 노란색 원 안은 PDI선이 10에 근접한 구간으로 매수시점으로 인식한다. 가운데 노란색 원 안은 PDI선이 MDI선을 뚫고 위로 올라가는 구간으로 매수시점으로 인식한다. 실제로 이 구간 이후 주가가 상승추세로 돌아섰다. 오른쪽 노란색 원 안은 PDI선이 MDI선을 뚫고 아래로 내려가는 구간으로 매도신호로 인식한다. 그러나 추세의 강도를 알 수 없어 거짓매매 신호일 수 있으니 주의해야 한다.

[그림 3-10] DMI 지표를 이용한 매매시점 포착

(10) ADX 지표

ADX(Average Directional Index)는 추세의 강도를 나타내는 지표로 추세의 방향성만 나타내는 DMI의 단점을 보완한다. ADX값이 크면 추세의 강도가 강하다는 의미이며, ADX값이 작으면 추세의 강도가 약하다는 의미이다. 그러나 ADX는 추세의 강도만 나타내므로 DMI와 함께 사용해야 한다. DX(Directional Index)는 PDI와 MDI 차이의 절댓값을 PDI와 MDI의 합계로 나눈 후 100을 곱한 값이다. ADX선은 DX를 일정 기간(보통 14일) 이동평균하여 만든 선이다.

1) 계산식

- $DX = \frac{|PDI - MDI|}{PDI + MDI} \times 100$
- ADX＝DX를 n일 동안 이동평균한 값

2) 매매전략

① 일반적으로 ADX가 40 이상이면 추세가 매우 강한 상태로 상승추세이거나 하락추세일 가능성이 크다. 반면에 ADX가 20 미만이면 추세가 매우 약한 상태로 횡보 장세일 가능성이 크다.

② ADX선이 PDI선과 MDI선 위에 있으면 과열 국면으로 매도를 고려할 수 있다. 반면에 ADX선이 PDI선과 MDI선 아래에 있으면 침체 국면으로 매수를 고려할 수 있다. 따라서 ADX선과 PDI선 및 MDI선의 변화를 함께 고려하면 강력한 추세 전환을 확인할 수 있다.

사례 11 ADX 지표를 이용한 매매시점 포착

[그림 3-11]은 DMI를 설명한 [그림 3-10]에 ADX만 추가하였다. 하단의 ADX선(연두색)은 14일로 설정하였다. 왼쪽 노란색 원 안은 ADX가 40 이상이며, ADX선이 PDI선(주황색)과 MDI선(파란색) 위에 있는 과열 국면으로 매도를 고려해야 한다. 가운데 노란색 원 안은 PDI선과 ADX선이 MDI선 위에 있으며 ADX선이 위로 올라가는 구간으로 매수를 고려해야 한다. 실제로 이 구간 이후 주가가 상승추세로 돌아섰다. 오른쪽 노란색 원 안은 MDI선과 ADX선이 PDI선 위에 있으며 ADX선이 아래로 내려가는 구간으로 매도를 고려해야 한다. 그러나 거짓매매 신호가 발생할 수 있으므로 다른 지표와 함께 고려해야 한다.

[그림 3-11] ADX 지표를 이용한 매매시점 포착

③ PDI선과 ADX선이 MDI선 위에 있으면 매수를 고려할 수 있다. 반면에 MDI선과 ADX선이 PDI선 위에 있으면 매도를 고려할 수 있다.

(11) OBV 지표

OBV(On-Balance Volume)는 1960년 조셉 그랜빌(Joseph E. Granville)이라는 투자분석가가 개발한 지표이다. OBV는 주가가 상승한 날의 거래량에서 주가가 하락한 날의 거래량을 뺀 값이다. 구체적으로 전일 종가보다 주가가 상승하였다면 당일 거래량을 전일 OBV에 더하고, 전일 종가보다 주가가 하락하였다면 당일 거래량을 전일 OBV에서 뺀다. Signal은 OBV의 9일 이동평균을 이은 선이다. 다른 지표와 마찬가지로 Signal을 OBV의 9일로 이동평균한 이유는 일반적으로 9일을 설정하였을 때 매매시점의 포착이 유효했기 때문이다. 그러나 시장상황에 따라 이동평균의 날짜는 수정할 수 있다.

1) 계산식

- 전일 종가 < 당일 종가인 경우, OBV＝이전 OBV＋당일 거래량
- 전일 종가 > 당일 종가인 경우, OBV＝이전 OBV－당일 거래량

2) 매매전략

① OBV선이 Signal선 위로 돌파하면 매수신호로 인식하고, OBV선이 Signal선 아래로 돌파하면 매도신호로 인식한다.

② 주가가 하락할 때 OBV가 보합이면 매도세 약화를 의미하여 상승가능성이 예상되므로 매수시점으로 본다. 반면에 주가가 상승할 때 OBV가 보합이면 매수세 약화를 의미하여 하락가능성이 예상되므로 매도시점으로 본다.

③ 주가가 보합일 때 OBV가 상승하면 매수세의 유입을 의미하여 강한 상승가능성이 예상되므로 매수시점으로 본다. 반면에 주가가 보합일 때 OBV가 하락하면 매도세의 유입을 의미하여 강한 하락가능성이 예상되므로 매도시점으로 본다. 그러나 OBV는 주가의 상승에 민감하게 반응하므로

상승추세에서 신뢰성이 높다. 반면에 주가가 하락하면 거래를 마친 다음에 거래량을 확인하게 되어 매도신호를 놓칠 수 있다. 긴 하락추세에 있는 종목이 반등하려고 할 때 OBV가 고점대를 돌파하면 강한 매수세의 유입으로 해석되어 긴 상승추세를 예상할 수 있다.

사례 12 OBV 지표를 이용한 매매시점 포착

[그림 3-12] 하단의 왼쪽 노란색 원 안은 OBV선(주황색)이 Signal선(분홍색)을 뚫고 위로 올라가는 지점으로 매수시점으로 인식한다. 오른쪽 노란색 원 안은 OBV선이 Signal선을 뚫고 아래로 내려가는 지점으로 매도시점으로 인식한다. 그러나 단순히 OBV 지표만을 이용하여 매매시점을 포착하면 안 된다. 주가와 OBV 움직임 간에는 시차가 발생할 수 있다. 예를 들어, 주가가 거래량을 수반하지 않으면서 상승한다면 OBV선의 상승세가 주가상승세를 따라가지 못한다. 이러한 상황은 주가가 정점 근처에 있을 가능성이 크다.

[그림 3-12] OBV 지표를 이용한 매매시점 포착

사례 13 OBV 지표를 이용한 상승추세 포착

[그림 3-13]의 노란색 원 안은 OBV선이 Signal선 위에 머무르면서 주가가 지속해서 상승했다는 것을 알 수 있다. 주가가 상승추세에 있을 때 OBV선은 Signal선을 깨지 않는다. 따라서 OBV선이 Signal선을 뚫고 위로 올라간 후 주가의 추세를 살펴봐야 한다.

[그림 3-13] OBV 지표를 이용한 상승추세 포착

(12) VR 지표

VR(Volume Ratio)은 특정 기간 주가가 상승한 날의 거래량을 주가가 하락한 날의 거래량으로 나눈 후, 100을 곱한 비율이다. OBV는 시작일을 기준으로 누적 거래량을 나타낸 것이므로 과거와의 비교가 어렵다. 그러나 VR은 특정 기간 상승한 날의 거래량과 하락한 날의 거래량을 비율로 나타내어 현재의 시장상황을 파악할 수 있다. 일반적으로 주가가 상승한 날의 거래량이 주가가 하락한 날의 거래량보다 많다. 따라서 VR 지표는 주가추세를 확인하기 위해 천장권보다 바닥권에서 더 유효하다.

1) 계산식

$$\cdot \mathrm{VR} = \frac{\text{n일간 주가가 상승한 날 거래량 합계} + (\text{변동 없는 날 거래량 합계} \times 0.5)}{\text{n일간 주가가 하락한 날 거래량 합계} + (\text{변동 없는 날 거래량 합계} \times 0.5)} \times 100$$

2) 매매전략

① 일반적으로 평상시에 VR값은 150% 정도 된다. 따라서 VR값이 350% 이상이면 과열 국면으로 매도를 고려할 수 있다. 반면에 VR값이 70% 이하이면 침체 국면으로 매수를 고려할 수 있다.

사례 14 VR 지표를 이용한 매매시점 포착

[그림 3-14] 하단의 노란색 원 안은 VR이 70%에 근접하였다가 다시 올라가는 구간으로 매수신호로 인식한다. 실제로 이 구간을 지나면서 주가는 상승하였다. 그러나 VR은 거래량을 나타내는 지표이므로 가격을 나타내는 지표와 함께 고려해야 한다.

[그림 3-14] VR 지표를 이용한 매매시점 포착

② VR값이 상승하는데 주가가 하락한다면 매수시점으로 인식한다. 반면에 VR값이 하락하는데 주가가 상승한다면 매도시점으로 인식한다. 즉 주가가 상승한 날의 거래량이 상대적으로 늘어나는데 주가가 오르지 않으면 조만간 주가가 상승할 가능성이 크다. 반면에 주가가 상승한 날의 거래량이 상대적으로 줄어드는데 주가가 내리지 않으면 조만간 주가가 하락할 가능성이 크다.

(13) 주체별 주식매수량

주식의 매수주체는 크게 외국인투자자, 기관투자자 그리고 개인투자자로 나눌 수 있다. 일반적으로 외국인투자자와 기관투자자는 자금동원력과 정보수집력이 개인투자자보다 앞서기 때문에 그들의 매매 움직임을 좇아 매매시점을 포착할 수도 있다.

외국인투자자는 개인도 있지만 대부분 금융기관이다. 따라서 주식매매에 대한 의사결정이 일관되고 상대적으로 자금동원력과 정보수집력이 높아 주가를 선도하는 역할을 한다. 기관투자자도 주로 은행, 증권사, 보험사, 국민연금 등 국내 금융기관으로 체계적이고 일관되게 주가를 선도한다. 개인투자자는 지분의 분산으로 매매 의사결정의 응집력이 약하고 상대적으로 정보수집력이 낮아 주가를 선도하는 데 한계가 있다. 그러나 최근 개인투자자도 SNS를 통해 연대하며 조직적으로 움직이므로 특정 기업의 주가를 선도하는 주체로 떠오르고 있다.

한편 주식투자에 있어서 특정 기업의 신용잔고도 고려해야 한다. 신용거래는 투자자가 주식 매수자금의 일정 비율(보통 30~40%)을 담보금으로 제공하고 나머지 금액은 증권회사에서 빌려 주식을 매수하는 것이다. 신용잔고가 높다는 것은 투자자들이 주가상승을 예상하여 자기가 가진 금액보다 더 많은 금액으로 주식을 매수했다는 것이다. 주가가 하락하면 고객의 담보금이 줄어든다. 고객은 주식을 계속 보유하기 위해 일정의 담보금을 유지해야 한다. 만약 고객이 부족한 담보금을 채우지 못하면 증권회사는 빌려준 신용자금을 회수하기 위해 고객의 주식을 반대매매할 것이다. 따라서 신용잔고가 많은 주식은 주가가 하락하면 그 매도세가 반대매매로 인해 더 강해질 수 있다.

사례 15 매수주체별 주식매수량 추이

[그림 3-15] 하단에 외국인 순매수를 나타내는 막대그래프와 외국인 주식보유량(주황색)을 나타내는 선이 있다. 이러한 막대와 선을 이용하여 해당 종목에 외국인이 어떻게 투자하고 있는지 확인할 수 있다. 그 밑의 녹색 선은 기관투자자의 누적 순매수를 나타낸다. 맨 아래 분홍색 선은 신용잔고를 나타내며 신용잔고가 주가의 방향에 따라 어떻게 움직이는지 주의 깊게 살펴볼 필요가 있다.

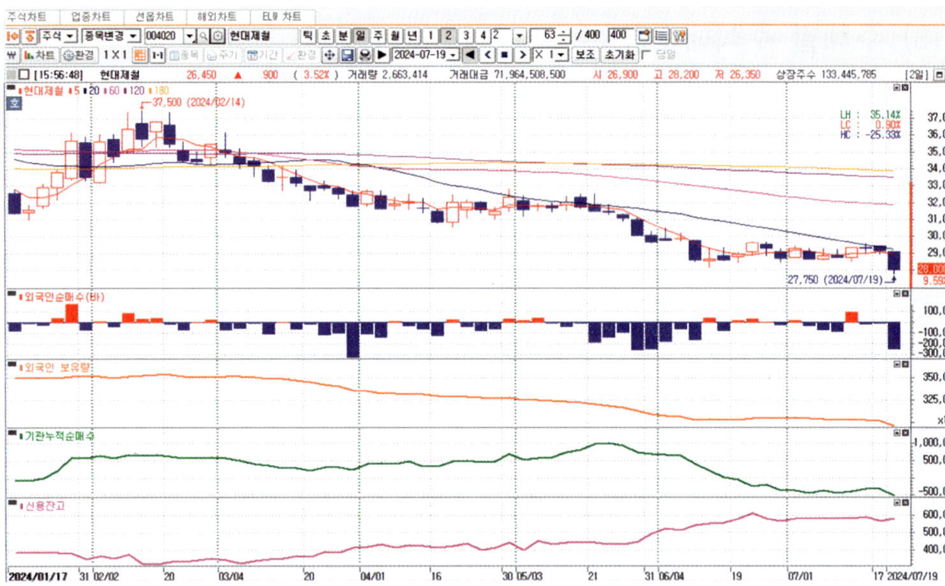

[그림 3-15] 매수주체별 주식매수량 추이

(14) 보조지표의 조합

주식의 매매시점을 알려주는 보조지표는 각각 강점과 약점이 있다. 따라서 보조지표는 약점을 보완하기 위해 다른 보조지표들과 함께 활용해야 한다.

1) MACD 지표

MACD는 추세를 신속하게 파악하여 매매시점을 확인할 수 있고 이동평균선과 함께 활용하면 더 효과적인 지표이다. 그러나 주가상승의 신호는 0선 위에서는 신뢰성이 높지만, 0선 아래에서는 신뢰성이 낮다. 그 이유는 단기 이동평균선이 0선 위에서는 장기 이동평균선 위에 있지만 0선 아래에서는 장기 이동평균선의 밑에 있기 때문이다. 또한 MACD는 단기 변동에 민감하므로 잘못된 매매시점을 알려줄 수 있다. 따라서 일봉과 함께 주봉이나 월봉의 MACD도 병행하여 사용해야 한다.

2) 스토캐스틱 지표

스토캐스틱(Stochastic)은 %K선과 %D선의 교차를 이용하여 다른 지표보다 빨리 매매시점을 포착할 수 있고, 이해하는 데 직관적이다. 그러나 스토캐스틱은 너무 많은 매매 신호를 보여주어 잘못된 매매가 이루어질 수 있다. 따라서 빠른 스토캐스틱을 보완하여 느린 스토캐스틱과 다른 지표를 함께 고려해야 한다.

3) 볼린저밴드 지표

볼린저밴드(Bollinger bands)는 중심선을 기준으로 상한선과 하한선이 있으므로 주가의 하락 시기에 큰 손실을 피할 수 있다. 그러나 볼린저밴드는 주가에 후행하기 때문에 주가가 상승한 후 하락하거나 하락한 후 상승할 때 또는 밴드를 벗어날 때 적시에 대응하기 어렵다.

4) 이격도와 심리도

이격도는 주식이 박스권을 벗어나 대세 상승기나 대세 하락기에 접어들면 매매기회를 놓칠 수 있는 한계가 있다. 심리도는 주가의 상승 변동폭과 하락 변동폭을 고려하지 않아서 매수세력과 매도세력의 상대적 강도를 확인할 수 없다.

5) 일목균형표

일목균형표는 과거, 현재 그리고 미래까지 주가의 흐름을 한눈에 알아볼 수 있다. 그러나 일목균형표는 횡보장에서 뚜렷한 매매시점이 나타나지 않으며 주가의 추세 전환 신호가 늦게 잡히는 경향이 있다.

6) 상대적 강도 지수(RSI)

RSI는 산출방법이 간단하고 주가의 상승추세와 하락추세뿐만 아니라 횡보 장세에서도 효과적이다. 그러나 주식이 박스권을 벗어나 대세 상승기나 대세 하락기에 접어들면 매매기회를 놓칠 수 있다.

7) CCI 지표

CCI는 현재 주가가 과매수 구간에 있는지 과매도 구간에 있는지 알려주어 투자 의사결정을 도와준다. 그러나 과매수 구간의 정점에서 매도신호나 과매도 구간의 바닥에서 매수신호는 알려주지 않는다.

8) DMI와 ADX 지표

DMI는 주가추세의 방향성은 알려주지만, 추세의 강도는 알려주지 않는다. 반면에 ADX는 주가추세의 강도는 알려주지만, 추세의 방향성은 알려주지 않는다. 따라서 주식의 매매시점을 확인하기 위해 두 지표를 함께 고려해야 한다.

9) OBV와 VR 지표

OBV는 시작일을 기준으로 누적 거래량을 나타내어 현재의 시장상황을 과거와 비교하기가 어렵다. 그러나 VR은 특정 기간 상승한 날의 거래량과 하락한 날의 거래량을 비율로 나타내어 현재의 시장상황을 파악할 수 있다. 따라서 주식의 매매시점을 확인하기 위해 두 지표를 함께 고려해야 한다. 한편 거래량 지표는 주가의 상승이나 하락을 예측할 때 거래량의 동향을 파악함으로써 주가의 방향성을 더 명확하게 알려준다. 그러나 주가가 상승하거나 하락하기 전에 반드시 거래량이 늘어나는 것은 아니므로 주가를 선행한다고 단정할 수 없다.

2 패턴분석

패턴분석(Pattern Analysis)은 주가의 추세선 변화를 통해 미래의 주가를 예측함으로써 매매시점을 포착하는 방법이다. 패턴분석도 과거자료를 이용하여 주가를 예측하므로 미래에도 똑같은 패턴으로 주식을 예측할 수 있다고 보장할 수 없다. 따라서 과거의 패턴분석을 맹신하여 패턴분석대로 주식투자 의사결정을 내린다면 큰 이익을 얻을 기회나 큰 손실을 피할 기회를 놓칠 수 있다. 그러나 보편적인 패턴분석의 지식을 현재 시장상황에 잘 활용하면 더 나은 의사결정이 될 수 있다. 패턴의 유형은 매우 많지만, 다음과 같이 보편적으로 많이 알려진 반전형 패턴과 지속형 패턴을 소개하고자 한다.

(1) 반전형 패턴

주가의 추세선이 지금과 반대로 전환될 것으로 예측하여 주식의 매매시점을 포착하는 패턴이다.

1) 헤드 앤 숄더

헤드 앤 숄더(Head & Shoulders)는 양쪽 어깨와 머리가 있는 형태(검정선)의 패턴이다. 이 패턴은 거래량이 감소하는 경향이 있고, 주가가 매수 거래량이 많은 시점의 주가만큼 하락하거나 더 하락할 가능성이 있다. [그림 3-16]에서 ①번 선(노란색)은 왼쪽 어깨를 지지하는 상승추세선이다. 주가가 ①번 추세선을 뚫고 내려오다가 일시적으로 상승전환하면 오른쪽 어깨가 만들어진다. 그러나 오른쪽 어깨가 왼쪽 어깨높이를 뚫지 못하면 주가는 하락추세로 전환하면서 계속 하락할 수 있다. ②번 선은 왼쪽 어깨가 시작된 지점의 주가를 나타낸다. 주가가 오른쪽 어깨에서 하락하여 ②번 선을 뚫고 내려가면 주가는 지속해서 하락할 수 있다. 즉 왼쪽 어깨가 시작된 지점의 주가가 지지선이 되지 못하고 밀려버리면 주가는 더 하락할 수 있다. ③번의 왼쪽 원 안은 왼쪽 어깨가 시작되는 지점에서 거래량이 늘어났던 것을 보여준다.

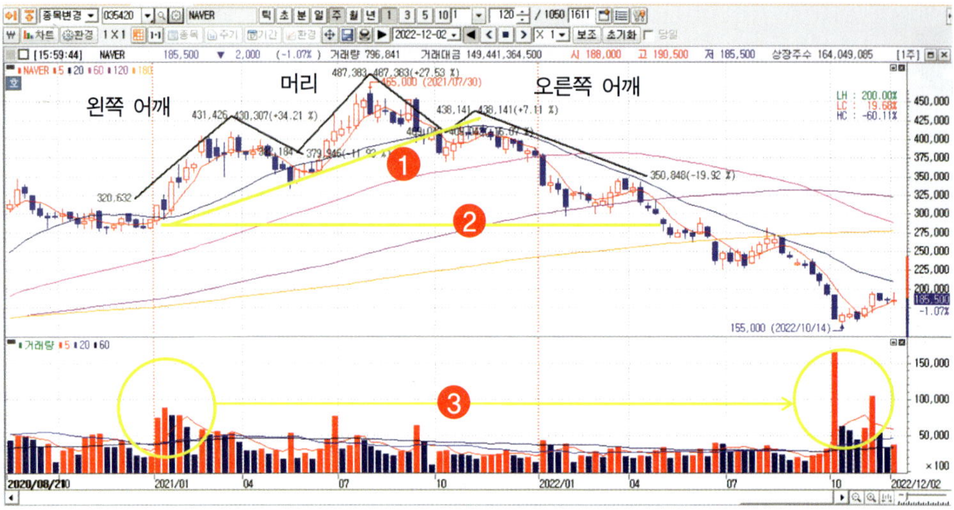

[그림 3-16] 헤드 앤 숄더 패턴분석

이후 거래량이 줄어들었다가 주가가 바닥에 근접하면서 다시 늘어나는 것을 볼 수 있다. 따라서 이 패턴은 주가의 추세선과 함께 거래량도 고려해야 한다.

2) 역 헤드 앤 숄더

역 헤드 앤 숄더는 헤드 앤 숄더의 반대 모양(검정선)의 패턴이다. 이 패턴은 일반적으로 거래량이 증가하는 경향이 있고, 주가가 하락이 시작된 지점을 뚫고 반등하면 추가로 상승할 가능성이 있다. [그림 3-17]에서 ①번 선(노란색)은 왼쪽 어깨가 시작된 지점의 주가 높이를 나타낸다. ②번 선은 왼쪽 어깨를 저항하는 하락추세선이다. 주가가 ②번 추세선 아래로 내려오다가 일시적으로 상승전환하면 왼쪽 어깨가 만들어진다. 그러나 주가가 ②번 추세선에 부딪혀 하락하면 머리가 만들어진다. 바닥인 머리에서 주가가 상승하다가 하락전환하면 오른쪽 어깨가 만들어진다. 오른쪽 어깨에서 다시 주가가 상승하여 하락이 시작되었던 ①번 선의 주가를 뚫고 올라가면 지속해서 상승할 수 있다. [그림 3-17]에서는 주가가 ①번 선을 뚫지 못하고 다시 내려가는 모습을 보인다. 이러한 현상은 왼쪽 어깨가 시작된 하락시점에서 매도되지 못한 주식 물량이 오른쪽 어깨의 주가상승을 방해하는 악성물량이 되어 저항선으로 작용한 것이다. 주가는 ①번 선의 저항에 부딪혀 횡보한다. 그러나 ③번을 보면 거래량이 늘어나는 것을 알 수 있다. 이러한 과정

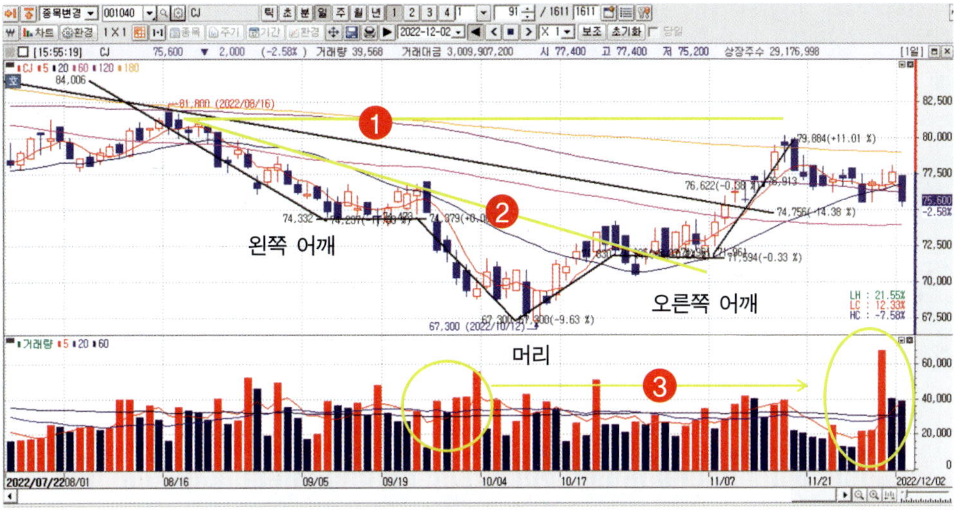

[그림 3-17] 역 헤드 앤 숄더 패턴분석

은 새로운 매수주체가 악성 매도물량을 소화하는 과정으로 거래량이 늘어나면 악성물량이 모두 소진되면서 주가는 상승할 것이다.

3) 이중천장형

이중천장형은 천장이 두 개 있는 형태(검정선)의 패턴으로 주가의 추세가 하락전환할 때 발생할 수 있다. 두 번째 봉우리의 주가가 첫 번째 봉우리의 주가를 뚫고 올라갈 것으로 예상하여 거래량이 늘어나지만 두 번째 봉우리가 강력한 매도세력에 부딪혀 하락으로 전환하는 것이다. 첫 번째 봉우리가 형성될 때 들어왔던 매수세력이 두 번째 봉우리가 오르지 못하는 것을 확인하고 매도세력으로 전환되면서 더 가파르게 주가가 하락할 수 있다. [그림 3-18]에서 ①번 선은 첫 번째 봉우리 주가와 두 번째 봉우리 주가의 높이를 비교한 것으로 두 번째 봉우리의 주가가 첫 번째 봉우리의 주가보다 약간 더 높은 것을 알 수 있다. 그러나 두 번째 봉우리 정점에서 '십자형' 봉도표가 나타나면서 주가가 하락전환하는 모습을 볼 수 있다. ②번 선은 첫 번째 봉우리가 시작되었던 지점의 주가 높이로 두 번째 봉우리에서 하락하는 주가가 ②번 선을 뚫고 하락하는 모습을 보여준다. 즉 ②번 선은 주가의 지지선이 되지 못한 것이다. ③번을 보면 첫 번째 봉우리가 형성되기 전에 거래량이 늘어났으며 두 번째 봉우리가 형성되기 전에도 거래량이 늘어났으나 이

[그림 3-18] 이중천장형 패턴분석

후 주가가 하락하면서 거래량이 줄어드는 것을 알 수 있다. 결론적으로 천장에 두 개의 봉우리가 나타나는 패턴은 주가가 하락추세로 전환할 가능성이 있다.

4) 이중바닥형

이중바닥형은 바닥이 두 개 있는 형태(검정선)의 패턴으로 주가의 추세가 상승전환할 때 발생할 수 있다. 주가의 추세가 상승으로 반전하면 보통은 첫 번째 바닥보다 두 번째 바닥이 더 높은 경우가 많다. 거래량도 주가가 두 번째 바닥을 찍으면 증가하는 경향이 있다. 즉 첫 번째 바닥에서 들어온 매수세력보다 두 번째 바닥에서 들어온 매수세력이 더 강한 것으로 주가의 상승전환을 나타내는 신호일 수 있다. [그림 3-19]의 ①번 선은 첫 번째 바닥이 시작되었던 지점의 주가 높이로 두 번째 바닥에서 상승하는 주가가 ①번 선을 뚫고 상승하는 모습을 보여준다. 즉 ①번 선은 주가의 저항선이 되지 못한 것이다. ②번 선은 첫 번째 바닥의 주가와 두 번째 바닥 주가의 높이를 비교한 것으로 두 번째 바닥의 주가가 첫 번째 바닥의 주가보다 약간 더 낮은 것을 알 수 있다. 그러나 보통 두 번째 바닥의 주가가 첫 번째 바닥의 주가보다 더 높다. 두 번째 바닥에서 '망치형' 봉도표가 나타나면서 주가가 상승전환하는 모습을 볼 수 있다. 두 번째 바닥에서 오르기 시작한 주가가 ①번 선을 뚫고 올라가자 ③번과 같이 거래량이 늘어나는 것을 알 수 있다. 이러한

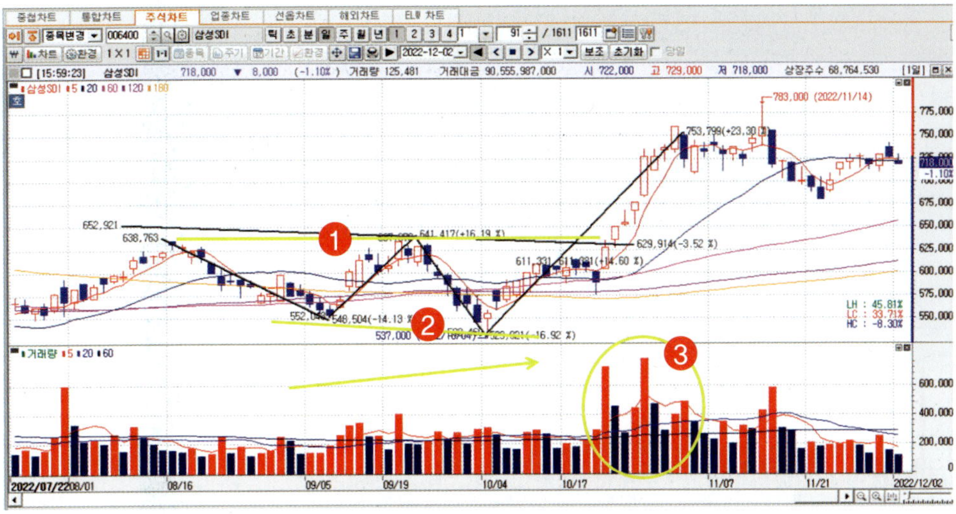

[그림 3-19] 이중바닥형 패턴분석

현상은 첫 번째 바닥이 시작된 하락시점에서 매도되지 못한 주식 물량이 두 번째 바닥에서 주가가 상승할 때 모두 소화되어 저항선으로 작용하지 못한 것이다.

5) V자 천장형

V자 천장형은 주가의 추세가 갑작스러운 호재로 급격히 상승하였다가 그 호재가 사라지거나 새로운 악재가 발생하면서 급격하게 주가가 하락하는 패턴이다. 호재의 재료가 모두 소진되면 주가는 상승하기 전의 가격으로 다시 하락하는 모습을 보인다. 이러한 주가의 패턴은 작전세력이 가짜로 호재를 시장에 퍼트렸다가 호재가 가짜로 판명되면서 나타날 수 있다. [그림 3-20]에서 ①번의 주가상승 기울기는 ②번의 주가하락 기울기보다 더 급하다. 일반적으로 시장상황과 투자자 심리가 같다면 특정 호재로 인한 주가의 상승추세 기울기는 주가의 하락추세 기울기와 같아야 한다. 주가의 하락추세 기울기가 주가의 상승추세 기울기보다 완만한 이유는 투자자가 주식투자의 성공보다 주식투자의 실패를 더 인정하지 못하는 심리에 기인할 수 있다. ④번의 거래량을 보면 주가가 오르기 전에는 급격하게 증가하였다가 이후 주가가 하락할 때는 거래량이 분산되는 것을 볼 수 있다. ③번 선을 보면 주가는 상승하였다가 다시 상승하기 전의 가격으로 돌아간 것을 알 수 있다. 이러한 현상은 특정 호재에 의해 주가가 올랐다가 특정 호재가 소멸하

[그림 3-20] V자 천장형 패턴분석

면서 주가가 하락하였다는 것을 짐작할 수 있다.

6) V자 바닥형

V자 바닥형은 주가의 추세가 갑작스러운 악재로 급격히 하락하였다가 그 악재가 사라지거나 새로운 호재가 발생하면서 급격하게 주가가 상승하는 패턴이다. 악재의 재료가 모두 소진되면 주가는 하락하기 전의 가격으로 다시 회복하는 모습을 보인다. 이러한 주가의 패턴은 예를 들면 중국이 특정 원재료를 한국에 공급하지 않기로 했다는 기사가 나면서 특정 기업의 주가가 급락하지만 이러한 원재료를 대체할 다른 대안이 있다는 사실이 확인되면 주가가 회복하는 경우이다. [그림 3-21]에서 ①번 선을 보면 주가는 하락하였다가 어느 정도 다시 하락하기 전의 가격으로 돌아간 것을 볼 수 있다. 이러한 현상은 특정 악재에 의해 주가가 하락하였다가 특정 악재가 소멸하면서 주가가 상승하였다는 것을 알 수 있다. ②번의 주가하락 기울기가 ③번의 주가상승 기울기보다 더 급하다. 일반적으로 시장상황과 투자자 심리가 같다면 특정 악재로 인한 주가의 하락추세 기울기는 주가의 상승추세 기울기와 같아야 한다. 그러나 투자자 심리는 악재에는 민감하고 악재의 소멸에는 둔감하거나 의심이 많으므로 주가의 상승추세 기울기가 주가의 하락추세 기울기보다 완만한 것이다. ④번의 거래량을 보면 주가가 바닥을 기점으로 서

[그림 3-21] V자 바닥형 패턴분석

서히 증가하는 것을 볼 수 있다.

7) 선형

선형은 주가가 장기간 횡보하다가 경제환경의 변화로 기업가치가 재평가되면서 거래량이 늘고 주가가 큰 폭으로 상승하는 패턴이다. [그림 3-22]에서 노란색 원

[그림 3-22] 선형 패턴분석

안은 거래량이 급증하는 지점을 보여준다. 이러한 거래량의 급증은 주가의 상승으로 이어진다. 그러나 일반적으로 기업의 체질 변화가 일어나는 시점을 정확히 확인하기는 어려워 선형 패턴에서 상승 초기에 주식을 매수하기가 쉽지 않다.

8) 원형 천장형

원형 천장형(Rounding Top)은 주가가 지속적인 상승세를 이어오다가 천장에서 한동안 방향성을 잃고 횡보한 후 매도세력이 강해지면서 주가가 하락전환하는 패턴이다. [그림 3-23]은 주가가 횡보하면서 평평한 천장(검정선)을 만드는 모습을 보여준다. 천장에서 매수세력과 매도세력이 힘의 균형을 이루다가 매도세력이 득세하면서 주가는 하락전환한다. ①번 선은 상승추세에서 왼쪽 어깨의 저점을 나타내며, 주가가 하락할 때 1차 지지선 역할을 하는지 확인하기 위한 것이다. [그림 3-23]에서 주가는 예상되는 1차 지지선을 뚫고 내려가 2차 지지선에 닿았다. ②번 선은 상승추세가 시작되는 지점의 주가로 주가가 하락할 때 2차 지지선임을 보여준다. ③번을 보면 왼쪽의 노란색 원 안은 주가가 상승하기 전에 거래량을 보여주며, 오른쪽 노란색 원 안은 천장에서의 거래량을 보여준다. 천장에서는 거래량이 줄어들어 정점임을 보여준다. 물론 추가의 매수세력이 대량의 거래량을 동반하며 천장을 뚫고 주가를 끌어올릴 수도 있다.

[그림 3-23] 원형 천장형 패턴분석

9) 원형 바닥형

원형 바닥형(Rounding Bottom)은 주가가 지속적인 하락세를 이어오다가 바닥에서 한동안 방향성을 잃고 횡보한 후 매수세력이 들어오면서 주가가 상승전환하는 패턴이다. 보통 횡보 국면에서는 거래량이 없다가 주가가 상승전환할 때 거래량이 급증한다. [그림 3-24]에서 ①번 선은 주가가 하락하기 시작하는 지점의 주가로 주가가 하락하였다가 바닥(검정선)을 형성한 후 다시 상승하면서 ①번 선을 뚫고 올라가는 모습을 보인다. ②번의 노란색 원 안을 보면 주가가 올라가면서 거래량이 증가하는 것을 볼 수 있다.

[그림 3-24] 원형 바닥형 패턴분석

(2) 지속형 패턴

주가의 추세선이 지금과 같이 유지될 것으로 예측하여 주식의 매매시점을 포착하는 패턴이다.

1) 이등변삼각형

지지선(위의 검정선)과 저항선(아래의 검정선)이 대칭인 이등변삼각형 모양으로 주가가 삼각형의 꼭짓점에 수렴하면서 주가의 추세가 어느 한쪽으로 전환될 가능성이 큰 패턴이다. 이러한 패턴이 하락장에서 나타나면 주가의 횡보가 길어질 수

[그림 3-25] 이등변삼각형 패턴분석

있고, 강세장에서 나타나면 주가가 상승할 가능성이 있다. [그림 3-25]에서 지지선과 저항선이 시작되는 지점은 주가의 변동폭이 크지만 ①번의 노란색 원 안의 삼각형 꼭짓점으로 갈수록 주가의 변동폭이 작아지는 것을 알 수 있다. 이후 ②번과 같이 거래량이 다시 늘어나면서 주가가 상승전환하는 모습을 보여준다.

2) 상승 삼각형

매수세력이 계속 수평의 저항선(중간 검정선)에 부딪히며 매도물량을 소화하는 과정으로 매수세력이 매도물량 대를 모두 소화하면 저항선을 뚫고 주가가 상승하는 패턴이다. [그림 3-26]에서 보듯이 주가가 매도물량이 쌓여 있는 수평의 저항선(중간 검정선)에 부딪히면 매도세력에 의해 아래로 밀렸다가 다시 지지선에 부딪히며 주가가 상승한다. 밀린 주가를 받쳐주는 지지선(맨 아래 검정선)의 저점은 점점 높아져 우상향하는 모습을 보여준다. ①번 노란색 원 안은 수평의 저항선과 우상향하는 지지선이 만나는 지점으로 주가는 매도물량 대를 뚫고 올라가는 모습을 보여준다. ②번의 거래량을 보면 저항선과 지지선이 수렴하는 지점에서 거래량이 급증하며 주가를 끌어올리는 것을 볼 수 있다. 이러한 현상은 새로운 매수세력이 그동안 쌓여 있던 악성 매도물량을 모두 소화하고 주가를 끌어올리는 것으로 더 이상 매도의 저항이 없는 상태이다.

[그림 3-26] 상승 삼각형 패턴분석

3) 하락 삼각형

상승 삼각형의 반대 모양 패턴으로 매도세력이 계속 수평의 지지선(중간 검정선)에 부딪히면서 매수물량을 소화하는 과정으로 매도세력이 우세하여 매수물량이 모두 소진되면 주가가 지지선을 뚫고 하락하는 패턴이다. [그림 3-27]에서 보듯이 주가가 매수물량이 쌓여 있는 수평의 지지선(중간 검정선)에 부딪히면 매수세

[그림 3-27] 하락 삼각형 패턴분석

력에 의해 위로 올라갔다가 다시 저항선에 부딪히며 주가가 하락한다. 올라간 주가를 막는 저항선(맨 위 검정선)의 고점은 점점 낮아져 우하향하는 모습을 보여준다. ①번 노란색 원 안은 수평의 지지선과 우하향하는 저항선이 만나는 지점으로 주가는 매수물량 대를 뚫고 내려가는 모습을 보여준다. ②번을 보면 1차 지지선(맨 아래 검정선)이 시작하는 지점에서 거래량이 급증하였다가 저항선에 부딪혀 주가가 내려가면서 줄어드는 것을 볼 수 있다. 이러한 현상은 매도세력이 지속해서 매수물량을 소진하면서 주가를 끌어내리므로 매수세력의 지지가 약화하는 것이다. 그러나 주가는 추세가 시작되는 가격대(맨 아래 검정선)에서는 더 이상 하락하지 않고 지지받는 모습을 보여준다.

4) 상승 깃발형

주가가 급등한 후 경계성 매도물량의 출회로 한동안 횡보 장세를 보이다가 다시 매수세력이 들어와 상승하는 깃발 모양의 패턴이다. 깃대 구간에서는 주가가 급등하다가 깃발 구간에서는 일정 범위 내에서 주가가 변동하면서 낮은 기울기의 하락을 보인다. 그 이후 다시 거래량과 함께 주가가 급등하면서 깃대를 형성한다. [그림 3-28]에서 ①번과 ③번은 깃대 구간이며, ②번과 ④번은 깃발 구간이다. ⑤번에서 알 수 있듯이 깃대 구간에서는 많은 거래량을 수반하며 주가가 급등하지만, 깃발

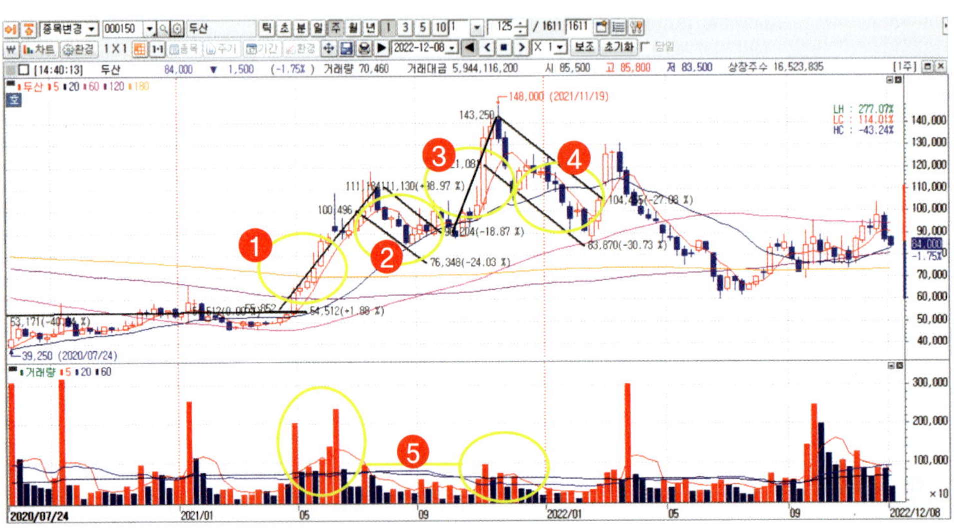

[그림 3-28] 상승 깃발형 패턴분석

구간에서는 거래량이 줄어들면서 완만한 하락세를 보인다. 그러나 이러한 패턴도 주가의 방향을 예측하는 데 절대적인 기준은 아니다. [그림 3-28]에서 주가는 2개의 깃발을 형성한 후 더 이상 오르지 못하고 하락하는 모습을 보여주었다.

5) 하락 깃발형

주가가 급락한 후 반발 매수물량이 들어와 한동안 횡보 장세를 보이다가 다시 매도세력을 이기지 못하고 하락하는 깃발 모양의 패턴이다. 깃대 구간에서는 주가가 급락하다가 깃발 구간에서는 일정 범위 내에서 주가가 변동하면서 낮은 기울기의 상승을 보인다. 그 이후 다시 거래량과 함께 주가가 급락하면서 깃대를 형성한다. [그림 3-29]에서 ①번은 깃대 구간이며, ②번은 깃발 구간이다. ③번은 깃발 구간일 수 있지만, 주가의 변동폭은 ②번의 깃발 구간에 비해 작다. ④번에서 알 수 있듯이 깃대 구간에서는 많은 거래량을 수반하며 주가가 급락하지만, 깃발 구간에서는 거래량이 줄어들면서 완만한 상승세를 보인다. 일반적으로 하락 깃발형 패턴은 주가의 하락추세에서 나타나기 때문에 상승 깃발형 패턴보다 형성기간이 더 짧은 편이다.

[그림 3-29] 하락 깃발형 패턴분석

6) 상승 쐐기형

저항선(위 검정선)과 지지선(아래 검정선)이 모두 상향의 기울기를 갖지만, 저항선이 지지선보다 기울기가 완만하여 두 추세선은 끝에서 수렴하고 이후 주가의 방향이 하락으로 전환하는 패턴이다. 투자자들은 저점이 계속 높아지면서 매수심리가 작용하지만, 고점이 더 이상 높아지지 않자 매도로 전환하게 된다. 이러한 패턴은 일반적으로 주가의 정점에서 나타난다. [그림 3-30]에서 저항선과 지지선은 ①번의 노란색 원 안에서 수렴한 후 매수심리가 꺾이면서 매도로 전환한다. ②번은 상승 쐐기형 패턴이 시작되는 지점으로 거래량이 급증하다가 매수심리가 약해지면서 거래량도 줄어드는 모습을 보인다.

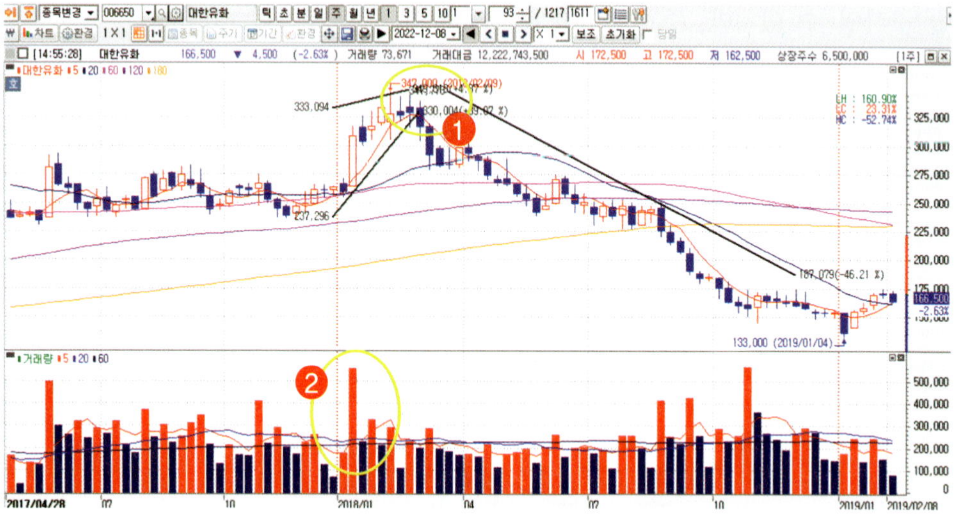

[그림 3-30] 상승 쐐기형 패턴분석

7) 하락 쐐기형

저항선(위 검정선)과 지지선(아래 검정선)이 모두 하향의 기울기를 갖지만, 저항선이 지지선보다 기울기가 가팔라 두 추세선은 끝에서 수렴하고 이후 주가의 방향이 상승으로 전환하는 패턴이다. 투자자들은 고점이 계속 낮아지면서 매도 심리가 작용하지만, 저점이 더 이상 낮아지지 않자 매수로 전환하게 된다. 이러한 패턴은 일반적으로 주가의 바닥에서 나타난다. [그림 3-31]에서 저항선과 지지선은 ①번의 노란색 원 안에서 수렴한 후 매도 심리가 꺾이면서 매수로 전환한다. ②

번은 하락 쐐기형 패턴이 시작되는 지점으로 거래량이 급증하다가 매도 심리가 약해지면서 거래량이 줄고 이후에 다시 상승전환하면서 거래량이 증가하는 모습을 보인다.

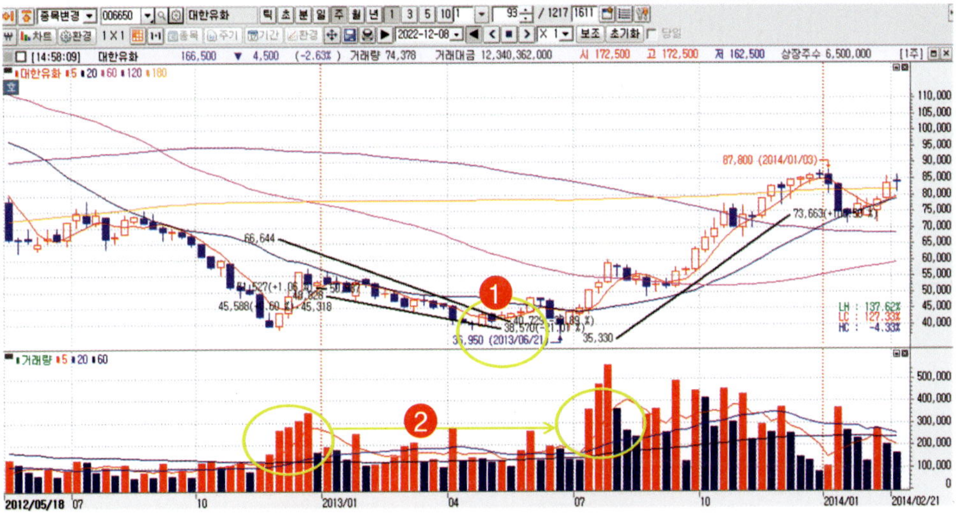

[그림 3-31] 하락 쐐기형 패턴분석

8) 상승 직각삼각형

주가의 바닥에서 매수세력과 매도세력이 한동안 힘겨루기를 하다가 매수세력이 강해지면서 주가가 상승하는 패턴이다. [그림 3-32]에서 주가는 ①번 지점부터 상승하여 정점에 다다를 때까지 대각선의 모습으로 상승한다. ②번에서 거래량도 함께 증가하는 것을 볼 수 있다. 한편 상승 직각삼각형 패턴의 반대는 하락 직각삼각형 패턴인데 실제로는 찾아보기가 쉽지 않다. 그 이유는 주가의 천장에서 매수세력과 매도세력의 힘겨루기 기간이 바닥에서보다 짧으며 주가의 하락시 기울기가 더 가파르기 때문이다.

[그림 3-32] 상승 직각삼각형

요약정리

1. 보조지표

이용자료	종 류
주가	• MACD, 스토캐스틱, 볼린저밴드, 이격도, 심리도, 일목균형표, 상대적 강도 지수(RSI), CCI, DMI, ADX
거래량	• OBV, VR

2. 패턴분석

패 턴	추 세	종 류
반전형	반전	• 헤드 앤 숄더, 역 헤드 앤 숄더, 이중천장형, 이중바닥형, V자 천장형, V자 바닥형, 선형, 원형 천장형, 원형 바닥형
지속형	지속	• 이등변삼각형, 상승 삼각형, 하락 삼각형, 상승 깃발형, 하락 깃발형, 상승 쐐기형, 하락 쐐기형, 상승 직각삼각형

4

투자전략과 경제환경 이해

1 투자전략
2 경제환경 이해
3 경제지표
4 유용한 정보 사이트

1 투자전략

(1) 허수주문

허수주문은 자신이 보유한 물량을 매도하거나 주식을 매수하기 위해 다른 투자자들을 매도세력이나 매수세력으로 끌어들이는 작전세력의 가짜주문 방법이다. 일반적으로 매매체결이 불가능한 호가에 매도나 매수 물량을 넣은 후, 매매가 될 것 같으면 호가를 정정하거나 취소하는 방법으로 매수세력과 매도세력을 유인한다. 그러나 호가창에 매도물량과 매수물량이 모두 작전세력이 개입된 상태라고 단정 지을 수는 없다. 본 책은 한화투자증권(주)의 주식매매 시스템(HTS)을 이용하였다. 그러나 모든 증권사는 같은 정보를 이용하여 주식매매 시스템을 만들기 때문에 정보를 보여주는 화면상 위치나 화면의 디자인은 달라도 정보는 같다.

[그림 4-1]에서 ①번은 주식의 매도 호가창이며, ②번은 주식의 매수 호가창이다. 호가창은 일반적으로 10단계를 이용하지만, 사용자가 조정할 수도 있다.

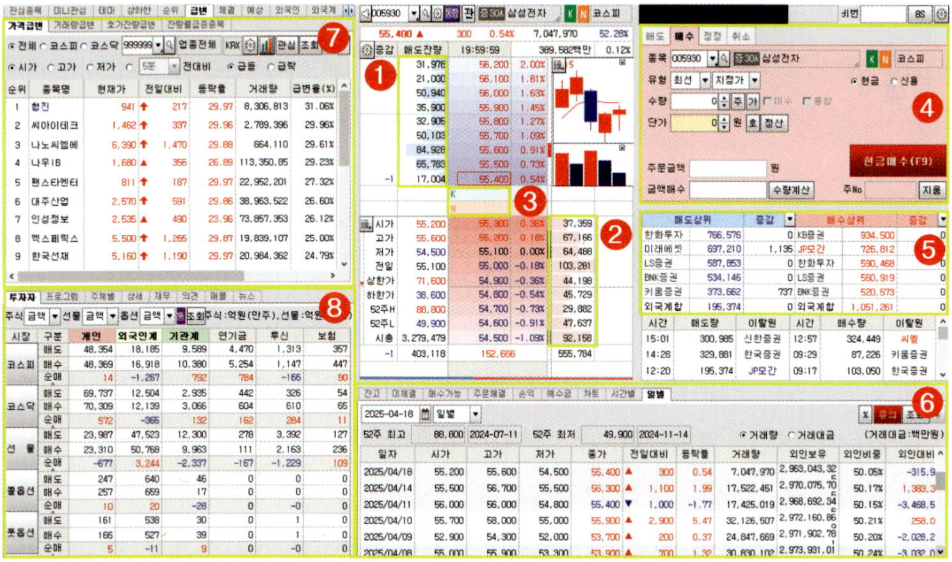

[그림 4-1] 주식매매 호가창

③번의 K는 한국거래소(KRX) 시장의 '중간가(최우선매수호가와 최우선매도호가의 평균가)'를 나타내며, N은 넥스트레이드(NXT) 시장의 '중간가'를 나타낸다. ④번은 주식의 매수나 매도를 위한 주문 창이다. ⑤번은 어떤 증권사를 통해 매수나 매도 주문이 나오는지를 보여주며 물량에 따라 순위도 보여준다. ⑥번은 날짜별 주가와 거래량 그리고 외국인보유비중 등을 보여준다. ⑦번은 종목의 선택을 위해 정보를 제공하는 창으로 가격급변, 거래량 급변 또는 기타 변동 사항이 있는 종목을 보여준다. ⑧번은 현재 매수주체들을 보여주며 다양한 기타 정보도 제공하고 있다.

다음과 같이 몇 가지 허수주문 사례를 제시한다. 허수주문자는 작전세력으로 표현하고자 한다.

첫째, 작전세력은 1호 매도창에 매도하고자 하는 물량을 입력한 후, 3~5호 매수창에 대량의 허수 매수물량을 주문한다. 일반투자자들은 1호 매도창에 매도주문자와 3~5호 매수창에 매수주문자가 같은 주문자인지 모를 것이다. 그들은 3~5호 매수창에 대량의 물량을 보고 매수세력이 들어온 것으로 착각하여 1호 매도창의 매도물량을 매수하기 시작한다. 작전세력은 1호 매도창에 매도물량을 모두 매도하면 3~5호 매수창에 매수물량을 취소할 것이다.

둘째, 작전세력은 1호 매도창에 일부 매도물량을 주문하고 실제로 매도하고 싶은 물량은 더 위의 호가창에 주문한다. 그리고 1~3호 매수창에 대량의 매수물량을 주문하고 1호 창에서 실제로 일부 자전거래(自轉去來)를 진행한다. 자전거래는 주식 보유자가 주식을 자신에게 매도하고 매수하는 거래이다. 첫 번째 방법은 매매 없이 허수주문만으로 매수세력을 끌어들이지만 두 번째 방법은 일부 매매가 진행되면서 매수세력을 끌어들인다. 허수주문자가 높은 호가창에 있는 실제 매도물량을 처리하기 위해 자전거래를 통해 매수세력을 끌어들이는 것이다.

셋째, 작전세력은 1호 매도창에 일부 매도물량을 주문하고 그 위의 여러 호가창에 목표하는 매도물량을 분산하여 주문한다. 그리고 1~3호 매수창에서 매수물량을 주문하여 매매한다. 두 번째 방법과의 차이는 매도창에 주문한 매도물량이 줄어들면 얼른 더 높은 호가창으로 매도물량을 정정하여 매수세력이 더 높은 가격에 매수하도록 유인하는 것이다. 결국 허수주문자가 목표한 매도물량이 모두 소진되면 매수창과 매도창에 물량이 줄어들면서 주가가 하락할 수 있다.

넷째, 작전세력은 해당 종목의 매매에서 자신들만 알 수 있는 신호로 특정 수량을 허수주문하여 시세를 조종할 수 있다. 예를 들어, '777', '18' 또는 '44' 등이 있다. 그러나 이러한 허수주문이 반드시 작전세력의 신호라고 단정할 수는 없다. 그리고 해당 종목의 주가를 주도하는 세력이 하나 이상이라면 허수주문인지를 확인하기가 더 어렵다.

(2) 자전거래

자전거래는 대량의 주식을 매매하는 증권회사가 같은 주식을 같은 가격에 중개하여 주식이 한 계좌에서 다른 계좌로 옮겨갈 수 있게 한다. 자전거래는 주식의 거래량과 가격에 영향을 미칠 수 있어서 증권거래소에 신고 대상이다. 보통 동시호가나 종가가 발표된 후 같은 가격으로 매매한다. 자전거래는 계열회사 간에 안정적인 지분 교환이나 상장회사의 주식 평가이익을 현실화하기 위해 발생한다. 그러나 작전세력이 주가조작이나 시세조정을 위해 이용하는 때도 많아 투자심리에 영향을 준다. 실제로 주식을 매매하다 보면 자전거래로 의심되는 경우를 많이 본다.

다음과 같이 두 가지 경우의 자전거래를 제시한다.

첫째, 작전세력이 충분히 주식을 매수한 상태에서 주가를 끌어올리기 위해 자전거래를 할 수 있다. 주식이 상승하다 매수세력이 약화하면 거래량이 줄어든다. 이럴 때 작전세력은 주가를 끌어올리기 위해 보유하고 있는 대량의 물량을 1~3호 매도창에 주문하고 기다린다. 주문한 매도물량이 소진되지 않으면 일반투자자들은 매도세력이 더 강하다고 인식하고 매수를 하지 않는다. 그때 작전세력은 자기들이 매도 호가창에 주문한 대량의 매도물량을 일시에 매수함으로써 거래량이 늘면서 시장에 강력한 매수세력이 들어왔다고 오인하게 한다. 일반투자자들은 대량의 매도물량이 뚫리는 것을 보면서 다시 매수세력에 가담하여 주가를 끌어올리게 된다.

둘째, 작전세력이 충분히 주식을 매수하지 못한 상태에서 주가가 오르면 낮은 가격으로 추가의 물량을 확보하기 위해 자전거래를 할 수 있다. 먼저 작전세력이 1~3호 매수창에 대량의 매수물량을 입력하고 기다린다. 주문한 매수물량이 소진되지 않으면 일반투자자들은 매수세력이 더 강하다고 인식하고 호가를 올려 매수에 가담한다. 그때 작전세력은 자기들이 보유한 물량을 대량으로 매도함으로써 대량의 매수물량이 소진되고 주가가 하락추세로 전환되었다고 오인하게 만든다. 일반투자자는 매수심리가 꺾이면서 매도에 가담하여 주가가 더 하락하게 된다. 작전세력은 원하는 가격대까지 주가가 하락하면 다시 주식을 매수하여 충분히 물량을 확보한다.

작전세력은 물량을 확보한 후 주식이 원하는 가격대에 이르면 조금씩 매도하기 시작한다. 작전세력이 자전거래를 통해 주가를 그들이 원하는 가격대까지 끌어올리는 데에는 적게는 6개월에서 길게는 2~3년이 걸릴 수 있다. 물론 작전세력은 주가조작이 뜻대로 되지 않으면 포기하는 예도 있다. 작전세력은 보유 주식을 원하는 가격대에 매도하려고 하지만, 매수세력이 약하다면 남은 물량을 빨리 처분하기 위해 한꺼번에 매도할 수 있다. 따라서 이러한 작전주는 정점에 다다르면 하한가를 맞는 경우가 많다. 뒤늦게 매수한 일반투자자는 연속되는 하한가에 매도의 기회를 놓치고 엄청난 손실을 볼 수 있다. 일례로 2023년에 일어난 소시에테제너럴(SG) 주가폭락 사태가 있다.

(3) 박스권 돌파 전략

주가가 저항선(위 검정선)과 지지선(아래 검정선)의 박스(BOX)권 안에서 N자형 패턴을 유지하며 횡보 장세를 보이다가 박스권을 뚫고 강한 상승세가 올 수 있다. 주가가 박스권을 돌파할 때 두 군데의 주식 매수시점이 발생할 수 있다. 첫 번째 주식 매수시점([그림 4-2] ①번)은 N자형 박스권 안에서 이동평균선이 밀집하였다가 단기 이동평균선(5일)이 중기 이동평균선(20일)을 뚫는 골든 크로스가 발생할 때이다. 그러나 이 시점은 박스권 안에 있고 전 고점을 뚫은 상태가 아니므로 악성 매도물량이 출회하여 다시 주가를 끌어내릴 수 있다. 따라서 골든 크로스가 발생한 이후 주가가 지속해서 상승하는지 지켜볼 필요가 있다. 두 번째 주식 매수시점([그림 4-2] ②번)은 주가가 박스권의 저항선인 전 고점을 뚫고 올라갈 때이다. 이때는 거래량이 이전의 횡보장보다 상당히 많이 증가해야 매수시점으로서 유효하다. 즉 거래량이 증가하여 전 고점의 악성 매도물량이 소화되어야 주가의 상승에 더 신뢰성을 부여할 수 있다. 매수시점 ①번과 같이 주가가 박스권을 돌파하기 전에 주식을 매수하면 더 큰 수익을 실현할 수 있지만, 하락가능성도 존재한다. 반면에 매수시점 ②번과 같이 주가가 박스권을 뚫고 올라간다면 악성 매도물량에 의한 하락은 없으므로 더 신뢰할 만한 매수시점이 될 수 있다.

[그림 4-2] 박스권 돌파 전략

(4) 눌림목 투자전략

눌림목 투자전략은 주가가 상승추세에 있다가 차익을 실현하는 매도물량으로 주가가 일시적으로 하락하지만, 대세적인 상승추세가 꺾이지 않아 다시 주가가 상승할 때 매수하는 방법이다. 이 방법은 장기매매보다 단기매매에 적합하며 단기 이동평균선이 중·장기 이동평균선 위에서 움직일 때 유효하다. [그림 4-3]은 주가가 20일 이동평균선을 지지선으로 하여 지지선을 깨지 않으면서 지속해서 상승하는 패턴을 보여준다. 주가가 상승하였다가 일시적으로 하락하면서 이동평균선에 닿을 때 눌림목이 발생한다. 이격도에서 설명한 대로 주가는 이동평균선에서 멀어지면 가까워지려 하고 가까워지면 멀어지려 하는 속성이 있다. 따라서 주가가 눌림목에 있을 때 매수를 하면 일시적으로 주가가 상승하면서 수익을 실현할 수 있다. 그러나 눌림목은 차익을 실현하려는 투자자 심리를 이용하여 작전세력이 물량 확보를 위해 매도의 자전거래를 한 결과일 수 있으므로 큰 수익을 놓치지 않게 추세를 잘 파악해야 한다. 한편 주가의 하락추세에서는 매도세력이 강하여 주가가 이동평균선에서 멀어지려 하는 속성이 약화하므로 눌림목 투자전략이 유효하지 않을 수도 있다.

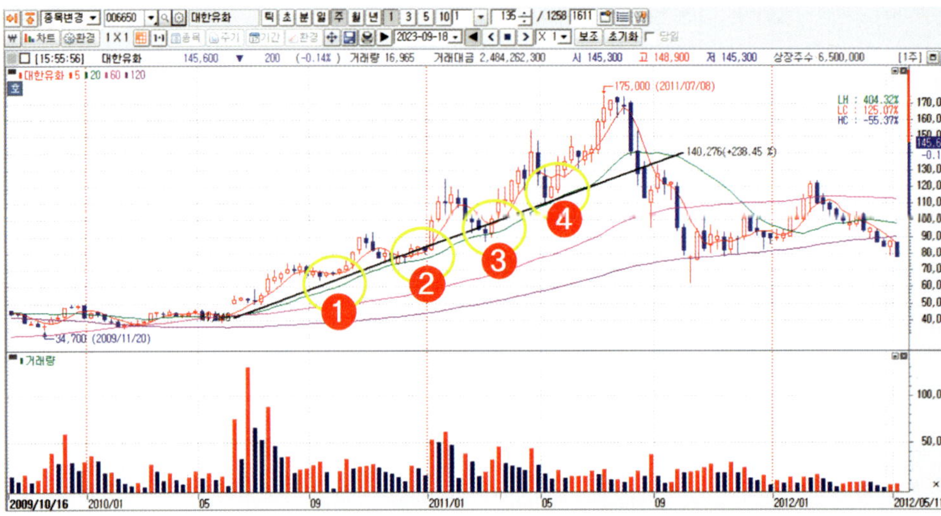

[그림 4-3] 눌림목 투자전략

(5) 추세전환 투자전략

주가가 상승추세에서 하락하였다가 다시 상승추세로 전환할 때 매수시점으로 잡는 방법이다. 이러한 추세전환 투자전략에는 두 군데의 매수시점이 발생할 수 있다. 먼저 [그림 4-4]에서 주가가 바닥일 때 5일 이동평균선(빨간색)이 우상향으로 전환하는 시점을 ②번 매수시점으로 볼 수 있다. 그러나 ②번의 매수시점을 포착하기는 매우 어렵다. 이동평균선은 주가에 후행하므로 가장 저점인 ①번을 이미 지나갔을 것이고, 이동평균선이 확실히 우상향하는 것을 확인할 때는 이미 주가가 많이 오른 상태일 것이다. 따라서 매수시점 ③번과 같이 5일 이동평균선이 20일 이동평균선을 뚫은 상태이며 거래량은 지속해서 증가하고 주가가 전 고점을 돌파할 때 가장 접근이 가능한 매수시점이 될 것이다.

[그림 4-4] 추세전환 투자전략

(6) 상한가 따라잡기 투자전략

상한가 따라잡기는 대량의 거래량을 수반하며 주가가 상한가에 도달하면 다음 날에도 주가가 상승할 것을 예측하여 주식을 매수하는 방법이다. 이렇게 단기간에 주가가 급등하면 투자자의 매수심리가 강하여 주가는 지속해서 상승할 수 있다. 그러나 주식이 작전주이거나 허위정보에 의해 일시적으로 급등하는 예도 많아 주의가 필요하다. 따라서 주가가 오르는 근거가 있다면 그 근거를 바탕으로 추세를 파악한다. 그러나 주가가 오르는 근거를 찾지 못한다면 큰 수익을 기대해서는 안 된다.

사례 1 상한가 따라잡기 투자전략

① 거래량을 수반한 강력한 매수세력이 들어와 주가가 상한가 근처에 도달한다. 노란색 원 안에 거래량이 증가한 것을 볼 수 있다.

② 이후 십자형 봉도표와 몸통 길이가 짧은 음봉이 발생하여 일부 투자자가 차익을 실현하기 위한 물량을 출회한 것을 알 수 있다. 그러나 다시 매수세력이 들어오면서 몸통 길이가 짧기는 하지만 양봉이 발생한다.

③ 갭 상승 후 매도물량으로 다시 음봉이 발생하였다가 강한 매수세력이 들어오면서 긴 장대 양봉이 발생한다.

④ 하루의 보합 이후 강한 매수세력이 들어와 주가를 상한가에 도달하게 한다.

⑤ 갭 상승하였지만 더 이상 매수세력이 들어오지 않아 매도세력과 매수세력이 힘의 균형을 이룬다. 이후 연속으로 긴 장대 음봉이 발생하면서 주가는 하한가에 가깝게 하락한다. 따라서 상승추세 초입에 주가가 상한가나 상한가 근처에 가면 이후 주가가 더 상승할 것으로 기대하여 매매하면 수익을 낼 수 있다. 다만, 주가가 많이 오른 만큼 주가의 정점에서 매도하지 못하면 큰 손실을 볼 수 있다.

[그림 4-5] 상한가 따라잡기 투자전략

사례 2 거래량 따라잡기 투자전략

① 이미 오래전 대량의 거래량이 수반된 매수세력이 들어와 주가를 끌어올린 후 횡보 장세에 있었다. 따라서 주가가 강한 반등을 보이며 상한가 근처까지 갔지만 추가상승에 대한 투자자의 의구심으로 다음 날 십자형 봉도표가 나타났다.

② 이후 주가가 지속해서 상승하여 긴 장대 양봉이 발생하였다. 다음 날 차익실현의 욕구로 매도물량이 일부 나타났으나 전날 긴 장대 양봉의 50% 이하로 하락하지 않았다. 그다음 날은 다시 매수세력이 들어오면서 되돌림의 양봉이 나타나 상승추세가 꺾이지 않았다는 것을 보여준다.

③ 지속적인 상승추세에 매수세력이 강해지면서 주가가 상한가에 도달한다.

④ 그러나 하루의 상한가 이후 매수세력과 매도세력이 힘의 균형을 이룬다. 이후 매도세력이 상대적으로 강해지면서 주가는 하한가 근처까지 떨어진다. 따라서 상한가를 따라잡아 수익을 내려면 상승의 초입에 발생한 상한가를 따라잡아야 한다. 주가가 많이 상승한 후 발생하는 상한가는 주가의 정점임을 나타낼 수 있다.

[그림 4-6] 거래량 따라잡기 투자전략

사례 3 무상증자 효과 투자전략

① 무상증자가 발생하면서 주가가 상한가에 다다랐다. 무상증자는 자본의 변동은 없지만, 주식수를 늘어나게 하여 거래량을 활발하게 한다. 투자자는 무상증자로 인한 주식수의 증가를 부의 효과(Wealth effect)로 인식할 수 있다.

② 기업가치가 변화 없는데도 주가가 상승하여 다음 날 '투자경고종목'으로 지정되었다. 그 이후 더 이상 주가가 오르지 않았다. 따라서 상한가가 나타나서 주식을 매수한다고 해서 반드시 이익을 얻는 것은 아니다. 주가가 오를 수 있는 다양한 근거들을 찾아봐야 한다.

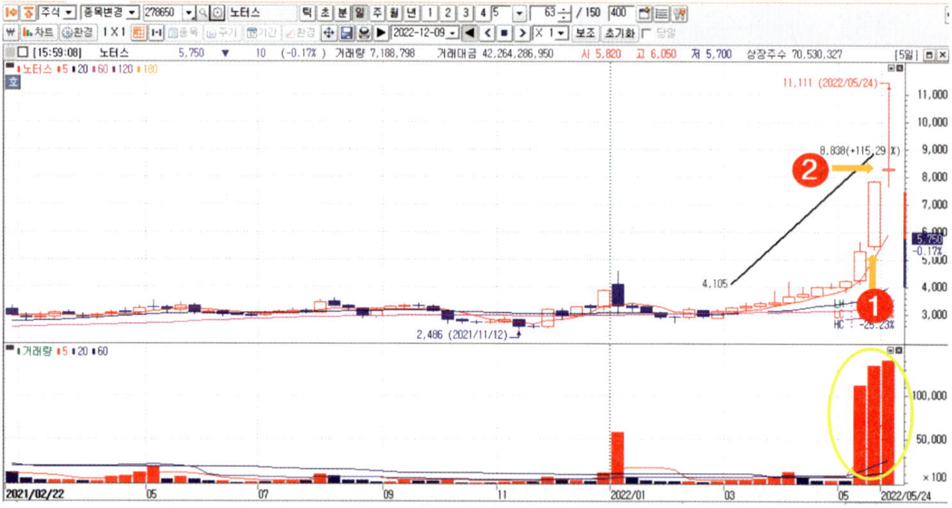

[그림 4-7] 무상증자 효과 투자전략

사례 4 기업가치 재평가 투자전략

① 사업내용과 기업환경이 변하면서 기업가치가 재평가되어 주가가 상한가에 도달하였다. 금양(주)는 2차전지 배터리 중 원통형 배터리에 대한 수요가 예견되어 시장의 관심을 받았다. 원통형 배터리는 기존의 배터리보다 용량이 커지고 에너지 밀도는 높으며, 무게는 가볍다는 이점이 있다. 따라서 횡보하던 주가가 거래량이 늘면서 긴 장대 양봉과 함께 주가가 상승한다. 노란색 원 안을 보면 이전의 거래량과는 매우 차이 나는 대량의 거래량이 발생한 것을 볼 수 있다.

② 급등한 주가는 며칠간 조정을 보이다가 다시 투자자의 매수심리가 자극되면서 주가가 강한 상승을 한다. 이러한 두 번째 주가 급등은 ①번의 주가 급등에 대한 근거를 확인하였기 때문에 나타난 것이다.

③ 급등한 주가는 며칠간 조정을 보이다가 투자자가 주가상승에 대해 강한 확신을 하면서 주가는 다시 상한가에 가까운 급등을 한다. 이렇게 주가는 급등과 조정 그리고 급등을 반복하면서 주가가 상승해야 하는 이유에 관해 확인하게 된다. 주가가 상한가에 다다르면 매수심리에 의해 다음 날에도 이익을 얻을 수 있다. 그러나 상한가가 나타나면 상한가가 나타난 근거를 찾아봐야 한다.

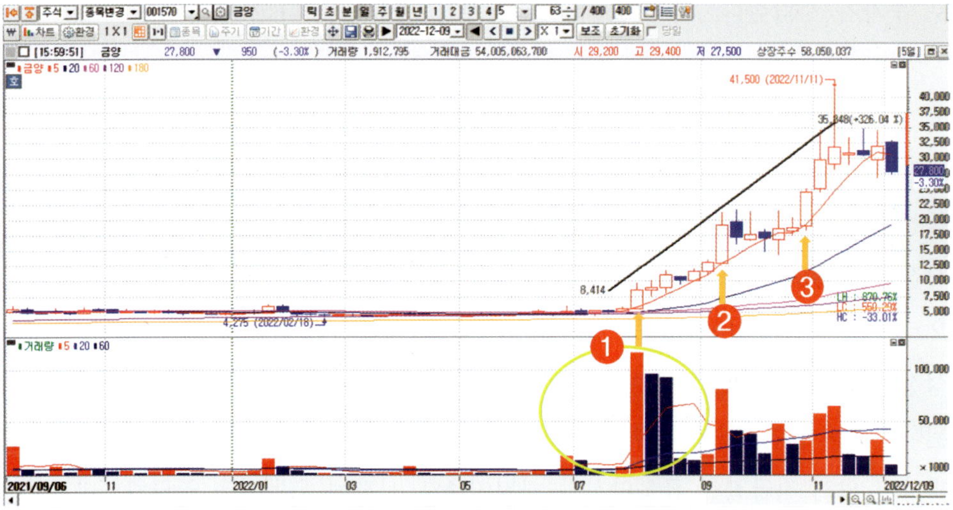

[그림 4-8] 기업가치 재평가 투자전략

2 경제환경 이해

(1) 금리와 주가의 관계

일반적으로 경제학에서는 금리가 올라가면 주가가 내려가고 금리가 내려가면 주가가 올라간다고 알려져 있다. 이러한 관계를 기업과 개인으로 나누어 보면 다음과 같다. 기업은 금리가 낮아지면 자금조달비용이 줄어들고 투자활동이 활발해져 더 큰 수익을 창출하고 주가도 상승한다. 개인은 금리가 낮아지면 예금보다 위험자산을 선호하여 주식에 투자한다. 심지어 대출까지 받아 주식에 투자하므로 주가가 상승한다. 금리가 오를 때는 반대의 논리가 성립한다. 즉 기업은 금리가 높아지면 자금조달비용이 커져 투자활동이 위축되고 수익도 줄어들어 주가는 하락한다. 개인은 금리가 높아지면 위험자산보다 예금을 선호하여 주식투자를 꺼리므로 주가가 하락한다. 그러나 이러한 관계가 항상 맞는다고 볼 수는 없다.

금리가 낮을 때 주식이 상승하려면 부동산 등의 다른 투자대안이 없어야 하고 기업의 미래 수익성이나 경기전망이 양호해야 한다. 일반적으로 금리가 낮아지면 시장에 풀린 유동성이 투기자산으로 몰린다. 따라서 대체로 시장에 풀린 유동성은 주식, 부동산 또는 비트코인 등으로 흘러 들어간다. 그러나 극단적으로 시장에 풀린 유동성이 부동산이나 비트코인 시장으로만 흘러 들어간다면 주가가 오르기는 어렵다. 또한 유동성이 주식시장으로 흘러 들어간다 해도 기업의 미래 성장성이 불투명하면 자금이 주식시장에 오래 머물지 못해 주가는 다시 하락하게 된다. 예를 들면, 일본 정부는 2012년부터 디플레이션(deflation)인 경제상황을 탈피하기 위해 적극적인 금융완화와 재정지출로 시장에 유동성을 공급하였다. 일본 정부는 시장에 풀린 유동성이 소비와 투자 활동으로 이어지길 바랐다. 그러나 오랜 기간 경기침체에 시달렸던 일본 국민은 미래의 전망을 부정적으로 보고 시장에 풀린 유동성을 은행이나 개인금고에 집어넣었다. 따라서 저금리에 따른 풍부한 유동성이 주식시장으로 흘러가지 않아 주가가 오르지 못하고 있다.

주가가 오르려면 개별 기업의 실적도 중요하지만, 경기전망에 따른 투자자

심리도 중요할 것이다. 경기전망이 부정적이면 기업은 금리가 낮아도 투자활동을 하지 않을 것이므로 생산활동도 줄어든다. 기업은 종업원의 고용을 줄일 것이고 더 나아가 구조조정도 할 것이므로 실업률은 높아진다. 해고로 인한 실직자가 늘어나면 개인은 소비활동이 위축될 것이고, 기업은 제품이 팔리지 않아 생산활동과 투자활동에 더 소극적일 것이다. 반면에 경기전망이 긍정적이면 기업은 낮은 금리를 활용하여 적극적으로 투자활동을 할 것이며 생산활동도 증대된다. 기업은 종업원의 고용을 늘릴 것이며 근속연수도 길어져 실업률이 낮아진다. 수입이 늘어난 개인은 소비활동에 적극적이며, 기업은 제품이 많이 팔리면서 생산활동과 투자활동에 적극적일 것이다. 그러나 주가는 경기전망, 기업실적 그리고 금리와 유기적인 관계에 있으므로 이러한 요인들이 잘 조합되었을 때 주가가 상승한다. 경기는 총체적인 경제활동을 의미하므로 다양한 경제변수들은 경기변동에 종속될 수 있다. 따라서 경기상태를 알기 위해 경기선행지수, 경기동행지수 그리고 경기후행지수의 경기종합지수를 확인해야 한다. 이러한 경기종합지수는 후설하고자 한다.

한편 주가와 금리 간의 관계를 설명하기 위해 일본의 재무분석가, 우라가미 구니오는 주식에 4계절이 있다고 주장하였다. 즉 주식은 금융장세, 실적장세, 역금융장세 그리고 역실적장세를 반복하는데 이러한 반복을 4계절로 표현하였다.

계 절	경 기	장세유형	금 리	기업실적	주 가
봄	침체	금융장세	↓	↘	↑
여름	회복	실적장세	↗	↑	↗
가을	하락	역금융장세	↑	↗	↓
겨울	후퇴	역실적장세	↘	↓	↘

[그림 4-9] 주가와 금리의 관계

1) 봄

주식의 봄은 경기침체에서 경기가 회복되는 시작점이다. 정부는 경기부양을 위해 금리를 인하하여 시장에 유동성을 공급하고 재정지출을 늘린다. 금융장세에서는 경기침체로 기업의 실적은 안 좋지만, 경기회복의 기대 심리가 있고 금리가 낮아 자금이 주식시장으로 몰리면서 주가가 오른다. 금융장세에서는 낮은 금리로 혜택을 보는 기업들의 주가가 오를 수 있다. 예를 들어, 은행은 대출이 증가할 수 있고 증권회사는 주식자금이 몰릴 것이다. 또한 토목이나 건설 회사는 낮은 금리로 대출받아 공사를 진행하므로 상대적으로 더 큰 이익을 얻을 것이다.

2) 여름

주식의 여름은 본격적인 경기회복의 시점이다. 정부는 경기가 안정적인 회복 국면에 들어서면서 풀렸던 유동성을 줄이기 위해 금리인상을 고려한다. 실적장세는 경기회복으로 투자가 활발해 자금수요가 증가하고 금리가 완만하게 상승하지만, 기업실적이 좋아져 주가가 상승한다. 실적장세에서는 제품이 많이 팔리면서 제조업종에 기반이 되는 소재 관련 기업들의 주가가 오를 수 있다. 예를 들면, 화학업종, 철강업종, 반도체 그리고 전기 전자업종 등 제품 생산의 기반이 되는 기업들이 성장한다.

3) 가을

주식의 가을은 경기가 하락하는 시점이다. 정부는 물가상승의 우려로 금리를 급격하게 인상하여 유동성을 줄이고 긴축재정정책을 펼칠 것이다. 역금융장세는 금리가 급격히 오르면서 시장에 유동성이 줄어들어 소비심리는 위축되고 기업실적은 안 좋아져 주가도 하락한다. 역금융장세에서는 물가상승으로 인한 이익 감소가 방어되는 필수소비재 관련 기업의 주가가 오르고, 경기에 민감한 경기소비재 관련 기업의 주가는 하락한다. 필수소비재는 경기에 상관없이 항상 소비해야 하는 품목으로 주로 음식료 업종, 헬스케어 업종 그리고 생활용품 제조업종이 이에 해당한다. 반면에 경기소비재는 경기가 좋을 때 많이 팔리는 품목으로 주로 자동차나 가전제품 등 고가의 제품을 생산하는 제조업종이 이에 해당한다.

4) 겨울

주식의 겨울은 경기가 후퇴하면서 침체기로 들어서는 초입이다. 정부는 경기의 연착륙을 위해 금리를 서서히 내리고 재정정책을 확장할 것이다. 역실적장세에서는 기업의 재고가 늘어나고 실적은 나빠져 완만한 금리인하에도 주가는 계속 하락한다. 역실적장세에서는 경기에 민감하지 않은 은행업종, 통신업종 그리고 생활용품

업종의 기업이 선호되며 자산의 가치가 높아 장기투자에 유리한 기업이 선호된다.

이러한 역실적장세 국면이 끝나면 침체기에 들어서고 다시 침체기에서 회복기로 넘어가게 된다. 따라서 낮은 금리가 주가에 미치는 영향은 장세의 유형에 따라 긍정적일 수도 있고 긍정적이지 못할 수도 있다.

(2) 환율과 주가의 관계

일반적으로 환율이 상승하면 단기적으로 주가는 하락할 수 있지만, 장기적으로는 주가가 상승할 수도 있다. 여기서 환율은 미국 달러 대비 원화만을 가정한다.

달러 대비 원화의 가치가 낮아지면 한국의 주식시장은 외국인투자자에게 매력이 떨어진다. 그 이유는 외국인투자자가 한국 주식에 투자하여 이익을 얻었어도 달러로 환전할 때 환율의 상승폭만큼 손실이 발생하여 주식수익률이 떨어지기 때문이다. 이렇게 환율상승으로 주식수익률에 대한 매력이 떨어지면 외국인투자자는 주식을 팔고 한국 주식시장에서 떠날 것이므로 주가는 더 하락하게 된다. 반면에 달러 대비 원화의 가치가 낮아지면 한국기업의 제품이 가격경쟁력을 갖게 되어 더 많이 팔리고 실적도 좋아져 주가가 상승할 수 있다. 예를 들어, 환율이 1달러에 1,000원일 때 1달러로 1,000원짜리 한국 제품을 하나 살 수 있지만, 환율이 1달러에 2,000원이 되면 1달러로 1,000원짜리 제품을 두 개 살 수 있다. 결국 달러를 가진 사람은 한국 제품이 싸지므로 구매력이 높아지는 것이다. 그러나 한국 제품이 경기에 민감하지 않아야 하고 가격경쟁력이 비슷한 다른 나라의 경쟁제품이 없어야 한다. 또한 한국 제품의 원재료가 외국에서 수입되지 않았을 때 환율상승에 따른 가격경쟁력이 실적으로 이어질 수 있다. 실제로 2023년 한국의 무역수지는 몇 달간 연속 적자를 기록하였고, 한국의 주력 수출 품목이 대부분 경기에 민감하다 보니 환율상승에 따른 가격경쟁력의 이점을 누리지 못하였다.

반대의 논리로 환율이 하락하면 단기적으로 주가는 상승할 수 있지만, 장기적으로는 주가가 하락할 수도 있다. 달러 대비 원화의 가치가 높아지면 한국의 주식시장은 외국인투자자에게 매력이 높아진다. 그 이유는 외국인투자자가 한국 주식에 투자하여 이익을 얻은 후 달러로 환전할 때 환율의 하락폭만큼 추가의 이익이 발생하여 주식수익률이 높아지기 때문이다. 이렇게 환율하락으로 주식수익률에 대한 매력이 높아지면 외국인투자자는 주식을 사기 위해 한국 주식시장에 들어오므로 주가는 더 상승하게 된다. 반면에 달러 대비 원화의 가치가 높아지면 한국기업의 제품이 가격경쟁력을 잃어 팔리지 않게 되고 실적도 나빠져 주가는 하락할 수 있다. 그러나 이러한 논리도 제품의 성격과 제품의 경쟁력에 따라 달라질 수 있다.

종합해 보면, 외국인투자자가 한국 주식에 투자하여 환차익의 추가이익을 얻으려면 환율의 천장에서 하락추세로 전환할 때 투자해야 한다. 외국인투자자가 한국 주식의 투자로 환차손을 보지 않으려면 환율의 바닥에서 상승추세로 전환할 때 투자해서는 안 된다. 즉 외국인투자자는 환율의 변동과정에서 환차익과 환차손이 발생하는 것이다. 또한 한국기업의 제품이 환율상승에 따른 가격경쟁력의 혜택을 얻기 위해서는 다양한 시장변수들이 유리하게 작용해야 한다. 따라서 환율이 주가에 미치는 영향은 경제상황에 따라 달라질 수 있다.

(3) 금리, 환율 그리고 주가의 관계

환율의 변동에 영향을 주는 결정요소들은 물가, 경제성장, 금리, 정치적 · 경제적 결정, 통화량 등 매우 다양할 것이다. 또한 이러한 결정요소들이 어떠한 순서를 거쳐 환율에 영향을 주는지도 명확하게 설명할 수 없다. 이러한 결정요소들은 상호영향을 주면서 복합적으로 환율에 영향을 미치기도 하고 순차적으로 영향을 주면서 최종적으로 환율에 영향을 주기도 한다. 그러나 2020년 코로나19 사태를 계기로 환율이 상승하는 과정을 단순화하여 설명해 보고자 한다.

2020년 코로나19 사태가 터지면서 미국 정부는 경기침체를 우려하여 시장에 막대한 유동성을 공급하였다. 이러한 유동성은 엄청난 수요를 창출하면서 물가를 상승시켰다. 미국 연방준비제도(Fed)는 물가를 잡기 위해 2022년 초부터 금리를 올리기 시작했다. 그리고 추가의 물가상승을 우려하여 지속해서 금리를 올릴 수 있다는 경고의 메시지를 던졌다. 한국 정부도 미국의 금리인상으로 달러가 한국에서 빠져나가는 것을 막기 위해 지속해서 금리를 올렸다. 일반적으로 미국의 금리가 올라가면 전 세계 국가들은 달러 유출을 막기 위해 같이 금리를 올린다. 전 세계가 금리를 올리면 시장에는 유동성이 부족해지고 투자자는 위험자산보다 안전자산을 선호하게 된다. 특히 다른 나라들이 금리를 인상하여 달러 유출을 막으려고 해도 투자자들은 달러를 안전자산으로 인식하게 된다. 따라서 미국의 금리 인상은 달러화 표시 자산의 매력을 높이며 다른 나라로부터 달러가 유출되는 원인이 된다. 미국의 금리인상은 한국에서 원화 대비 달러의 비중을 줄여 환율을 상승시키는 결정 요인이 된다. 결론적으로 미국 금리는 환율에 영향을 주고 외국인투자자는 한국 주식을 팔고 떠나므로 주가가 하락하는 것이다.

앞에서 언급한 대로 환율이 상승하면 한국 제품이 가격경쟁력을 갖게 되어 미국 시장에서 잘 팔릴 수도 있지만 그렇지 않을 수도 있다. 즉, 미국에서도 금리가 상승하면 소비심리가 위축되고 기업들은 생산을 줄일 것이며, 종업원 고용은 줄어들고 기업의 구조조정은 가속화될 것이다. 구조조정으로 실업률이 높아지면 다시 소비활동이 위축되는 악순환이 지속될 것이다. 특히 미국 정부가 자국산업을 보호하기 위해 한국 제품에 높은 관세를 부과하여 구매력을 떨어뜨릴 수도 있다.

(4) 다른 나라의 경쟁제품과 주가의 관계

한국 제품이 미국 시장에서 잘 팔리려면 다른 나라의 경쟁제품이 없어야 한다. 그러나 안타깝게도 한국과 산업구조가 비슷한 제조업종 기반의 나라들이 많다. 그중에서도 특히 일본은 한국과 산업구조가 비슷하여 일본 제품이 한국 제품의 경쟁제품으로 주목받아 왔다. 최근에는 중국 제품의 품질이 높아지면서 한국 제품의 경쟁제품으로 주목받고 있다. 그러나 설명을 위해 일본 제품만을 경쟁제품으로 가정하였다.

일본 제품은 한때 미국 제품과도 경쟁관계에 있어서 미국 시장에서 마찰을 빚어왔다. 이러한 대표적인 예로 플라자 합의가 있다. 1980년대 일본의 제품은 전 세계 시장을 누비며 엄청나게 잘 팔렸다. 특히 미국 시장에서 대부분 사람은 값도 싸고 품질도 좋은 일본 제품을 선호하였다. 따라서 미국 시장에서 미국 제품이 팔리지 않아 미국 기업들이 위축되고 있었다. 미국은 미국 제품을 잘 팔리게 하도록 인위적으로 환율을 조정하여 일본 제품을 비싸게 만들었다. 레이건 행정부는 일본, 프랑스, 서독, 영국을 미국의 플라자호텔로 불러들여 미국 제품이 싸지도록 환율 조정에 합의하게 하였다. 이것이 1985년에 이루어진 플라자합의였다. 일본은 전쟁 후 미국과의 우호적 관계를 유지하기 위해 이를 거부할 수 없었다. 플라자 합의 이후 일본 기업들은 내수시장을 공략하였으나 여의찮았다. 제품이 팔리지 않아 파산하는 기업들이 늘어났다.

현재 한국의 제품 종류에 따라 경쟁제품을 만들어내는 나라는 달라질 수 있다. 그러나 여전히 자동차나 반도체가 주력수출품인 한국은 일본을 경쟁 상대국으로 인식하고 있다. 달러 대비 원화나 엔화의 가치는 둘 다 지속해서 감소하고 있다. 그러나 문제는 원화 대비 엔화의 가치가 낮아져 한국 제품이 일본 제품보다 비싸지므로 한국 제품이 상대적으로 가격경쟁력을 잃는다는 점이다. 그동안 한국과 일본의 수출구조가 차별화되면서 한국과 일본의 수출경합도는 2021년을 기준으로 0.458을 기록하고 있다. 수출경합도가 1이면 두 국가의 수출제품이 완전경쟁관계에 있음을 의미한다. 한국 수출제품이 경쟁국과의 환율로 가격경쟁력을 잃어버리면 달러 대비 원화의 가치가 낮아져도 기업실적으로 이어지지 않아 주가는 내려간다. 이미 플라자 합의의 사례를 통해 환율이 제품의 가격경쟁력에 얼마나 큰 영향을 주는지 알 수 있다.

1) 미국 금리인상이 한국 주가에 미치는 영향

* 참조 : 주식투자 궁금증 300문 300답(곽해선, 동아일보사)

[그림 4-10] 미국금리 상승과 한국주가 하락의 관계

미국의 금리가 올라가면 한국 시장의 금리도 올라가고 달러는 유출되어 유동성이 감소한다. 원자재 수입가격은 상승하고 미국과 한국 시장의 소비활동은 위축되며, 경쟁국과의 가격경쟁력이 떨어져 기업실적과 주가는 하락한다.

2) 미국 금리인하가 한국 주가에 미치는 영향

* 참조 : 주식투자 궁금증 300문 300답(곽해선, 동아일보사)

[그림 4-11] 미국금리 하락과 한국주가 상승의 관계

미국의 금리가 내려가면 한국 시장의 금리도 내려가고 달러는 유입되어 유동성이 증가한다. 원자재 수입가격은 하락하고 미국과 한국 시장의 소비활동은 증가하며, 경쟁국과의 가격경쟁력이 높아져 기업실적과 주가는 상승한다. 그러나 이러한 논리는 다양한 경제환경의 변화로 달라질 수 있다.

(5) 선물과 현물의 관계

현물거래는 현재 시점의 가격으로 물건을 넘겨주는 거래이며, 선물거래는 현재 시점에 매매계약을 체결하되 물건을 미래 특정 시점에 넘겨주는 거래이다. 따라서 현물가격이 오를 것으로 예상되면 선물가격도 오른다. 예를 들어, 봄에 채소상은 밭에 심어진 배추를 겨울에 1억원에 사기로 하고 주인과 계약하였다. 겨울이 되자 배춧값이 올라 밭에 있는 배추의 가치가 2억원이 되었다. 채소상은 1억원을 벌고 주인은 1억원을 손해 보게 된다. 선물거래는 주식뿐만 아니라 원자재(석유, 농산물)에서도 활발하게 일어난다. 한국의 대표적인 주가지수선물(stock market index future) 상품으로 'KOSPI200'이 있다.

① KOSPI200의 미래 결제시점 : 3월, 6월, 9월 그리고 12월의 두 번째 목요일
② 수익＝시세 차이(KOSPI200 현물시세－해당 월 선물시세)×매매계약수×단위당 선물 매매계약금(25만원)
③ 개시증거금＝(선물상품 시세×단위당 선물 매매계약금×계약수)×9.15%
④ 유지증거금＝약정(포지션)금액의 6.1%이며 부족시 추가증거금 납부
⑤ 만기에는 현물과 선물 시세가 일치하지만, 만기 전에는 현물과 선물 시세의 불일치로 콘탱고(contango : 선물시세＞현물시세)나 백워데이션(backwardation : 현물시세＞선물시세)이 발생

KOSPI200 지수 선물을 거래한다는 것은 KOSPI시장의 200개 종목에 대한 미래의 거래를 의미한다. 따라서 KOSPI200 지수 선물은 많은 종목을 묶어서 바스켓(basket)으로 운용하는 기관투자자가 미래의 주가변동에 대한 위험을 회피하기 위해 사용한다. 미래의 불확실성으로 현물시세와 선물시세는 항상 다르게 움직이지만, 현물투자와 선물투자를 병행하면 이론적으로 위험이 없어지게 된다.

[그림 4-12] 무위험 투자전략

즉 선물시세가 현물시세보다 높으면(콘탱고) 선물을 매도하고 현물을 매수하며, 선물시세가 현물시세보다 낮으면(백워데이션) 선물을 매수하고 현물을 매도한

다. 그러나 현물은 하나의 지수로 구성된 KOSPI200 지수 선물에 대응하기 위해 200개의 KOSPI 종목으로 바스켓을 구성해야 한다. 이렇게 KOSPI 200개 종목으로 펀드를 구성하는 과정에서 정확하게 KOSPI200 지수 선물을 추적하지 못하면 '추적오차(tracking error)'가 발생하게 된다.

주식 종목의 현물시세와 KOSPI200 지수의 선물시세 차이(베이시스)를 조정하기 위해서는 현물과 선물의 대량매매가 필요하다. 그러나 일반적으로 개인은 선물시세의 움직임에 대응하여 대량으로 현물을 매매하기가 어렵다. 따라서 주로 기관투자자가 이러한 베이시스를 줄이기 위해 컴퓨터를 이용한 프로그램 매매를 한다. 프로그램 매매는 현물시세의 상승이나 하락을 가져올 수 있어서 주식시장에서 기관투자자의 영향력이 점점 커지고 있다.

콘탱고 상태에서 현물을 매수하고 선물을 매도하면 '매수차익거래'라고 하며, 백워데이션 상태에서 현물을 매도하고 선물을 매수하면 '매도차익거래'라고 한다. 앞서 언급한 대로 현물의 구성이 KOSPI200 지수 선물을 정확하게 추적할 수 있다면 위험이 발생하지 않는 차익거래(arbitrage transaction)가 발생할 수 있다. 다음의 예시는 「주식투자 궁금증 300문300답」(곽해선, 동아일보사)을 참고하였다.

사례 5 매수차익거래

현재 KOSPI200 현물시세는 100포인트이고, 9월물 KOSPI200 지수 선물시세는 104포인트로 베이시스가 양(+)의 값이라고 가정한다. 콘탱고 상태이므로 선물 9월물 2건을 매도하고 현물 2건을 매수하여 선물의 가격은 5,200만원(104포인트×2계약×25만원)이 되고, 현물의 가격은 5,000만원(100포인트×2계약×25만원)이 된다. 만기일에는 선물과 현물의 시세가 같아지면서 결제(청산)가 된다.

- 만기일에 현물 KOSPI200의 종가가 95포인트로 끝나면, 포인트가 5% 하락한 것으로 250만원(5포인트×2계약×25만원)의 손실을 보게 된다. 반면에 선물 KOSPI200은 현물 KOSPI200 대비 9포인트(104−95)만큼 높아 450만원(9포인트×2계약×25만원)의 이익을 얻게 된다. 따라서 현물과 선물의 차익거래를 통해 전체적으로 200만원의 이익을 실현하게 된다.
- 만기일에 현물 KOSPI200의 종가가 105포인트로 끝나면, 포인트가 5% 상

승한 것으로 250만원(5포인트×2계약×25만원)의 이익을 얻게 된다. 반면에 선물 KOSPI200은 현물 KOSPI200 대비 1포인트(105−104)만큼 낮아 50만원(1포인트×2계약×25만원)의 손실을 보게 된다. 따라서 현물과 선물의 차익거래를 통해 전체적으로 200만원의 이익을 실현하게 된다. 결국 만기일에 현물 KOSPI200이 하락하든 상승하든 콘탱고 상태에서 선물 KOSPI200을 매도해 두었다면 이익을 보게 된다.

사례 6 매도차익거래

현재 KOSPI200 시세는 100포인트이고, 9월물 KOSPI200 지수 선물시세는 97포인트로 베이시스가 음(−)의 값이라고 가정한다. 백워데이션 상태이므로 선물 9월물 2건을 매수하고 현물 2건을 매도하여 선물의 가격은 4,850만원(97포인트×2계약×25만원)이 되고, 현물의 가격은 5,000만원(100포인트×2계약×25만원)이 된다.

- 만기일에 현물 KOSPI200의 종가가 102포인트로 끝나면, 포인트가 2% 상승한 것으로 100만원(2포인트×2계약×25만원)의 손실을 보게 된다. 반면에 선물 KOSPI200은 현물 KOSPI200 대비 5포인트(102−97)만큼 낮아 250만원(5포인트×2계약×25만원)의 이익을 얻게 된다. 따라서 현물과 선물의 차익거래를 통해 전체적으로 150만원의 이익을 실현하게 된다.
- 만기일에 현물 KOSPI200의 종가가 92포인트로 끝나면, 포인트는 8% 하락한 것으로 400만원(8포인트×2계약×25만원)의 이익을 얻게 된다. 반면에 선물 KOSPI200은 현물 KOSPI200 대비 5포인트(97−92)만큼 높아 250만원(5포인트×2계약×25만원)의 손실을 보게 된다. 따라서 현물과 선물의 차익거래를 통해 전체적으로 150만원의 이익을 실현하게 된다. 결국 만기일에 현물 KOSPI200이 하락하든 상승하든 백워데이션 상태에서 선물 KOSPI200을 매수해 두었다면 이익을 보게 된다.

선물과 현물을 동시에 투자하여 무위험 이익을 얻기 위해서는 KOSPI200 지수를 추종하는 바스켓의 구성이 중요하다. 즉 선물과 현물의 시세 차이(베이시스)에 따라 KOSPI200 현물 종목의 최적 구성을 위해 프로그램 매매가 이루어진다.

프로그램 매매는 차익거래와 비차익거래로 나눌 수 있다. 차익거래는 차익을 얻기 위해 선물과 연계하여 현물거래가 일어나지만, 비차익거래는 펀드의 환매나 지수 추종 등 선물과 연계되지 않는 대량의 거래이다.

차익거래의 경우 매수차익거래는 만기일에 현물은 매도되고 선물은 매수되면서 청산하므로 주가가 하락할 가능성이 있다. 반면에 매도차익거래는 만기일에 현물은 매수되고 선물은 매도되면서 청산하므로 주가가 상승할 가능성이 있다.

각 증권사의 HTS 시스템에 들어가면 메뉴는 다르지만, 기업별, 시장별, 주체별 매도차익거래와 매수차익거래 잔고를 확인할 수 있다.

매매종합 | 프로차트 | 시간일별 | 사전공시 | 프로상위 | 프로비율 | 차익상위 | 주식차익

일자)23-10-10 2023-10-10 ⊙거래소 ○코스닥 (단위:주,백만원) 조회

구분 ❶		매도				매수				❷ 순매수			
		수량	비율	금액	비율	수량	비율	금액	비율	수량	비율	금액	비율
차익거래	위탁	315,986	0.08	17,320	0.18	326,677	0.08	17,757	0.19	10,691	0.00	437	0.00
	자기	0	0.00	0	0.00	211,984	0.05	11,329	0.12	211,984	0.05	11,329	0.12
	합계	315,986	0.08	17,320	0.18	538,661	0.13	29,086	0.31	222,675	0.05	11,766	0.12
비차익거래	위탁	77,407,255	18.61	2,384,414	25.08	77,159,752	18.55	2,455,812	25.83	-247,503	-0.06	71,398	0.75
	자기	25,364	0.01	919	0.01	45,267	0.01	1,462	0.02	19,903	0.00	543	0.01
	합계	77,432,619	18.61	2,385,333	25.09	77,205,019	18.56	2,457,274	25.85	-227,600	-0.05	71,941	0.76
전체	위탁	77,723,241	18.68	2,401,734	25.27	77,486,429	18.63	2,473,569	26.02	-236,812	-0.06	71,835	0.76
	자기	25,364	0.01	919	0.01	257,251	0.06	12,792	0.13	231,887	0.06	11,872	0.12
	합계	77,748,605	18.69	2,402,653	25.28	77,743,680	18.69	2,486,360	26.16	-4,925	-0.00	83,707	0.88

19:42:50 정상처리 되었습니다.

[그림 4-13] 차익거래와 비차익거래 수량

(6) 공매도와 쇼트커버링

공매도란 개인이나 기관이 주식을 보유하고 있지 않지만, 주식 보유자로부터 일정 기간 주식을 빌려 주식을 매도한 후 다시 주식을 매수하여 주식으로 갚는 제도이다. 공매도는 주가가 과대평가된 기업들의 주가를 하락시켜 기업의 가치를 바로잡는 순기능이 있다. 그러나 주가의 하락시기에 투기세력이 공매도를 통해 주가를 많이 떨어뜨리고 다시 주식을 싸게 사서 갚음으로써 과도한 이익을 얻는

역기능도 존재한다. 그러나 투기세력이 공매도를 통해 항상 이익을 얻는 것은 아니다. 만약에 투기세력이 주가가 폭락하기를 기대하며 공매도를 했는데 더 강한 매수세력(개인이나 기관투자자)이 들어와 주가를 끌어올린다면 공매도세력은 큰 손실을 볼 것이다.

더 강한 매수세력이 주가를 끌어올리면 공매도세력은 손실을 줄이기 위해 추후 갚아야 할 주식을 미리 사 놓게 되는데 이를 쇼트커버링(환매수)이라고 한다. 즉 공매도로 주가를 떨어뜨려 이익을 보려던 투기세력이 반대로 주가가 상승하자 오히려 손실을 줄이기 위해 주식을 사는 것이다. 따라서 공매도세력의 쇼트커버링이 발생하면 매수세력과 함께 주가를 급등시키는 원인이 된다. 예를 들면, 2023년 미국의 나스닥지수는 2019년 3월 이후 최장기간 상승세를 기록하였다. 주가가 하락할 것을 예상했던 공매도세력은 엄청난 공매도와 함께 엄청난 손실을 보았다. 특히 공매도세력은 금리가 높은 시기라 일정 기간(보통 90일) 차입한 주식에 대해 높은 이자비용을 지급해야 하는 이중고를 겪었다.

3 경제지표

(1) 경기종합지수

경기종합지수(composite index : CI)는 생산, 투자, 소비, 고용, 금융, 무역 등 각 경제부문에서 경기를 잘 반영하는 주요 지표를 선정한 후, 이를 가공하고 종합하여 경기의 방향을 예측하거나 전환점을 판단하기 위한 것으로 선행, 동행 그리고 후행 지수가 있다. 지수 100을 기준으로 전월보다 상승하였으면 경기가 팽창 국면에 있는 것이며, 전월보다 하락하였으면 경기침체 국면으로 판단한다. 그러나 경기선행지수의 경우 현재 경기상태와 반대로 움직여도 실제 미래 시점에는 경기가 전환되지 않는 경우도 많다. 따라서 경기를 예측하기 위해 경기종합지수에만 의

존하지 말고 다양한 경제변수들도 함께 고려해야 한다.

1) 경기동행지수

현재의 경기상태를 파악하기 위해 적합한 지수이다.

〈표 4-1〉 경기동행지수

경제 부문	지표명	정 의	발표 시기	작성 기관
생산	광공업 생산지수	광업, 제조업, 전기·가스업의 생산량 변화를 지수화한 지표(2020=100 다른 지표도 동일)	익월말	통계청
	서비스업 생산지수 (도소매업 제외)	서비스업 전체 또는 개별 업종의 생산활동을 종합적으로 파악하기 위해 개별 업종의 부가가치 기준 가중치를 적용하여 지수화한 지표	익월말	통계청
	건설기성액	기성액이 큰 순서로 총기성액의 50%에 해당하는 건설업체를 대상으로 조사기간인 한 달 동안 시공한 공사액	익월말	통계청
소비	소매 판매액지수	소비 동향을 파악하기 위한 지표로 상품군별, 소매업태별 등으로 구분 작성	익월말	통계청
	내수 출하지수	자체 생산한 제품을 국내 판매업자, 타사업체 기관, 단체, 개인 소비자 등에 판매하는 활동의 단기 추이를 파악하기 위해 작성하는 지수로 생산자 제품 출하지수 중 내수용만 집계	익월말	통계청
대외	수입액	수입액은 수입한 상품가격에 화물보험료와 한국 도착까지의 운송료를 합계한 운임 및 보험료를 포함한 가격	익월 중순	관세청
고용	비농림어업 취업자수	총취업자 중 농림어업취업자를 제외한 취업자	익월 중순	통계청

* 자료 : 통계청

2) 경기선행지수

3~6개월 후의 경기를 예측하기 위한 지수이다. 이러한 지수는 미래의 경기를 미리 가늠할 수 있어서 투자자라면 반드시 고려해야 할 것이다.

〈표 4-2〉 경기선행지수

경제부문	지표명	정 의	발표시기	작성기관
생산	재고순환지표	경제의 재고순환과정을 측정하기 위해 만들어진 지표	익월말	통계청
생산·소비	경제심리지수	기업과 소비자 모두를 포함한 민간의 경제상황에 대한 심리를 종합적으로 파악하기 위해 기업경기실사지수(BSI)와 소비자동향지수(CSI)를 가중평균한 지표	당월말	한국은행
투자	기계류내수출하지수(선박 제외)	생산자제품출하지수 대상 품목 가운데 설비용 기계류에 해당하는 71개 품목으로 작성한 지수	익월말	통계청
	건설수주액	종합건설업체의 국내 건설공사 수주액(매월)으로 대규모 건설공사 수주가 불규칙하게 발생함에 따라 다른 경제지표에 비해 월별 변동이 큼	익월말	통계청
대외	수출입물가비율	• 수출입상품의 가격 동향을 파악하여 가격 측면에서의 대외 교역조건을 측정 • 상품수출입가격이 유리해졌는지 아니면 불리해졌는지를 파악하고 그 원인을 규명하여 무역정책에 반영하기 위함	익월중순	한국은행
금융	코스피	상장주식 전 종목을 대상으로 주가에 상장주식수를 곱하여 산출한 시가총액을 기준시점(1980.1.4=100)의 시가총액과 비교하여 산출	익월초	한국거래소
	장단기금리차	장기금리에서 단기금리를 차감한 수치	익월초	한국은행

* 자료 : 통계청

3) 경기후행지수

3~6개월 전의 경기를 나타내는 지수이다. 이러한 지수는 주로 현재 경기를 나중에 확인하기 위한 수단으로 사용된다.

〈표 4-3〉 경기후행지수

경제부문	지표명	정 의	발표시기	작성기관
생산	생산자제품재고지수	광업 또는 제조업체가 보유하고 있는 제품의 재고 변동을 파악하는 지표(2020=100)	익월말	통계청

소비	소비자물가 지수변화율 (서비스)	소비자물가지수는 가구에서 일상생활을 영위하기 위해 구매하는 상품과 서비스의 평균적인 가격변동을 측정한 지수	익월초	한국은행
대외	소비재수입액	전체 수입액 중 소비재부문의 수입액만을 집계한 것으로 주로 곡물, 직접 소비재, 내구소비재, 비내구소비재 등의 수입액	익월 중순	관세청
고용	취업자수	• 조사대상 주간 중 수입을 목적으로 1시간 이상 일한 자 • 무급으로 자기 가구에서 경영하는 농장이나 사업체의 수입을 높이는 데 도운 가족종사자로 주당 18시간 이상 일한 자 • 직장 또는 사업체를 가지고 있으나 조사대상 주간 중 일시적인 휴직자	익월 중순	통계청
금융	CP유통수익률	CP(commercial paper)는 기업이 자금조달 목적으로 발행하는 어음으로 91일 물 단순평균 수익률	익월초	금융투자 협회

* 자료 : 통계청

(2) 국내 경제지표

국내에는 경기종합지수 외에도 다음과 같이 다양한 경제지표들이 있다.

〈표 4-4〉 기타 국내 경제지표

지표명	정 의	시장 영향	발표 시기	작성 기관
가공단계별 물가지수	원재료, 중간재 그리고 최종재의 각각 가공단계별 물가지수	• 원재료와 중간재의 물가는 인플레이션의 선행지표 역할 • 최종재의 물가는 종합적인 인플레이션 측정지표 역할	익월 중순	한국은행
경제활동 인구조사 (실업률)	조사대상 기간 중 한국에 상주하는 만 15세 이상인 자를 대상으로 경제활동 상태를 조사(실업률, 취업자 수, 고용률 등)	실업률은 주식시장에 후행하지만, 고용률은 동행지표일 수 있음	익월 중순	통계청

국내총생산 (GDP)	일정 기간 생산한 재화와 서비스의 부가가치를 시장가격으로 평가 및 합산	발표시점이 늦어 투자의사결정에 적시성은 떨어지지만 경기상태 판단에 중요한 지표	월말	한국은행
금융통화 위원회 (기준금리)	• 기준금리인 콜 금리를 결정 • 콜은 금융기관 간에 초단기 자금 거래로 시장금리에 중대한 영향을 주므로 기준금리가 됨	기준금리가 오르면 시장의 유동성이 줄어들어 투자에 부정적인 영향	매월 둘째 주 목요일	한국은행
기업경기 실사지수 (BSI)	• 업종별 경기동향과 전망을 지수화한 지표 • 지수는 0~200 사이에 있고 100 이상이면 경기호전을 의미하고, 100 이하이면 경기악화로 해석	기업의 투자와 생산활동을 예측하는 선행지표로 투자의사결정에 중요한 역할	익월초	전국경제 인연합회 한국은행
생산동향 (광공업 동태)	국내 제조업, 광업, 전기, 가스업 등 유틸리티 분야의 생산변화를 측정(생산능력, 생산실적, 가동률 등)	산업활동은 국민생산량과 경제상태를 가늠하는 중요한 지표로 투자의사결정에 중요	익월하순	통계청
소비동향 (도소매업 동태)	도소매업체를 대상으로 월간 판매액, 종사자수, 매장 면적, 취급상품, 영업일수, 소재지 등을 조사해 동향파악	도소매판매는 소비수요를 가늠하는 경제지표로 투자의사결정에 중대한 영향	익월하순	통계청
투자동향	설비투자액, 기계 수주액, 건설수주액, 건설기성액, 건축허가면적 등 추이를 조사	투자 관련 지표는 금리에 민감하며 경기선행지표이므로 투자의사결정에 중요한 역할	익월하순	통계청
생산자물가 지수	국내 1차 단계에서 기업 간에 이루어지는 거래로 측정된 상품과 서비스의 가격변동지표	상품과 서비스 가격의 변화가 소비자물가에 영향을 주므로 중요한 의사결정 요인임	익월초	한국은행
소비자물가 지수	일반 도시의 가계 소비자가 일상생활을 영위하기 위해 구매하는 상품과 서비스의 가격변동지표	시장의 소비 여력과 경기상태를 측정하는 중요한 의사결정 요인임	당월말	통계청
소비자전망 지수(CSI)	소비자가 느끼는 경제상태, 전반적인 물가, 소비지출 계획 등을 조사하여 향후 경기를 전망	현재와 미래의 소비에 대한 소비자 기대와 신뢰를 나타내어 투자심리에도 중대한 영향	익월중순	통계청

수출입물가지수	수출상품과 수입상품의 가격변동을 나타내는 지표	수출이나 수입에 의존하는 기업들의 채산성 평가에 중요한 단서	익월중순	한국은행
수출입실적	수출액과 수입액의 차이인 상품수지	대외의존도가 높은 기업의 가치평가에 중요	익월초	산업통상자원부

(3) 미국 경제지표

투자의사결정을 위해 국내 경제지표뿐만 아니라 국외 경제지표들도 고려해야 한다. 특히 미국 경제는 한국 경제에 중대한 영향을 미치므로 미국의 경제지표를 통해 한국의 경제상황을 확인하거나 예측할 수 있다.

〈표 4–5〉 미국 경제지표

지표명	정 의	시장 영향	발표시기	작성기관
경상수지 (Current Account)	미국의 상품, 서비스 그리고 소득수지로 외국 거래에 따른 경상수지	경상수지를 가늠하는 다른 무역지표들이 있어서 적시성은 낮음	분기말	Bureau of Economic Analysis(BEA)
고용동향 (Employment Situation)	미국 전역의 농가를 제외한 사업장을 대상으로 조사한 일자리 수로 실업수당 청구건수, 실업률 등 포함	미연방준비은행(FRB)이 금리를 결정할 때 사용되며 경기판단에 유용한 지표	익월초	Bureau of Labor Statistics(BLS)
고용비용 (Employment Cost Index)	일정 기간 생산한 재화와 서비스의 부가가치를 시장가격으로 평가 및 합산	발표시점이 늦어 투자의사결정에 적시성은 떨어지지만 경기상태 판단에 중요한 지표	월말	Bureau of Labor Statistics(BLS)
공개시장위원회 정례회의 (FOMC Meeting)	공개시장위원회(FOMC)는 연방준비제도이사회(FRB)의 산하 기구로 정기총회를 통해 공개시장조작 지침 발표	금융정책과 연방준비제도이사회의 경기상황 판단은 투자의사결정에 매우 중요	매년 8회 및 수시	Federal Reserve Board(FRB)
공장 주문 (Factory Orders)	국내 제조업자의 내구재와 비내구재 신규주문, 출하, 재고수준을 나타내는 금액	경기선행지표지만 내구재 신규주문 지표가 일주일 앞서 발표되므로 시장 반응은 둔감	월초	Census Bureau

내구재 신규 주문(Durable Goods)	국내외로부터 1년 이상 수명을 가진 제품의 신규주문에 관한 지표	생산과 산업수요에 대한 선행지표로 경기예측에 유용	익월하순	Census Bureau
국내총생산 (GDP)	소득에 근거한 지수와 지출에 근거한 지수 발표	재고나 무역수지 같은 추정치도 내포하여 경기진단에 유용	분기말	Bureau of Economic Analysis(BEA)
도매 판매 (Wholesale Trade)	도매 판매와 재고수준을 나타내는 지표	현재 소비수준과 향후 경기전망의 근거가 되지만 시장 반응은 둔감	월초	Census Bureau
소매 판매 (Retail Sales)	월별 소매 매출의 변화를 나타낸 지수로 실질적 소비 추이를 파악하는 데 용이	소비와 경기상황을 판단하는 중요한 지표로 의사결정에 유용	월중순	Census Bureau
미시간소비자 신뢰지수 (Michigan Consumer Sentiment Index)	미시간대 소비자 연구센터에서 소비자를 대상으로 조사 지수의 60%는 경제상황의 예측이고, 40%는 현재 경제 상황 평가를 나타냄	소비활동에 대한 선행지표지만 예측기간이 1년 이상이라 신뢰도는 다소 낮음	당월말	University of Michigan
민간소득과 소비(Personal Income)	근로, 투자, 이전소득 등의 민간소득과 소비지출 정보	가계소득과 소비에 대한 현황을 파악하여 경기진단의 단서로 유용	월말 또는 월초	Bureau of Economic Analysis(BEA)
산업생산 (Industrial Production)	미국 전역의 제조업, 광업, 전기 및 가스 산업의 실질생산량 정보	미연방준비은행(FRB)이 금리를 결정할 때 사용되며 경기판단에 유용한 지표	월중순	Federal Reserve Board(FRB)
생산성 (Productivity and Costs)	노동 한 단위당 생산량의 크기로 단위 노동비용이나 임금상승률과 비교 분석	생산성과 노동비용은 경제활동에 중요한 지표이나 발표가 후행	월말	Bureau of Labor Statistics(BLS)
생산자물가지수 (Producer Price Index)	미국 생산자에 의해 만들어진 제품의 판매가격 평균 변화율로 모든 산업 조사	최종재의 물가로 소비자물가의 예측에 유용하여 인플레이션 가늠	매년 8회 및 수시	Bureau of Labor Statistics(BLS)
무역수지 (International Trade)	재화와 서비스를 대상으로 한 수출입액의 차이	미국 경제성장률과 달러 가치에 영향	월중순	Bureau of Economic Analysis(BEA)
소비자물가지수 (Consumer Price Index)	일반 도시가계 소비자가 소비한 재화와 서비스의 가격 변화 지수	소비자 경기에 미치는 중요한 변수로 인플레이션 예측에 유용	월중순	Bureau of Labor Statistics(BLS)

소비자신용 (Consumer Credit)	부동산 담보를 제외한 재화나 서비스 등의 소비를 목적으로 발생한 부채 변화	소비자신뢰지수에 후행하지만, 가계 재정의 건전성 판단에 중요	월초	Federal Reserve Board(FRB)
수출입물가 (Import and Export Prices)	미국에서 생산된 제품의 수출가격과 미국 거주자가 구매한 수입 제품의 가격 변화로 측정	미국 기업의 가격경쟁력과 수익성을 판단하는 데 유용	월초	Census Bureau
신규주택건설 (New Residential Construction)	공동거주 주택(호텔, 기숙사 등)과 이동주택을 제외한 신규 착공 주택 수	건설부문 고용과 내구재 소비와 관련 있어서 경기선행지표로 유용	익월중순	Census Bureau
ISM 비제조업지수 (ISM Non-Mfg. Index)	비제조업, 즉 서비스업에 대한 산업활동을 나타내는 지표로 고용, 재고, 주문, 수출입 등 다양한 조사	서비스업종의 경기상황을 진단하여 인플레이션 예측에 유용	익월초	Institute for Supply Management
ISM 제조업지수 (ISM Mfg. Index)	제조업에 대한 산업활동을 나타내는 지표로 고용, 재고, 주문, 수출입 등 다양한 조사. 지수가 50 이상이면 경기 확장을 의미	제조업 경기의 선행지표로 미연방준비은행이 경기판단 지표로 사용. 투자정보로 유용	익월초	Institute for Supply Management
연방정부예산 (Treasury Budget)	연방정부의 수입과 지출 그리고 재정이 적자인지 흑자인지 정보 제공	연방정부의 수입원과 지출처를 확인할 수 있으나 투자정보로 중립	익월중순	Department of Treasury

4 유용한 정보 사이트

(1) 금융감독원 전자공시시스템(DART)

금융감독원 전자공시시스템(data analysis, retrieval and transfer system : DART)에는 일반적으로 재무제표(회계정보)를 볼 수 있는 사업보고서가 공시되어 있다. 사업보고서에는 회계정보 외에도 기업과 관련된 다양한 정보를 포함하고 있다. 먼저 인터넷 검색창에 '금융감독원 전자공시시스템'을 입력하고 검색하면 [그림 4-14]의 사이트(https://dart.fss.or.kr/)가 나온다. '검색조건 : 회사명'에는 회사명을 입력하거나 6자리 종목코드를 입력한다.

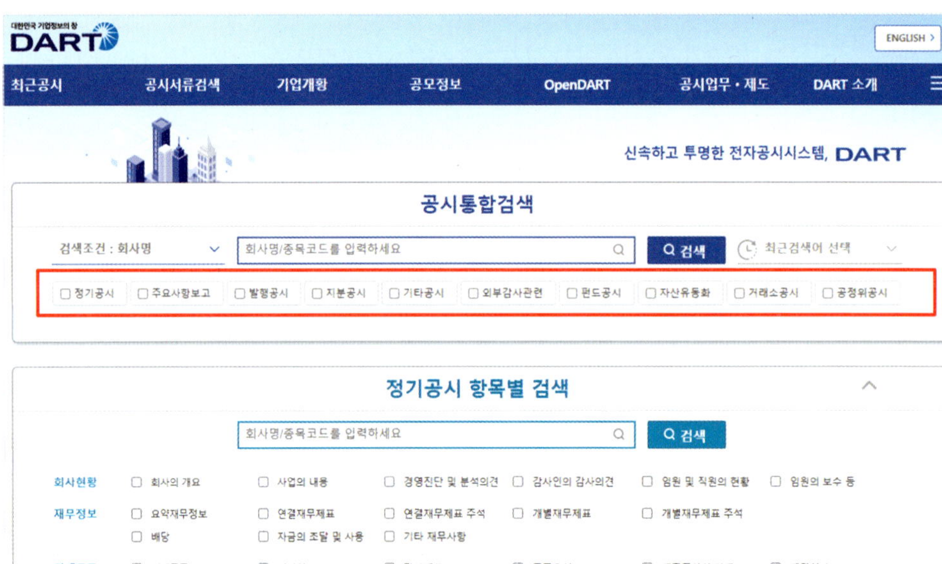

[그림 4-14] 금융감독원 전자공시시스템(DART) 화면

[그림 4-15]의 '정기공시'에는 분기, 반기 그리고 사업보고서 등을 선택할 수 있다. '발행공시'에는 지분증권과 채무증권의 발행에 관한 공시 내용이 있다. '지분공시'에는 주식의 대량 보유상황과 공개매수에 관한 내용이 포함되어 있다. '외부감사 관련'에는 감사보고서와 회계법인 사업보고서 등이 있다. 기타 거래소와 공정거래위원회 공시사항을 확인할 수 있다. 예를 들어, 회사명에 '삼성전자'를 입력하고 '정기공시'의 분기, 반기 그리고 사업보고서를 선택하면 아래의 화면이 나온다. 일 년의 기업성과를 확인할 수 있는 사업보고서를 선택한다.

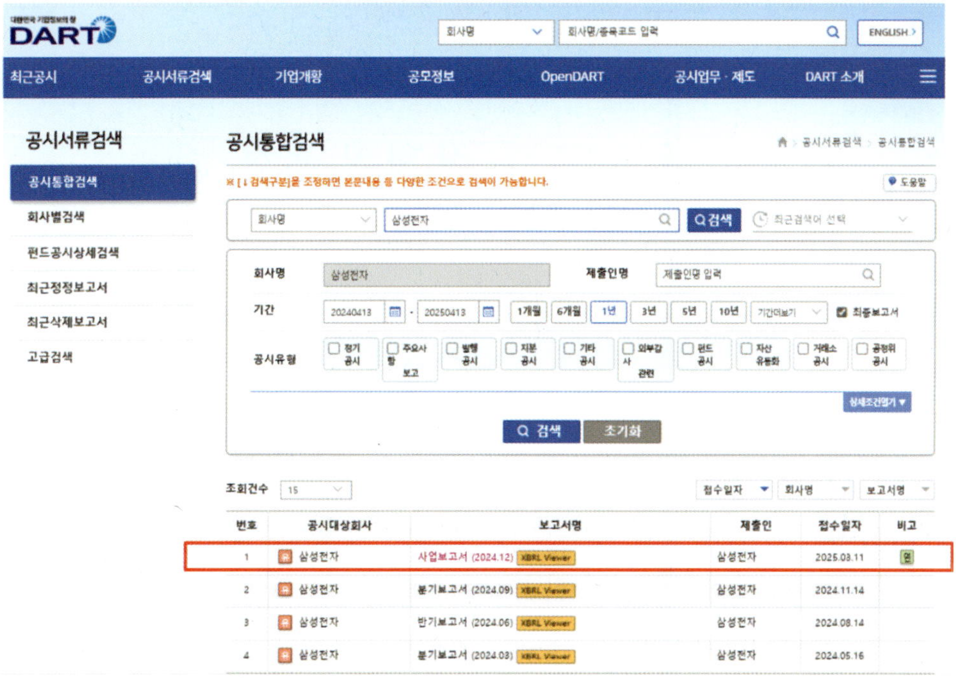

[그림 4-15] 사업보고서 검색

[그림 4-16]과 같이 사업보고서에는 회계정보뿐만 아니라 다양한 정보를 포함하고 있다. 회사의 자본금 변동이나 주식의 총수를 볼 수 있다. 또한 주요 제품 및 매출 상황을 알 수 있다. 재무에 관한 사항에서는 회계정보를 볼 수 있다. 경영자의 예측 정보와 회계감사의 결과도 볼 수 있다. 이사회 구성을 알 수 있고 임원과 직원의 구성 및 보상 명세도 확인할 수 있다. 따라서 기업의 사업보고서는 투자의사결정을 위한 기본적 자료이다.

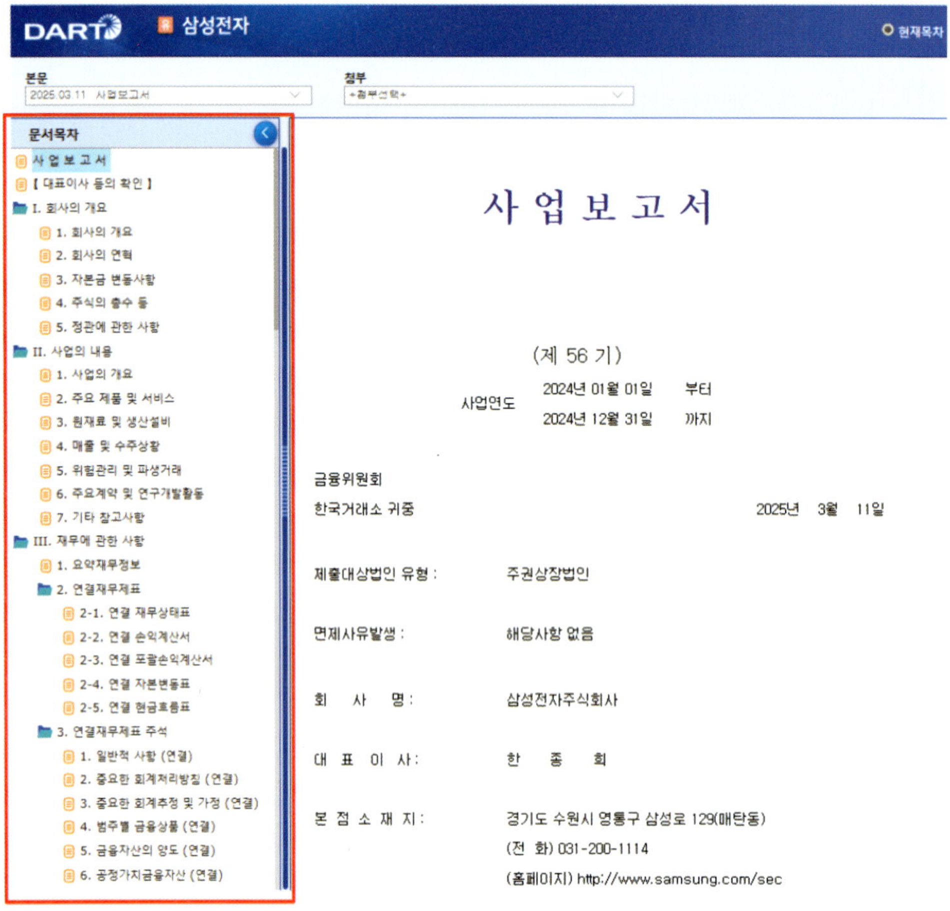

[그림 4-16] 사업보고서 구성

(2) 한국거래소 전자공시시스템(KIND)

한국거래소 전자공시시스템(KIND)은 2000년 4월부터 시행된 전자공시제도로 기업공시를 신속하게 하고 상장기업의 편의성을 도모하기 위해 만들어졌다. 상장법인이 자본시장법에 따라 신고해야 할 사항을 금융감독원에 제출하면 금융감독원 전자공시시스템(DART)과 한국거래소 전자공시시스템(KIND)에 동시에 공시된다. 한국거래소에만 신고해야 하는 사항(공정공시, 수시공시, 기타 자율공시 등)은 한국거래소 전자공시시스템(KIND)을 통해서만 공시된다. 인터넷 검색창에 '대한민국 대표 공시채널 KIND'를 입력하고 검색하면 [그림 4-17]의 사이트(https://kind.krx.co.kr/)가 나온다. 위 오른쪽 끝의 '전체메뉴보기'를 선택한다.

[그림 4-17] 한국거래소 전자공시시스템(KIND) 화면

[그림 4-18]의 화면에서 '공시' 밑의 '상세검색'을 선택한다.

[그림 4-18] 상세검색 화면

[그림 4-19]와 같이 상세검색에 들어가면 '회사명', '시장구분', '기간' 등을 설정할 수 있고 그 밑에 공시유형이 있다. 수시공시에는 회계와 관련하여 '손상차손', '주권관련 사채취득/처분', '유형자산 취득/처분', '소송', '증자/감자', '회계처리기준위반등' 등의 다양한 정보가 포함되어 있다. 공정공시에는 '매출액 영업손익 등 영업실적', '매출액 영업손익 등 전망/예측', '장래사업계획과 영업계획' 등을 볼 수 있다. 정기공시에는 '감사보고서'와 '사업보고서' 등을 볼 수 있다. 그 외에도 특수공시, 발행공시, 지분공시 그리고 공정위공시 등을 눈여겨볼 필요가 있다.

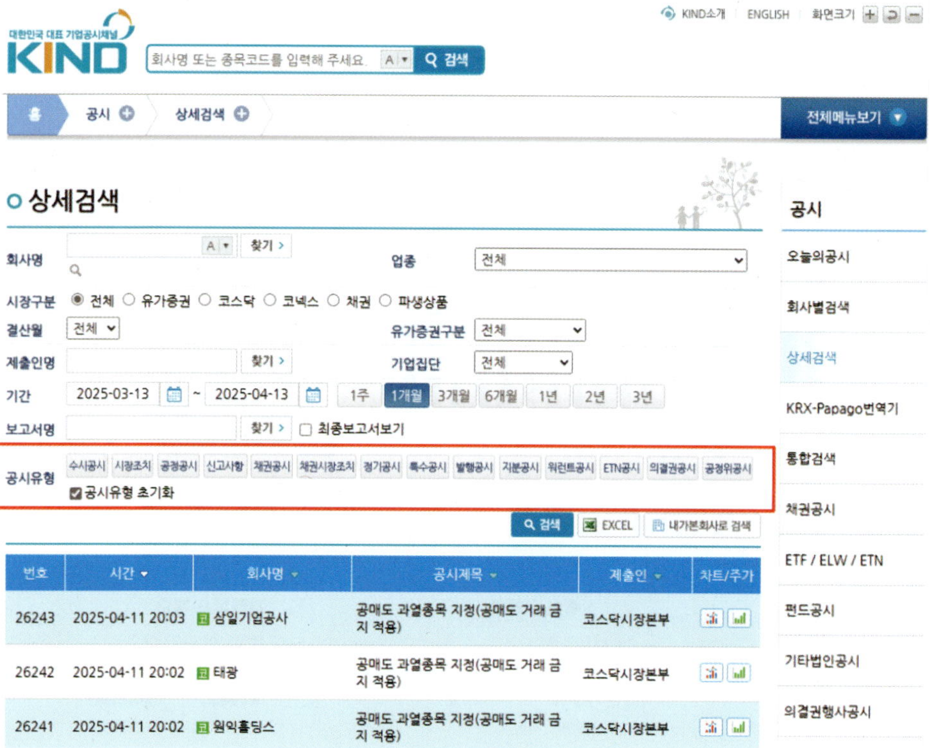

[그림 4-19] 공시유형 화면

(3) 공정거래위원회 기업집단포털(eGroup)

기업집단포털(eGroup)은 공정거래위원회가 대기업집단과 지주회사로부터 자료를 받아 이를 분석 및 가공하여 그 정보를 이해관계자들에게 제공하는 시스템이다. 공정거래위원회는 동일 기업집단에 포함된 기업 간에 상호출자나 채무보증 등을 통해 경제력이 집중되는 것을 억제하기 위해 매년 대규모 기업집단을 지정하고 해당 기업집단에 일정의 규제를 가하고 있다. 인터넷 검색창에 '기업집단포털'을 입력하고 검색하면 [그림 4-20]의 사이트(https://www.egroup.go.kr/)가 나온다. 첫 화면에는 지정된 기업집단의 수와 소속회사의 수가 나오며 이를 도표로 시각화하여 보여주고 있다. 화면 위의 메뉴를 선택하면 좀 더 자세한 정보를 볼 수 있다.

[그림 4-20] 기업집단포털(eGroup) 화면

'대규모기업집단'을 선택하면 기업집단의 정의와 정책뿐만 아니라 기업집단별 소유지분구조, 내부지분, 채무보증 현황 등을 확인할 수 있다. '정보공개'에 들어가면 기업집단과 지주회사별 소유구조와 지배구조 등의 정보를 확인할 수 있다. 또한 기업집단 내 기업 간 지분관계를 보여주는 지분도와 관심도가 높은 사항들을 시각화한 통계를 확인할 수 있다.

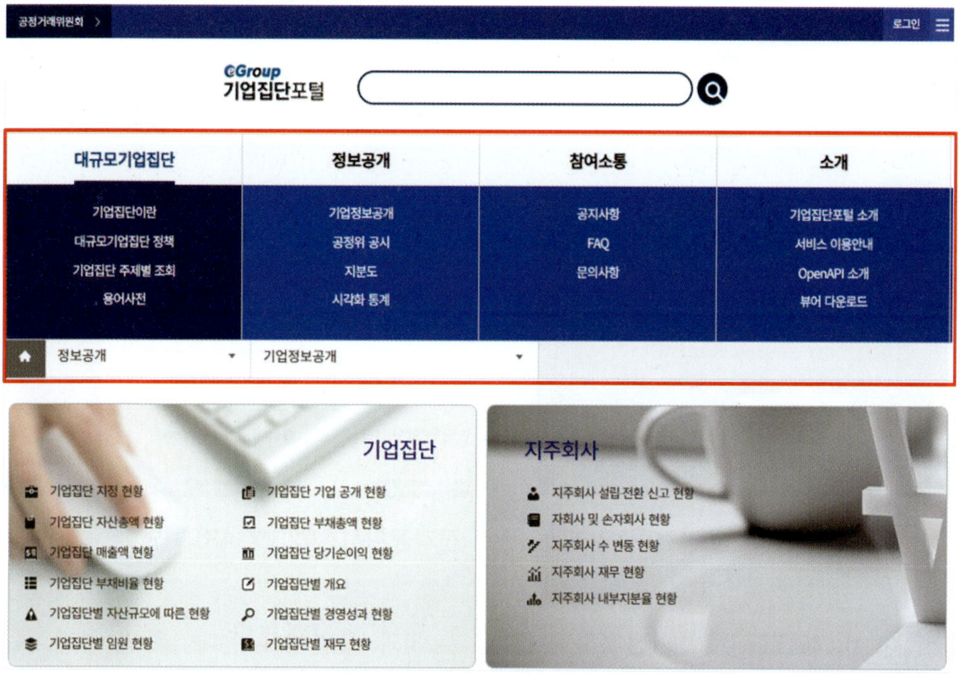

[그림 4-21] 기업집단포털(eGroup) 구성

(4) 미증권거래위원회 전자공시시스템(EDGAR)

미증권거래위원회(U.S. Securities and Exchange Commission : SEC)는 미국 금융시장을 감시하고 연방법을 집행하는 준사법 감독기관이다. 미증권거래위원회는 'EDGAR (Electronic Data Gathering, Analysis, and Retrieval)'라는 전자시스템에 사업보고서를 공시하고 있다. 한국의 금융감독원 전자공시시스템(DART)과 같은 역할을 한다고 보면 될 것이다. 먼저 인터넷 검색창에 'SEC'를 입력하고 검색하면 [그림 4-22]의 사이트(https://www.sec.gov/)가 나온다. 사업보고서를 보기 위해 화면 왼쪽 위의 'Search Filings'를 선택해도 되지만, 오른쪽 중간의 'SEARCH EDGAR'를 선택하면 더 빨리 볼 수 있다.

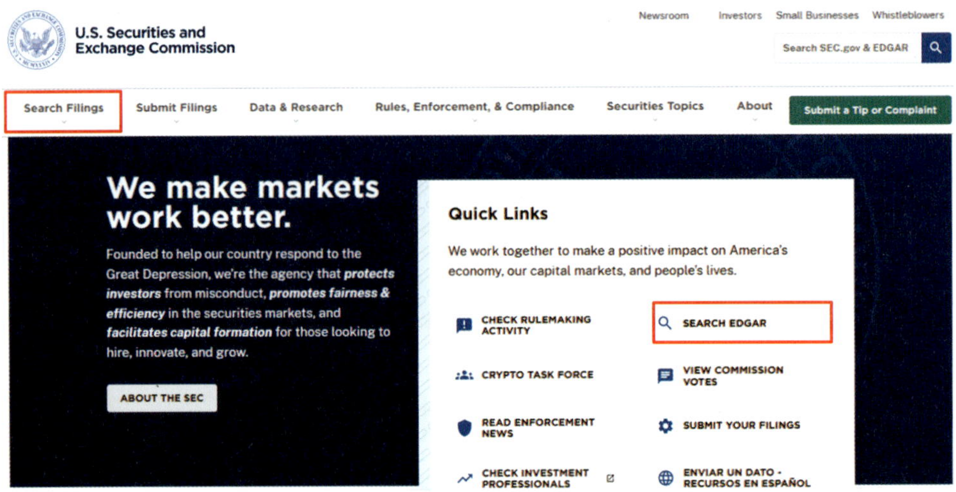

[그림 4-22] 미증권거래위원회 전자공시시스템(EDGAR) 화면

'SEARCH EDGAR'를 선택하면 [그림 4-23]의 화면이 나온다. 화면 중간에는 기업명(Company name)을 입력할 수 있는 공란이 나온다. 기업의 검색을 위해 기업식별번호(central index key : CIK)를 입력해도 된다. 예를 들어, 'TESLA'를 입력하면 지역별 또는 계열 기업들이 뜨는데, 그중 찾고자 하는 기업을 선택한다.

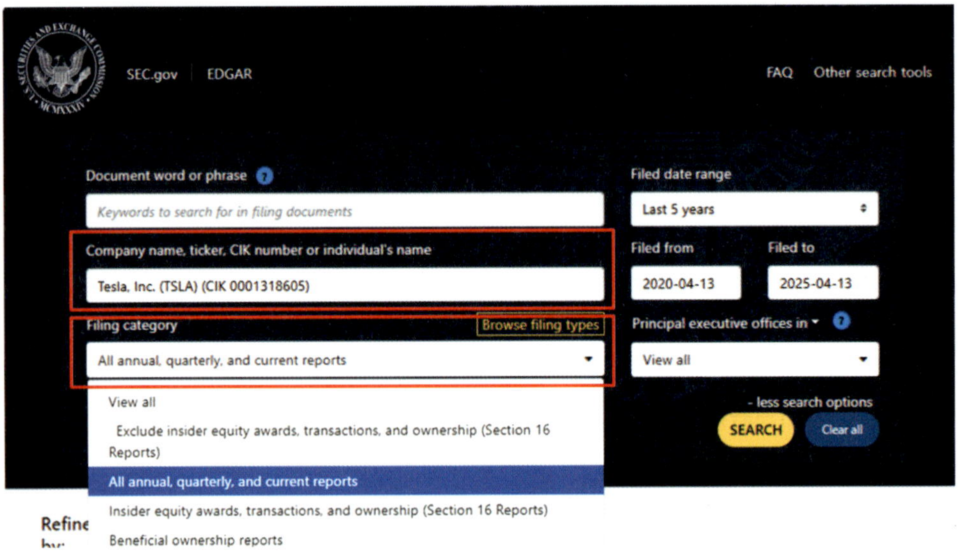

[그림 4-23] EDGAR에서 기업검색

한편 화면의 하단에는 찾고자 하는 파일을 선택할 수 있는 선택 창이 있다. 사업보고서를 보기 위해 'All annual, quarterly, and current reports'를 선택하고 오른쪽의 'SEARCH'를 누른다.

'SEARCH'를 선택하면 [그림 4-24]의 화면이 나온다. 기업의 검색 결과를 보면 97개의 보고서가 있다. 관심을 가질 만한 미국의 공시보고서는 크게 세 가지로 나눌 수 있다. 연간 사업보고서에 해당하는 '10-K(Annual report)'와 분기 사업보고서에 해당하는 '10-Q(Quarterly report)' 그리고 중요한 사안이 발생할 때 공시하는 보고서인 '8-K(Current report)'가 있다. 연간 사업보고서를 보기 위해 '10-K (Annual report)'를 선택한다.

97 search results

Show Columns

☑ Filed ☑ Reporting for ☐ CIK ☐ Located ☐ Incorporated ☐ File number ☐ Film number

Form & File	Filed ↓	Reporting for	Filing entity/person
8-K (Current report)	2025-04-02	2025-04-02	Tesla, Inc. (TSLA)
10-K (Annual report)	2025-01-30	2024-12-31	Tesla, Inc. (TSLA)
8-K (Current report)	2025-01-29	2025-01-29	Tesla, Inc. (TSLA)
8-K (Current report)	2025-01-02	2025-01-02	Tesla, Inc. (TSLA)
10-Q (Quarterly report)	2024-10-24	2024-09-30	Tesla, Inc. (TSLA)
8-K (Current report)	2024-10-23	2024-10-23	Tesla, Inc. (TSLA)
8-K (Current report)	2024-10-02	2024-10-02	Tesla, Inc. (TSLA)

[그림 4-24] EDGAR에서 사업보고서 검색 결과

TESLA의 연간 사업보고서가 [그림 4-25]의 화면으로 나타난다. 보고서에는 사업내용과 주요 제품에 대한 소개 및 소유구조에 대한 다양한 정보가 포함되어 있다. 특히 주목할 것은 'Item 8'의 'Financial Statements and Supplementary Data'이다. 이 항목을 선택하면 TESLA의 회계정보를 확인할 수 있다.

TESLA, INC.

ANNUAL REPORT ON FORM 10-K FOR THE YEAR ENDED DECEMBER 31, 2024

INDEX

PART I.

Item 1.	Business
Item 1A.	Risk Factors
Item 1B.	Unresolved Staff Comments
Item 1C.	Cybersecurity
Item 2.	Properties
Item 3.	Legal Proceedings
Item 4.	Mine Safety Disclosures

PART II.

Item 5.	Market for Registrant's Common Equity, Related Stockholder Matters and Issuer Purchases of Equity Securities
Item 6.	[Reserved]
Item 7.	Management's Discussion and Analysis of Financial Condition and Results of Operations
Item 7A.	Quantitative and Qualitative Disclosures about Market Risk
Item 8.	Financial Statements and Supplementary Data
Item 9.	Changes in and Disagreements with Accountants on Accounting and Financial Disclosure
Item 9A.	Controls and Procedures

[그림 4-25] TESLA의 연간 사업보고서

요약정리

1. 투자전략

투자전략	내 용
허수주문	• 작전세력이 보유한 물량을 매도하거나 주식을 추가로 매수하기 위해 허수주문으로 매도세력이나 매수세력을 끌어들이는 가짜주문 방법
자전거래	• 주식 보유자가 주식을 자신에게 매도하고 매수하는 거래로 작전세력이 주가조작이나 시세조정을 위해 이용할 수 있음
박스권 돌파	• 저항선과 지지선의 박스(BOX)권 안에서 N자형 패턴을 유지하며 횡보 장세를 보이다가 박스권을 돌파할 때 주식 매수
눌림목	• 주가가 상승추세에서 차익을 실현하는 매도물량으로 일시적으로 하락하지만, 대세적인 상승추세가 꺾이지 않아 다시 주가가 상승할 때 주식 매수
추세전환	• 주가가 상승추세에서 하락하였다가 다시 상승추세로 전환할 때 매수
상한가 따라잡기	• 대량의 거래량을 수반하며 주가가 상한가에 도달하면 다음 날에도 주가가 상승할 것을 예측하여 주식을 매수

2. 경제환경 이해

경제환경	내 용
금리와 주가	• 금리와 주가의 관계는 금융장세, 실적장세, 역금융장세 그리고 역실적장세에 따라 변화
환율과 주가	• 환율이 상승하면 단기적으로 주가는 하락, 장기적으로 주가는 상승가능 • 환율이 하락하면 단기적으로 주가는 상승, 장기적으로 주가는 하락가능
금리/환율/주가	• 금리는 환율, 유동성, 기업실적 그리고 주가에 영향을 미침
경쟁제품	• 달러 대비 원화나 엔화의 가치가 감소해도 원화 대비 엔화의 가치가 감소하면 한국 제품은 일본 제품에 비해 가격경쟁력이 떨어짐
선물과 현물	• 선물과 현물을 동시에 투자하면 이론적으로 무위험 이익을 얻을 수 있음 • 프로그램 매매, 매수차익잔고, 매도차익잔고의 이해 필요
공매도와 쇼트커버링	• 공매도는 주식 보유자로부터 일정 기간 주식을 빌려 주식을 매도한 후 다시 주식을 매수하여 주식으로 상환하는 제도 • 쇼트커버링(환매수)은 주가가 상승하면 공매도세력이 손실을 줄이기 위해 추후 갚아야 할 주식을 미리 매수하는 것

3. 경제지표

종 류	내 용
경기종합지수	• 경기동행지수, 경기선행지수, 경기후행지수의 세부지표 확인
국내 경제지표	• 가공단계별 물가지수, 경제활동 인구조사, 국내총생산(GDP), 금융통화위원회(기준금리), 기업경기실사지수(BSI), 생산동향(광공업동태), 소비동향(도소매업동태) 등
미국 경제지표	• 경상수지(Current Account), 고용동향(Employment Situation), 고용비용(Employment Cost Index), 공개시장위원회 정례회의(FOMC Meeting), 공장 주문(Factory Orders), 내구재 신규주문(Durable Goods), 국내총생산(GDP) 등

4. 유용한 정보 사이트

종 류	내 용
금융감독원 전자공시시스템 (DART)	• 회계정보와 다양한 기업정보(https://dart.fss.or.kr/)
한국거래소 전자공시시스템 (KIND)	• 다양한 기업의 공시사항(https://kind.krx.co.kr/)
공정거래위원회 기업집단포털 (eGroup)	• 대규모 기업집단 정보(https://www.egroup.go.kr/)
미증권거래위원회 전자공시시스템 (EDGAR)	• 회계정보와 다양한 기업정보(https://www.sec.gov/)

5

재무제표 이해

1 재무분석

2 재무제표 이해

1 재무분석

(1) 재무분석의 의의

재무분석은 이해관계자의 합리적 의사결정에 필요한 기업의 양적 정보와 질적 정보를 제공하기 위해 수행하는 분석이다. 자본시장에는 항상 자금을 공급하는 주체와 자금이 필요한 주체가 공존한다. 일반적으로 자금을 공급하는 주체는 투자자이고, 자금이 필요한 주체는 기업이다. 자금은 한정적인 자원이라 가치를 창출할 수 있고 궁극적으로 국가의 부(富)를 증대시킬 수 있는 기업으로 흘러 들어가야 한다. 이렇게 한정된 자원이 자본시장에서 효율적으로 배분되기 위해서는 가치창출이 가능한 기업의 정보가 필요하다. 이러한 정보가 기업의 회계정보이며 좀 더 구체적으로 재무제표분석의 결과일 것이다. 따라서 재무분석은 재무제표분석이라고도 하고 경영분석이라고도 한다. 그러나 재무보고는 재무제표보다 더 포괄적인 정보를 포함하고 있어서 재무분석이 재무제표분석의 상위 개념으로 이해된다.

재무보고는 기업을 둘러싼 다양한 이해관계자에게 의사결정에 유용한 기업의 경제적 자원과 의무, 자본변동과 현금흐름 등의 정보를 제공한다. 재무제표는 크게 재무상태표, 포괄손익계산서, 자본변동표, 현금흐름표 그리고 주석으로 이루어져 있다. 재무상태표는 특정 시점의 재무상태(자산, 부채, 자본)를 나타내고, 포괄손익계산서는 특정 기간의 경영성과를 나타내며, 자본변동표는 특정 기간의 자본변동 명세를 보여주고, 현금흐름표는 특정 기간의 현금흐름을 보여준다. 주석은 재무제표에 표시된 항목을 좀 더 상세하게 설명하는 보충적 정보이다. 그러나 기업에 관한 정보는 재무제표 외에도 다양한 원천에서 수집할 수 있다. 예를 들면, 사업보고서, 경영자 예측, 경영자 서한 등이다. 따라서 재무보고는 재무제표 외에도 기타정보를 포함한다.

(2) 재무분석의 한계

재무분석은 한정된 자원의 효율적 배분에 매우 유용하지만 다음과 같은 한계가 존재한다.

첫째, 재무제표는 과거의 자료로 작성되어 아무리 잘 분석하여도 미래를 예측하는 데에 한계가 있다. 과거의 자료로 미래를 예측하려면 과거의 경제상황이 미래에도 똑같이 일어나야 한다. 그러나 급변하는 경제환경에 이러한 기대로 단순히 재무분석에만 의지하여 의사결정을 내리는 것은 매우 위험하다.

둘째, 재무제표는 금액으로 표시할 수 있는 양적 정보만 포함하고 있다. 따라서 금액으로 표시할 수 없는 인적자원, 고객충성도, 경영자 능력, 시장점유율 등의 정보는 재무제표에 반영되어 있지 않다. 즉 기업의 미래 성장성을 나타내는 정보는 과거의 양적 정보가 아니라 기업의 내재가치를 높이는 질적 정보일 수 있다. 따라서 재무제표를 아무리 분석하여도 기업의 숨겨진 내재가치를 완전히 평가할 수는 없다.

셋째, 재무분석은 회계처리과정의 한계에 고스란히 노출되어 있다. 회계처리과정에는 회계정책(회계처리방법) 변경이나 회계추정이 많이 포함되어 있다. 회계정책 변경이나 회계추정으로 만들어진 재무제표는 분석과 가공을 할수록 오히려 기업의 내재가치에서 멀어질 수 있다.

넷째, 재무제표는 이해관계자들의 다양한 목적을 모두 충족시킬 수 없다. 재무제표는 이해관계자들 간의 공정성을 고려하여 일반적으로 인정된 회계원칙에 따라 작성된다. 따라서 특정 이해관계자가 원하는 정보를 모두 제공하였다고 볼 수 없다. 예를 들어, 채권자는 주로 원금회수와 이자수익에 관심이 있어서 기업의 안정성에 관한 상세한 정보를 얻고자 한다. 반면에 주식투자자는 주로 자본이득(capital gains)과 배당에 관심이 있어서 기업의 수익성과 성장성에 관한 상세한 정보를 얻고자 한다. 이렇게 이해관계자는 재무제표를 통해 얻고자 하는 정보가 서로 다르다. 기업이 이해관계자의 이해를 모두 충족시키려면 재무제표를 작성하는 데 드는 비용이 재무제표를 제공함으로써 얻는 효익을 초과할 것이다. 따라서 재무분석은 이해관계자의 모든 이해를 충족시킬 수 없다.

마지막으로 재무분석은 재무제표에 기반하므로 주식시장에 미치는 다양한 요인을 고려하지 못한다. 주식은 회계정보뿐만 아니라 금리, 통화정책, 물가, 환율 등 다양한 경제변수에 영향을 받는다. 따라서 재무분석은 투자의사결정의 유일한 근거가 될 수 없다. 이러한 재무분석의 한계를 극복하기 위해 현대 재무분석은 국내·외 경제동향, 산업동향, 기업동향 등 기업의 대외적 변수들을 반영하려고 노력하고 있다. 또한 기업의 재무상태와 경영성과에 미치는 중요한 질적 정보도 반영하여 재무제표의 한계를 보완하려고 노력한다.

(3) 재무분석의 필요성과 이용주체

재무분석은 기업과 외부이해관계자 간의 정보비대칭(information asymmetry)을 완화하는 데 결정적인 역할을 한다. 이해관계자는 자본을 제공한 채권자나 소유주일 수도 있고 근로를 제공한 종업원일 수도 있다. 또한, 재고자산을 제공한 납품업자일 수도 있고 행정서비스를 제공한 정부일 수도 있다. 기업은 이해관계자가 제공한 자원을 효율적으로 운용하여 가치를 창출하고, 그 수익을 다시 이해관계자에게 돌려줘야 한다. 이해관계자는 제공한 자원이 가치창출을 위해 효율적으로 사용되고 있는지에 대해 항상 궁금해한다. 따라서 경영자는 자원제공자에게 자원의 효율적 사용과 가치창출에 대해 보고할 수탁책임(stewardship)을 진다.

경영자는 자원을 자원제공자의 이익을 높이는 데 사용하는 것이 아니라 자신들의 이익을 얻는 데 사용할 수 있다. 이렇게 경영자와 자원제공자 간에 이해가 상충하면 경영자는 자신들에게 유리한 정보는 자원제공자에게 제공하지만 불리한 정보는 제공하지 않게 된다. 경영자와 외부이해관계자 간에 정보 수준이 달라지면 자원제공자는 더 이상 자원을 제공하려 하지 않을 것이고 기업가치는 떨어질 것이다. 재무분석은 외부이해관계자가 경영자를 감시할 수 있는 수단이 되고, 경영자는 외부이해관계자에게 신뢰할 만한 정보를 제공할 촉매제가 된다.

외부이해관계자는 재무분석을 통해 기업가치를 평가하고, 경영자는 기업을 평가할 수 있는 재무정보를 외부에 끊임없이 제공한다. 자원제공자는 투자목적으로 기업을 분석하기 위해 끊임없이 정보가 필요하다. 기업은 항상 자원이 필요하며 자원제공자는 수시로 바뀌므로 잠재적 자원제공자를 찾기 위해 끊임없이 정보를 제공한다.

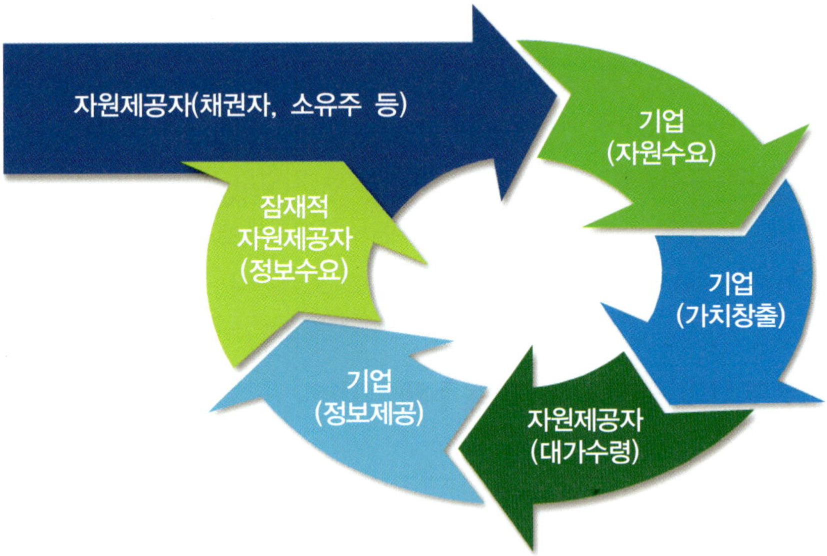

[그림 5-1] 기업과 자원제공자의 관계

재무정보는 이해관계자의 목적을 충족시킴으로써 정보비대칭을 완화하는 중재자 역할을 한다. 그렇다면 기업은 왜 시장에 재무정보를 공급하는가? 기업은 재무정보를 규제로 인해 강제적으로 공급하기도 하지만, 이해관계자들의 수요를 충족시키기 위해 자발적으로 공급하기도 한다. 먼저 규제당국이 기업에 재무정보의 공급을 강제화하는 이유는 크게 세 가지로 나눌 수 있다.

첫째, 규제당국은 한정된 자원의 효율적 배분을 위해 누구나 최소한의 정보를 얻을 수 있게 하려는 것이다. 자본시장에서 투자자 간에 공정한 경기를 하려면 정보를 얻는 데 차별적이지 않아야 한다. 즉 정보를 얻는 데 비용이 너무 많이 들면 정보를 가진 자와 정보를 갖지 못한 자 간에 정보불균등으로 인해 자원이 효율적으로 배분되기 어렵다. 따라서 규제당국은 일정 수준의 재무정보를 무상으로 시장에 공급하여 자원 배분의 왜곡을 막고자 하는 것이다.

둘째, 규제당국은 기업과 이해관계자 간에 정보비대칭으로 인한 의사결정의 왜곡을 막으려고 한다. 경영자는 기업에 유리한 정보는 제공하면서 불리한 정보는 제공하려 하지 않을 것이다. 또한 기업마다 제공하는 정보의 양과 질이 달라 투자자는 잘못된 투자의사결정을 할 수 있다. 따라서 규제당국은 이해관계자에게 제공해야 할 정보의 양과 질을 어느 정도 규제할 필요성이 있는 것이다.

셋째, 규제당국은 세원을 확보하기 위해 통일된 기준에 의해 생성된 기업성과를 알아야 한다. 이 외에도 다양한 목적으로 규제당국은 기업이 재무정보를 시장에 공급하도록 강제화한다.

한편 기업은 재무정보를 자발적으로 공급할 유인이 존재한다.

첫째, 기업은 끊임없는 자금조달을 위해 잠재적 투자자에게 기업정보를 제공해야 한다. 특히 신뢰할 만한 재무정보를 제공함으로써 자금조달비용도 줄일 수 있다. 예를 들어, 기업이 은행에서 대출을 받으려면 감사보고서를 제출하여 회계정보의 신뢰성을 입증해야 한다.

둘째, 경영자는 새로운 기업과의 경영계약을 위해 협상 근거로 재무정보가 필요하다. 예를 들어, KT(주)에 있는 경영자가 다른 통신회사의 경영자로 이직하기 위해서는 자신의 성과를 제시해야 한다. 이러한 성과를 통해 계약 기간과 연봉 협상이 가능하다.

셋째, 기업이 사업부문의 매각이나 물적 분할을 통해 가치를 높이려면 명성도 높일 필요가 있다. 이러한 명성 제고를 위해 기업은 다양한 재무정보를 자발적으로 제공하기도 한다. 예를 들어, LG화학(주)는 기업 내 2차 전지 사업부문을 물적 분할하여 LG에너지솔루션(주)라는 회사로 상장시켰다. 사업부문의 상장을 통해 LG화학(주)는 기존의 시장가치보다 더 큰 시장가치를 누리게 되었다. 이 외에도 기업은 다양한 이유로 재무정보를 자발적으로 공급할 것이다.

[그림 5-2] 재무정보의 수요와 공급

그렇다면 재무정보를 이용한 재무분석은 누구에게 필요한가?

첫째, 재무분석은 주식투자자에게 필요하다. 주식투자자는 기업에 자금을 제공하고 주식을 취득한다. 이들은 기업으로부터 자본이득(capital gains)과 배당을 얻기 위해 재무분석으로 성장성에 관한 정보를 얻고자 한다.

둘째, 재무분석은 채권자에게 필요하다. 채권자는 기업에 자금을 공급하고 채권을 수취한다. 이들은 만기에 원금상환과 이자수익에 관심이 있어서 재무분석으로 안정성에 관한 정보를 얻고자 한다. 특히 원금과 이자수익은 현금으로 받으므로 현금흐름에 대해서도 관심이 많다. 따라서 채권투자자는 당기순이익뿐만 아니라 현금흐름을 통해서도 유동성을 확인한다.

셋째, 재무분석은 경영자에게 필요하다. 경영자는 내부통제뿐만 아니라 경영전략과 장기 경영계획 수립을 위해 재무분석을 실시한다. 경영자는 재무분석으로 기업의 강점은 살리고 약점은 개선할 것이다.

넷째, 재무분석은 종업원에게 필요하다. 종업원은 기업의 지속가능성, 구조조정 그리고 임금협상 등을 예측하기 위해 재무분석으로 필요한 정보를 얻고자 한다.

다섯째, 재무분석은 납품업자에게 필요하다. 납품업자는 기업에 원재료 등의 재고자산을 공급하고 대금을 회수해야 한다. 따라서 이들은 재무분석으로 기업의 현금흐름과 안정성에 관한 정보를 얻고자 한다.

여섯째, 재무분석은 재무분석가에게 필요하다. 재무분석가는 재무분석으로 다양한 이해관계자의 목적에 맞는 정보를 제공하며, 자원의 효율적 배분을 위한 길잡이 역할을 한다.

일곱째, 재무분석은 정부나 규제기관에서 필요하다. 정부나 규제기관이 금융정책이나 세무정책을 펼칠 때 기업의 재무상황을 고려해야 한다. 예를 들어, 정부가 서민에게 안정적인 주거 환경을 제공하기 위해 아파트 분양가를 제한하려면 건설회사의 수익성을 고려해야 한다. 또한 각종 세율을 조정하기 위해서는 기업이 세금을 감당할 수 있는지 확인해야 한다. 그 밖에 각종 관급공사 계약을 위해 건실한 계약자를 찾을 때도 필요하다.

여덟째, 재무분석은 외부감사인에게 필요하다. 외부감사인은 효율적인 재무제표 감사를 위해 재무분석으로 이상 항목을 발견한다. 이 외에 다양한 목적으로 이해관계자는 재무분석을 실시한다.

2 재무제표 이해

(1) 회계의 목적

회계의 목적은 기업을 둘러싼 이해관계자에게 의사결정에 유용한 정보를 제공하는 것이다. 의사결정에 유용한 정보는 정보가 있을 때와 없을 때 의사결정이 달라지는 중요한 정보이어야 한다. 이러한 회계정보는 크게 세 가지로 나눌 수 있다.

첫째, 재무회계는 기업의 경영활동을 인식, 기록, 분류, 요약하여 재무제표라는 회계보고서를 만들고 이를 외부에 공표할 목적의 회계이다.

둘째, 원가회계는 제품의 원가를 계산하는 회계로 재무회계에서 기업 손익을 산출할 때 적용되는 원가 개념, 원가계산 그리고 원가분석 등에 활용된다.

셋째, 세무회계는 기업회계기준에 따라서 측정된 회계이익을 세법 규정에 따라 세무조정하여 과세소득을 측정하는 회계이다.

주식의 기본적 분석은 주로 재무회계의 재무제표분석에 집중되어 있다. 재무제표는 기업의 재무상태와 경영성과를 나타내기 위해 일반적으로 인정된 회계원칙에 따라 작성된 보고서이다. 재무제표는 재무상태표, 포괄손익계산서, 자본변동표, 현금흐름표 그리고 주석으로 이루어져 있다. 이 중 주석을 제외한 나머지를 '기본재무제표'라고 한다.

(2) 회계거래의 원리

회계거래는 재무상태표의 요소인 자산, 부채 그리고 자본의 변동을 가져오는 경제적 사건으로 발생하며 금액으로 신뢰성 있게 측정할 수 있어야 한다. 포괄손익계산서, 자본변동표 그리고 현금흐름표 항목은 모두 재무상태표 항목에 영향을 준다.

한편 회계처리방식은 단식부기와 복식부기로 나뉜다. 단식부기는 현금의 입출금거래를 하나의 열에 기록한다. 단순히 현금의 입출금거래만 기록하여 현금

입출금의 원인과 결과를 확인할 수 없다. 따라서 자산과 부채를 별도의 비망록에 서만 관리하며, 기록에 오류가 있어도 자체적으로 검증할 방법이 없다. 반면에 복식부기는 거래나 사건의 원인과 결과를 두 개의 열에 기록한다. 거래를 통해 자산, 부채 그리고 자본의 변화를 확인할 수 있고, 기록에 오류가 있어도 자기검증기능으로 바로잡을 수 있다. 자기검증기능은 자금의 조달 원천인 '부채'와 '자본'의 합이 항상 자금의 운용인 '자산'과 같아야 한다는 원리에 근거한다. 이를 '대차균형의 원리'라고도 한다.

계정(account)은 회계거래를 나타내는 기본단위로 자산, 부채, 자본, 수익 그리고 비용의 증감을 나타낸다. 수익과 비용의 차이인 당기순손익은 궁극적으로 자본에 귀속된다. 분개는 거래가 발생하면 어떠한 계정을 어느 쪽에 기록할 것인지를 결정하는 것이다. 복식부기에서 회계기록의 왼쪽 열을 '차변'이라고 하고, 오른쪽 열을 '대변'이라고 한다. 재무상태표의 계정은 차변에 자산이 기록되고, 대변에 부채와 자본이 기록된다. 손익계산서의 계정은 차변에 비용 발생을 기록하고, 대변에 수익 발생을 기록한다. 따라서 분개의 법칙은 다음과 같다.

〈표 5-1〉 분개의 법칙

차 변	대 변
자산 증가	자산 감소
부채 감소	부채 증가
자본 감소	자본 증가
비용 발생	수익 발생

(3) 회계순환과정

재무제표를 이해하기 위해서는 재무제표가 작성되는 회계순환과정을 이해해야 한다. 재무제표는 기록, 분류, 요약 그리고 보고의 과정을 거쳐 만들어진다.

첫째, 기록단계에서는 회계기록의 대상을 식별하여 금액을 측정한 후 계정과목을 이용하여 분개장에 기록한다. 모든 거래는 차변(왼쪽)과 대변(오른쪽)으로 분리하여 해당 계정과목을 기록한다. 예를 들어, 20××년 1월 3일 A기업이 B기업에

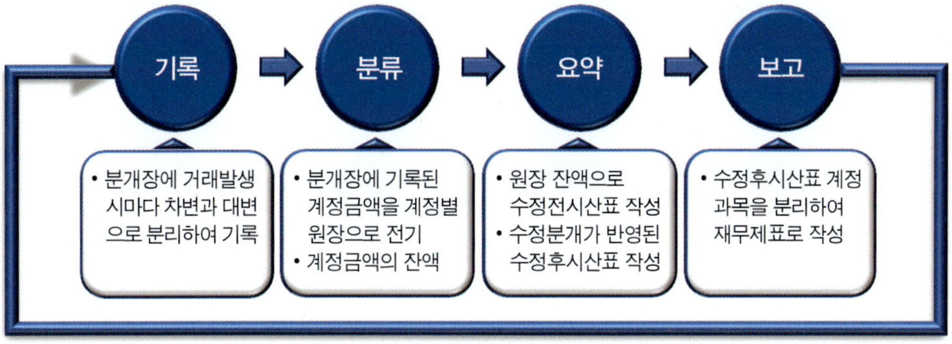

[그림 5-3] 회계순환과정

토지를 5억원의 현금을 받고 팔았다면, 차변에 현금 5억원, 대변에 토지 5억원으로 기록한다. 20××년 2월 4일 A기업이 C은행으로부터 1억원을 6개월간 차입하였다면, 차변에 현금 1억원, 대변에 단기차입금 1억원으로 기록한다.

〈표 5-2〉 분개장 양식

분개장

20××년 1월 1일부터 20××년 12월 31일까지

A기업 (1)

일 자		적 요	원 면	차 변	대 변
1	3	현금 토지 토지를 매각하였음	1 3	500,000,000	 500,000,000
2	4	현금 단기차입금 C은행에서 현금차입	1 2	100,000,000	 100,000,000

둘째, 분류단계에서는 분개장에 기록된 계정을 계정별 원장으로 옮겨(전기) 계정별 잔액을 구한다. 원장은 계정별로 기록하게 되어 있어서 기말에 계정의 잔액을 확인할 수 있다. 기록의 추적을 위해 분개장에는 계정과목이 원장에 기록된 위치를 나타내는 원면(원장 오른쪽 상단)이 표시되어 있고, 원장에는 분개장에 해당 계정이 기록된 위치를 알기 위해 분면(분개장 오른쪽 상단)이 표시되어 있다.

〈표 5-3〉 총계정원장 양식

현 금

20××년 1월 1일부터 20××년 12월 31일까지

A기업 (1)

일	자	상대과목	분 면	차 변	대 변	잔 액
1	3	토 지	1	500,000,000		500,000,000
2	4	단기차입금	1	100,000,000		600,000,000

단기차입금

20××년 1월 1일부터 20××년 12월 31일까지

A기업 (2)

일	자	상대과목	분 면	차 변	대 변	잔 액
2	4	현 금	1		100,000,000	100,000,000

토 지

20××년 1월 1일부터 20××년 12월 31일까지

A기업 (3)

일	자	상대과목	분 면	차 변	대 변	잔 액
1	3	현 금	1		500,000,000	500,000,000

셋째, 요약단계에서는 계정별 잔액을 수정전시산표에 옮겨 차변과 대변의 합계가 맞는지 확인한다. 그리고 수정분개를 하고 수정후시산표를 작성한 후 차변과 대변의 합계가 맞는지 확인한다. 시산표에는 원장에 있는 자산, 부채, 자본, 수익 그리고 비용 항목을 모두 포함한다. 결국 차변에 있는 자산, 비용 그리고 배당금 항목의 합계와 대변에 있는 부채, 자본(기초) 그리고 수익 항목의 합계는 같아야 한다.

수정분개는 회계의 발생주의로 인한 산물이다. 현금주의는 현금이 유입되면 수익으로 인식하고, 현금이 지출되면 비용으로 인식한다. 반면 발생주의는 현금의 유·출입과 상관없이 거래나 사건이 발생하면 수익과 비용으로 인식한다. 예를 들어, 자동차 제조회사인 A기업이 100억원의 자동차를 B기업에 판매하고 50억원은 현금으로 받고 나머지 50억원은 외상으로 하였다. 현금주의에서는 수익이 50억원이지만 발생주의에서는 수익을 거래가 발생한 100억원으로 인식한다.

기업의 거래나 사건은 현금의 유·출입과 일치하지 않는 경우가 많다. 이럴

〈표 5-4〉 합계잔액시산표 양식

합계잔액시산표

20××년 1월 1일부터 20××년 12월 31일까지

A기업

차 변		계정과목	대 변	
잔 액	합 계		잔 액	합 계
×××	×××	자　　산	×××	×××
×××	×××	부　　채	×××	×××
×××	×××	자　　본	×××	×××
×××	×××	수　　익	×××	×××
×××	×××	비　　용	×××	×××
×××	×××	합계	×××	×××

때 거래나 사건의 발생을 기준으로 분개를 수정해주어야 한다. 수정분개는 크게 발생분개와 이연분개로 나뉜다.

발생분개는 거래나 사건이 먼저 일어나고 현금의 유·출입이 나중에 따라오는 거래이다. 예를 들어, 2025년 7월 1일 A기업은 2026년 6월 30일에 10억원의 임대료(수익)를 받기로 하고 B기업에 건물을 임대하였다. 2025년 A기업은 B기업에 건물을 6개월간 빌려주었지만, 현금을 한 푼도 받지 못했다. 이럴 때 A기업은 6개월분에 해당하는 임대료 5억원을 받을 권리로 기말에 '미수수익'의 자산 항목을 기록한다. 한편 B기업은 A기업으로부터 6개월간 건물을 임차하였지만 한 푼도 임차료(비용)를 내지 않았다. 이럴 때 B기업은 6개월분에 해당하는 임차료 5억원을 지급할 의무로 기말에 '미지급비용'이라는 부채 항목을 기록한다. 만약, 건물(자산)을 매각하고 현금을 받지 못했다면 현금을 받을 권리인 '미수금'의 자산 항목을 기록한다. 건물(자산)을 매입하고 현금을 지급하지 않았다면 현금을 지급할 의무인 '미지급금'이라는 부채 항목을 기록한다.

한편 이연분개는 현금의 유·출입이 먼저 일어나고 거래나 사건이 나중에 따라오는 거래이다. 예를 들어, 2025년 7월 1일 A기업은 B기업에 건물을 임대하고 1년 치 임대료 10억원을 미리 받았다. 2025년에 A기업은 B기업에 건물을 6개월만 임대했지만 1년 치 임대료를 받았다. 이럴 때 A기업은 미리 받은 6개월분(2026년분) 임대료 5억원이 임대용역을 제공할 의무이므로 기말에 '선수수익'의 부채 항목으로 기록한다. 한편 B기업은 A기업의 건물을 6개월간 사용하였지만 1년

치 임차료를 지급하였다. 이럴 때 B기업은 미리 지급한 6개월분(2026년분) 임차료 5억원이 임대용역으로 돌려받을 권리이므로 기말에 '선급비용'이라는 자산 항목으로 기록한다. 만약 건물(자산)을 구매하기로 하고 현금을 먼저 지급하였다면 건물을 받을 권리인 '선급금'의 자산 항목을 기록한다. 건물을 매각하기로 하고 현금을 먼저 받았다면 건물을 제공해야 할 의무인 '선수금'이라는 부채 항목을 기록한다. 기타 후속 분개로 대손상각이나 감가상각의 회계처리를 수정후시산표에 반영한다. 이러한 수정분개는 다시 회계순환과정을 거쳐 수정후시산표에 반영된 후 재무제표가 작성된다.

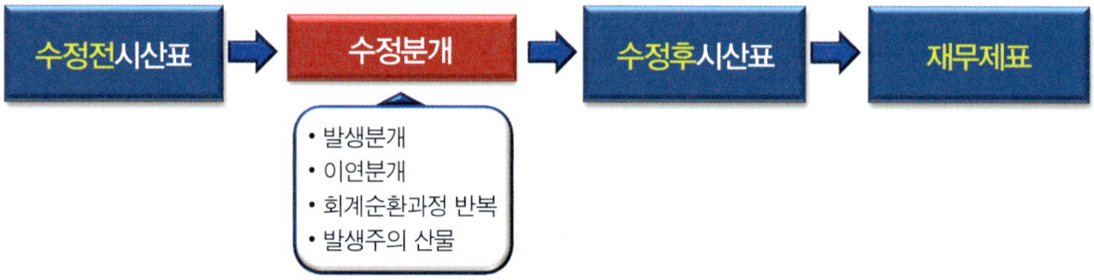

[그림 5-4] 수정분개 반영

넷째, 보고단계에서는 수정후시산표의 계정과목을 분류하여 개별 재무제표를 작성한다.

(4) 재무제표

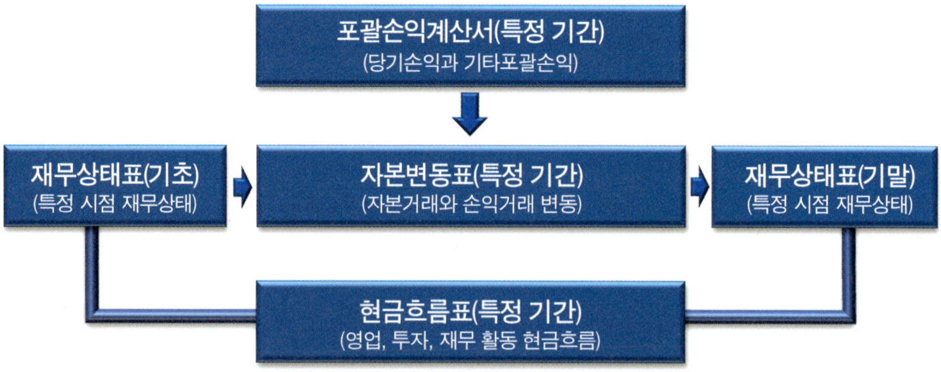

[그림 5-5] 재무제표의 종류

재무제표는 크게 재무상태표, 포괄손익계산서, 자본변동표, 현금흐름표 그리고 주석으로 구성되어 있다. 재무상태표는 특정 시점의 상태를 나타내며, 포괄손익계산서, 자본변동표 그리고 현금흐름표는 특정 기간의 변동을 나타낸다. 예를 들어, 재무상태표는 '20××년 12월 31일 현재'라고 특정 시점을 표시하지만, 나머지 재무제표는 '20××년 1월 1일부터 20××년 12월 31일까지'라고 특정 기간을 표시한다.

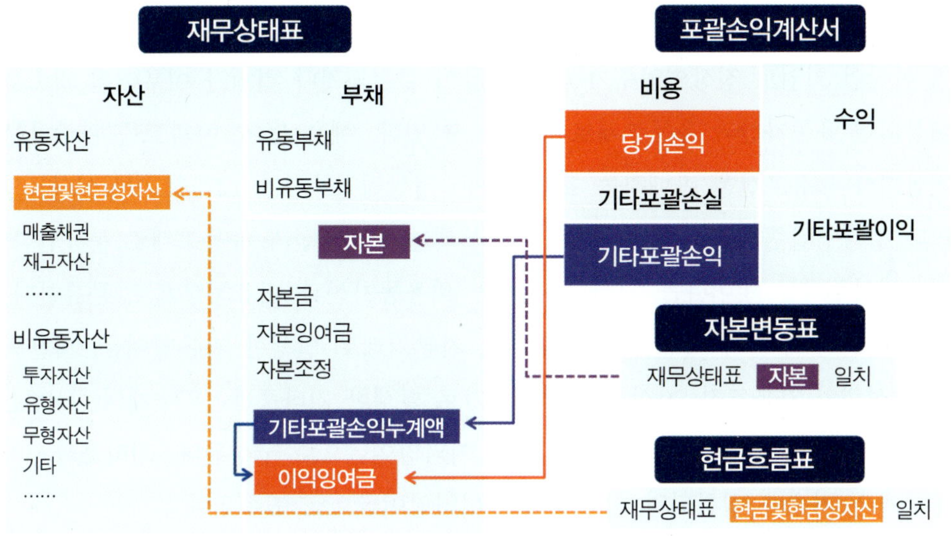

[그림 5-6] 재무제표의 상호관계

1) 재무상태표

재무상태표는 특정 시점의 재무상태를 나타낸다. [그림 5-6]에서 보는 바와 같이 재무상태표는 자산, 부채 그리고 자본으로 구분된다. 오른쪽에 있는 부채와 자본은 기업의 자본(현금)조달의 원천이다. 왼쪽에 있는 자산은 부채와 자본으로 조달된 자본의 활용명세다. 따라서 자산은 항상 부채와 자본의 합계와 같아야 한다. 자산은 과거의 사건으로 현재 기업이 통제하고 있으며 미래에 경제적 효익이 유입될 가능성이 큰 자원이다. 부채는 과거의 결과로 현재 의무가 존재하며 미래에 경제적 효익이 유출될 가능성이 큰 채권자 지분 또는 채권자 청구권이다. 자본은 자산에서 부채를 차감하고 남은 소유주 지분 또는 순자산이다.

재무상태표의 자산과 부채는 유동성 순서로 기록한다. 유동성은 자산을 현금으로 전환하거나 부채를 현금으로 상환하는 데 걸리는 기간을 의미한다. 따라서 자산과 부채를 유동성이 높으면 각각 유동자산과 유동부채로 표시하고, 유동성이 낮으면 각각 비유동자산과 비유동부채로 표시한다. 구체적으로 유동자산과 유동부채의 분류 기준은 다음과 같다. 첫째, 재무상태표 보고기간 후 12개월 이내에 현금으로 실현되거나 현금으로 결제될 것이 예상된다. 둘째, 정상영업주기 내에 수익이 실현되거나 결제될 것으로 예상된다. 여기서, 정상영업주기(operating cycle)는 재화 취득이나 용역 제공을 위해 현금이 투입된 시점부터 재화나 용역을 판매하여 현금이 회수되는 시점까지의 기간을 의미한다. 따라서 정상영업주기가 12개월 이상인 기업도 정상영업주기 내에 현금이 실현되거나 결제가 이루어질 것으로 예상되면 유동자산과 유동부채로 분류할 수 있다. 예를 들어, 아파트를 판매하는 건설회사나 유조선을 판매하는 조선회사는 정상영업주기가 12개월 이상이다. 그러나 정상영업주기 이내에 있는 자산과 부채는 유동자산과 유동부채로 분류한다. 정상영업주기를 벗어나는 자산과 부채는 비유동자산과 비유동부채로 분류한다. 한편 자본은 주식의 액면금액인 자본금, 자본거래로 발생한 자본잉여금, 자본의 차감 성격인 자본조정, 자산·부채의 평가로 발생한 기타포괄손익누계액(미실현손익) 그리고 순이익에서 배당금을 제외한 이익잉여금으로 구성된다. 기타포괄손익누계액은 거래가 실현되면 궁극적으로 이익잉여금으로 귀속된다.

재무상태표의 왼쪽은 차변이고 오른쪽은 대변이다. 따라서 분개장과 원장에 거래나 사건의 발생으로 자산이 증가하면 차변에 기록하고, 자산이 감소하면 대변에 기록한다. 반대로 부채와 자본이 증가하면 대변에 기록하고, 부채와 자본이 감소하면 차변에 기록한다.

재무상태표의 유용성은 크게 두 가지로 나눌 수 있다. 첫째, 기업의 자금조달 원천을 확인하여 재무건전성을 평가할 수 있다. 즉 기업이 부채를 상환하지 않으면 부도가 날 수 있어서 부채비율을 점검해야 한다. 둘째, 조달된 자금이 어떤 자산으로 활용되었는지와 자산의 현금화 속도를 확인하여 부채상환을 대비할 수 있다.

재무상태표는 다음과 같은 한계점도 존재한다. 첫째, 자산과 부채가 모두 공정가치로 평가되지 않아 목적 적합한 의사결정이 어려울 수 있다. 둘째, 회계처리과정에서 경영자의 주관적 판단이 개입될 수 있다. 예를 들어, 매출채권 중 현금회수를 못하는 대손율을 추정하거나 유형자산의 내용연수와 잔존가치를 추정하는 것은 경영자의 재량일 수 있다. 마지막으로 기업가치에 중대한 영향을 주는 자원도 금액으로 표시하지 못하거나 기업이 통제하지 못하면 자산으로 인식하지 못한다. 예를 들어, 경영자 능력, 제품의 시장점유율 또는 고객충성도와 같은 자원은 기업가치를 높이지만, 금액으로 표시할 수 없고 기업이 통제할 수 없어서 재무상태표의 자산으로 인식하지 못한다. 재무상태표의 양식은 〈표 5-5〉와 같다.

〈표 5-5〉 재무상태표 양식

재무상태표

20××년 12월 31일 현재

A기업

자산		부채	
유동자산		유동부채	
현금및현금성자산	×××	매입채무	×××
단기금융상품	×××	단기차입금	×××
매출채권	×××	미지급금	×××
미수금	×××	선수금	×××
선급비용	×××	예수금	×××
재고자산	×××	미지급비용	×××
기타유동자산	×××	유동성장기부채	×××
……	×××	충당부채	×××
		기타유동부채	×××
비유동자산		비유동부채	
FVOCI금융자산	×××	사채	×××
AC금융자산	×××	장기차입금	×××
유형자산	×××	장기미지급금	×××
무형자산	×××	장기충당부채	×××
순확정급여자산	×××	기타비유동부채	×××
이연법인세자산	×××	자본	
기타비유동자산	×××	자본금	×××
……	×××	자본잉여금	×××
		자본조정	×××
		기타포괄손익누계액	×××
		이익잉여금(결손금)	×××

2) 포괄손익계산서

포괄손익계산서는 특정 기간 거래나 사건의 실현으로 발생한 수익과 비용의 결과물인 당기순손익과 자산 · 부채 평가에서 발생한 미실현손익인 기타포괄손익 그리고 그 합계인 총포괄손익을 나타낸다. 수익과 비용 그리고 당기순손익을 나타낸 보고서를 '손익계산서'라고 하고, 당기순손익, 기타포괄손익 그리고 총포괄손익까지 나타낸 보고서를 '포괄손익계산서'라고 한다.

먼저 손익계산서의 구성요소를 살펴보면, 수익은 자산의 증가와 부채의 감소로 자본의 증가를 가져오는 경제적 효익의 증가이다. 예를 들면, 매출액, 임대수익 그리고 금융수익 등이 있다. 반면 비용은 자산의 감소와 부채의 증가로 자본의 감소를 가져오는 경제적 효익의 감소이다. 수익에서 비용을 차감하면 당기순손익이 된다.

일반적인 손익구조를 살펴보면, 매출액(수익)에서 매출원가(비용)를 차감하면 '매출총이익'이 되고, 다시 판매비와 관리비(비용)를 차감하면 '영업이익'이 되며, 기타손익과 금융손익을 가감하고 법인세(비용)를 차감하면 '당기순손익'이 된다. 한편 기타포괄손익은 자산 · 부채 평가에 따른 미실현손익으로 자산재평가차익, 확정급여제도 재측정요소, 기타포괄손익인식금융자산평가손익, 당기손익인식금융자산평가손익, 해외사업장 외화환산차익 그리고 현금흐름위험회피파생상품평가손익 등이 있다.

[그림 5-6]에서 보는 바와 같이 손익계산서의 당기순손익은 재무상태표 자본의 '이익잉여금' 항목에 포함되며, 포괄손익계산서의 기타포괄손익은 재무상태표 자본의 '기타포괄손익누계액' 항목에 포함된다. 거래나 사건이 실현되면 기타포괄손익누계액은 이익잉여금으로 대체되는데 손익계산서를 거쳐 이익잉여금으로 대체되는 항목과 자본에서 직접 이익잉여금으로 대체되는 항목으로 구분할 수 있다. 손익거래의 결과인 '당기순손익'과 '기타포괄손익'은 결국 자본의 증감에 영향을 준다. 포괄손익계산서는 재무상태표 자본의 손익거래 결과물을 산출하기 위해 존재한다고 해도 과언이 아니다.

포괄손익계산서의 유용성은 다음과 같다.

첫째, 미래에 유입될 금액, 시기 그리고 불확실성을 예측하는 데 도움이 된다. 둘째, 경영자의 성과를 평가하고 보상을 결정하는 데 결정적인 역할을 한다.

셋째, 과세당국이 과세소득을 산정하는 근거가 된다. 넷째, 근로자의 임금협상, 거래처의 납품 의사결정, 정부의 경제정책 수립 등 다양한 의사결정의 근거자료가 될 수 있다.

포괄손익계산서는 다음과 같은 한계점이 존재한다.

첫째, 회계이익은 금액으로 측정가능한 정량 항목만 반영하여 보람, 성취감 그리고 만족도와 같은 정성적인 항목은 반영하지 못한다.

둘째, 경영자는 회계처리과정에서 추정이나 방법 선택에 자의적 판단을 하여 이익을 조정할 수 있다. 예를 들어, 매출채권 대손율이나 유형자산 내용연수와 잔존가치 추정 그리고 감가상각방법이나 재고자산평가방법의 선택에서 경영자 재량이 개입될 수 있다. 마지막으로 같은 금액의 회계이익이라 해도 질(quality)이 다를 수 있다. 이익의 질은 현금회수 측면과 지속성 측면에서 평가할 수 있다. 먼저 현금회수 측면에서 보면 회계이익은 현금회수가능성이 클수록 질이 좋다. 예를 들어, A기업은 10억원의 재화를 판매하고 현금으로 받았다. B기업은 10억원의 재화를 판매하고 5억원은 현금으로 받고 나머지 5억원은 외상으로 하였다. 두 기업의 이익은 똑같이 10억원이지만, A기업의 이익은 모두 현금이고, B기업의 이익은 5억원만 현금이다. 외상판매한 5억원은 나중에 현금으로 돌려받아야 하지만 못 받을 위험이 존재한다. 따라서 A기업의 이익의 질이 B기업의 이익의 질보다 좋다고 할 수 있다. 한편 이익의 지속성 측면에서 보면 이익은 예측가능성이 클수록 질이 좋다. 예를 들어, A기업의 5년간 총이익은 100억원으로 매년 20억원 정도의 이익을 냈다. B기업도 5년간 총이익이 100억원이지만 적자가 발생한 해도 있었다. 주식투자자는 이익 예측가능성이 큰 기업을 선호한다. 따라서 A기업이 B기업보다 이익 예측가능성이 크므로 이익의 질도 더 좋다.

포괄손익계산서의 양식은 〈표 5-6〉과 같다. 여기서, FVOCI금융자산은 기타포괄손익-공정가치측정금융자산을 의미하며, FVPL금융자산은 당기손익-공정가치측정금융자산을 의미한다. 즉 금융자산을 공정가치로 평가하며 평가손익을 당기손익에 반영하는 금융자산과 기타포괄손익에 반영하는 금융자산으로 분류할 수 있다. 금융자산은 다음 장에서 자세히 설명하였다.

〈표 5-6〉 포괄손익계산서 양식

손익계산서 20××년 1월 1일부터 20××년 12월 31일까지		포괄손익계산서 20××년 1월 1일부터 20××년 12월 31일까지	
A기업	(단위 : 천원)	A기업	(단위 : 천원)
수 익(매출액)	×××	당기순이익(손실)	×××
매 출 원 가	×××	기타포괄손익	×××
매출총이익		당기손익으로 재분류되지 않는 포괄손익	
판매비와관리비		자산재평가차익	
영 업 이 익		확정급여제도 재측정요소	
기 타 수 익		FVOCI금융자산(주식) 평가손익	
기 타 비 용		FVPL금융부채 신용위험 평가손익	
금 융 수 익			
금 융 비 용		당기손익으로 재분류되는 포괄손익	
법인세비용차감전순이익(손실)		FVOCI금융자산(채권) 평가손익	
법인세비용		해외사업장 외화환산손익	
계속영업이익(손실)		현금흐름위험회피수단평가손익	
당기순이익(손실)	×××	총포괄손익	×××

3) 현금흐름표

현금흐름표는 기업의 현금 유입과 유출의 원인을 나타냄으로써 재무상태표 자산의 현금이 어떻게 형성되었는지를 보여준다. 기업의 현금흐름은 크게 영업활동, 투자활동 그리고 재무활동에 의해 발생한다.

영업활동으로 인한 현금흐름은 기업의 수익창출활동과정에서 발생하는 현금흐름이다. 즉 제품(상품)이나 용역을 판매하거나 구매(제조)하는 과정에서 발생한다.

투자활동으로 인한 현금흐름은 현금성자산과 영업활동 자산을 제외한 모든 자산의 취득과 처분 활동에서 발생한다. 예를 들어, 건물, 토지 등 유형자산을 취득하면 현금이 유출되고 매각하면 현금이 유입된다. 여기서, 현금성자산은 유동성이 매우 높은 단기금융자산으로 보통 만기가 3개월 이내인 채권을 의미한다. 따라서 현금으로 전환하는 데 큰 거래비용이 들지 않아야 한다. 그러나 주식은 현금으로 전환하는 데 가치 변동이 크므로 현금성자산으로 보지 않고 투자자산으로 본다.

재무활동으로 인한 현금흐름은 기업의 자금조달과 상환 과정에서 발생한다. 예를 들어, 사채나 주식을 발행하면 현금이 유입되고 사채상환이나 주식배당금을 지급하면 현금이 유출된다.

현금흐름표의 유용성은 다음과 같다. 첫째, 미래현금흐름을 예측할 수 있다. 기업의 영업활동이 안정적이면 영업활동으로 인한 현금흐름을 예측할 수 있다. 또한 기업의 투자활동과 재무활동 수준에 따라 현금 유입과 유출을 예상할 수 있다.

〈표 5-7〉 현금흐름표 양식

현금흐름표

20××년 1월 1일부터 20××년 12월 31일까지

A기업		(단위 : 천원)
영업활동으로 인한 현금흐름		×××
영업으로부터 창출된 현금흐름	×××	
당기순이익	×××	
조　　정	×××	
영업활동으로 인한 자산·부채의 변동	(×××)	
이자의 수취	×××	
이자의 지급	(×××)	
배당금의 수취	×××	
법인세의 지급	(×××)	
투자활동으로 인한 현금흐름		×××
단기금융상품의 순증감	×××	
장기금융상품의 증가	(×××)	
장기금융상품의 감소	×××	
유형자산의 취득	(×××)	
유형자산의 처분	×××	
무형자산의 취득	(×××)	
무형자산의 처분	×××	
재무활동으로 인한 현금흐름		(×××)
단기차입금의 상환	(×××)	
단기차입금의 차입	×××	
장기차입금의 차입 및 사채의 발행	×××	
유동성장기부채의 상환	(×××)	
자기주식의 취득	(×××)	
배당금의 지급	(×××)	
현금및현금성자산의 증가		×××
기초의 현금및현금성자산		×××
기말의 현금및현금성자산		×××

그러나 미래현금흐름은 주된 활동인 영업활동으로 인한 현금흐름 비중이 높을수록 예측가능성도 커진다. 둘째, 부채상환과 현금배당가능성을 알 수 있다. 기업은 부채를 통해 자금을 조달하고 현금으로 상환한다. 따라서 현금이 부족하면 부채를 상환하지 못해 부도가 날 가능성이 커진다. 또한 주식투자자는 주식배당보다 현금배당을 선호한다. 주식배당은 자본 항목의 재분류에 불과하지만, 현금배당은 실제로 기업 자산이 사외로 유출되어 투자자에게 이익을 환원하는 것이다. 따라서 투자자들은 배당수익률(현금배당금/주가)에 관심이 높다. 마지막으로 이익과 현금의 질을 평가할 수 있다. 수익은 현금이나 외상 판매로 발생하며, 외상판매는 궁극적으로 현금으로 회수된다. 그러나 외상판매는 현금회수불능 위험이 있어서 같은 이익이라면 현금판매로 이루어진 이익의 질이 더 좋다. 또한 같은 현금이라도 주된 영업활동에서 유입된 현금이 다른 활동에서 유입된 현금보다 질이 더 좋다.

4) 자본변동표

자본변동표는 특정 기간 재무상태표의 자본변동을 나타낸 것으로 자본의 기초 잔액과 기말 잔액의 차이를 설명해 준다. 자본은 자본거래인 자본금과 자본잉여금, 손익거래인 기타포괄손익누계액과 이익잉여금 그리고 자본의 차감 성격이거나 임시적 항목인 자본조정으로 구성되어 있다. 실무상 자본조정과 기타포괄손익누계액은 '기타자본항목'으로 표시한다. 자본거래는 주주의 투자에 의한 자본증가와 주주에 환원에 의한 자본감소를 가져오는 거래이다. 손익거래는 거래나 사건의 실현으로 발생한 수익과 비용의 차이인 당기순손익과 자산 · 부채 평가로 인한 미실현손익인 기타포괄손익을 가져오는 거래이다. 투자자는 자본거래보다 경영성과를 나타내는 손익거래에 더 관심이 있어서 자본변동표는 투자의사결정에서 재무상태표나 포괄손익계산서에 비해 상대적으로 중요도가 낮다.

〈표 5-8〉 자본변동표 양식

자본변동표

20××년 1월 1일부터 20××년 12월 31일까지

A기업 (단위 : 천원)

과 목	자 본				
	자본금	자본 잉여금	이익 잉여금	기타 자본항목	자본합계
20××.1.1(기초자본)	×××	×××	×××	(×××)	×××
총포괄이익 :			×××	×××	×××
당기순이익			×××		×××
FVOCI금융자산관련손익				×××	×××
현금흐름위험회피파생상품평가손익				×××	×××
확정급여제도의 재측정요소				×××	×××
총포괄이익 소계				×××	×××
자본에 직접 반영된 소유주와의 거래					
배 당				(×××)	(×××)
자기주식 취득				(×××)	(×××)
자기주식 처분				×××	×××
자본에 직접 반영된 소유주와의 거래 소계					×××
20××.12.31(기말자본)	×××	×××	×××	(×××)	×××

5) 주석

주석은 정보이용자에게 재무제표에 대한 충분한 정보를 제공하기 위해 해당 계정과목 옆에 숫자로 표시한 후 해당 숫자의 주석에 상세한 정보를 제공한다. 주석은 한국채택국제회계기준을 준수하였다는 사실, 재무제표에 적용된 중요한 회계정책의 요약, 재무제표에 표시된 개별항목의 보충 정보 그리고 우발부채와 재무제표에 인식하지 않은 계약상의 약정사항 등을 포함하고 있다.

〈표 5-9〉 주석의 사례

재무상태표

20××년 12월 31일 현재

A기업 (단위 : 천원)

자산		부채	
유 동 자 산		유 동 부 채	
현금및현금성자산(주1)	×××	매 입 채 무(주1)	×××
단기금융상품(주1)	×××	단기차입금(주2)	×××
매 출 채 권	×××	미 지 급 금	×××

주 석

1. 범주별 금융상품

분 류		상각후 원가측정 금융자산	FVOCI 금융자산	FVPL 금융자산	기타 금융자산	계
금융자산	현금및현금성자산	×××				×××
	단기금융상품	×××				×××
	FVOCI금융자산		×××			×××
	FVPL금융자산			×××		×××
	매 출 채 권				×××	×××
	기 타				×××	×××

분 류		상각후원가측정 금융부채	기타금융부채	계
금융부채	매 입 채 무	×××		×××
	단기차입금	×××		×××
	사 채	×××		×××
	장기차입금	×××		×××
	장기미지급금		×××	×××
	기 타		×××	×××

요약정리

1. 재무분석

의 의	한계점	이용주체
• 정보이용자의 합리적 의사결정 • 한정된 자원의 효율적 배분 • 기업과 외부이해관계자 간 정보비대칭 완화 • 주로 재무제표로 분석	• 과거 자료(재무제표)로 미래 예측 • 양적 정보만 반영 • 회계처리과정에 경영자 재량 • 일반적인 정보만 제공 • 주가에 미치는 잠재적 요인 누락	• 자원제공자와 자원수요자 • 채권자, 주식투자자, 납품업자, 신용평가기관, 정부, 재무분석가, 경영자 등 기업을 둘러싼 모든 이해관계자

2. 회계거래의 원리

복식부기	대차균형의 원리	분개의 법칙
• 거래나 사건의 원인과 결과를 두 개의 열에 기록 • 자산과 부채의 변화를 확인	• 자산은 부채와 자본의 합과 같음 • 수익과 비용은 자본에 귀속	• 차변에 자산 증가, 비용 발생 기록 • 대변에 부채와 자본 증가 그리고 수익 발생 기록

3. 회계순환과정

회계순환과정	처리과정	기록 장부
기록	• 회계기록이 되는 대상을 식별하고 금액으로 측정하며 거래를 분개장에 기록	분개장
분류	• 분개장에 기록된 계정을 계정별로 원장에 전기	원장
요약	• 원장에 기록된 계정 잔액으로 시산표 작성 • 수정분개 전의 시산표는 수정전시산표 • 수정분개 후의 시산표는 수정후시산표	시산표
보고	• 수정후시산표를 재무제표로 분리하여 보고	재무제표

4. 재무제표

재무제표	범 위	내 용	구성요소
재무상태표	특정 시점	재무상태	• 자산, 부채, 자본
포괄손익계산서	특정 기간	경영성과	• 수익, 비용, 당기순손익, 기타포괄손익
현금흐름표	특정 기간	현금흐름	• 영업활동, 투자활동, 재무활동 현금흐름
자본변동표	특정 기간	자본변동	• 납입자본, 자본조정, 이익잉여금, 기타포괄손익누계액
주석	특정 기간	보충적 정보	• 개별항목의 보충 정보, 우발부채 그리고 계약상의 약정사항 등

6

재무제표 분석

1. 재무상태표
2. 포괄손익계산서
3. 현금흐름표
4. 자본변동표
5. 주석

1 재무상태표

재무상태표 각 항목이 지니는 의미를 파악하고, 각 항목의 증감이 가져올 재무구조와 이익의 변화를 살펴본다. 이러한 변화는 기업가치의 변화를 가져오며 궁극적으로 주가에 영향을 준다. 본 장의 사례는 기사를 참고하였다.

(1) 자산

자산은 과거의 사건으로 인해 현재 기업이 통제하고 있으며 미래에 경제적 효익을 가져올 것으로 기대되는 자원이다. 반면 재산은 현재 법적으로 소유권을 보호받고 있으나 미래에 경제적 효익을 가져온다고 단언할 수 없는 자원이다. 즉 자산은 발생주의 개념의 자원이며, 재산은 현금주의 개념의 자원이다.

한편 자산의 정의가 충족되어도 모든 자산이 재무상태표에 자산으로 인식되는 것은 아니다. 자산이 재무제표에 인식되려면 미래에 경제적 효익의 유입가능성이 매우 크고 금액으로 신뢰성 있게 측정할 수 있어야 한다. 자산은 유동성의 크기에 따라 유동자산과 비유동자산으로 구분한다. 유동자산은 대표적으로 현금및현금성자산, 매출채권 그리고 재고자산 등이 있고, 비유동자산은 대표적으로 유형자산, 무형자산 그리고 금융자산 등이 있다.

1) 현금및현금성자산

부채와 자본을 통해 조달된 자금은 자산을 구성하며, 자산은 유동성에 따라 분류된다. 유동성(liquidity)은 자산을 현금화하는 데 걸리는 기간이다. 따라서 현금및현금성자산이 자산 중에 가장 유동성이 높다. 기업이 지급불능 상태에 빠져 부도가 나지 않도록 유동성을 지속해서 관리해야 한다. 아무리 이익이 많이 발생해도 현금이 없다면 흑자도산할 수 있다. 1997년 외환위기 당시 많은 기업은 외상매출을 하여 이익이 증가하였으나 부채를 상환할 현금이 부족하여 도산하였다. 이후 현금흐름 관리가 중요해지면서 현금흐름표의 중요성도 드러났다.

현금은 지폐와 동전뿐만 아니라 타인발행수표, 배당증권, 사채이자표, 당좌예금과 보통예금 등 요구불예금도 포함한다. 현금성자산은 유동성이 매우 높고 현금으로 전환하는 데 큰 거래비용이 들지 않으며 전환에 따른 가치변동도 적어야 한다. 보통 취득 후 만기가 3개월 이내인 단기금융자산을 현금성자산으로 분류한다. 만기가 있는 금융자산이어야 하므로 채권을 의미한다. 주식은 현금으로 전환은 용이하나 가치변동이 커서 투자자산으로 분류한다.

기업이 현금을 어느 정도 보유해야 할지는 매우 중요한 의사결정이다. 자산은 위험이 클수록 수익이 높다. 현금은 위험이 낮아서 수익도 낮다. 기업이 현금을 많이 보유하면 부채상환의 어려움을 겪지 않는다. 따라서 미래의 불확실성이 커질수록 현금을 많이 보유하게 된다. 그러나 현금은 수익성이 낮은 자산이며 현금을 많이 보유하면 투자활동이 떨어지는 것이므로 미래 성장성에 부정적이다. 따라서 현금보유수준은 기업이 경제를 어떻게 전망하고 있는지 가늠하는 척도이기도 하다. 현금의 적정 보유수준은 기업 간 또는 기간 간 비교를 통해 확인해 볼 수 있다.

사례 1 경기침체를 우려한 현금 확보

2023년 삼성전자(주)의 현금및현금성자산은 6조원 정도이다. 현금보유수준이 적정한지를 판단하기 위해 현금및현금성자산이 유동자산(또는 총자산과 매출액)에서 차지하는 비중을 확인하고 다른 기업 또는 산업평균과 비교해 볼 필요가 있다. 2023년 삼성전자(주)의 현금및현금성자산은 유동자산에서 8.84%를 차지하였다. 그러나 같은 경제환경에 있는 현대자동차(주)와 LG에너지솔루션(주) 등 대기업도 이와 유사한 비중을 나타내었다. 따라서 현금보유수준을 기간 간에 비교해 볼 필요가 있다. 2023년 현금및현금성자산은 전년 대비 2조원 이상 증가로 54.57%의 증가율을 나타내었다.

2022년 0.07%에 비해 큰 폭의 증가율이다. 또한 유동자산에서 차지하는 비중이 2022년에는 6.64%인 데 반해 2023년에는 8.84%로 많이 증가하였다. 더 나아가 2023년 이익잉여금의 증가율은 7.62%인 데 반해 현금및현금성자산의 증가율은 54.57%였다. 매출액 증가율이나 매출채권 증가율도 함께 고려하여 비교·분석하면 좋을 것이다. 결론적으로 전년 대비 현금및현금성자산이 늘어난 이유는 기업이 경기침체를 우려하여 투자활동을 줄이고 부채상환 목적으로 유동성을 늘렸기 때문으로 보인다. 다른 기업과의 비교에서는 현금및현금성자산을 적정하게 보유한 것으로 판단된다.

(단위 : 백만원)

항 목	2023년	2022년	2021년
유동자산	68,548,442	59,062,658	73,553,416
현금및현금성자산	6,061,451	3,921,593	3,918,872
유동자산에서 차지하는 비중	8.84%	6.64%	5.33%
전년 대비 증가율	54.57%	0.07%	–
이익잉여금	219,963,351	204,388,016	188,774,335
전년 대비 증가율	7.62%	8.27%	–

사례 2 업종별 가격탄력성 차이로 인한 현금보유수준 변화

주로 일반소비자를 상대하는 기업은 외상매출을 해도 상대적으로 현금회수기간이 짧아 현금및현금성자산이 늘어나는 속도가 빠를 수 있다. 특히 생필품을 판매하는 기업은 판매가격을 높여도 수요 감소폭이 작아 가격이 비탄력적이다. 이러한 특성은 고물가와 경기침체가 예상되는 상황에서도 현금보유를 늘릴 수 있다.

2023년 오뚜기(주)의 현금및현금성자산은 2천억원으로 전년 대비 16.51% 증가하였다. 반면에 매출액과 매출원가는 전년 대비 각각 4.08%와 4.17% 증가하였다. 음식료업종은 물가 상승기에 가격 인상 대신 제품량을 줄이는 '슈링크플레이션'을 통해 원가를 줄이는 방식으로 이익을 높일 수 있다. 또한 음식료업종은 영업주기가 짧아 현금회수도 빠르므로 현금보유량이 늘어날 수 있다. 따라서 음식료업종은 매출액이나 매출원가 증가율보다 현금및현금성자산의 증가율이 더 높을 수 있다.

2) 매출채권

매출채권은 주된 영업활동과 관련하여 재화나 용역을 외상으로 판매하고 나중에 현금을 받기로 한 채권이다. 매출채권은 다시 외상매출금과 받을어음으로 나뉜다. 외상매출금은 현금회수기간이 비교적 짧아 이자수익이 없고, 거래상대방으로부터 서류상의 채권을 확보하지 않는다. 반면에 받을어음은 현금회수기간이 비교적 길어 이자수익이 발생하며, 거래상대방으로부터 증명서인 어음을 받는다. 현금회수기간이 1년 이내이면 유동자산인 매출채권으로 인식하고, 1년 이상이면 비유동자산인 장기매출채권으로 인식할 수 있다.

상거래에서 매출채권이 발생하는 이유는 판매증대를 위한 목적에서 비롯된다. 예를 들어, 자동차회사가 현금판매만 한다면 일시에 자동차를 현금으로 살 수 있는 고객은 많지 않을 것이다. 반면에 자동차를 외상으로 판매한다면 자동차를 살 수 있는 고객은 늘어날 것이다. 그러나 매출채권이 많아지면 기업은 현금회수불능위험에 노출된다. 고객이 자금사정이 악화하여 현금을 상환하지 못하면 기업은 큰 손실을 보게 된다. 현금을 회수한다고 해도 회수기간이 길어지면 기업은 유동성 부족으로 부채상환능력이 떨어져 부도가능성이 커진다. 따라서 경영자는 매출채권 중 회수가 불가능할 것으로 예상되는 금액을 추정하여 미리 비용인 대손상각비로 인식하고 대손충당금을 쌓는다. 그리고 매출채권의 현금회수불능이 확정되면 대손충당금으로 매출채권을 제거한다.

매출채권의 적절한 관리가 필요하며 이를 나타내는 지표를 잘 활용해야 한다. 매출채권회전율은 매출액을 평균 매출채권[(기초매출채권+기말매출채권)/2]으로 나눈 값이다. 이 지표는 매출액을 위해 매출채권이 얼마나 빨리 회전하는지를 나타내는 것으로 같은 매출액이라면 외상판매보다 현금판매 비중이 높을수록 빨라진다. 또한 같은 매출채권이라면 회전율이 높을수록 매출액이 많아진다. 예를 들어, 어느 식당에 네 개의 테이블이 있다고 하자. 테이블이 손님으로 꽉 찰 때마다 40만원의 매출이 발생한다면 테이블 회전율이 높을수록 매출액도 높아지는 것이다. 한편 매출채권회수기간은 365일을 매출채권회전율로 나눈 값이다. 이 지표는 보유한 매출채권이 현금으로 회수되는 데 걸리는 기간을 의미한다. 따라서 매출채권회전율이 높을수록 현금으로 회수되는 기간이 짧아진다.

사례 3 건설경기 악화에 따른 매출채권회전율 둔화

신세계건설(주)는 2021년 이후 건설경기 악화로 회수불능채권이 늘어나고 있고 현금흐름이 둔화하는 상황이다. 2021년 매출액증가율은 31.36%인 것에 반해 매출채권증가율은 22.78%로 상대적으로 양호한 현금흐름을 보였다. 매출채권회전율도 6.83회이며, 매출채권회수기간은 53.44일이었다. 그러나 2023년 매출액증가율은 4.90%인 것에 반해 매출채권증가율은 40.16%이며, 매출채권회전율과 회수기간은 각각 3.95회와 92.33일로 현금흐름이 둔화하고 있다. 더 큰 문제는 매출채권의 회수불능이 현실화한다면 유동성에 심각한 위협이 될 수 있다는 점이다.

(단위 : 백만원)

항 목	2023년	2022년	2021년
매출액	1,502,628	1,432,384	1,256,750
매출액증가율	4.90%	13.98%	31.36%
기초매출채권	316,548	202,831	165,200
기말매출채권	443,677	316,548	202,831
매출채권증가율	40.16%	56.06%	22.78%
매출채권회전율(회)	3.95	5.52	6.83
매출채권회수기간(일)	92.33	66.17	53.44

사례 4 매출액 과대계상에 따른 매출채권회전율 증가

금양(주)는 오류로 인해 2022년 연결재무제표 기준 매출액이 103억원 과대계상된 것에 대해 수정공시를 하였다. 매출액이 과대계상되면 상대적으로 매출채권회전율이 높아지고 매출채권회수기간은 짧아져 현금흐름이 양호하게 보일 수 있다. 아래는 금양(주)의 연결재무제표를 분석한 결과이다. 2023년 매출액은 2022년에 비해 25.05%로 줄어들었고, 매출채권은 41.16% 줄어들었다. 매출액보다 매출채권의 감소폭이 더 커서 전년 대비 매출채권회전율은 소폭 증가하였고, 매출채권회수기간은 소폭 감소하였다.

(단위 : 백만원)

항 목	2023년	2022년	2021년
매출액	152,030	202,836	217,583
매출액증가율	−25.05%	−6.78%	24.00%
기초매출채권	36,691	58,845	40,588
기말매출채권	21,589	36,691	58,845
매출채권증가율	−41.16%	−37.65%	44.98%
매출채권회전율(회)	5.22	4.25	4.38
매출채권회수기간(일)	69.96	85.96	83.40

매출액을 허위로 부풀리는 기업들은 현금판매가 아닌 외상판매를 통해 실행하므로 매출액과 함께 매출채권이 증가하는 특징이 있다. 따라서 매출액이 증가하면서 매출채권이 증가하고 매출채권회전율이 떨어진다면 허위매출을 의심해 볼 수 있다.

한편 기업은 조기에 현금을 확보하기 위해 팩토링(factoring)을 실시할 수 있다. 팩토링은 기업이 만기일 이전에 매출채권을 팩토링 회사(채권추심회사나 할부금융회사)에 할인 양도하고 현금을 회수하는 것이다. 그러나 팩토링 회사는 만기에 매출채권을 현금으로 회수하지 못하면 일부 또는 전부를 양도 기업에 배상책임을 묻는 소구권을 가질 수 있다. 팩토링 회사가 소구권을 갖는 양도라면 양도 기업은 매출채권을 매각한 것이 아니라 팩토링 회사로부터 현금을 차입한 것이다. 기업은 매출채권을 소구권부 양도하였다면 주석에 이를 공시해야 한다. 팩토링 회사가 소구권을 갖지 않을 때 비로소 기업은 장부에서 매출채권을 제거할 수 있다.

사례 5 매출채권 팩토링 효과

LG디스플레이(주)가 운전자금을 마련하기 위해 매출채권을 1조원 이상 유동화하였다는 기사가 떴다.[1] 구체적으로 팩토링 회사의 소구권 여부까지는 알 수 없다. 2022년 매출액은 전년 대비 14.92% 감소하였고, 매출채권은 51% 감소하였다. 따라서 매출채권회전율과 매출채권회수기간은 매출액의 감소에도 불구하고 2021년과 큰 차이를 보이지 않았다. 매출채권 팩토링에 대한 기사를 보지 않았다면 매출채권의 감소를 만기의 현금회수율 증가로 오해할 수 있다. LG디스플레이(주)가 유동성 부족을 겪고 있는 또 다른 근거는 단기차입부채의 증가율에서 찾을 수 있다. 2022년 단기차입부채는 전년 대비 56.98% 증가하였다. 따라서 매출채권 팩토링 중에 소구권부 양도도 일부 포함된 것으로 보인다.

(단위 : 백만원)

항 목	2022년	2021년	2020년
매출액	24,131	28,364	22,799
매출액증가율	−14.92%	24.41%	5.27%
기초매출채권	5,051	3,797	3,565
기말매출채권	2,475	5,051	3,797
매출채권증가율	−51.00%	33.03%	6.51%
매출채권회전율(회)	6.41	6.41	6.19
매출채권회수기간(일)	56.92	56.93	58.93
기초단기차입부채	2,557	2,162	1,474
기말단기차입부채	4,014	2,557	2,162
단기차입부채증가율	56.98%	18.27%	46.68%

1) 딜사이트, 'LG디플, 유동성 확보 안간힘… 매출채권 팩토링↑', 2023.1.16.

3) 재고자산

재고자산은 주된 영업활동인 판매를 위해 보유하고 있는 자산으로 제품(제조업), 상품(도 · 소매업), 재공품(생산중), 원재료 그리고 소모품 등으로 나뉜다. 제품은 제조회사가 직접재료비, 직접노무비 그리고 제조간접원가를 투입하여 직접 만든 재고자산이다. 반면에 상품은 도 · 소매기업이 직접 제조하지 않고 이익을 붙여 판매할 목적으로 구매한 재고자산이다. 재공품은 생산공정에는 투입되었으나 완성되지 않은 상태의 재고자산이다. 재고자산이 너무 많으면 과도한 재고 유지비용이 발생하여 손실이 커지고, 재고자산이 너무 적으면 판매 기회의 상실로 인해 이익이 줄어든다. 특히 재고자산은 시간이 지나면 진부화로 인한 평가손실이 발생할 수 있으므로 효율적 관리가 필요하다. 따라서 재고자산의 적절한 관리를 위해 다양한 지표들을 활용해야 한다.

기초재고자산과 당기에 매입한 재고자산은 판매가능한 재고자산이 된다. 판매된 재고자산은 비용인 매출원가로 전환되며, 판매되지 않은 재고자산은 기말재고자산이 된다. 판매된 재고자산(매출원가)에 일정의 이익을 붙여 판매하면 판매가격, 즉 매출액(수익)이 된다.

재고자산회전율은 매출원가를 평균 재고자산[(기초재고자산+기말재고자산)/2]으로 나눈 값이다. 이 지표는 판매된 재고자산(매출원가)을 위해 재고자산이 얼마나 빨리 회전하는지를 나타낸다. 같은 매출원가라면 재고자산이 적을수록 재고자산회전율이 높고, 같은 재고자산이라면 매출원가가 높을수록 재고자산회전율이 높다. 한편 재고자산보유기간은 365일을 재고자산회전율로 나눈 값이다. 이 지표는 재고자산이 판매되는 데까지 걸리는 기간을 의미한다. 따라서 재고자산회전율이 높을수록 재고자산이 판매되는 기간이 짧아진다.

사례 6 경기침체에 따른 재고소진 둔화

현대자동차(주)는 2022년 경기 정점을 찍은 후 재고소진이 둔화하는 모습을 보였다. 2023년 매출원가는 전년 대비 16.23% 증가했지만, 재고자산은 33.36% 증가한 것으로 나타났다. 따라서 재고자산회전율은 14.96회로 전년보다 줄어들었고, 재고자산보유기간은 24.41일로 전년보다 소폭 증가하였다. 이러한 결과는 매출액 증가보다 재고자산 증가가 더 빠른 것으로 재고자산 유지비용이 증가하고 재고자산 진부화에 따른 평가손실이 발생하여 이익이 줄어들 수 있다. 재고소진의 둔화 원인이 경기침체에 있다면 경제환경을 자세히 살펴볼 필요가 있으며, 그렇지 않다면 재고자산의 과대보유를 의심해야 한다.

(단위 : 백만원)

항 목	2023년	2022년	2021년
매출원가	61,762,593	53,137,884	46,539,009
매출원가증가율	16.23%	14.18%	13.49%
기초재고자산	3,539,383	2,680,332	3,043,468
기말재고자산	4,720,162	3,539,383	2,680,332
재고자산증가율	33.36%	32.05%	−11.93%
재고자산회전율(회)	14.96	17.09	16.26
재고자산보유기간(일)	24.41	21.36	22.45

한편 기말재고자산의 평가는 기업의 당기순이익에 중대한 영향을 미친다. 위에서 언급한 대로 판매가능 재고자산은 판매되면 매출원가인 비용으로 인식하고, 판매되지 않으면 기말재고자산으로 인식한다. 따라서 기말재고자산이 과대평가되면 매출원가는 작아져 당기순이익이 늘어나고, 기말재고자산이 과소평가되면 매출원가가 커져 당기순이익이 줄어든다.

기말재고자산평가액은 재고자산 수량×재고자산 단가이다. 재고자산의 수량과 단가를 결정하는 방법은 여러 가지가 있다. 먼저 재고자산 수량 결정방법은 계속기록법과 실지재고조사법이 있다. 계속기록법은 재고자산을 구매할 때(㉡) 분개장의 차변에 '재고자산'을 기록하고, 대변에 '현금(또는 매입채무)'을 기록한다. 판매할 때(㉢)는 차변에 '매출원가'를 기록하고, 대변에 '재고자산'을 기록하여 재고자산을 계속 갱신한다. 이 방법은 언제든지 장부상으로 남은 재고자산의 금액을 파악할 수 있다. 반면에 실지재고조사법은 재고자산을 구입할 때(㉡) 차변에 '매입'을 기록하고, 대변에 '현금(또는 매입채무)'으로 기록한다. 판매할 때(㉢)는 기록하지 않고 기말에 실제 창고에 남아 있는 재고자산(㉣)을 실사한 후 매출원가(㉢)를 추정한다. 이 방법은 판매할 때마다 재고자산을 장부에서 갱신하지 않아 간단하지만, 도난으로 인한 재고자산감모손실도 모두 판매된 매출원가로 인식할 수 있는 단점이 있다.

〈표 6-1〉 계속기록법과 실지재고조사법의 차이

재고자산				
㉠ 기초재고자산	×××	㉢ 매출원가	×××	⬅ 판매된 재고자산(비용)
㉡ 당기매입	×××	㉣ 기말재고자산	×××	⬅ 판매되지 않은 재고자산(자산)

판매가능 원가(㉠+㉡)

⬇

수량 결정방법	기록 순서	특 징
계속기록법	㉠+㉡−㉢=㉣	• 재고자산 계속 기록, 재고자산감모손실 확인
실지재고조사법	㉠+㉡−㉣=㉢	• 재고자산감모손실 미확인, 매출원가 과대계상

재고자산 단가 결정방법은 개별법(specific identification method), 평균법(averaging cost method), 선입선출법(first-in, first-out method : FIFO method) 그리고 후입선출법(last-in, first-out method : LIFO method)이 있다. 개별법은 기말재고자산 각각의 단가를 알고 있어서 수량만 곱하면 기말재고자산 금액을 구할 수 있다. 그러나 이 방법은 재고자산이 귀금속이나 자동차 등 고가의 항목인 경우에만 적용할 수 있다. 평균법은 판매가능 재고자산(㉠+㉡)을 수량으로 나눈 단가를 기말재고자산 단가로 이용하는 방법이다. 계속기록법으로 재고자산을 구매할 때마다 단가를 계산하면 이동평균법(moving averaging method)이라고 한다. 실지재고조사법으로 기말에 한 번에 단가를 계산하면 총평균법(total averaging method)이라고 한다. 선입선출법은 먼저 매입한 재고자산이 먼저 판매된 것으로 가정하므로 기말재고자산의 단가는 가장 나중에 매입한 재고자산의 단가가 된다. 반면에 후입선출법은 가장 나중에 매입한 재고자산이 먼저 판매된 것으로 가정하므로 기말재고자산의 단가는 가장 먼저 매입한 재고자산의 단가가 된다. 일반적으로 물가가 상승하므로 재고자산의 구매단가도 시간이 지날수록 높아진다. 후입선출법은 가장 먼저 매입한 낮은 단가의 재고자산을 판매하여 매출원가를 낮추고 이익을 높이는 '후입선출청산'을 할 수 있다. 따라서 한국채택국제회계기준(K-IFRS)은 이익조정이 가능한 후입선출법을 허용하지 않고 있다. 그러나 기말재고자산의 수량이 같아도 원가흐름 가정에 따라 기말재고자산의 단가가 달라져 매출원가와 이익도 달라질 수 있다. 따라서 경영자는 재고자산 단가 결정방법을 선택하여 당기순이익을 조정할 수 있다. 예를 들어, 선입선출법은 가장 나중에 매입한 재고자산이 기말재고자산

이 되므로 상대적으로 기말재고자산 금액이 크지만 매출원가는 작아져 당기순이익이 커진다.

〈표 6-2〉 재고자산 단가 결정방법에 따른 항목 비교

항 목	결정방법에 따른 항목 비교
기말재고	선입선출법 > 이동평균법 > 총평균법 > 후입선출법
매출원가	선입선출법 < 이동평균법 < 총평균법 < 후입선출법
당기순이익	선입선출법 > 이동평균법 > 총평균법 > 후입선출법

지금까지 기말재고자산평가금액을 설명하였다. 그러나 재무제표에 '재고자산'으로 인식하기 위해서는 하나의 관문을 더 통과해야 한다. 회계는 수익이 실현될 때까지 인식을 지연하고, 비용은 실현되기 전에도 인식함으로써 이익을 적게 계상하여 재무적 건전성을 확보하는 보수주의를 취한다. 기말재고자산의 단가는 취득 당시의 단가이므로 기말의 순실현가능가치(판매가격-추정판매비용)와 다를 수 있다. 보수주의에 근거하여 기말재고자산평가금액에 저가법을 적용해야 한다. 즉 재고자산 순실현가능가치가 취득원가보다 높으면 그 차액은 평가이익으로 인식하지 않지만, 순실현가능가치가 취득원가보다 낮으면 그 차액은 평가손실로 인식하여 이익을 줄인다.

사례 7 재고자산 과대계상에 따른 거래정지

2023년 3월 말 골프공 제조업체 볼빅(주)는 외부감사에서 재고자산의 과대계상이 적발되어 '한정의견'을 받았다. 2021년 말 볼빅(주)는 재공품이 171억원이라고 주장하였으나 실지재고조사에서 63억원으로 나타났다. 감사를 맡은 정진세림회계법인은 재고자산이 108억원 이상 과대계상되었다고 보았다. 이로 인해 볼빅(주)는 코넥스시장에서 거래가 정지되었다. 상장폐지가 되지 않으려면 1년 안에 재고자산의 건전성을 확보해야 한다. 2021년도 재공품을 정정한 후 볼빅(주)의 당기순손실은 39억원에서 147억원으로 늘어났다. 볼빅(주)는 기말재고자산을 과대평가하여 매출원가를 줄이고 영업이익을 부풀렸다는 의혹을 받았다.

(단위 : 백만원)

항 목	2021년 (정정 후)	2021년 (정정 전)	2020년
기초재공품	18,455	18,455	15,815
기말재공품	6,312	17,127	18,455
재공품증가율	−65.80%	−7.20%	16.69%
당기순손실	14,692	3,877	3,265

사례 8 **재고자산평가손실로 영업이익 하락**

2024년 3분기 에코프로비엠(주)의 영업손실과 당기순손실이 각각 412억원과 495억원 발생하였다. 그 원인으로 2차전지 수요둔화와 함께 재고자산평가손실을 들고 있다. 재고자산은 환율 상승과 광물가격 하락으로 평가손실이 188억원 발생하였다. 2024년 3분기 매출액은 전년 동기 대비 71.06%가 감소하였고, 영업이익은 189.76% 감소하여 영업이익이 매출액보다 더 많이 감소하였다. 기술집약적 산업에 속해 있는 기업들은 수요가 둔화하면 기술 진부화로 재고자산평가손실이 많이 발생한다.

(단위 : 백만원)

항 목	2024년 3분기	전년 동기 대비	2024년 2분기	2023년 3분기
매출액	521,900	−71.06%	809,500	1,803,300
영업이익	−41,200	−189.76%	3,900	45,900

일부 기업은 이익의 감소를 막기 위해 기말재고자산 평가에서 재고자산평가손실을 인식하지 않는 일도 있다. 결국 기말재고자산 평가가 기업의 이익에 영향을 줄 수 있다.

4) 유형자산

유형자산은 영업활동에서 장기간(1년 이상)에 걸쳐 수익창출을 위해 사용되는 물리적 실체가 있는 자산이다. 따라서 토지나 건물이 영업활동을 위해 사용되지 않고 시세차익 목적으로 보유하고 있다면 투자자산으로 분류된다. 유형자산은 취득시점, 보유기간 그리고 처분시점에 따라 고려해야 할 사항이 있다.

첫째, 취득시점에는 취득원가의 계산이 중요하다. 자산의 구매대금과 취득하여 본래 목적으로 사용가능한 상태에 이르게 하는 모든 비용을 취득원가로 본다. 특히 이자비용은 차입금이 자산 취득에 사용되었으면 취득원가에 포함되어 자산으로 인식한다. 반면에 이자비용은 차입금이 비용 지출에 사용되었으면 비용으로 인식한다.

둘째, 보유기간 중에는 보유에 따른 지출, 감가상각 그리고 재평가처리가 이익에 영향을 준다. 보유 중에 발생한 지출이 내용연수와 잔존가치 증가, 성능과 품질 개선 그리고 원가 절감 등 자산가치를 높였다면 취득원가에 포함하여 자산으로 인식한다(자본적 지출). 반면에 자산의 수선이나 성능 유지 또는 소액으로 지출되었으면 당기비용으로 인식한다(수익적 지출). 한편 유형자산은 시간이 지남에 따라 자산가치가 감소하므로 감가상각을 해야 한다. 감가상각을 위해 기업의 유형자산 사용 의도 기간인 '내용연수'와 내용연수가 종료된 후 처분으로 얻게 될 '잔존가치'를 추정해야 한다. 따라서 감가상각은 취득원가에서 잔존가치를 차감한 대상금액을 내용연수에 따라 체계적인 방법으로 배분하여 비용으로 인식하는 것이다. 취득원가에서 감가상각의 누계액을 차감하면 현재 시점의 장부금액이 된다. 마지막으로 유형자산을 취득한 후 장부금액을 공정가치로 재평가함으로써 평가이익과 평가손실이 발생할 수 있다.

셋째, 처분시점에는 장부금액과 처분금액의 차이에 따라 유형자산처분이익이나 유형자산처분손실이 발생할 수 있다. 그러나 감가상각대상금액을 내용연수에 걸쳐 모두 비용으로 인식하면 잔존가치만 남게 된다.

사례 9 유형자산 증가는 비용 증가

코스맥스(주)는 OEM · ODM 업체로 최근 3년간 화장품 생산설비를 확충하는 데 많은 지출을 하였다. 2023년 유형자산증가율은 전년 대비 26.48%로 3년 연속 증가추세에 있다. 또한 유형자산이 총자산에서 차지하는 비중도 23.07%로 꾸준히 증가추세에 있다. 이렇게 유형자산이 증가한 이유는 전 세계의 화장품 시장이 커지면서 향후 매출이 증대할 것이라는 기대 때문이다. 그러나 화장품 시장이 위축되면 매출은 줄어들고 유형자산의 감가상각비는 커져 손실이 발생할 수 있다. 다행히 코스맥스(주)의 2023년 매출액증가율은 전년 대비 23.84%로 유형자산증가율과 같은 추세에 있다. 따라서 유형자산 증가는 수익(매출액) 증가를 가져올 수도 있지만, 비용(감가상각비) 증가를 가져올 수도 있다.

(단위 : 백만원)

항 목	2023년	2022년	2021년
유형자산	233,659	184,738	164,721
유형자산증가율	26.48%	12.15%	−1.56%
총자산	1,012,618	860,340	932,063
유형자산비중	23.07%	21.47%	17.67%
매출액	1,057,537	853,979	853,145
매출액증가율	23.84%	0.10%	11.46%

사례 10 재무적 안정성을 고려한 유형자산 취득

현대자동차(주)는 재무적 안정성을 고려하여 유형자산을 취득하고 있다. 기업은 부채를 상환하지 못하면 파산가능성이 커진다. 따라서 안정적인 현금흐름 관리가 매우 중요하다. 기업 목적에서 현금흐름의 질(quality)은 영업활동으로 인한 현금흐름이 가장 높다. 현대자동차(주)는 2023년 영업활동으로 인한 현금흐름이 13조 7천억원으로 전년 대비 118.36% 증가하였다. 유형자산 취득대금을 차감하여도 10조원 정도의 잉여현금흐름을 유지하고 있다. 또한 잉여현금흐름은 전년 대비 6조원가량 늘었다. 부채비율은 2023년도에 39.94%로 전년 대비 오히려 감소하였다. 따라서 유형자산을 취득할 때 재무적 안정성을 위해 영업현금흐름도 고려해야 한다.

(단위 : 백만원)

항 목	2023년	2022년	2021년
영업활동으로 인한 현금흐름(A)	13,703,567	6,275,619	5,664,421
유형자산증가율	118.36%	10.79%	−7.04%
유형자산취득(B)	3,077,221	2,178,158	2,124,711
잉여현금흐름(A−B)	10,626,346	4,097,461	3,539,710
부채비율	39.94%	49.60%	51.42%

한편 감가상각방법은 정액법, 체감잔액법(정률법, 이중체감법, 연수합계법) 그리고 생산량(사용시간)비례법 등이 있다. 정액법은 매기 같은 금액이 상각된다. 체감잔액법은 감가상각 초기에 많은 금액이 상각되고 기간이 지날수록 감가상각금액이 줄어든다. 생산량(또는 사용시간)비례법은 감가상각대상금액을 추정된 총생산량(총사용시간)으로 나누어 단위당 감가상각비를 계산한다. 그리고 단위당 감가상각

비를 당기의 실제 생산량(또는 사용시간)과 곱한 금액으로 감가상각한다.

경영자는 시간이 지남에 따라 변화할 유형자산의 효용을 고려하여 감가상각방법을 선택한다. 또한 중요한 거래나 사건이 발생하거나 과거와 실제 상황이 다른 경우에는 감가상각방법을 변경할 수 있다(회계정책의 변경). 더 나아가 상황이 변하면 추정된 내용연수나 잔존가치를 다시 추정하여 변경할 수도 있다(회계추정의 변경). 따라서 경영자는 회계정책의 변경이나 회계추정의 변경을 통해 감가상각비의 변화를 가져와 이익에 영향을 줄 수 있다.

사례 11 감가상각방법 변경에 따른 이익변화

감가상각방법의 변경은 감가상각비의 변화를 가져와 이익잉여금에 영향을 준다. 또한 내용연수와 잔존가치 추정에 따른 변경도 감가상각비의 변화를 가져와 이익잉여금에 영향을 준다. 다만, 회계정책의 변경은 변경에 따른 누적효과를 기초이익잉여금에 반영해야 하므로 과거 이익에 영향을 준다(소급법). 반면에 회계추정의 변경은 이전에 보고된 내용에 대해 어떠한 수정도 없이 이후 회계기간에만 변경된 사항을 반영하므로 미래 이익에만 영향을 준다(전진법). 경영자는 회계정책의 변경이나 추정의 변경으로 기회주의적인 이익조정을 의심받을 수 있다. 따라서 너무 잦은 회계정책의 변경이나 추정의 변경은 회계정보의 신뢰성에 부정적인 영향을 주므로 신중한 결정이 필요하다.

(단위 : 백만원)

기 업	연 도	이익잉여금	감가상각비	변 경
롯데삼강(주)	2005	536↑	251↓	정률법 → 정액법
한일약품(주)	2005	12↑	220↓	정액법 → 정률법
인선이엔티(주)	2003	1,091↑	–	정액법 → 정률법
일지테크(주)	2004	758↓	758↑	내용연수 감소
서울반도체(주)	2020	26,100↑	26,100↓	내용연수 증가

기업의 손익은 거래나 사건의 실현으로 발생하는 당기손익과 자산·부채 평가의 미실현보유손익으로 발생하는 기타포괄손익이 있다. 많은 투자자는 투자의사결정에서 미실현보유손익인 기타포괄손익보다 실현손익인 당기손익을 더 중시한다. 그 이유는 미실현보유손익이 언제 실현손익이 될지 불확실하며, 실현된다고 해도 손익의 크기가 변할 수 있기 때문이다. 한국채택국제회계기준(K-IFRS)은

기업이 유형자산(무형자산)을 취득한 후 취득원가에 상각금액을 반영하는 원가모형(cost model)과 공정가치(시가)로 측정하는 재평가모형(revaluation model) 중 선택할 수 있도록 하였다. 국제회계기준은 목적적합한 정보가 신뢰성 있는 정보보다 의사결정에 더 타당하다고 판단하여 자산과 부채를 공정가치로 평가할 것을 강조하고 있다. 그러나 보유목적에 따라 원가모형이 자산과 부채의 평가에 더 적합할 수 있어서 평가모형을 선택할 수 있게 하였다.

재고자산에서 설명한 대로 회계는 합리적인 의사결정을 위해 당기순이익을 줄이는 보수주의를 채택하고 있다. 한국채택국제회계기준(K-IFRS)은 유형자산(무형자산) 평가에서 공정가치가 취득원가(장부금액)보다 높으면 평가이익을 '기타포괄손익'으로 인식하며, 공정가치가 취득원가(장부금액)보다 낮으면 평가손실을 '당기손익'으로 인식하도록 하였다. 따라서 보수주의적 관점에서 평가손실은 실현된 것으로 간주하여 '당기손실'로 인식하므로 당기순이익이 줄어든다. 물론 공정가치가 취득원가(장부금액)로 회복하면 인식하였던 평가손실만큼 '당기이익'으로 인식하므로 당기순이익이 늘어난다. 반면에 평가이익은 미실현된 것으로 간주하여 기타포괄이익으로 인식하므로 당기순이익에 영향을 주지 않는다. 물론 공정가치가 취득원가(장부금액)로 낮아지면 인식하였던 평가이익만큼 '기타포괄손실'로 인식할 수 있지만, 당기순이익에는 영향이 없다.

기업은 자산재평가를 통해 당기이익은 인식하려고 하고, 당기손실은 인식하려고 하지 않을 것이다. 또한 기업은 당기이익에 영향이 없어도 기타포괄이익은 인식

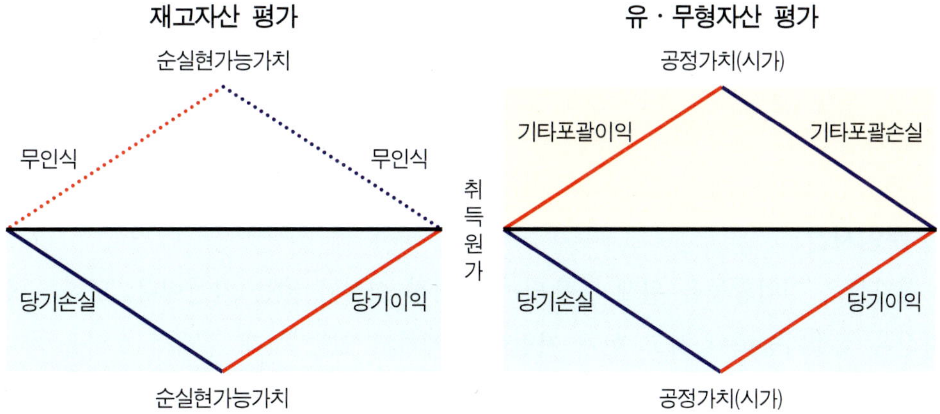

[그림 6-1] 재고자산과 유 · 무형자산의 평가 차이

하려고 할 것이다. 그 이유는 당기이익과 함께 기타포괄이익도 재무상태표의 자본을 증가시키기 때문이다.

사례 12 자산재평가를 통한 부채비율의 감소

롯데관광개발(주)는 연결재무제표를 기준으로 2024년 2분기 자산재평가를 통해 엄청난 재무구조 개선을 단행하였다. 2024년 2분기 유형자산은 1조 7,169억원으로 전년 대비 33.16%가 증가하였다. 이러한 증가 원인은 2023년 말 유형자산 중 1조 1,939억원의 자산을 재평가하여 2024년 2분기 1조 6,508억원으로 반영했기 때문이다. 재평가차익은 무려 4,569억원으로 38.27%의 자산증가를 가져왔다.

2024년 2분기 자산은 2023년 말 대비 23.91% 증가하였고, 부채는 5.47% 증가하였으며 자본은 501.70%가 증가하였다. 자산재평가이익은 기타포괄이익으로 당기이익을 증가시킬 수는 없지만, 자본의 증가를 가져온다. 따라서 부채비율은 2023년 말 2,590.87%였지만, 2024년 2분기에는 454.13%로 감소하였다. 기업의 부채비율이 높아지면 신용위험이 커져 외부로부터 자금조달이 어려워진다. 경기둔화로 자금조달이 어려워진 기업들은 자산재평가로 부채비율을 낮춰 신용등급을 높이고 낮은 비용으로 자금을 조달하려고 할 것이다. 그러나 자산재평가로 자본이 늘어나면 상대적으로 이익이 작아져 자기자본이익률(ROE)도 떨어지므로 기업가치 평가에 부정적일 수 있다. 결론적으로 자산재평가는 재무구조 개선과 기업가치 평가를 함께 고려해야 한다.

(단위 : 백만원)

항 목	2024년 2분기(A)		2023년 말(B)	차이(A−B)	증감률
유형자산	1,716,915		1,289,380	427,535	33.16%
재평가대상금액	1,650,800	⬅	1,193,900	456,900	38.27%
자산	2,185,890		1,764,111	421,779	23.91%
부채	1,791,420		1,698,551	92,869	5.47%
자본	394,469		65,559	328,910	501.70%
부채비율	454.13%		2,590.87%		

5) 무형자산

무형자산은 영업활동을 위해 사용되는 물리적 실체가 없는 자산이다. 또한 무형자산은 식별가능해야 하고 현재 기업이 통제하고 있는 미래 경제적 효익을 가져다줄 수 있는 자산이다. 식별가능성이란 자산을 기업으로부터 분리·매각할 수 있어야 한다는 속성이다. 다만, 무형자산 중 영업권은 기업으로부터 분리·매각할 수 없어서 예외적으로 식별가능성이 없다. 무형자산은 유형자산과 달리 실체가 없어서 주로 계약이나 법적 권리에 의해 통제된다. 미래 경제적 효익을 가져다줄 수 있는 고객충성도, 시장점유율 그리고 우수한 종업원 등은 기업이 통제할 수 없어서 자산으로 인식할 수 없다. 추가로 무형자산을 자산으로 인식하려면 미래 경제적 효익이 들어올 가능성이 매우 크고 금액으로 신뢰성 있게 측정할 수 있어야 한다. 따라서 무형자산은 외부에서 구매한 자산과 내부에서 만들어진 자산으로 구분할 수 있다. 외부에서 구매한 무형자산은 신뢰성 있게 원가를 측정할 수 있고, 미래 경제적 효익이 들어올 가능성이 커서 자산으로 인식할 수 있다. 반면에 내부에서 창출된 무형자산은 지출된 비용을 원가로 측정할 수 있겠지만, 미래 경제적 효익이 들어올 가능성이 불확실하여 대부분 비용으로 처리한다. 내부에서 창출된 무형자산이 미래 경제적 효익이 들어올 가능성이 커도 원가를 측정할 수 없고 통제가 불가능하다면 아무런 인식도 하지 않는다.

〈표 6-3〉 무형자산의 분류

구 분	회계처리	예 시	예 외
외부구매 자산	무형자산	특허권, 프랜차이즈, 저작권 등	영업권(식별 불가능)
내부창출 자산	비용	연구비, 경상개발비, 광고비 등	개발비(조건부 자산)
	무인식	고객충성도, 시장점유율, 우수한 종업원 등	

사례 13 인적자원을 기업가치 평가에 반영하려는 노력

미래에 경제적 효익을 가져올 수 있지만, 무형자산으로 인식하지 못하는 자원이 있다. 대표적인 자원이 인적자원이다. 금융업종은 인적자원이 기업가치를 결정한다고 해도 과언이 아니다. 그러나 인적자원은 원가 측정과 통제가 불가능하여 재무제표에 자산으로 인식할 수 없다.

2024년 KB금융지주는 인적자원의 우수성을 보여주기 위해 국제표준화기구(ISO) 30414 인증을 취득하였다. ISO 30414는 2018년 국제표준화기구(ISO)가 발표한 인적자원 보고지침으로 많은 글로벌 금융회사가 인증받았다. 2020년 미국 증권거래위원회(SEC), 2021년 일본 도쿄증권거래소는 상장기업에 지침에 따라 인적자원을 공시하도록 요구하였다. 따라서 재무제표에 반영되지 못하는 무형자산을 다른 형태로 이해관계자에게 제공함으로써 기업가치를 제대로 평가받으려는 노력이 이어지고 있다.

한편 무형자산도 유형자산과 같이 시간이 지날수록 가치가 감소하여 상각한다. 내용연수가 있는 무형자산은 가치감소분을 매년 비용인 '상각비'로 인식한다. 반면에 내용연수가 없는 무형자산은 기말에 가치가 하락하였다고 평가하면 하락한 가치만큼 비용인 '손상차손'으로 인식한다. 영업권은 식별 불가능하고 내용연수가 없지만, 외부에서 구매한 무형자산이다. 영업권은 합병이나 사업인수와 같은 사업결합으로부터 발생한다. 영업권은 사업결합으로 지급한 금액에서 취득 지분에 해당하는 피취득기업의 순공정가치를 차감한 금액이다. 기업이 초과금액을 지급하며 사업을 결합한 이유는 초과수익이 발생할 것이라는 기대 때문이다. 그러나 예상과 달리 사업결합 후에도 초과수익이 발생하지 않는다면 영업권의 손상차손으로 비용이 증가하게 된다.

사례 14 영업권 손상차손에 따른 비용 증가

LG헬로비전(주)는 지역 종합유선방송 사업자(SO)를 인수하면서 2018년 말 기준 영업권이 5,892억원에 달했다. 그러나 2016년 국내에 넥플릭스가 들어오면서 OTT 시대가 개막되었고, 유선방송 사업은 쇠퇴하기 시작하였다. 이후, 지역 종합유선방송 사업자(SO) 인수로 인식한 영업권 가치가 떨어지면서 막대한 '손상차손'을 인식하게 되었다. 2023년 영업이익은 전년 대비 11.99% 감소하였지만, 영업권 손상차손은 40.97%가 증가하였다. 2021년에는 영업권 손상차손을 3,213억원 인식하면서 더 이상 영업권이 기업경영에 도움이 되지 않는다고 판단하였다. 결론적으로 사업결합을 통한 영업권 인식이 매출증대에 도움이 되면 이익이 증가하겠지만, 매출증대에 도움이 되지 않는다면 영업권 상각으로 인해 장기간 손실이 발생할 수 있다.

(단위 : 백만원)

항 목	2023년	2022년	2021년
영업이익	47,352	53,800	44,492
영업이익증가율	−11.99%	20.92%	−99.27%
영업권 손상차손	84,521	59,956	321,330
손상차손증가율	40.97%	−81.34%	−

내부에서 창출된 무형자산은 비용으로 인식하거나 아무런 인식을 하지 않는다. 그러나 비용으로 인식한 무형자산 중에 예외적으로 개발비는 자산으로 인식할

수 있다. 한국채택국제회계기준(K-IFRS, 제1038호)은 연구개발활동을 '연구단계'와 '개발단계'로 구분하고 각 단계의 지출에 관한 회계처리를 규정하고 있다. 연구단계에서의 지출은 비용인 '연구비'로 인식한다. 개발단계에서의 지출은 자산 인식조건을 충족하면 무형자산인 '개발비'로 인식하고, 충족하지 못하면 비용인 '경상개발비'로 인식한다. 생산단계에서는 총제조원가가 자산인 '재고자산'으로 인식된다. 개발단계에서 자산 인식조건 충족 여부는 경영자 재량이 영향을 줄 수 있다. 따라서 개발단계에서 지출을 비용이 아닌 자산으로 인식하면 이익이 증가할 수 있다.

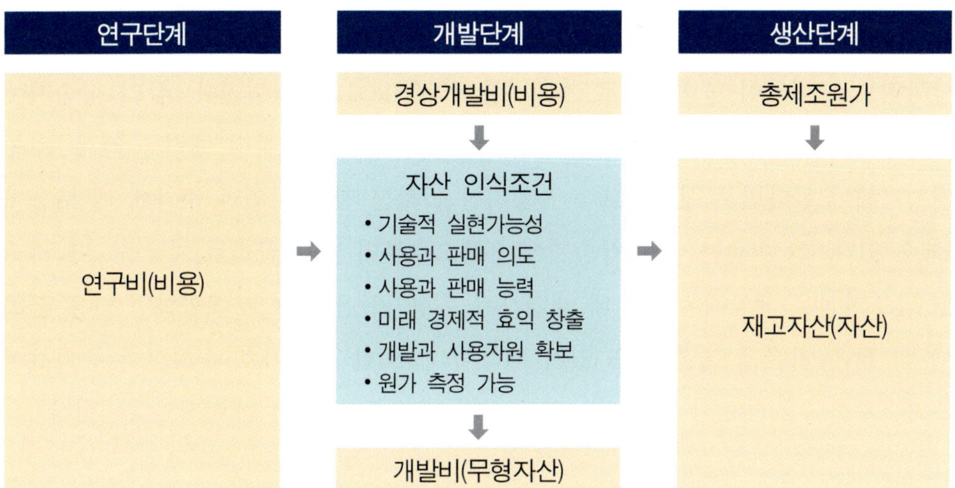

[그림 6-2] 내부창출 무형자산의 회계처리

사례 15 비용의 자본화

2023년 말 기준으로 유한양행(주)의 '개발비'는 1,323억원으로 전년 대비 27.95% 증가하였다. 개발비의 증가 원인은 폐암 치료제 '렉라자'의 R&D(연구 · 개발) 비용을 자산화했기 때문이다. 제약사는 임상 3상 승인부터 R&D 비용을 자산으로 인식할 수 있다. 유한양행(주)는 개발비 인식의 대부분이 렉라자 임상 3상 비용이라고 밝혔다. 이렇게 개발중인 신약이 상용화되면 미래에 경제적 효익을 가져다줄 것이므로 무형자산으로 인식할 수 있다. 일부 기업은 영업이익을 부풀리기 위해 '경상개발비(비용)'를 '개발비(무형자산)'로 인식한 예가 있다. 그러나 허위 기재로 손해를 입은 주주들이 자본시장법에 따라 손해배상을 청구하여 오히려 더 큰 손실이 발생하였다. 유한양행(주)는 3개년 연속으로 안정적인 영업이익을 보여주고 있다.

(단위 : 백만원)

항 목	2023년	2022년	2021년
개발비	132,391	103,472	71,219
개발비증가율	27.95%	45.29%	79.35%
영업이익	57,206	41,119	61,170

무형자산도 유형자산과 마찬가지로 재평가를 통해 기타포괄손익을 인식할 수 있다. 따라서 무형자산 비중이 큰 바이오 업종이나 게임산업은 무형자산 재평가를 통해 재무구조를 개선할 수 있다. 그러나 무형자산 재평가도 자본이 증가하여 상대적으로 이익이 줄어들므로 자기자본이익률(ROE)이 떨어진다. 금리 상승기에 자기자본이익률이 떨어지면 해당 기업의 주식은 투자자로부터 매력을 잃게 된다. 재평가해야 한다면 무형자산보다 유형자산을 하는 것이 기업과 주가에 더 도움이 될 수 있다. 그 이유는 금리 상승기에 은행으로부터 낮은 금리로 자금을 조달하려면 담보자산을 제공해야 하는데 재평가된 유형자산을 담보로 제공하면 낮은 금리에 더 많은 자금을 조달할 수 있기 때문이다. 또한 재평가로 순자산이 증가하여 주가순자산비율(PBR)이 낮아지므로 상대적으로 주가가 더 매력적일 수 있다.

6) 금융자산

금융상품은 사들인 거래당사자에게는 금융자산이 되고, 차입 또는 발행한 거래상대방에게는 금융부채나 지분상품이 된다. 금융상품이 되기 위해서는 두 가지 조건이 충족되어야 한다.

첫째, 금융상품은 계약상 권리와 의무로 발생해야 한다. 예를 들어, A기업이 B은행에서 1년 만기 연 4% 이자지급조건으로 1억원을 대출받았다고 하자. A기업은 B은행과의 계약조건으로 1억원을 단기차입금(금융부채)으로 인식할 것이며, B은행은 1억원을 단기대여금(금융자산)으로 인식할 것이다. 한편 계약이 아닌 법적 권리 및 의무와 의제 의무로 발생하는 항목은 금융상품이 될 수 없다. 기업이 법인세를 지급하지 않으면 미지급법인세(부채)로 인식하고, 환급받아야 한다면 환급금(자산)으로 인식하겠지만 법인세는 법적 권리와 의무에 해당하므로 '미지급법인세'와 '환급금'은 금융상품이 될 수 없다. 의제 의무는 기업이 특정 책임을 부담하겠다고 표명하였고, 상대방은 기업이 이를 행할 것이라는 정당한 기대를 하는 의무이다. 예를 들어, 기업이 매년 명절에 종업원에게 상여금을 지급해 왔다면, 종업원은 명절이 되면 상여금을 받을 거라고 기대할 것이다. '상여금'은 기업으로서 의제 의무이므로 금융부채가 될 수 없다.

둘째, 금융상품은 주고받을 항목이 화폐성 항목이어야 한다. 따라서 주고받을 항목이 용역이나 비화폐성 항목이라면 금융상품이 될 수 없다. 예를 들어, A기업이 공장을 짓기 위해 B건설회사에 계약금 10억원을 송금했다고 하자. A기업은 미리 지급한 10억원을 선급금(자산)으로 인식할 것이고, B건설회사는 미리 받은 10억원을 선수금(부채)으로 인식할 것이다. A기업은 나중에 선급금을 공장으로 돌려받을 것이며, B건설회사는 선수금을 공장으로 돌려줄 것이므로 '선수금'과 '선급금'은 금융상품이 될 수 없다.

금융자산의 종류는 현금흐름에 따라 크게 원금과 이자로 구성된 채권과 그렇지 않은 주식으로 구분할 수 있다. 또한 금융자산의 사업모형은 보유목적에 따라 세 가지로 구분할 수 있다.

첫째, 상각후원가측정(AC)금융자산은 계약상 현금흐름(원금과 이자)을 수취할 목적으로 만기까지 보유하는 금융자산이다. 따라서 만기가 있는 채권만 해당하며, 기말에 유효이자율법에 따른 상각후원가로 측정한다. 예를 들어, A기업이 B기업 채권을 구매한 목적은 원금과 이자수익을 수취할 목적이며, B기업의 신용위험이 심각하게 증가하지 않는다면 매도하지 않을 것이다. A기업은 만기 이전에 B기업 채권을 매도하지 않아도 충분한 유동성이 확보되어 있음을 보여준다. 유효이자율은 채권의 만기까지 유입(유출)될 미래현금흐름을 현재가치인 취득원가(발행가액)와 일치시켜 주는 할인율로 주로 취득 당시 시장이자율이 사용된다. 유효이자율에 의한 상각후원가는 취득 당시 시장이자율로 측정하므로 공정가치와 달라질 수 있다.

둘째, 기타포괄손익-공정가치측정(FVOCI)금융자산은 계약상 현금흐름을 수취하거나 매도를 목적으로 보유하는 금융자산이다. 즉 기업의 유동성 수요에 따라 해당 금융자산을 매도할 수도 있고, 만기까지 들고 갈 수도 있는 것이다. 예를 들어, 일정 수준의 유동성이나 수익률 관리 또는 부채상환 목적으로 금융자산을 보유하고 있다면 금융자산 매도 여부는 기업의 현금흐름에 따라 결정된다. 기말에 공정가치(fair value : FV)로 평가하며, 평가손익은 기타포괄손익(other comprehensive income : OCI)으로 인식한다.

마지막으로 당기손익-공정가치측정(FVPL)금융자산은 빈번한 매매를 통해 투자이익을 실현할 목적으로 보유하는 금융자산이다. 기말에 공정가치(FV)로 평가하며, 평가손익은 당기손익(profit and loss : PL)으로 인식한다.

한편 투자주식은 피투자회사의 의결권 있는 주식의 보유 비중에 따라 두 가지의 방법으로 평가된다.

첫째, 관계회사투자주식은 지분법으로 평가한다. 관계회사는 투자회사가 지분투자(보통 20% 이상 50% 미만)로 유의한 영향력을 행사할 수 있는 피투자회사를 의미한다. 지분법은 투자회사가 연결재무제표를 작성할 때 피투자회사의 이익을 지분율만큼 '지분법손익'으로 인식하고 투자주식을 증감하는 것이다. 피투자회사의 이익이 실제 현금흐름으로 유입되는 것은 아니지만, 투자주식의 가치를 피투자회사의 이익으로 평가한다는 점에서 지지를 얻고 있다.

둘째, 종속회사투자주식은 취득원가로 평가한다. 종속회사는 투자회사(지배회사)가 50% 이상의 지분투자로 중대한 지배력을 행사할 수 있는 피투자회사를 의미한다. 지배회사와 종속회사는 법적으로는 독립된 회사지만 경제적으로는 하나의 실체이다. 따라서 지배회사가 연결재무제표를 작성할 때는 세부 항목을 모두 합산하며, 종속회사투자주식은 종속회사의 자본과 상계 처리되어 나타나지 않는다. 반면에 지배회사가 보유하지 못한 종속회사 지분은 연결재무상태표의 자본에 '비지배지분'으로 표시한다. 지배회사가 개별재무제표를 작성할 때는 종속회사투자주식을 지분법으로 평가한다.

〈표 6-4〉 금융자산 분류

항 목	종 류	평 가	손 익
상각후원가측정(AC)금융자산	채권	상각후원가	당기손익
기타포괄손익-공정가치측정(FVOCI)금융자산	채권, 주식	공정가치	기타포괄손익
당기손익-공정가치측정(FVPL)금융자산	채권, 주식	공정가치	당기손익
관계회사투자주식	주식	지분율×이익	당기손익
종속회사투자주식	주식	취득원가	–

사례 16 금융자산 분류가 이익에 미치는 영향

2024년 생명보험사는 국제회계기준(IFRS 9)이 적용되면서 금융자산 평가로 당기손익 변동성이 커질 전망이다. 기존의 회계기준(IAS39)은 금융자산을 취득원가로 표시하고, 손실이 발생하였을 때만 손실충당금을 계상하도록 하였다. 그러나 IFRS 9는 금융자산을 상각후원가측정(AC)금융자산, 기타포괄손익-공정가치측정(FVOCI)금융자산 그리고 당기손익-공정가치측정(FVPL)금융자산으로 분류하도록 하였다. 따라서 생명보험사가 보유하고 있는 금융자산 중 당기손익-공정가치측정(FVPL)금융자산 비중이 증가하면 당기손익 변동성도 커진다.

2024년 3월 말 기준 업계의 당기손익-공정가치측정(FVPL)금융자산이 금융자산에서 차지하는 비중은 18%로 전기 말 대비 3% 증가하였다고 한다. 당기손익-공정가치측정(FVPL)금융자산의 평가손익은 미실현이익이지만 당기손익에 반영된다. 따라서 경기상황에 따라 보험사에 큰 이익을 안겨 줄 수도 있고 큰 손실을 안겨 줄 수도 있다.

한편 투자회사(지배회사)는 종속회사와 관계회사가 우량하다면 긍정적인 가치 평가를 받게 될 것이다. 반면에 종속회사와 관계회사가 부실하다면 투자회사(지배회사)는 부정적인 가치 평가를 받게 될 것이다.

사례 17 종속회사와 관계회사가 지배회사의 기업가치에 미치는 영향

2024년 3분기 연결재무제표 기준으로 코오롱(주)는 551억원의 당기순손실이 발생하였다. 당기순손실의 주요 원인은 종속회사인 코오롱글로벌(주)가 건설경기 악화로 대규모 손실이 발생했기 때문이다. 반면에 지분법을 적용받는 관계회사 코오롱인더스트리(주)는 자동차 소재의 매출 증가로 지분법평가이익을 161억원 인식하였다. 코오롱인더스트리(주)는 2022년부터 지분법평가이익을 인식해 오고 있다. 따라서 종속회사와 관계회사의 실적이 투자회사(지배회사)의 가치 평가에 영향을 준다.

(단위 : 백만원)

항 목	2024년 3분기 누적	2023년	2022년
당기순이익	−55,100	15,387	194,835
지분법평가손익	16,121	11,782	55,365

(2) 부채

부채는 과거의 사건으로 인해 미래에 경제적 자원을 이전해야 하는 현재 기업의 의무이다. 의무는 기업이 다른 대안으로도 회피할 수 없는 의무이어야 한다. 의무는 크게 법적 의무와 의제 의무로 나눌 수 있다. 법적 의무는 계약이나 법률상의 의무이다. 의제 의무는 금융자산에서 설명한 대로 기업이 특정 책임을 부담할 것이며 상대방은 기업이 이를 행할 거라는 정당한 기대를 하는 의무이다. 법적 의무는 이행하지 않으면 법에 따른 제재를 받는다. 의제 의무는 이행하지 않아도 법에 따른 제재는 받지 않지만, 기업에 더 큰 손실이 발생할 수 있다. 예를 들어, A기업이 매년 종업원에게 주던 명절 상여금을 주지 않으면 종업원은 실망하여 반대급부로 충실한 근로를 제공하지 않을 수 있다. 따라서 기업은 의제 의무를 이행하지 않음으로써 얻는 효익보다 더 큰 손실이 발생할 것이다.

부채는 상환시기에 따라 유동부채와 비유동부채로 구분한다. 유동부채로 대표적인 것은 매입채무, 선수금 그리고 단기차입금 등이 있다. 비유동부채로 대표적인 것은 장기매입채무, 장기차입금, 사채, 퇴직급여부채 그리고 충당부채 등이 있다.

1) 매입채무와 선수금

매입채무는 주된 영업활동과 관련하여 재화나 용역을 외상으로 구매하고 나중에 현금을 지급하기로 한 채무이다. 매입채무는 다시 외상매입금과 지급어음으로 나뉜다. 외상매입금은 현금지급기한이 비교적 짧아서 이자비용이 없고, 거래상대방에게 서류상의 채무를 제공하지 않는다. 반면에 지급어음은 현금지급기한이 비교적 길어서 이자비용이 발생하며, 거래상대방에게 증명서인 어음을 준다. 현금지급기한이 1년 이내이면 유동부채인 매입채무로 인식하고, 1년 이상이면 비유동부채인 장기매입채무로 인식한다.

매입채무는 기업이 상환해야 할 부채이므로 늦게 지급할수록 영업활동을 위한 현금활용에 유리할 수 있다. 그러나 과도한 매입채무는 부채비율과 자금조달비용을 높여 자금조달에 어려움을 겪을 수 있다. 또한 시장에 해당 기업이 매입채무를 상환할 유동성이 부족하다는 부정적인 인식을 퍼뜨릴 수도 있다.

매입채무의 적절한 관리가 필요하며 이를 나타내는 지표를 잘 활용해야 한다. 매입채무회전율은 매출액을 평균 매입채무[(기초매입채무+기말매입채무)/2]로 나눈 값이다. 이 지표는 매출액을 위해 매입채무가 얼마나 빨리 회전하는지를 나타낸다. 같은 매출액이라면 외상매입보다 현금매입 비중이 높을수록 빨라진다. 또한 같은 매입채무라면 회전율이 높을수록 매출액이 많아진다. 현금활용 측면에서 매출채권회전율이 높을수록 현금회수가 빨라 유리하지만, 매입채무회전율은 낮을수록 현금지급이 느려 유리해진다. 한편 매입채무지급기간은 365일을 매입채무회전율로 나눈 값이다. 이 지표는 보유한 매입채무를 현금으로 상환하는 데 걸리는 기간을 의미한다. 따라서 매입채무회전율이 낮을수록 현금으로 상환하는 기간이 길어진다.

사례 18 매입채무의 적절한 관리

2017년 쿠팡(주)는 3년 연속 매입채무회전율이 감소하였으며, 매입채무와 매입채무지급기간은 증가하였다. 기업이 매출액과 유동성은 증가하는데 매입채무 상환을 지연시키면 상환에 쓰일 현금을 영업활동에 활용할 수 있다. 그러나 정말로 유동성이 부족하여 매입채무 상환을 지연시킨 것이라면 시장에서 부정적인 평가를 받게 될 것이다. 쿠팡(주)는 3년 연속 영업손실이 발생하였고, 영업활동으로 인한 현금흐름도 음(−)인 상태이다. 따라서 쿠팡(주)의 매입채무회전율 감소와 매입채무지급기간 증가는 시장에서 유동성 부족을 겪고 있는 것으로 평가될 것이다.

(단위 : 백만원)

항 목	2017년	2016년	2015년
매입채무	448,800	247,900	197,000
매입채무회전율	7.70	8.60	9.80
매입채무지급기간	47.40	42.44	37.24
영업이익	(−)	(−)	(−)
영업현금흐름	(−)	(−)	(−)

영업활동과 관련된 선수금은 제품을 고객에게 제공하기 전에 미리 받은 계약부채이다. 예를 들어, 발주사가 선박을 발주하면서 선박 가격의 일부를 조선회사에 미리 지급하였다면, 조선회사는 미리 받은 선수금을 나중에 선박으로 갚아야 할

계약부채가 된다. 이러한 선수금은 조선회사의 부채비율을 증가시키지만, 선박을 인도하면 바로 없어질 부채이므로 오히려 매출증대를 알려주는 신호 역할을 한다.

사례 19 선수금의 긍정적 신호 역할

2024년 3분기 한화엔진(주)의 매출액은 3분기 누적 8,759억원으로 이미 2023년의 매출액을 뛰어넘었다. 특히 계약부채가 증가하면서 부채비율이 증가하고 있지만, 선박 수주가 늘었다는 근거이므로 향후 매출액이 더 증가할 것으로 보인다. 따라서 선수금이 계약부채라면 다소 부채비율이 늘어나도 선박 인도를 통해 향후 부채비율이 낮아지고 매출은 증가하므로 기업의 재무구조 건전성에 영향을 주지 않는다. 결론적으로 모든 부채가 기업의 재무구조 건전성을 저해하는 것은 아니다.

(단위 : 백만원)

항 목	2024년 3분기 누적	2023년	2022년
계약부채	203,483	180,982	125,312
계약부채증가율	12.43%	44.43%	−4.57%
부채비율	45.84%	24.56%	30.17%
매출액	875,936	854,384	764,242

2) 금융부채

기업이 은행으로부터 차입하거나 대중에게 사채를 발행하여 자금을 조달하면 금융부채로 인식한다. 대출 은행과 사채권자는 금융자산으로 인식한다. 금융부채는 자금제공자에 따라 사적 부채(private debt)와 공적 부채(public debt)로 나눌 수 있다. 사적 부채는 기업이 은행이나 증권회사와 같은 금융기관으로부터 자금을 조달하는 금융부채로 대표적으로 차입금이 있다. 기업은 금융기관과 효과적인 부채 계약을 위해 사적 정보를 제공해야 한다. 사적 부채는 기업이 금융기관의 요구조건을 충족한다면 쉽고 빠르게 자금을 조달할 수 있다. 그러나 기업과 금융기관 담당자의 유착으로 부실대출이 이루어질 수도 있다. 공적 부채는 기업이 대중으로부터 자금을 조달하는 금융부채로 대표적으로 사채가 있다. 사채권자는 기업과의 협상을 통해 투자한 것이 아니므로 기업의 내부정보에 접근하는 데 한계가 있다. 따라서 기업과 자금제공자 간의 정보비대칭(information asymmetry)은 공적 부채가 사적 부채보다 더 클 수 있다. 기업이 자본시장에서 신뢰를 얻지 못하면 공적 부채를 통한 자금조달은 사적 부채를 통한 자금조달보다 더 어렵다. 또한 기업이 금융부채를 상환하지 못하면 파산가능성이 커진다.

① 차입금

차입금(borrowings)은 기업이 금융기관이나 다른 기업으로부터 자금을 빌리는 것이다. 상환기간을 기준으로 1년 안에 상환해야 하면 단기차입금으로 인식하고, 1년 이후에 상환해야 하면 장기차입금으로 인식한다. 기업은 차입을 위해 자금제공자와 부채계약을 맺는다. 부채계약서에는 자금제공자가 안정적인 자금회수를 위해 기업에 요구하는 계약사항이 포함되어 있다. 계약사항은 주로 재무안정성을 나타내는 회계나 재무기준들이며, 기업은 부채를 조기에 상환하지 않기 위해 계약사항을 준수해야 한다.

사례 20 보증을 통한 부실 대출사기

2014년 국내 가전업체 모뉴엘(MONEUAL)은 시중은행을 상대로 대규모 대출사기를 벌였다. 모뉴엘은 은행으로부터 많은 대출을 받기 위해 수출했던 완제품을 현지에서 분해하여 다시 수입하고, 분해된 부품을 다시 완제품으로 만들어 수출을 반복함으로써 수출실적을 부풀렸다. 당시 모뉴엘은 무역보험공사의 보증으로 은행에서 대출받았다. 은행은 대출이 잘못되어도 무역보험공사로부터 보전받을 수 있다고 생각하고 모뉴엘에 대한 여신심사를 제대로 하지 않았다. 또한 모뉴엘의 수출거래는 은행을 통하는 신용장 방식이 아니라 무신용장 방식으로 이루어져 서류 조작 등의 위법 행위가 가능하였다. 더 나아가 모뉴엘은 수출입서류로 많은 은행에서 동시에 대출받아 사기대출 규모가 커졌다. 모뉴엘은 은행과 무역보험공사로부터 3조원 이상의 사기대출을 받은 것으로 확인되었다.

② 사채

사채발행은 기업이 일반 대중에게서 자금을 조달하는 방법이다. 사채에는 원금(액면가액), 만기일 그리고 만기까지 현금으로 지급될 이자비용의 이자율(액면이자율)이 표시되어 있다. 사채의 발행가액은 미래에 지급하게 될 원금과 이자비용을 시장이자율(유효이자율)로 할인한 현재가치와 같다. 사채발행시점에 사채에 표시된 이자율(액면이자율)은 투자자가 원하는 이자율과 같을 수도 있고 다를 수도 있다. 사채에 대해 투자자가 원하는 이자율을 '시장이자율' 또는 '요구수익률'이라고 하며, 회계처리를 위한 '유효이자율'이라고도 한다. 따라서 미래에 지급하게 될 원금과 이자비용을 현재가치로 할인할 때 '시장이자율'이 '액면이자율'과 같으면 사채의 발행가액은 원금과 같아진다(액면발행). 반면에 '시장이자율'이 '액면이자율'과 다르면 사채의 발행가액은 원금과 달라진다(할증발행 또는 할인발행).

〈표 6-5〉 사채의 발행가액 결정

발행가액	=	미래 원금의 현재가치 + 이자비용의 현재가치	➡	할증발행	액면이자율 > 시장이자율
				액면발행	액면이자율 = 시장이자율
				할인발행	액면이자율 < 시장이자율

현재가치(PV)는 미래가치(FV)를 (1+할인율)^{n}로 나눈 값이다. 여기서, n은 만기기간을 나타낸다. 예를 들어, A기업이 20×1년 1월 1일 액면가액 10,000원, 액면이자율 10%인 3년 만기 사채를 발행하였다고 하자. 이때 시장이자율에 따라 발행가액이 달라진다. 현금으로 지급하는 액면이자율은 고정이므로 발행가액을 조정하여 투자자가 원하는 요구수익률(시장이자율)을 맞춰준다.

〈표 6-6〉 사채의 할증발행, 액면발행 그리고 할인발행 (단위 : 원)

발행구분	시장이자율	원 금	현재가치	이자(매년)	현재가치	발행가액
할증발행	8%	10,000	7,938	1,000	2,577	10,515
액면발행	10%	10,000	7,513	1,000	2,487	10,000
할인발행	12%	10,000	7,118	1,000	2,402	9,520

할증발행의 경우, 기업은 매년 10%의 이자비용을 현금으로 지급하지만, 투자자는 8%의 이자수익이면 충분하다. 따라서 기업은 투자자로부터 2%의 이자비용을 돌려받아야 한다. 이런 경우에 기업은 10,515원을 받고 사채를 발행하고 만기에는 10,000원만 상환함으로써 515원을 더 적게 상환하여 2%의 이자비용을 회수한다.

액면발행의 경우, 기업은 매년 10%의 이자비용을 현금으로 지급하며, 투자자도 10%의 이자수익을 요구한다. 따라서 기업은 투자자에게 추가로 주거나 받을 이자비용이 없다. 기업은 10,000원을 받고 사채를 발행하고 만기에는 10,000

원을 상환한다.

할인발행의 경우, 기업은 매년 10%의 이자비용을 현금으로 지급하지만, 투자자는 12%의 이자수익을 요구한다. 따라서 기업은 투자자에게 2%의 이자비용을 더 지급해야 한다. 이런 경우에 기업은 9,520원을 받고 사채를 발행하고 만기에는 10,000원을 상환함으로써 480원을 더 많이 상환하여 2%의 이자비용을 추가로 지급한다.

사채를 만기에 상환하고자 한다면 재무상태표에 '상각후원가측정(AC)금융부채'로 인식한다. 사채의 발행가액은 발행 당시 시장이자율에 따라 할증발행가액, 액면발행가액 그리고 할인발행가액으로 나뉜다. 기말에 사채 장부가액은 유효이자율법에 따라 비례적인 상각후원가로 측정한다. [그림 6-3]에서 보는 바와 같이 빨간색 선은 사채를 유효이자율법에 따라 측정한 상각후원가를 나타낸다. 발행가액은 할증발행, 액면발행 그리고 할인발행에 상관없이 만기에 원금(액면가액)에 수렴한다. 현금이자는 사채에 표시된 액면이자율에 따라 지급되며, 가치감소분(할증발행)과 가치증가분(할인발행)은 액면이자율을 투자자가 원하는 시장이자율과 같게 만들기 위해 발행가액을 조정한 결과이다. 한편 파란색 선은 시장의 경제상황에 따라 달라지는 사채의 공정가치를 나타낸다. 사채가격은 어차피 만기에 원금으로 수렴하므로 만기보유 목적이라면 매년 기말에 공정가치로 평가할 필요가 없다. 그러나 사채를 단기간 내에 상환할 목적이거나 금융상품 포트폴리오 내에서 운용하여 이익을 획득할 목적이라면 공정가치로 평가할 필요가 있다. 이러한 목적으로 사채를 보유한다면 재무상태표에 '당기손익-공정가치측정(FVPL)금융부채'

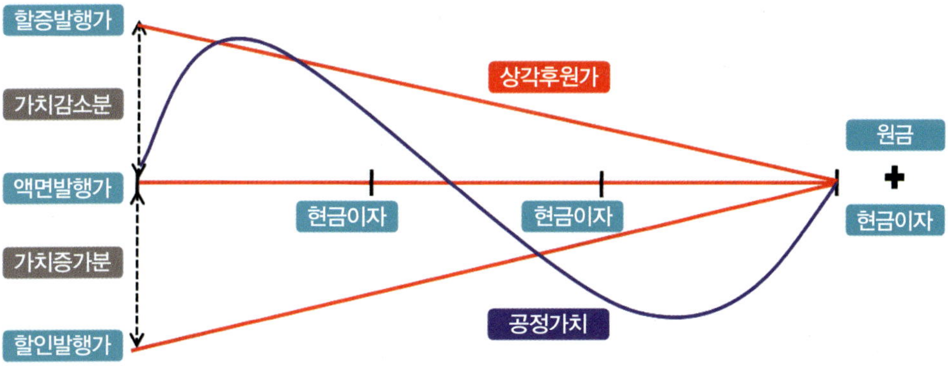

[그림 6-3] 상각후원가와 공정가치의 차이

로 인식한다. 금융부채는 금융자산과 달리 분류 목적의 실익이 없어서 '기타포괄손익-공정가치측정(FVOCI)금융부채'로는 인식하지 않는다. 따라서 같은 사채라도 상각후원가측정(AC)금융부채로 분류된 경우와 당기손익-공정가치측정(FVPL)금융부채로 분류된 경우의 기말평가액은 시장상황에 따라 서로 달라질 수 있다.

사례 21 저평가된 사채로 재테크

전 증권업협회 회장이었던 오○○ 씨는 IMF 당시 주식보다 채권으로 돈을 벌어 유명인사가 되었다. 1998년 IMF 사태가 터지자 시중은행 금리는 20%대로 치솟았고 채권값은 폭락하였다. 미래가치를 현재가치로 환산하려면 미래가치를 시장이자율로 할인해야 한다. 당시 시장에 현금이 마르자 시장이자율은 치솟았고 채권의 현재가치는 하락하였다. 채권은 만기에 원금이 상환될 수 있다는 확신만 있다면 현재의 가격으로 구매해도 손해가 없다. 당시 오 회장은 저축해 두었던 현금을 모두 찾아 신용위험이 가장 낮은 국채를 매입하였다. 국채 역시 외환위기로 시장에서 가격이 급락하였다. 오 회장은 절대 한국이 망하지 않을 것이라는 확신을 하였다. 따라서 급락한 국채를 매입하여 결국 두 배의 이익을 거두었다. 채권을 투자할 때는 채권발행자가 만기에 원금을 상환할 수 있는지 신용위험을 꼼꼼히 살펴봐야 한다. 신용위험만 없다면 주식과 달리 채권은 안전한 투자자산이 될 수 있다. 그러나 신용위험이 큰 채권은 원금을 돌려받을 수 없어서 오히려 주식보다 더 큰 손실이 발생할 수도 있다.

③ 복합금융상품

복합금융상품은 기업이 발행한 일반사채에 해당 기업의 주식으로 전환할 수 있는 선택권이 포함된 금융상품이다. 따라서 하나의 금융상품에 부채 부분과 자본 부분이 함께 있는 것이다. 그러나 복합금융상품에는 일반사채(부채)와 주식전환선택권(자본)의 가치가 따로 명시되어 있지 않다. 회계에서는 복합금융상품의 공정가치에서 일반사채의 현재가치를 차감한 잔액을 주식전환선택권(자본)의 가치로 보고 자본에 인식하도록 하였다.

대표적인 복합금융상품으로 전환사채(convertible bond : CB)와 신주인수권부사채(bond with warrants : BW)가 있다. 전환사채는 일반사채가 일정의 조건을 충족하면 미리 설정된 조건으로 사채를 주식으로 전환할 수 있는 권리(전환권)가 포함되어 있다. 반면에 신주인수권부사채는 일반사채에 일정의 조건을 충족하면 미리 설정된 조건으로 일정의 주식 수나 금액만큼 주식을 살 수 있는 권리(신주인수권)가 붙어 있다. 전환사채는 투자자가 권리를 행사하면 사채가 주식으로 전환된다. 반면에 신주인수권부사채는 투자자가 권리를 행사해도 사채는 존속하며, 일정의 행사금액을 받고 투자자에게 주식을 부여하여 자본이 증가한다. 복합금융상품은 주식으로 전환할 수 있는 권리를 포함하고 있어서 일반사채보다 비싸다. 그러나 복합금융상품은 경기침체기에 기업이나 신생기업이 효과적으로 자금을 조달할 수 있는 수단이 된다. 투자자는 경기침체로 주가가 낮을 때 복합금융상품을 구매하여 기다리다가 경기가 회복되어 주가가 상승하면 권리를 행사하여 자본이익(capital gain)을 누릴 수 있다. 그러나 기존 주주는 복합금융상품의 권리행사로 주식수가 늘어나면서 주당이익이 감소하고 주가가 하락하는 부정적인 영향을 받는다.

〈표 6-7〉 전환사채와 신주인수권부사채의 차이점

구 분	전환사채	신주인수권부사채
권리행사 시 현금납부 여부	없음	있음(행사금액)
권리행사 후 존재 여부	소멸	일반사채로 존속
권리행사하지 않은 부분	부채	부채
권리행사 후 재무구조 변화	부채 감소, 자본 증가	부채 변화 없이 자본만 증가

사례 22 권리행사를 통한 차익 실현과 조기상환 압박

2021년 1분기 한국예탁결제원은 주가가 대세 상승기를 맞으면서 주식전환사채의 권리행사 금액이 늘어났다고 밝혔다. 복합금융상품의 투자자는 주가가 하락할 때는 채권의 안정적인 이자수익을 얻고, 주가가 상승할 때는 주식으로 전환하여 자본이익을 실현한다. 한국예탁결제원에 따르면 주가의 상승폭이 가장 큰 HMM(주)에서 권리행사 금액도 가장 컸다고 밝혔다.

순 위	종목명	행사금액
1	HMM 199회 CB	2,337억원
2	GS건설 131회 CB	545억원
3	키움건설 1회 CB	536억원
4	두산인프라코어 31회 BW	284억원
5	에코프로 19회 EB	215억원

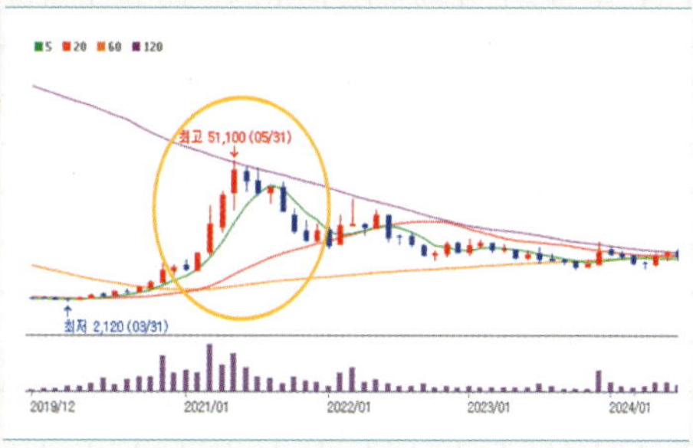

한편 경기침체기에 주가가 하락하면 큰 이익을 원하는 투자자는 복합금융상품에 매력을 느끼지 못할 수 있다. 특히 기업 고유의 위험으로 주가가 하락하였다면 투자자는 더 이상 복합금융상품을 보유하고 싶지 않을 것이다. 2024년 10월 하이브(주)는 투자자의 풋옵션 행사로 전환사채 4,000억원을 상환하였다. 이 전환사채는 2021년에 발행하였으며, 주식으로의 전환을 포기하면 상환을 청구할 수 있는 풋옵션이 포함되어 있었다. 전환사채의 조기상환청구는 투자자가 해당 기업의 주가가 더 이상 오르지 못할 거라는 생각에 근거한 것이다.

투자자가 복합금융상품을 상환청구하거나 권리행사를 하면 해당 기업은 재무구조 개선을 기대할 수 있다. 특히 전환사채는 사채가 주식으로 전환되므로 재무구조 개선 효과가 더 크다고 할 수 있다. 따라서 기업이 복합금융상품으로 재무구조를 개선하기 위해 조기상환, 조기전환 유도 조건변경 그리고 의무전환사채 발행 등을 실시할 수 있다.

〈표 6-8〉 복합금융상품으로 재무구조 개선 효과

구 분	조기상환	조기전환 유도 조건변경		의무전환사채
		추가주식 제공	추가대가 제공	
방법	투자자가 조기상환 청구 옵션행사	전환 시 추가 주식 제공 조건변경	전환 시 추가 현금 제공 조건변경	발행 당시부터 만기전환 의무 조건
효과	자산과 부채 감소 부채비율 감소	부채 감소, 자본 증가	자산과 부채 감소, 자본 증가	만기 시 부채 감소, 자본 증가

사례 23 복합금융상품의 권리행사로 재무구조 개선

2021년 2월 16일 솔루엠(주)는 한국거래소 전자공시시스템(KIND)에 전환사채(CB)와 신주인수권부사채(BW)가 주식으로 전환되는 권리행사가 진행되었다고 공시하였다.
공시내용은 다음과 같다.

전환사채(CB) 주식전환 공시	신주인수권부사채(BW) 주식전환 공시
① 주식의 종류와 수 -기명식 보통주 753,333주(제10회) -기명식 보통주 1,340,000주(제9회) ② 1주의 발행가액 : 7,500원(액면가 : 500원) ③ 발행일 : 2021년 2월 3일 ④ 배당기산일 : 2021년 1월 1일 (결산일 : 12월 말일) ⑤ 증자방법 : 국내 CB 전환 ⑥ 상장일 : 2021년 2월 19일	① 주식의 종류와 수 -기명식 보통주 466,666주(제13회) -기명식 보통주 200,000주(제14회) ② 1주의 발행가액 : 7,500원(액면가 : 500원) ③ 발행일 : 2021년 2월 2일 ④ 배당기산일 : 2021년 1월 1일 (결산일 : 12월 말일) ⑤ 증자방법 : 국내 BW 행사 ⑥ 상장일 : 2021년 2월 19일

권리행사로 솔루엠(주)는 157억원의 부채 감소와 207억원의 자본 증가가 기대되었다. 솔루엠(주)의 실제 부채비율은 2019년과 2020년에 각각 687.14%와 394.69%였지만, 2021년에는 153.94%로 대폭 줄어들었다. 따라서 기존 주주들은 전환사채나 신주인수권부사채의 권리행사로 배분되는 이익과 주가가 하락하여 불만이 많지만, 기업은 추가의 비용 없이 재무구조를 개선하는 효과를 누릴 수 있다. 모든 거래는 상충한 이해가 발생한다. 주식투자자는 전환사채나 신주인수권부사채를 많이 발행한 기업에 투자하는 것이 불리할 수 있다.

(단위 : 백만원)

항 목	2021년	2020년	2019년
부채	117,710	190,092	282,519
자기자본	76,465	48,162	41,115
부채비율	153.94%	394.69%	687.14%

3) 퇴직급여부채

퇴직연금제도는 2005년 종업원의 노후소득보장을 위해 근로기준법상의 퇴직금 제도를 근로자퇴직급여보장법(이하, '퇴직급여법')상의 제도로 바꾼 것이다. 기존 퇴직금 제도는 재원을 사내에 유보하지만, 퇴직연금제도는 재원을 사외에 적립하므로 종업원은 기업의 재무상황과 관계없이 안정적으로 퇴직급여를 받을 수 있다.

퇴직연금제도는 크게 확정기여형(defined contribution : DC) 방식과 확정급여형(defined benefit : DB) 방식이 있다. 확정기여형 제도는 매년 기업이 임금 총액의 12분의 1 이상을 사외의 근로자 계정에 부담금으로 납입함으로써 책임을 면한다. 반면에 확정급여형 제도는 근로자가 받을 퇴직급여가 사전에 정해져 있고, 기업은 퇴직급여 재원으로 보험수리적 가정(재무적, 인구통계학적 가정)으로 추정된 확정급여채무(퇴직급여부채)만큼 사외의 기업계정에 적립한다. 근로자가 퇴직할 때 확정기여형 제도는 퇴직급여를 사외의 근로자 계정에서 인출하고, 확정급여형 제도는 사외의 기업계정에서 찾아간다.

〈표 6-9〉 퇴직연금제도의 종류

구 분	확정기여형 제도	확정급여형 제도
적립자산 운용	근로자	기업
퇴직급여액	운용실적에 따라 다름	운용실적과 무관하게 사전에 정해진 기준으로 지급
퇴직급여부채	인식 안 함	인식

확정기여형 제도는 매년 약정된 금액을 부담금으로 지급하므로 부채비율에 영향을 주지 않는다. 반면에 확정급여형 제도는 미래의 퇴직급여 재원을 위해 퇴직급여부채를 인식하므로 부채비율이 높아질 수 있다. 따라서 경영자는 부채증가로 인한 재무적 제약을 피하고자 퇴직연금 적립을 위한 현금 사용을 의사결정에서 뒷순위에 둘 가능성이 있다.

사례 24 확정급여형 제도가 재무구조에 미치는 영향

2019년 자본시장연구원은 퇴직급여 재원을 위한 상장기업 1,386곳의 사외적립자산이 59조원이라고 밝혔다. 반면에 보험수리적 가정으로 추정한 확정급여채무(퇴직급여부채)는 72조원으로 밝혀 퇴직급여 재원이 13조원 부족한 것으로 나타났다. 확정급여형 제도는 확정급여채무를 인식하므로 부채가 증가한다. 따라서 기업은 확정급여채무에 해당하는 만큼 부담금을 사외에 더 적립하거나 사외적립자산을 잘 운용하여 확정급여채무에 해당하는 만큼 사외적립자산을 늘려야 한다.

4) 충당부채

충당부채는 과거 사건의 결과로 미래에 경제적 자원이 유출될 현재 의무이지만, 유출될 시기와 금액이 확정되지 않은 부채이다. 충당부채는 경제적 자원이 유출될 가능성이 크고, 지출될 금액을 신뢰성 있게 추정할 수 있다면 재무상태표에 부채로 인식할 수 있다. 한편 우발상황(contingencies)은 과거 사건의 결과가 아닌 미래 사건의 결과로 이익과 손실이 발생하는 상황이다. 회계는 보수주의를 채택하고 있어서 우발상황으로 인한 이익은 사건이 확정될 때까지 인식할 수 없다. 그러나 우발상황으로 인한 손실은 부채의 인식조건만 충족된다면 충당부채로 인식할 수 있다. 우발상황으로 인한 손실이 부채의 인식조건을 충족하지 못한다면 주석에 우발부채로 공시해야 한다. 부채의 인식조건에서 자원의 유출가능성이 크다는 것은 확률적으로 50% 이상을 의미할 것이다. 따라서 우발부채가 자원의 유출가능성이 크고, 지출금액을 신뢰성 있게 추정할 수 있다면 부채로 인식할 수 있다.

〈표 6-10〉 충당부채와 우발부채

금액 추정 / 유출가능성	신뢰성 높음	신뢰성 낮음
높음	재무제표 인식(충당부채)	주석 공시(우발부채)
낮음	공시할 필요 없음	

주석에는 경영자가 공시하고 싶지 않은 내용들이 많다. 특히 타인에게 담보로 제공한 자산이나 보증, 천재지변, 중대한 사고, 파업, 화재 그리고 소송 등이 있다. 이러한 사항은 기업에 손실을 줄 수 있는 우발부채로 기업가치를 떨어뜨리므로 경영자는 종종 빠뜨린다.

사례 25 주석 누락에 따른 제재

2024년 증권선물위원회는 회계처리기준을 위반하여 재무제표를 작성한 아시아나항공(주)에 2년간 감사인을 지정하도록 하였다. 증권선물위원회는 회계감사를 엄격하게 하도록 감사인을 지정할 수 있다. 아시아나항공(주)는 2015년과 2016년에 각각 3,300억원과 1,600억원의 특수관계자 거래를 하였으나 주석에 이를 누락하였다. 특수관계자는 주요주주, 경영진, 종속회사 또는 친족 등 기업의 이해관계자를 의미한다. 특수관계자 거래는 이해충돌을 방지하기 위해 주석에 공시해야 한다. 2014년에는 증권선물위원회가 2008년부터 2010년까지 특수관계자를 위해 보유 주식을 담보로 제공한 동양파이낸셜대부에 1년간 증권발행을 제한하고 3년간 감사인을 지정하였다.

한편 충당부채는 하자보수충당부채, 제품보증충당부채, 수선 · 유지충당부채, 구조조정충당부채 그리고 복구충당부채 등 다양하다. 충당부채는 미래에 지출될 것이 확실하므로 미리 비용으로 인식하고, 지출될 금액은 부채로 인식한다. 실제로 현금이 지출되면 상환한 것이므로 부채는 줄어들게 된다. 충당부채를 위한 비용의 인식은 경영자의 재량이 개입될 수 있다. 따라서 수익이 많을 때는 경영자가 세금 부담을 줄이기 위해 충당부채를 많이 인식하여 이익을 줄일 수 있다. 반면에 수익이 적을 때는 미리 인식했던 부채를 줄여 수익으로 바꿔 넣음(환입)으로써 이익을 늘릴 수 있다.

사례 26 충당부채 환입으로 이익 증가

2024년 1분기 KB금융지주(주)의 홍콩H지수 주가연계증권(ELS) 관련 손실은 8,620억원이었다. 고객들은 홍콩H지수 ELS에 대해 금융권이 제대로 설명하지 않은 불완전판매라며 손실배상을 요구하였다. 다행히 이후 홍콩H지수가 상승하면서 관련 손실폭이 줄어들어 미리 인식했던 손실충당금을 환입할 수 있을 것으로 내다보았다. 따라서 손실이 발생할 것으로 예상하고 미리 인식했던 비용이 더 이상 손실이 발생할 것 같지 않으면 환입하여 이익이 증가할 수 있다.

(3) 자본

자본은 자산에서 부채를 차감한 항목으로 자기자본, 소유주지분, 잔여지분 또는 순자산이라고 불린다. 자본은 자본거래로 발생한 자본금과 자본잉여금 그리고 손익거래로 발생한 기타포괄손익누계액과 이익잉여금 그리고 주로 자본의 차감 항목인 자본조정으로 구성되어 있다.

〈표 6-11〉 자본의 구성

거 래	항 목	세부 항목
자본거래 (납입자본)	자본금	• 보통주자본금 : 주주총회에서 의결권 행사 • 우선주자본금 : 보통주보다 우선 배당받지만, 의결권 없음
	자본잉여금	• 주식발행초과금 : 액면금액을 초과한 주식발행금액 • 감자차익 : 감자대가를 초과한 자본감소액 • 자기주식처분이익 : 취득원가를 초과한 재발행금액

손익거래	기타포괄손익 누계액	• 자산재평가차익 : 자산의 재평가로 인한 평가손익 • 확정급여 재측정 요소 : 확정급여채무 평가손익 • 금융자산평가손익 : 금융자산 평가손익 • 해외사업장외화환산차익 : 외화의 환산손익 • 현금흐름위험회피파생상품평가손익 : 파생상품 평가손익
	이익잉여금	• 법정적립금 : 자본의 1/2까지 금전 배당 10% 이상 적립 • 임의적립금 : 경영자 판단으로 잉여금 처분 제한 • 미처분이익잉여금 : 배당가능 재원
조정	자본조정	• 자기주식 : 자기주식의 취득 후 소각하거나 재발행 • 주식할인발행차금 : 액면금액에 미달한 주식발행금액 • 감자차손 : 감자대가에 미달한 자본감소액 • 자기주식처분손실 : 취득원가에 미달한 재발행금액

1) 납입자본

자본금과 자본잉여금을 묶어서 납입자본이라고 한다. 자본금은 주식수와 액면금액을 곱한 금액이다. 자본잉여금은 자본거래를 통해 얻은 이익으로 영업활동을 통해 얻은 이익이 아니므로 손익계산서에 인식할 수 없다. 자본거래를 통해 자본금이 늘어나면 증자(增資)라고 하고, 자본금이 감소하면 감자(減資)라고 한다. 다시 증자는 주주로부터 현금을 받으면 '유상증자'가 되고, 현금을 받지 않으면 '무상증자'가 된다. 감자도 주주에게 현금을 돌려주면 '유상감자'가 되고, 현금을 돌려주지 않으면 '무상감자'가 된다.

〈표 6-12〉 증자와 감자의 종류

항 목	재 원	실시 이유	주가 영향
유상증자	주주로부터 현금수취	투자재원 마련, 유동성 부족	부정적
무상증자	자본잉여금, 이익잉여금 감소	유통주식 증가, 주가 부양	긍정적
유상감자	주주에게 현금지급	자본의 상환	부정적
무상감자	자본금	결손금 보전	부정적

유상증자는 기업의 유동성이 부족하다는 신호이며, 주당이익(당기순이익/유통주식수)을 떨어뜨리므로 주가가 하락할 것이다. 반면에 무상증자는 축적된 자본잉여금이나 이익잉여금을 감소시켜 자본금을 증가시키므로 총자본은 변화가 없고 주식수만 늘어난다. 따라서 새로운 투자자가 유입되고 주식의 거래량이 늘어나

주가가 오를 수 있다. 유상감자는 자본충실의 원칙에 따라 흔하게 일어나지는 않는다. 주식회사는 일정 금액 이상의 자본금을 유지해야 하는데 자본금을 주주에게 돌려주면 주식회사로서의 존립이 위태로워진다. 따라서 유상감자는 외국계 자본이 일명 '먹튀'를 위해 자금을 회수하는 방법으로 사용할 수 있어서 자본시장에서 부정적인 평가를 받고 있다. 무상감자는 자본금을 줄여 결손금(누적 당기순손실)을 없애는 것이므로 주가에 부정적인 영향을 준다. 즉 기업이 손실이 나서 투자금(자본금)을 까먹는 상황이다.

사례 27 유상증자가 주가에 미치는 영향

차바이오텍(주)는 2024년 12월 20일(금) 2,500억원 규모의 유상증자를 결정하였다. 그러자 12월 23일(월) 주가는 10,510원으로 29.27% 폭락하였다. 소액주주 연대는 유상증자 결정의 철회를 요구하면서 집단행동에 나섰다. 차바이오텍(주)는 유상증자가 국제사업을 위한 재원 마련이라고 주장하였다. 그러나 소액주주 연대는 이미 기업이 상환전환우선주(RCPS), 전환사채(CB) 그리고 신주인수권부사채(BW)의 발행으로 많은 자금을 조달했다며 민·형사상 책임을 묻겠다고 하였다. 일반적으로 기업은 주주의 반발을 고려하여 부채로 먼저 자금을 조달한다. 소액주주는 기업의 일방적인 유상증자가 자신들의 재산권을 침해했다고 보았다.

주식의 종류는 다음과 같다. 보통주는 보유자가 주주총회에서 의결권을 행사할 수 있는 주식으로 기업가치의 척도가 된다. 우선주는 이익배당과 기업청산 시 잔여재산 분배에서 보통주보다 우선하나 보유자가 주주총회에서 의결권을 행사할 수 없다. 상환우선주는 형식적으로는 주식이지만 실질적으로는 금융부채이다. 보유자가 상환청구권을 가지고 있고 청구권이 행사되면 발행자는 상환의무를 부담해야 한다. 전환우선주는 보유자가 우선주를 보통주로 전환할 수 있는 권리가 있는 주식이다.

한편 우선주는 배당에 대한 조건에 따라 다음과 같이 네 가지로 구분할 수 있다. 참가적 우선주는 일정의 이익배당을 우선하여 받은 후, 잔여이익의 분배에 대해 보통주와 참여할 수 있는 주식이다. 비참가적 우선주는 일정의 이익배당을 우선하여 받은 후, 잔여이익에 대해 추가로 배당을 받을 수 없는 주식이다. 누적적 우선주는 이전 연도에 받지 못한 배당을 이후 연도에도 누적하여 모두 받을 수 있는 주식이다. 비누적적 우선주는 당해 연도의 이익에 대해서만 우선하여 배당받는 주식이다.

사례 28 우선주의 거래량과 주가

일반적으로 우선주를 보유하는 목적은 배당의 우선에 있다. 실질적으로 기업가치를 반영하는 주식은 보통주이다. 따라서 보통주는 경제상황의 변화에 따라 시장에서 활발하게 거래되지만, 우선주는 특별한 경우를 제외하고는 거래량이 상대적으로 많지 않다. 2024년 삼양홀딩스(주)의 우선주는 거래량 미달로 상장폐지의 위기에 놓여 있다. 유가증권 상장 규정은 월평균 1만 주 이상의 거래량을 요구하고 있지만, 삼양홀딩스(주)의 우선주는 이에 미치지 못하고 있다. 따라서 우선주의 거래량을 높이기 위해서는 우선주에게 매력적인 조건이 필요할 것이다.

상환전환우선주는 보유자가 기업에 상환을 청구할 수도 있고, 우선주를 보통주로 전환할 수도 있는 권리가 있다. 상환전환우선주는 보유자가 상환청구권을 가지므로 부채이다. 따라서 해당 기업의 주가가 일정 수준 이상으로 상승한다면 보유자는 상환을 청구하지 않고 우선주를 보통주로 전환할 것이다. 반면에 주가가 일정 수준 이상으로 상승하지 않는다면 보유자는 상환을 청구하는 것이 유리하다고 판단할 것이다. 상환전환우선주가 보통주로 전환된다면 발행자는 부채비율이 감소하고 상환청구에 대한 부담이 해소된다.

사례 29 상환전환우선주가 재무구조에 미치는 영향

2024년 11월 현대자동차증권(주)는 2,000억원 규모의 유상증자를 결정하였다. 유상증자로 조달된 자금 중 775억원은 상환전환우선주(RCPS) 상환에 활용할 것이라고 밝혔다. 재무구조 변화로 보면, 유상증자를 통해 자본이 증가하고, 상환전환우선주를 상환함으로써 부채가 감소한다. 따라서 기업은 부채비율을 줄여 재무구조를 개선하는 효과를 얻을 것이다. 반면에 기존 주주들은 유상증자를 통해 유통주식수가 늘어남으로써 주가가 하락하고 분배될 배당이 줄어들어 불만이 높아질 것이다. 유상증자 없이 상환전환우선주가 보통주로 전환되어도 보통주 주식수가 늘고 주주에게 돌아갈 배당이 줄어들어 기존 주주는 불리해진다. 따라서 상환전환우선주는 기업의 자금조달 수단으로는 긍정적이지만, 기존 주주의 재산권에는 부정적이다.

2) 기타포괄손익누계액

기타포괄손익누계액은 자산과 부채의 공정가치 변동으로 발생한 미실현보유손익 중 당기손익으로 인식하지 않은 기타포괄손익의 누적액이다. 기타포괄손익누계액 항목 중에 거래나 사건이 실현되면 당기손익을 거쳐 이익잉여금으로 반영되는 항목(FVOCI금융자산(채권)평가손익, 해외사업장외화환산차익, 현금흐름위험회피파생상품평가손익)도 있고, 당기손익을 거치지 않고 직접 이익잉여금으로 전환되는 항목(자산재평가차익, 확정급여제도 재측정요소, FVOCI금융자산(주식)평가손익, FVPL금융부채신용위험변동)도 있다. 그러나 결국 거래나 사건이 실현되면 기타포괄손익누계액은 이익잉여금이 된다.

사례 30 기타포괄손익누계액이 재무구조에 미치는 영향

2024년 12월 금융감독원은 롯데손해보험(주)의 상반기 지급여력비율이 전년 대비 35.7%로 떨어졌다고 밝혔다. 보험회사는 계약자의 보험금 지급을 위해 책임준비금을 적립해 두어야 한다. 지급여력비율은 보험회사의 책임준비금 대비 순자산의 비율로 이 비율이 높을수록 보험회사가 책임준비금을 지급할 여력이 높다고 본다.

롯데손해보험(주)는 지급여력비율이 떨어진 이유로 주식의 평가손실과 외화환산차손으로 인한 대규모 기타포괄손실이 발생했기 때문으로 보았다. 기타포괄손익누계액은 2022년 말 8,401억원이었지만, 2023년 말에는 1,412억원으로 줄어들었다. 특히 2024년 6월 말에는 2,235억원이 마이너스가 되었다. 따라서 지속적인 자본의 감소로 부채비율은 2022년부터 증가하였고 외부 자금조달비용은 커질 것이다. 2022년부터 2024년 상반기까지 부채규모는 크게 변동이 없지만, 자본이 급격하게 줄어들어 부채비율이 증가한 것을 알 수 있다.

(단위 : 백만원)

항 목	2024년 2분기 말	2023년	2022년
기타포괄손익누계액	−223,538	141,150	840,108
부채	14,152,838	13,586,751	14,961,508
자본	957,287	1,256,231	1,803,031
부채비율	1,478.43%	1,081.55%	829.80%

3) 이익잉여금

이익잉여금은 누적된 당기손익과 기타포괄손익누계액에서 이익잉여금으로 전환된 금액의 합에서 납입자본으로 대체되거나 배당된 금액을 차감하고 남은 금액이다. 이익잉여금을 처분하는 순서는 자본의 차감 항목인 자본조정(감자차손, 자기주식처분손실, 주식할인발행차금 등)을 상각하고, 법정적립금과 임의적립금으로 대체하며 나머지 미처분이익잉여금으로 배당(현금, 현물, 주식)을 한다.

자본조정 항목은 자본의 차감 성격 항목이므로 주식회사의 자본 충실성을 유지하기 위해 이익잉여금으로 먼저 상각하여 없애야 한다. 법정적립금(이익준비금)은 결손이 발생하거나 자본으로 대체하기 위한 안전장치로 법으로 의무적으로 적립해야 한다. 임의적립금은 미래의 다양한 경제상황에 대처하기 위해 경영자의 판단으로 이익처분을 유보한 것이다. 미처분이익잉여금에서 배당하고 남은 금액은 다음 연도로 넘어가게 된다.

사례 31 이익잉여금과 유보율

2024년 3분기 HD현대일렉트릭(주)는 신재생에너지 발전과 데이터센터의 증설에 힘입어 연결재무제표 기준으로 이익잉여금이 전년 대비 1.8배 증가하였다. 자본잉여금은 2022년부터 2024년 3분기까지 큰 변화가 없는 반면에 이익잉여금은 2022년에 1,719억원에서 2024년 3분기에는 7,329억원으로 4배 이상 증가하였다. 이러한 변화는 매출과 영업이익이 급증하면서 이익잉여금이 늘어난 것이다. 특히 자본금 대비 잉여금의 비율인 유보율은 2022년 318.33%에서 2024년 3분기에는 629.61%로 증가하였다. 유보율의 증가는 기업 내에 보유자금이 많다는 것으로 재무구조의 안정성을 나타낸다. 그러나 유보율이 너무 높으면 보유자금이 배당이나 투자활동으로 흘러가지 않아 자금활용의 효율성이 떨어진다는 것을 나타내기도 한다. 그러나 경기침체기에 재무구조의 안정성을 확보하려면 유보율이 높아야 한다.

(단위 : 백만원)

항 목	2024년 3분기 누적	2023년	2022년
이익잉여금(A)	732,933	396,620	171,907
자본잉여금(B)	401,836	401,836	401,832
자본금(C)	180,235	180,235	180,235
유보율[(A+B)/C]	629.61%	443.01%	318.33%

배당은 크게 현금배당, 현물배당 그리고 주식배당으로 나눌 수 있다. 이 중에 기업의 자산이 실질적으로 사외로 유출되는 배당은 현금배당과 현물배당이다. 자본잉여금과 이익잉여금은 기업의 결손(당기순손실)을 보전하거나 자본으로 대체를 위해 활용될 수 있다. 그러나 배당을 위한 재원은 기업의 청산 시가 아니면 이익잉여금만 활용된다. 주식배당은 이익잉여금을 줄여 자본금을 증가시키는 것이므로 기업의 실질적 가치에는 변화가 없다. 그러나 주식배당은 시장에서 호재로 받아들여 거래량이 늘고 주가가 상승하는 경우가 있다. 늘어난 주식에 대해 주주는 부(wealth)의 효과로 착각하여 일부 주식을 현금화하고, 새로운 투자자가 유입됨으로써 시장의 관심을 촉발한다. 주식배당 이외에도 주식수의 변화를 가져오는 거래가 있다. 그러나 실질적으로 자본의 변화는 없어서 주가도 변화가 없어야 하나 시장에서는 호재로 간주한다.

주식배당은 이익잉여금이 줄어 자본금이 늘어나고, 무상증자는 잉여금이 줄어 자본금이 늘어난다. 주식분할과 주식병합은 자본 항목의 변화는 없고 액면금액의 조정을 통해 주식수만 늘어나거나 줄어든다.

〈표 6-13〉 주식수의 변화를 가져오는 거래

항 목	주식배당	무상증자	주식분할	주식병합
자본금	⬆	⬆	불변	불변
자본잉여금	불변	⬇	불변	불변
이익잉여금	⬇	⬇	불변	불변
주식수	⬆	⬆	⬆	⬇

사례 32 무상증자를 통한 주가상승

2024년 12월 5일 노브랜드(주)의 주가는 전일 대비 12% 이상 급등하였다. 그 이유는 전날 주식시장이 끝나고 나서 기업은 100% 무상증자하겠다고 공시했기 때문이다. 무상증자는 주주에게 아무런 대가도 받지 않고 주식을 제공하는 것이다. 기업의 실질적 가치변화는 없지만, 주주는 무상증자로 시장의 관심과 새로운 매수주체를 끌어들여 주가를 상승시킬 수 있다고 믿는다. 많은 소액주주는 주주에 대한 환원 정책으로 기업에 무상증자를 요구하고 있다. 물론 기업이 무상증자하기 위해서는 재원인 자본잉여금과 이익잉여금이 있어야 하므로 이를 확인할 필요가 있다.

4) 자본조정

자본조정 항목은 자본의 다른 항목에 속하지 않는 항목으로 자기주식, 주식할인발행차금, 감자차손, 자기주식처분손실, 미교부주식배당금 그리고 주식선택권 등이 있다. 대부분 자본의 차감 성격 항목이므로 자본잉여금과 반대되는 일시적 항목이다.

자기주식은 발행된 주식을 재취득한 주식으로 취득 후 소각하거나 재발행할 수 있다. 그러나 기업은 일반투자자보다 정보 우위에 있어서 자기주식 매매를 자유롭게 허용하면 주가조작을 통해 부당이득을 얻을 수 있다. 따라서 상법은 배당가능이익 내에서 배당목적의 자기주식 취득을 허용한다. 또한, 기업의 합병이나 영업양수, 권리실행 그리고 주식매수청구권에 대해 제한적으로 취득을 허용한다.

최근 소액주주는 무상증자와 함께 주주환원 정책의 하나로 자사주 매입을 요구하고 있다. 주주환원 정책은 영업활동으로 얻은 현금을 주주에게 더 많이 돌아가게 하는 정책이다. 기업이 보유 현금으로 자기주식을 매입하면 주가가 상승하여 주주에게 자본이익(capital gain)을 안겨 줄 수 있다.

사례 33 자사주 매입을 통한 주가 부양

2024년 11월 18일 삼성전자(주)의 주가는 장중 7%대까지 급등하였다. 급등한 원인으로 삼성전자(주)가 향후 1년간 10조원 규모의 자기주식을 매입하겠다고 공시했기 때문이다. 특히 3개월 안에 3조원 규모의 자기주식을 취득하여 전량 소각하겠다고 밝혔다. 자기주식을 재발행하지 않고 소각하면 유통주식수가 줄어들어 같은 매수 거래량으로도 더 높이 주가가 상승할 수 있다. 삼성전자(주)의 자사주 매입 결정은 기술경쟁력의 우려와 경기침체로 하락한 주가를 부양하여 주주에게 환원하려는 것으로 보인다. 무상증자와 달리 자사주 매입은 직접 현금으로 주식을 매입해야 하므로 기업의 안정적인 유동성을 나타내기도 한다.

2 포괄손익계산서

포괄손익계산서의 각 항목이 지니는 의미를 파악하고, 각 항목의 증감으로 인해 가져올 재무구조와 이익의 변화를 살펴본다. 포괄손익계산서는 당기순손익과 기타포괄손익이 합쳐져 총포괄이익을 나타낸다. 회계는 수익과 비용을 인식하기 위해 발생주의를 택하고 있다. 발생주의는 거래나 사건이 발생하는 시점에 수익과 비용을 인식하며, 현금주의는 현금이 유입되거나 유출되는 시점에 수익과 비용을 인식한다.

수익은 거래나 사건의 발생으로 자산의 증가나 부채의 감소를 가져와 자본을 증가시킨다. 예를 들어, A기업이 제품(또는 상품)을 B기업에 현금을 받고 판매하면, 수익인 매출액을 인식하고 자산인 현금이 증가한다. 또는 A기업이 B기업으로부터 차입금을 제품(또는 상품)으로 상환한다면, 수익인 매출액을 인식하고 부채인 차입금이 감소한다. 수익인 매출액은 결국 이익잉여금으로 반영되어 자본의 증가를 가져온다.

비용은 거래나 사건의 발생으로 자산의 감소나 부채의 증가를 가져와 자본을 감소시킨다. 예를 들어, A기업이 종업원에게 급여를 지급하면 비용인 급여를 인식하고 자산인 현금이 감소한다. A기업이 종업원에게 급여를 지급하지 못했다면, 비용인 급여를 인식하고 부채인 미지급급여가 증가한다. 비용인 급여는 결국 이익잉여금을 줄여 자본의 감소를 가져온다.

(1) 매출액

매출액은 제품이나 상품을 판매하여 대가를 받을 가득조건이 충족된 수익이다. 현금판매를 하였다면 현금이 증가하고, 신용판매를 하였다면 매출채권이 증가한다. 매출액은 매출원가에 판매이익을 붙인 판매가격이기도 하다. 따라서 같은 매출액 규모라고 해도 매출액에서 차지하는 매출원가의 비중에 따라 이익의 크기도 달라진다.

일반적으로 매출액이 늘어나면 이익이 늘어나므로 경영자는 이익을 부풀리기 위해 매출액을 부풀리는 회계부정을 저지를 수 있다.

사례 34 매출액 부풀려 외형 확장

2024년 제20차 금융위원회 회의에서 카카오모빌리티(주)에 과징금 34억 6,260만원의 부과가 결정되었다. 카카오모빌리티(주)는 2020년부터 2022년까지 회계기준을 위반하여 매출액을 부풀렸다는 의혹을 받았다. 카카오모빌리티(주)의 사업보고서에서 사업개요를 보면, "매출은 모빌리티 서비스 이용자와 공급자를 연결시켜 주고 중개업자로서 총결제금액의 일정 부분을 수수료로 수취하거나 직접 모빌리티 공급자가 되어 총거래금액 전체를 수취하는 경우도 있다"고 서술되어 있다. 카카오모빌리티(주)는 가맹 택시 사업을 하면서 운수회사로부터 운임의 20%를 수수료로 받고, 이 수수료 중 15~17%를 광고와 데이터 제공의 대가로 다시 돌려주었다. 중개업자이므로 순액법으로 계산하여 3~5%만 매출로 인식했어야 했다. 그러나 총액법으로 계산하여 운임의 20%를 매출로 인식하고, 광고비 등의 대가인 15~17%는 영업비용으로 인식하여 매출액이 부풀려졌다는 것이다. 금융감독원은 카카오모빌리티(주)가 매출액을 부풀린 이유로 기업공개(IPO)에서 공모가를 높이기 위한 외형 확장이라고 지적했다.

계약된 매출을 조기에 인식하여 매출액을 부풀릴 수도 있다. 당해 연도에 이익이 적다면 다음 연도에 예정된 매출을 당해 연도의 매출로 인식하여 이익을 부풀릴 수 있다. 외부감사인(회계사)은 기업의 재무제표가 회계기준에 맞게 잘 작성되었는지 회계감사를 실시하고 감사보고서를 작성한다. 금융감독원(공인회계사회)은 외부감사인이 회계감사를 회계감사준칙에 맞게 잘 실시하였는지 감리를 한다. 따라서 금융감독원은 감리를 통해 부실감사를 발견하면 해당 회계법인이나 회계사를 제재한다.

사례 35 매출 조기 인식을 통한 매출액 과대계상

금융감독원은 다음과 같이 감리 사례(FSS/2311-02)를 공시하였다.

- A사는 IT솔루션 개발과 구축 및 보안솔루션 공급을 주요 사업으로 하며, 직접 또는 협력업체(파트너사)를 통해 제품을 판매한다. 한편, 협력업체는 최종소비자에게 영업한 후 계약서가 첨부된 발주서를 A사에 제출하고 제품을 납품받아 최종소비자에게 재판매한다. 그러나 A사는 협력업체를 통한 제품 매출 시 최종소비자가 없음에도 협력업체와 짜고 연말에 집중적으로 회계 담당 부서에 발주서를 제출하고 세금계산서를 발행하여 '밀어내기 매출'을 실행하였다.

- A사의 '밀어내기 매출'은 협력업체의 최종소비자가 없는 상황에서 매출을 인식한 것이다. 따라서 향후 발생할 거래에 대하여 미리 매출을 인식한 것으로 수익인식기준에 부합하지 않는다. A사는 밀어내기 매출로 수익을 조기에 인식함으로써 자기자본 및 당기순이익을 과대계상하였다.

(2) 매출원가와 매출총이익

재고자산에서 설명한 대로 매출원가는 기초재고액과 당기매입액의 합(판매가능 원가)에서 기말재고액을 차감한 금액이다. 즉 매출원가는 직접 제조한 재고자산(제품)이나 구매한 재고자산(상품) 중 판매된 부분이다. 따라서 재고자산은 판매되기 전에는 자산으로 인식하지만, 판매되면 비용으로 인식하여 매출액(판매가격)의 원가가 된다. 매출액에서 매출원가를 차감하면 매출총이익이 된다. 매출액 대비 매출총이익이 높을수록 기술집약적 산업에 속해 있을 가능성이 크다. 기업이 아무리 매출을 많이 해도 매출액에서 차지하는 이익이 적다면 수익성도 적을 것이다. 따라서 이익을 높이는 방법으로 매출액을 증대시키는 것도 좋지만, 매출원가를 줄이는 것도 좋은 방법이다. 한편 도·소매기업은 외부에서 구매한 상품이 재고자산이 되므로 매출원가의 측정이 비교적 객관적이다. 반면에 제조기업의 경우 제품을 생산하기 위해 투입된 비용이 재고자산이 되므로 원가계산을 제대로 하지 못하면 잘못된 판매가격이 책정되어 매출액이 많아도 이익이 나지 않을 수 있다.

사례 36 매출원가 증가로 인한 이익 감소

2024년 건설업계는 경기침체와 원자재 가격이 폭등하면서 매출액에서 매출원가가 차지하는 비중이 높아졌다. 즉 매출액에서 차지하는 이익이 줄어들어 매출을 많이 해도 남는 것이 없다. 2024년 3분기 현대건설(주)의 매출원가가 매출액에서 차지하는 비중은 95.48%로 2022년부터 계속 증가추세에 있다. 이러한 추세는 현대건설(주)뿐만 아니라 모든 건설회사가 마찬가지이다. 건설업계의 매출원가율은 일반적으로 80% 안팎이어야 하나 환율급등과 건설경기 악화로 점점 증가하고 있다. 매출원가율을 낮추기 위해서는 매출액, 즉 판매가격을 올려야 하나 경기침체로 판매가격도 올리지 못하는 상황이다. 이러한 추세를 타파하기 위해 매출증대와 원가 절감의 다각적인 노력이 필요할 것이다.

(단위 : 백만원)

항 목	2024년 3분기 누적	2023년	2022년
매출액(A)	12,619,611	15,778,844	11,978,479
매출원가(B)	12,049,400	14,927,998	11,086,837
매출원가율(B/A)	95.48%	94.61%	92.56%

(3) 판매비와 관리비와 영업이익

판매비와 관리비는 말 그대로 재화(상품)나 용역을 판매하기 위해 지출하는 비용과 기업의 관리를 위해 지출하는 비용을 말한다. 대표적으로 급여, 임차료, 수도·광열비, 광고비, 여비 교통비, 대손상각비, 감가상각비 등 다양하다. 영업이익은 영업활동에서 발생하는 이익으로 매출총이익에서 판매비와 관리비를 차감한 후의 이익이다.

경기침체로 회사 사정이 악화하면 기업은 이익을 높이기 위해 비용을 줄인다. 비용 중 경영자가 가장 쉽게 통제할 수 있는 비용으로 판매비와 관리비가 있다.

사례 37 판매비와 관리비를 줄여 영업이익 제고

2024년 3분기 하이트진로(주)는 판매비와 관리비를 줄여 영업이익을 높임으로써 영업이익률 9.79%를 달성하였다. 이러한 영업이익률은 전년도의 4.53%보다 2배 가까이 증가한 것이다. 주류업계의 특성상 광고·홍보를 위한 마케팅 비용이 많이 발생하는데 효율화 정책을 통해 비용을 대폭 줄였다는 것이다. 매출액이 유지되면서 판매비와 관리비를 줄일 수 있다면, 영업이익은 크게 개선될 수 있다. 판매비와 관리비는 매출원가에 비해 상대적으로 줄일 수 있는 여지가 많다. 따라서 회사 사정이 악화하면 경영자는 판매비와 관리비를 줄이려고 노력한다.

(단위 : 백만원)

항 목	2024년 3분기 누적	2023년	2022년
매출액(A)	1,760,023	2,246,749	2,222,161
판매비와 관리비	637,990	879,972	754,414
영업이익(B)	172,338	101,834	165,474
영업이익률(B/A)	9.79%	4.53%	7.45%

영업이익은 영업활동으로부터 발생한 이익이므로 기업의 지속가능성을 나타낸다. 따라서 기업이 얼마나 비즈니스 모델을 잘 구축했느냐에 따라 영업이익 창출능력과 기업평가가 달라진다. 투자자는 기업의 성과를 평가할 때 크게 영업이익과 당기순이익을 고려한다. 당기순이익은 영업이익에서 경상적으로 발생하지 않는 기타손익과 금융손익을 가감한 후 법인세비용을 차감한 이익이다. 따라서 영업이익이 당기순이익보다 미래 예측가능성이 더 커 경영자나 재무분석가는 영업이익 예측치를 내놓기도 한다.

2005년 정부는 상장기업의 부담을 줄여주기 위해 의무 수시공시 대상 항목은 줄이고 공정공시 대상 항목은 대폭 늘렸다. 공정공시제도는 기업과 이해관계자 간의 정보비대칭(information asymmetry)을 완화한다. 이 제도는 자본시장에서 이용가능한 모든 정보가 주가에 즉시 반영되도록 함으로써 정보효율성을 높인다. 유가증권시장공시규정(제15조)은 기업의 경영자가 '매출액, 영업손익, 법인세비용차감전계속사업손익 또는 당기순손익 등에 대한 전망 또는 예측'을 거래소에 먼저 신고하여 공시하도록 하였다. 의사결정에 중요한 정보가 특정인에게만 선별적 또는 먼저 제공되면 자본시장의 왜곡을 가져올 수 있다. 따라서 경영자의 영업이익에 대한 예측정보는 재무분석가도 먼저 알 수 없다. 이러한 정보는 한국거래소 전자공시시스템(KIND)의 '공정공시'의 '매출액 영업손익 등 전망/예측'에서 확인할 수 있다.

사례 38 경영자의 영업이익 예측공시 위반

2022년 2월 LG생활건강(주)는 불성실공시법인으로 지정되었다. 그 이유는 2021년 4분기 실적 공시 전에 내용 일부를 증권회사 직원에게 전달했기 때문이다. 자본시장에서 정보효율성이 높아지려면 누구나 공평하게 동시에 정보를 수집 및 이용할 수 있어야 한다. 기업이 불성실공시법인으로 지정되면 주식의 매매정지, 관리종목으로 지정, 교육의 이수 등 다양한 제재를 받는다.

영업이익은 한계기업을 선정하는 중요한 변수이다. 한계기업은 영업활동으로부터의 이익으로 금융비용(이자비용)을 감당하지 못한다. 보통 이자보상비율(영업이익/이자비용)이 3년 연속 1 미만인 기업을 말한다. 영업이익이 부채에 대한 이자비용을 충당하지 못한다면, 해당 기업은 아무리 노력해도 구조적으로 당기순이익이 발생할 수 없다. 따라서 한계기업은 이익을 부풀리는 분식회계를 할 수 있어서 철저한 회계감사가 요구된다.

사례 39 한계기업의 분식회계

2024년 금융감독원은 한계기업의 분식회계 사례를 공시하였다. 상장회사는 매출액이 50억원 미만이 되면 상장 적격성 실질 심사 대상이 되어 상장폐지될 수 있다.

A사는 매출액이 50억원 미만이 될 것을 우려하여 있지도 않은 제품을 정상적으로 판매한 것으로 속여 매출액을 부풀렸다. B사는 영업손실을 만회하려고 특수관계인에게 일시적으로 상품을 판매하여 매출액을 부풀렸다. C사는 가공의 사업에서 매출이 발생했다고 허위 증빙하여 매출액을 부풀렸다. 또한 기말재고자산을 과대평가하여 당기순이익을 높였으며, 연구 관련 지출액을 비용이 아닌 개발비(무형자산)로 인식하여 당기순이익을 높였다.

(4) 법인세비용차감전순이익

법인세비용차감전순이익은 영업이익에서 영업외수익은 더하고 영업외비용은 차감하고 남은 이익이다. 국제회계기준은 영업외손익을 비경상항목인 기타손익과 금융손익(이자수익과 이자비용)으로 구분하여 표시하도록 하였다. 즉 영업이익에 영업활동과 관련 없는 손익이 가감된 이익이다. 영업이익이 줄어들어도 영업외수익이 증가한다면 법인세비용차감전순이익은 증가할 수 있다. 대표적인 영업외수익으로 유·무형자산처분이익이나 금융수익(이자수익)이 있다.

사례 40 자산 처분으로 이익 증가

한화호텔앤드리조트(주)는 2022년에 영업이익이 적었음에도 기타수익이 많이 발생하여 법인세차감전순이익이 105억원으로 흑자전환하였다. 주석에 의하면 기타수익은 유형자산처분이익, 자산집단처분이익, 투자주식처분이익 등으로 나타났다. 따라서 비록 영업이익은 적어도 해당 기업의 자산 구성요소를 분석하여 영업외수익이 발생할 가능성을 고려할 수 있다. 그러나 기타수익은 일시적인 수익이므로 기업의 지속가능성을 위해 영업이익이 많이 발생하는 구조로 체질개선이 필요하다.

(단위 : 백만원)

항 목	2023년	2022년	2021년
영업이익	23,786	2,816	−44,291
기타수익	11,386	87,092	75,694
법인세차감전순이익	−64,681	10,580	−27,603

(5) 당기순이익

당기순이익은 법인세를 차감하고 남은 이익이다. 당기순이익은 영업이익과 함께 기업가치를 평가하는 중요한 척도이다. 그러나 당기순이익은 발생주의에 근거한 기업성과이므로 같은 크기의 이익이라도 질(quality)이 달라질 수 있다. 이익의 질은 크게 세 가지 관점에서 설명할 수 있다.

첫째, 당기순이익은 현금흐름과 가까울수록 이익의 질이 좋다. 당기순이익은 발생주의에 따라 회계가정과 추정 등이 포함되어 있어서 현금흐름과 같을 수 없다. 그러나 궁극적으로 당기순이익은 시간의 차이만 있을 뿐 현금으로 전환되어야 한다. 따라서 당기순이익에서 현금이 차지하는 비중은 이익의 질을 결정하는 중요한 요소이다. 예를 들어, A기업은 제품을 현금판매하고 매출액 100억원을 인식하였다. 반면에 B기업은 50억원은 신용판매를 하고, 나머지 50억원은 현금판매를 하여 매출액 100억원을 인식하였다. 두 기업의 매출액은 모두 100억원으로 다른 조건이 같다면 이익도 같다. 그러나 두 기업의 이익의 질은 다를 것이다. A기업은 매출액 전액을 현금으로 받았기 때문에 현금회수불능위험에 노출되어 있지 않다. 반면에 B기업은 50억원은 현금으로 받았지만, 나머지 50억원은 추후 받아야 한다. 추후 받을 50억원이 현금으로 들어오면 다행이지만 거래처의 파산 등으로 받지 못하면 손실이 발생한다. 이렇게 미래에 손실이 발생한다면 지금의 이익은 확정된 이익이라고 말할 수 없다.

둘째, 당기순이익은 이익지속성이 높아 예측가능할수록 이익의 질이 좋다. 회계정보는 과거 정보이므로 회계정보에 근거하여 미래를 예측한다는 것은 쉬운 일이 아니다. 그러나 기업의 이익이 과거부터 지속되었다면 투자자는 미래에도 이익이 지속될 거라는 기대와 함께 더 적은 노력으로 더 정확하게 이익을 예측할 수 있다.

예를 들어, 〈표 6-14〉와 같이 3년 평균 당기순이익이 30억원인 두 기업이 있다고 하자. A기업은 당기순이익의 크기가 매년 다르지만, 적자가 발생한 해는 한 번도 없었다. 반면에 B기업은 2023년도에 30억원의 적자가 발생하였다. 투자자는 같은 노력이라면 이익 예측가능성이 큰 A기업의 주식을 선호할 것이다.

〈표 6-14〉 이익지속성의 비교

기 업	2022년	2023년	2024년	평 균
A	35억원	25억원	30억원	30억원
B	70억원	−30억원	50억원	30억원

셋째, 당기순이익은 상대적 평가에 따라 이익의 질이 달라진다. 즉 같은 크기의 당기순이익이라고 해도 매출액, 자본 또는 자산에서 차지하는 비중에 따라 의미가 달라진다. 예를 들어, A기업과 B기업의 당기순이익이 둘 다 10억원이라고 하자. A기업의 매출액은 100억원이고, B기업의 매출액은 200억원이다. A기업의 매출액순이익률은 10%이고, B기업의 매출액순이익률은 5%이다. 투자자는 수익성이 더 높은 A기업의 주식을 매수할 것이다.

(6) 주당이익

주당이익(earnings per share : EPS)은 보통주 한 주가 차지하는 회계기간의 이익이 얼마인지를 나타낸다. 주당이익은 크게 세 가지 측면에서 투자자에게 유용한 정보이다. 첫째, 투자자는 규모가 다른 기업 간에 주식의 상대적 가치를 비교할 수 있다. 즉 보통주 한 주에 배분될 이익의 크기로 주식의 가치를 비교할 수 있다. 둘째, 투자자는 주당이익에서 얼마나 배당되는지를 확인하여 해당 기업의 배당성향(주당배당금/주당이익)을 파악할 수 있다. 어떤 투자자는 자본이익에 관심이 더 높고, 어떤 투자자는 배당에 관심이 더 높을 수 있다. 셋째, 투자자는 해당 기업의 주가 적정성을 평가할 수 있다. 주가수익비율(price-earnings ratio : PER)은 주가를 주당이익으로 나눈 비율이다. 같은 주당이익이라면 주가가 더 싼 주식을 매수해야 향후 주가가 오를 수 있다. 예를 들어, A기업과 B기업의 주당이익이 둘 다

10,000원이라고 하자. A기업의 주가는 500원이고, B기업의 주가는 1,000원이다. A기업의 주가수익비율은 5%이고, B기업의 주가수익비율은 10%이다. 투자자는 이익 대비 상대적으로 주가가 낮은 A기업의 주식을 매수할 것이다.

사례 41 주주가치를 높이기 위한 밸류업 프로그램

기아(주)는 2024년 12월 주주가치를 높이기 위한 밸류업 프로그램(Value-Up Program)을 발표하였다. 이 프로그램은 배당성향을 25% 이상으로 설정하고, 주당배당금(DPS)을 5,000원 이상으로 설정하였다. 따라서 이익을 주주에게 환원하는 정책을 펼쳐 기업과 주주가 상생하는 방향을 모색하고 있다.

주당이익은 크게 기본주당이익과 희석주당이익으로 나뉜다. 기본주당이익은 보통주 한 주에 대한 영업이익(또는 당기순이익)을 의미한다. 따라서 회계처리에서 인식된 이익에 대해 주당이익을 계산한다. 반면에 희석주당이익은 유통되는 보통주뿐만 아니라 잠재적으로 존재할 보통주까지 고려하여 계산한다. 따라서 잠재적 보통주가 많아질수록 기존 주주에게 돌아갈 이익이 희석되는 것이다. 희석성 잠재적 보통주는 보유자가 보통주를 받을 권리를 행사하면 주당 영업이익(당기순이익)을 감소하게 하는 금융상품이다. 대표적으로 전환사채, 신주인수권부사채, 옵션, 주식매입권 등이 있다. 따라서 주당이익을 희석하는 금융상품이 많이 발행된 기업의 주가는 언젠가 보통주 주식수가 늘어나면서 주가가 하락할 것이다. 권리를 행사

〈표 6-15〉 기본주당이익과 희석주당이익

구 분	산 식
기본 주당이익	$\text{기본주당영업이익} = \dfrac{\text{보통주에 귀속되는 영업이익}}{\text{가중평균유통보통주식수}}$ $\text{기본주당순이익} = \dfrac{\text{보통주에 귀속되는 당기순이익}}{\text{가중평균유통보통주식수}}$
희석 주당이익	$\text{희석주당영업이익(순이익)} = \dfrac{\text{보통주 귀속 영업이익(당기순이익)} + \text{희석성 잠재적 보통주로 인한 영업이익(당기순이익)}}{\text{가중평균 유통보통주식수} + \text{희석성 잠재적 보통주로 인한 추가 발행주식수}}$

한 보유자는 보통주로 전환하는 것에 실익이 있었을 것이므로 손해는 기존 주주에게 돌아갈 것이다. 따라서 기본주당이익과 희석주당이익의 차이가 크다면, 해당 기업의 주식투자에 신중해야 한다.

금융감독원 전자공시시스템(DART)에 공시된 포괄손익계산서에는 기본주당이익과 희석주당이익이 공시되어 있다. 따라서 희석성 잠재적 보통주의 존재를 확인하려면 기본주당이익과 희석주당이익을 비교해 볼 필요가 있다.

사례 42 주당이익을 통한 주가 예측

2024년 11월 SK이노베이션(주)는 SK E&S(주)와 합병하여 SK이노베이션 E&S(주)로 재탄생하였다. SK E&S(주)는 합병하기 위해 3조 1,350억원의 상환전환우선주(RCPS)를 해결해야 했었다. 보유자인 사모펀드, 콜버그크래비스로버츠(KKR)는 합병으로 인한 조건변경으로 상환을 청구할 수 있었기 때문이다. 그러나 다행히 SK E&S(주)는 콜버그크래비스로버츠(KKR)를 잘 설득하여 상환전환우선주를 SK이노베이션(주)로 승계하였다. SK E&S(주)의 기본주당이익과 희석주당이익은 2022년부터 벌어지기 시작하였다. 그 원인은 상환전환우선주였던 것으로 보인다. 상환전환우선주는 여전히 권리가 행사되지 않아 전환조건이 맞지 않으면 상환청구가 될 것이다. 그러나 주가가 오르면 권리가 행사되어 우선주가 보통주로 전환될 가능성이 크다. 따라서 기존 주주는 SK이노베이션 E&S(주)의 상환전환우선주가 어떻게 처리될지를 지켜볼 필요가 있다.

구 분	2023년	2022년	2021년
기본주당이익(원)(A)	15,943	14,150	4,610
희석주당이익(원)(B)	15,306	13,781	4,610
차이(A−B)	637	369	0

(7) 기타포괄손익과 총포괄손익

기타포괄손익은 미실현보유손익으로 주로 자산과 부채의 평가손익이다. 총포괄손익은 당기손익과 기타포괄손익의 합이다. 따라서 당기순이익이 증가하여도 자산이나 부채의 평가손실이 발생하면 총포괄손익은 줄어들 것이다.

사례 43 환율변동으로 인한 총포괄손익의 변동

2022년 신한은행의 일본 법인 SBJ은행(Shinhan Bank Japan)은 전년 대비 당기순이익이 증가했음에도 엔화 가치의 하락으로 총포괄이익이 감소하였다. 사업보고서의 연결재무제표 주석을 보면, 기타포괄손실이 늘었다는 것을 알 수 있다.

2022년 신한은행의 영업수익, 당기순이익, 총포괄이익은 모두 전년 대비 증가하였다. 2022년 SBJ은행의 영업수익과 당기순이익은 각각 전년 대비 13.63%와 43.44% 증가하였다. 그러나 총포괄이익은 전년 대비 25.44% 감소하였다. 따라서 해외법인은 당기순이익이 증가해도 환율의 변동으로 기타포괄손실이 발생하여 총포괄이익을 감소시킬 수 있다.

(단위 : 백만원)

회사명	2022년			2021년		
	영업수익	당기순이익	총포괄이익	영업수익	당기순이익	총포괄이익
신한은행	33,807,522	2,631,873	2,027,693	22,197,037	2,152,934	1,875,321
증가율	52.31%	22.25%	8.13%	–	–	–
SBJ은행	281,448	116,735	47,676	247,699	81,380	63,940
증감률	13.63%	43.44%	−25.44%	–	–	–

3 현금흐름표

현금흐름표를 통해 자산 중 가장 중요한 항목인 현금이 경영활동에서 차지하는 의미를 살펴본다. 또한 현금이 어떠한 활동을 통해 형성되었는지 확인하여 현금흐름의 질을 평가한다.

(1) 현금흐름표의 유용성

현금흐름표는 다음과 같이 세 가지 관점에서 유용하다.

첫째, 미래현금흐름을 예측할 수 있게 한다. 현금흐름은 영업활동, 투자활동 그리고 재무활동으로 이루어진다. 이러한 활동은 현금흐름의 유입과 유출 시기를 가늠할 수 있게 한다. 예를 들어, A기업은 다음 달 말까지 지급하기로 하고 거래처로부터 1억원의 재고자산을 외상으로 구매했다. 또한 매월 25일은 종업원 급여일이다. A기업은 영업활동과 관련된 현금유출을 예상할 수 있다. A기업이 B기업에 1억원을 대여하고 매월 말일 현금으로 이자수익을 받기로 했다면 투자활동과 관련된 현금유입을 예상할 수 있다. A기업이 B은행으로부터 차입한 1억원을 다음 달 말까지 상환해야 한다면 재무활동과 관련된 현금유출을 예상할 수 있다. 이러한 미래현금흐름 예측은 유동성 부족으로 인한 파산가능성을 미리 예방하는 데 중요하다.

둘째, 이익의 질을 평가하는 데 유용하다. 발생주의에 근거한 회계이익과 현금주의에 근거한 현금흐름은 차이가 난다. 회계이익은 현금흐름을 수반한 부분도 있지만, 경영자 재량에 의해 현금흐름을 수반하지 않고 인식된 부분도 있다. 예를 들어, 경영자가 매출채권 중 회수되지 못할 것으로 예상되는 금액을 미리 비용인 '대손상각비'로 처리하고 '대손충당금'을 쌓았다면 현금유출 없이 회계이익이 줄어든 것이다. 회수되지 못할 것으로 예상되는 금액의 추정에는 경영자의 재량이 개입되므로 경영자는 이익을 조정할 수 있다. 또한 현금매출의 경우, 현금이 증가하면서 수익인 매출이 인식되지만, 신용매출의 경우, 매출채권이 증가하면서 매출이 인식된다. 신용매출은 현금을 수반하지 않으므로 경영자가 이익을 부풀리기 위해 장부상 가공의 매출을 인식할 수도 있다. 따라서 같은 이익이라도 현금흐름에 가까운 이익의 질이 더 좋다. 현금흐름표는 회계이익과 현금흐름 간의 차이가 발생한 원인을 보여줌으로써 이익의 질을 평가할 수 있게 한다.

마지막으로 자금조달비용에 대한 지급능력을 보여준다. 기업은 채권자에게 이자비용을 지급해야 하며, 주주에게 배당금을 지급해야 한다. 물론 배당은 현물배당이나 주식배당도 있지만, 주주는 현금배당을 가장 선호한다. 이러한 자금조달비용의 지급능력은 현재의 채권자나 주주뿐만 아니라 미래에 자금을 제공할 잠재적 투자자에게도 긍정적인 신호를 보낸다. 예를 들어, 주식투자자는 배당수익과 자본이익(capital gain)을 목적으로 투자한다. 투자자가 배당수익이나 자본이익에 매력을 느끼지 못한다면 더 이상 주식을 매수하지 않을 것이다. 또한 은행은 기업에 대출하고 원금과 이자수익을 현금으로 회수할 것이다. 아무리 회계이익이 커도 현금흐름이 좋지 않다면 은행은 기업에 자금을 제공하지 않을 것이다.

사례 44 회계이익과 현금흐름

2022년부터 건설경기가 악화하면서 건설업종의 흑자도산 우려가 커지고 있다. 특히 건설회사는 프로젝트파이낸싱(PF) 우발부채가 존재하는 상황이므로 우려가 커지는 것이다. 흑자도산은 당기순이익이 발생하였지만, 부채를 상환할 현금이 부족하여 기업이 도산하는 것을 말한다.

2024년 대부분의 건설회사가 유동성 위기를 겪었지만, 그중에서도 태영건설(주)가 주목받았다. 물론 충분히 위기를 극복할 수 있다는 의견도 있었다. 2018년부터 2023년까지 태영건설(주)의 당기순이익과 영업활동 현금흐름 추세를 보면 관심이 집중되는 이유를 알 수 있다. 2018년 당기순이익은 2,441억원이었고, 영업활동 현금흐름은 1,149억원이었다. 당기순이익과 영업활동 현금흐름의 차이는 1,291억원으로 현금흐름이 당기순이익에서 차지하는 비중이 47.1%로 나타났다. 2020년과 2021년에는 영업활동 현금흐름이 당기순이익보다 더 많다는 것을 알 수 있다. 이 시기는 건설경기가 매우 좋았던 시기이다. 2022년과 2023년이 되면서 당기순이익과 영업활동 현금흐름은 모두 음(−)의 값을 나타내어 유동성 부족에 대한 우려가 커졌다. 현금흐름은 영업활동 외에도 투자활동이나 재무활동으로 발생할 수 있다. 그러나 기업은 주된 영업활동에서 현금이 들어오지 않으면 일시적으로 다른 활동으로 유동성 위기를 피해도 지속가능성에 한계가 있다.

(단위 : 백만원)

구 분	2018년	2019년	2020년	2021년	2022년	2023년
당기순이익(A)	244,140	99,503	532,516	65,427	−7,155	−1,456,960
영업활동 현금흐름(B)	114,992	35,913	950,765	556,996	−144,532	−302,290
차이(A−B)	129,148	63,590	−418,249	−491,569	137,377	−1,154,670

[그림 6-4]는 태영건설(주)의 당기순이익과 영업활동 현금흐름 추세를 나타낸 것이다. 당기순이익과 영업활동 현금흐름은 수익의 인식시점과 현금의 유입시점이 달라 일치할 수는 없지만, 양(+)의 값을 가져야 한다. 2018년과 2019년에는 당기순이익이 영업활동 현금흐름보다 크고, 2020년과 2021년에는 당기순이익이 영업활동 현금흐름보다 작았다. 2022년에는 당기순순실이 발생하였고, 영업활동 현금흐름이 순유출로 돌아섰다. 2023년에는 당기순손실이 영업활동 현금흐름보다 더 많이 발생하였다. 태영건설(주)는 적자이면서 영업활동 현금흐름도 순유출이다. 2024년 건설업종은 경기악화로 매출이 줄어 이익도 줄어들었고, 현금회수율

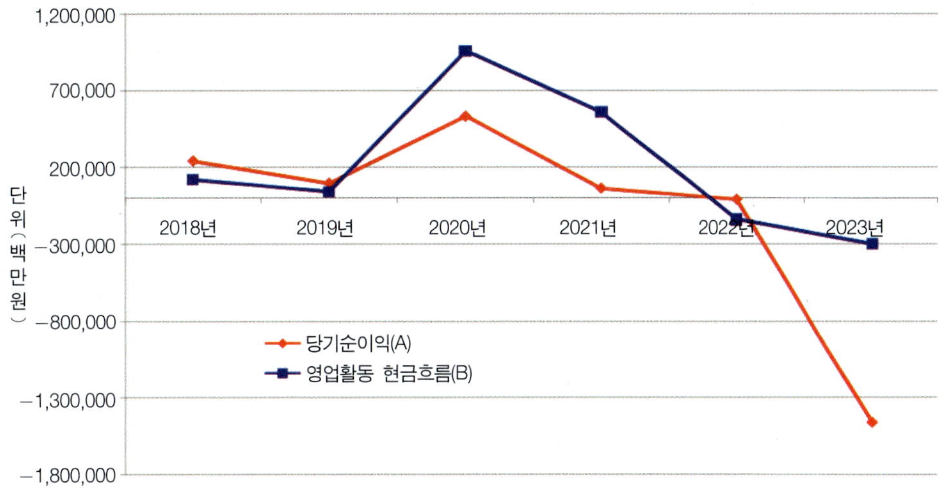

[그림 6-4] 태영건설(주)의 당기순이익과 영업현금흐름의 차이

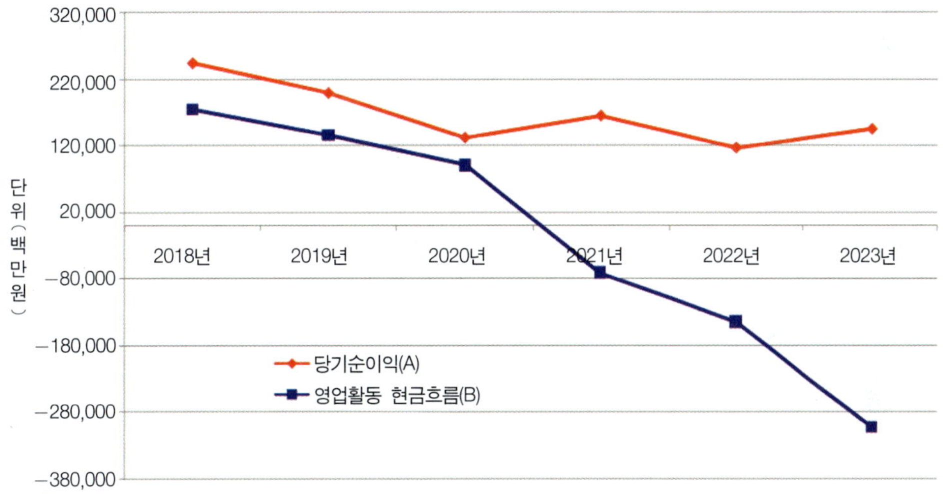

[그림 6-5] 흑자도산 기업의 당기순이익과 영업현금흐름의 차이

도 떨어져 도산의 가능성이 더 커졌다.

1997년 외환위기 당시 많은 기업은 현금매출보다 신용매출이 증가하였다. 회계이익은 발생하였지만, 경기악화로 매출채권의 현금회수율이 떨어지면서 흑자도산한 기업들이 늘어났다. [그림 6-5]의 흑자도산 예시를 보면, 2018년부터 2023년까지 해당 기업은 당기순이익이 발생하였다. 그러나 2021년부터 영업활동 현금흐름이 순유출로 돌아섰다. 따라서 비록 회계이익이 발생하였어도 부채를 상환할 현금이 부족하면 흑자도산이 발생할 수 있다.

(2) 현금흐름 활동

현금흐름은 크게 영업활동, 투자활동 그리고 재무활동에 의해 발생한다. 영업활동으로 인한 현금흐름은 주된 영업활동에서 발생하는 현금 유입과 유출이다. 재무상태표의 모든 항목에 영향을 준다. 투자활동으로 인한 현금흐름은 투자자산이나 장기성 자산의 취득과 처분으로 발생하는 현금 유입과 유출이다. 주로 투자활동과 관련된 재무상태표의 비유동자산 항목에 영향을 준다. 재무활동으로 인한 현금흐름은 부채의 차입과 상환, 주식의 발행과 상환으로 발생하는 현금 유입과 유출이다. 주로 자금의 조달과 관련된 재무상태표의 부채와 자본 항목에 영향을 준다.

1) 영업활동으로 인한 현금흐름

영업활동으로 인한 현금흐름은 주된 수익활동에서 발생하므로 영업이익에 결정적인 영향을 주며, 기업의 지속가능성을 평가할 때 유용하게 활용된다. 영업활동으로 인한 현금흐름은 간접법과 직접법으로 산출할 수 있다. 그러나 한국채택국제회계기준(K-IFRS)은 직접법을 이용하여 보고할 것을 권유하고 있다. 간접법은 발생주의의 성과인 당기순이익에서 현금흐름을 수반하지 않는 거래와 영업활동과 관련된 자산과 부채의 증감을 가감하여 현금흐름을 산출한다. 반면에 직접법은 영업활동과 관련된 총현금유입과 총현금유출을 가감하여 현금흐름을 산출한다.

〈표 6-16〉 영업활동으로 인한 현금흐름 예시

현금유입 예시	현금유출 예시
• 제품(상품) 판매와 용역 제공 • 로열티, 수수료 등 • 단기금융자산의 이자수익이나 배당금	• 재고자산(원재료, 상품) 등 구입 • 종업원 급여 • 단기금융부채의 이자비용이나 법인세

잉여현금흐름할인모형(discounted free cash flow model)은 영업현금흐름에서 자본적 지출을 차감한 잉여현금흐름(free cash flow : FCF)으로 기업가치를 평가한다. 자본적 지출(capital expenditure : CAPEX)은 영업활동과 관련된 부동산이나 설

비자산 등 장기성 비유동자산을 취득하고 유지하는 데 발생한 현금지출로 영업활동 투자액으로 볼 수 있다. 따라서 영업활동을 통해 잉여현금흐름이 많이 발생하는 기업이 가치도 높다는 것이다.

사례 45 잉여현금흐름으로 기업가치 제고

2024년 11월 SK하이닉스(주)는 2027년까지 적용될 주주환원 정책을 발표하였다. 이 정책은 누적 잉여현금흐름(FCF)의 50%를 주주환원 재원으로 활용할 것이며, 고정배당금을 1,500원으로 높였다. 또한 잉여현금흐름(FCF)의 5%는 재무구조를 안정시키는 데 활용할 것이라고 밝혔다. 잉여현금흐름이 많을수록 주주의 만족도를 높이고 재무건전성이 개선되어 기업가치가 높아질 수 있다. 결국 영업활동으로 인한 현금흐름은 기업가치를 높이는 핵심요소이다.

2) 투자활동으로 인한 현금흐름

투자활동으로 인한 현금흐름은 안정적인 영업현금흐름이 뒷받침될 때 기업가치를 높일 수 있다. 예를 들어, 영업활동으로 유입된 현금이 풍부할 때 투자자산을 취득하여 현금유출이 발생하였다고 하자. 이럴 때, 현금유출은 더 높은 이익을 얻을 수 있는 투자기회에 활용된 것이다. 반면에 영업활동으로 인한 현금유입이 부족하여 투자자산을 처분하여 현금유입이 발생하였다고 하자. 이럴 때, 현금유입은 더 높은 이익을 얻을 수 있는 투자기회를 상실하는 것이다. 다른 목적에서 투자활동으로 인한 현금 유입과 유출이 있을 수 있지만, 안정적인 영업활동이 전제되어야 한다.

〈표 6-17〉 투자활동으로 인한 현금흐름 예시

현금유입 예시	현금유출 예시
• 대여금 회수 • 금융상품 처분 • 유 · 무형자산 처분 등	• 대여금 대여 • 금융상품 취득 • 유 · 무형자산 취득 등

사례 46 현금창출능력의 하락

2023년 연결재무제표 기준으로 녹십자(주)는 이익이 급감하고 현금창출능력이 떨어졌다. 그 이유로 원가율이 상승하고 연구개발(R&D) 투자를 확대했기 때문이다. 영업활동 현금흐름은 2021년에 순유입 1,259억원이었지만, 2023년에는 순유출로 돌아섰다. 또한 투자활동 현금흐름은 2021년에 순유출 1,320억원이었는데 2023년에는 1,502억원으로 더 늘었다. 같은 기간에 현금및현금성자산과 당기순이익도 급감하면서 재무건전성에 우려가 커지고 있다. 영업활동을 통한 현금흐름과 이익이 지속해서 줄어드는데도 무리한 투자활동으로 순현금유출이 커졌다. 이익과 영업활동에 도움이 되지 않는 자산의 처분이 필요할 것으로 보인다.

(단위 : 백만원)

항 목	2023년	2022년	2021년
영업활동 현금흐름	−5,472	119,154	125,978
투자활동 현금흐름	−150,243	−205,259	−132,077
현금및현금성자산	49,706	105,365	186,060
당기순이익	−19,808	69,414	136,949

3) 재무활동으로 인한 현금흐름

재무활동으로 인한 현금유입은 영업활동이나 투자활동의 현금유입으로 이어져야 한다. 만약 영업활동이나 투자활동에서 현금유입이 일어나지 못하면, 재무활동은 재무건전성에 부정적인 영향을 준다. 예를 들어, A기업이 은행에서 차입한 금액으로 영업활동과 투자활동에 투입하였다고 하자. 영업활동과 투자활동에서 순현금유입이 발생하지 않으면, A기업은 은행 차입금을 상환하지 못해 부도 위기에 직면할 수 있다. 주식 발행금액 역시 영업활동과 투자활동의 순현금유입으로 이어지지 못하면 현금배당을 하지 못하고 주가는 하락하여 투자자는 떠날 것이다.

〈표 6-18〉 재무활동으로 인한 현금흐름 예시

현금유입 예시	현금유출 예시
• 사채발행이나 은행차입 • 주식 발행	• 사채나 차입금 상환 • 자기주식 취득 • 배당금 지급(영업활동으로 분류가능)

사례 47 차입금 축소를 통한 재무구조 안정성 추구

엔씨소프트(주)는 외형 확장보다 재무적 안정을 추구하며 경영하고 있다. 경기가 안 좋을수록 안정적인 재무구조를 갖는 것이 유리할 것이다. 연결재무제표 기준으로 재무활동 현금흐름은 2021년 순유출 1,123억원이었으며, 2023년에도 순유출이 유지되고 있다. 이러한 추세는 엔씨소프트(주)가 여유자금으로 차입금을 상환하여 이자비용을 줄이고, 부채비율도 낮추어 재무건전성을 높이려는 것이다. 실제로 사채 및 장기차입금은 3년 연속 줄어들었고, 현금및현금성자산은 오히려 늘어나는 추세에 있다. 따라서 엔씨소프트(주)는 여유자금을 투자활동에 사용하는 것보다 부채상환에 사용하는 것이 더 타당하다고 판단한 것이다. 재무활동으로 유입된 자금은 이익 창출을 위해 활용되지 못하면, 독(毒)이 되어 기업의 존립을 위태롭게 한다.

(단위 : 백만원)

항 목	2023년	2022년	2021년
재무활동 현금흐름	−177,342	−303,670	−112,362
사채및장기차입금	169,690	409,384	409,120
현금및현금성자산	365,199	285,573	255,942

(3) 현금흐름에 따른 기업의 수명주기

기업활동에 따른 현금흐름은 기업이 속한 수명주기 단계를 나타낼 수 있다. 기업은 수명주기에 따라 경영전략을 수립하여 가치를 높일 수 있다. Dickinson(2011)에 의하면, 도입기(introduction)의 기업은 자금조달이 필요하여 재무활동에서 순현금유입이 발생하고, 영업활동과 투자활동에서는 순현금유출만 발생한다. 따라서 도입기에는 적자가 발생하여도 이후 매출이 증가하면서 만회할 여지가 있다.[2)]

성장기(growth)와 성숙기(mature)의 기업은 매출이 증가하면서 영업활동에서 순현금유입이 발생하고, 지속적인 설비투자와 자본적 지출로 투자활동에서는 순현금유출이 발생한다. 성장기에는 지속적인 투자활동으로 자금이 필요하여 재무활동에서 순현금유입이 발생하지만, 성숙기에서는 여유자금으로 차입금을 상환하므로 재무활동에서 순현금유출이 발생한다. 따라서 성숙기에 있는 기업이 이익이

2) Dickinson, V.(2011), Cash flow patterns as a proxy for firm life cycle, *The Accounting Review*, 86(6), pp.1969-1994.

적어 부채를 상환하지 못하면, 부채비율이 높아져 재무건전성이 악화할 것이다.

조정기(shake-out)의 기업은 성장과 쇠퇴의 갈림길에 서 있다. 기업이 구조조정을 통해 혁신과 새로운 활로를 모색하지 않으면 쇠퇴할 수밖에 없다.

쇠퇴기(decline)의 기업은 구조조정으로 자산을 처분하여 투자활동에서 순현금유입이 발생하고, 영업활동과 재무활동에서는 사업 중단과 자금상환으로 순현금유출만 발생한다. 기업은 더 이상 지속할 수 없어서 청산절차를 밟게 된다.

〈표 6-19〉 현금흐름을 통한 기업수명주기 단계

<table>
<tr><th rowspan="2">단 계
현금흐름</th><th colspan="8">기업수명주기</th></tr>
<tr><th>도입기</th><th>성장기</th><th>성숙기</th><th colspan="3">조정기</th><th colspan="2">쇠퇴기</th></tr>
<tr><td>영업활동</td><td>−</td><td>+</td><td>+</td><td>−</td><td>+</td><td>+</td><td>−</td><td>−</td></tr>
<tr><td>투자활동</td><td>−</td><td>−</td><td>−</td><td>−</td><td>+</td><td>+</td><td>+</td><td>+</td></tr>
<tr><td>재무활동</td><td>+</td><td>+</td><td>−</td><td>−</td><td>+</td><td>−</td><td>+</td><td>−</td></tr>
</table>

사례 48 현금흐름을 통한 기업수명주기 단계 확인

2024년 삼성전자(주)는 경쟁사인 SK하이닉스(주)에 빼앗긴 고대역폭메모리(HBM) 주도권을 탈환하기 위해 노력 중이다. 삼성전자(주)는 반도체의 위기감으로 자동차 전자장치와 바이오 등의 사업에 집중하면서 새로운 기회를 모색하고 있다. 2021년부터 2023년까지 삼성전자(주)의 현금흐름표를 보면, 영업활동 현금흐름은 순유입인 데 반해 투자활동과 재무활동 현금흐름은 순유출을 보인다. Dickinson(2011)에 의하면, 이러한 양식은 삼성전자(주)가 성숙기에 있음을 보여준다. 따라서 삼성전자(주)는 구조조정을 통해 혁신하여 새로운 활로를 모색해야 할 중요한 시점으로 보인다. 그러나 현금흐름 외에도 기업수명주기를 확인하는 방법은 다양하다. 따라서 다양한 방법을 활용하여 기업이 처한 상황을 파악하고 경영전략을 수립해야 한다.

(단위 : 백만원)

현금흐름	2023년	2022년	2021년
영업활동 현금흐름	44,137,427	62,181,346	65,105,448
투자활동 현금흐름	−16,922,817	−31,602,804	−33,047,763
재무활동 현금흐름	−8,593,059	−19,390,049	−23,991,033

4 자본변동표

자본변동표는 특정 기간의 자본거래와 손익거래 그리고 자본조정 항목의 변동을 나타낸다. 즉 기초자기자본과 기말자기자본이 차이 나는 이유를 설명해 준다. 또한 자본변동표는 기업의 자본잠식 가능성을 보여준다. 자본은 납입자본(자본금+자본잉여금), 자본조정, 기타포괄손익누계액 그리고 이익잉여금으로 구성되어 있다. 자본잠식은 당기순손실이 누적되면서 결손금이 쌓여 이익잉여금을 갉아먹고 급기야 납입자본까지 모두 갉아먹게 되는 상황이다.

자본잠식의 정도를 나타내는 비율로 자본잠식률이 있다. 자본잠식률은 자본금에서 자본을 차감한 후 자본금으로 나눈 비율이다. 자본이 자본금보다 적다는 것은 결손금이 누적되어 자본의 다른 항목뿐만 아니라 자본금도 갉아먹고 있다는 것이다. 완전 자본잠식은 자본이 결손금으로 모두 사라져 0보다 작은 값이 된 상태이다. 즉 자본금도 남아 있지 않다는 뜻이다. 부분 자본잠식은 자본이 0보다 크지만, 자본금보다는 작은 상태이다.

사례 49 자본잠식의 심화

삼부토건(주)는 2024년 3분기 연결재무제표 기준으로 자본잠식률이 80%에 이른다. 자본잠식의 원인은 정부 사회간접자본(SOC)과 공공부문 발주량이 줄었고, 원가율이 높아지면서 영업손실이 지속해서 발생했기 때문이다.
자본잠식률은 2022년 3.92%에서 2024년 3분기에는 80%까지 증가하였다. 원가율은 2022년 109.39%에서 2024년 3분기에는 114.06%까지 증가하였다. 아무리 매출이 늘어나도 매출원가가 더 크기 때문에 이익이 발생할 수 없는 구조이다. 이렇게 손실이 누적되면서 자본잠식을 가져온 것이다. 자본변동표를 통해 자본잠식의 발생원인이 손익거래에 기인한다는 것을 알 수 있다.

(단위 : 백만원)

항 목	2024년 3분기 말	2023년	2022년
자본금(A)	223,611	204,259	197,673
자본(B)	44,989	102,127	189,929
자본잠식률[(A−B)/A]	79.88%	50.00%	3.92%
이익잉여금(결손금)	−288,135	−204,328	−91,587
매출액(C)	268,846	574,975	436,292
매출원가(D)	306,636	610,532	477,257
원가율(D/C)	114.06%	106.18%	109.39%

5 주석

국제회계기준은 재무제표에 최소한의 필요 항목만 기재하도록 요구하고 있다. 따라서 이해관계자는 항목의 상세를 알기 위해 주석을 봐야 한다. 주석은 보충적 정보의 의미 외에도 기업에 불리한 정보를 많이 포함하고 있다. 대표적으로 우발사항(소송사건)과 계약상 약정사항(지급보증과 담보 제공자산 등)은 기업에 엄청난 손실을 가져다줄 수 있다. 구체적으로 우발사항과 계약상 약정사항이 경영에 미치는 영향은 다음과 같다.

첫째, 소송사건은 기업이 소송에서 패소하면 엄청난 손실을 떠안을 수 있는 우발부채가 된다. 우발부채는 부채의 인식조건을 충족하면, 재무제표에 부채로 인식할 수 있다. 그러나 부채의 인식조건을 충족하지 못하면, 주석에 포함해야 한다. 소송사건은 기업에 불리한 정보이므로 경영자는 의도적으로 주석에 빠뜨릴 가능성이 있다.

둘째, 지급보증도 기업이 손실을 떠안을 수 있는 우발부채가 된다. 예를 들어, A기업이 B기업의 대출을 지급보증하였다면, B기업이 대출을 상환하지 못할 때 A기업은 대신 상환해야 한다. 지급보증도 주석에 포함해야 하나 기업에 불리한 정보이므로 경영자는 의도적으로 빠뜨릴 수 있다.

셋째, 담보 제공자산은 처분이 제약되므로 기업에 불리한 정보이다. 예를 들어, A기업이 대출받기 위해 B은행에 자산을 담보로 제공하였다면, 제공한 자산은 대출을 상환하기 전까지 소유권을 행사할 수 없다. 따라서 담보로 제공한 자산은 기업가치 평가에 반영하면 안 된다. 담보 제공자산도 주석에 포함해야 하나 불리한 정보이므로 경영자는 의도적으로 빠뜨릴 수 있다.

사례 50 주석 누락 사례

2024년 건설경기가 악화하면서 부동산 프로젝트파이낸싱(PF)과 관련된 우발부채를 주석에 빠뜨리는 사례가 늘고 있다. 일부 시공사는 시행사의 프로젝트파이낸싱(PF)을 지급보증하였다. 분양가와 분양률이 떨어지면서 시행사가 프로젝트파이낸싱(PF)을 상환하는 데 어려움을 겪고 있다. 따라서 시공사는 지급보증을 주석에 포함해야 하나 의도적으로 빠뜨리는 경우가 있다.

2019년 코스모화학(주)는 차입을 위해 유형자산을 담보로 제공하였다. 그러나 주석에 담보 설정액을 빠뜨려 1억 2,900만원의 과징금과 2년의 감사인 지정의 제재를 받았다.

요약정리

1. 재무상태표

항 목			분석사항
자산	유동자산	현금및현금성자산	• 미래 불확실성에 대비한 유동성 확보 여부 • 유동성 확보를 위한 매출액 추이와 원가율 확인
		매출채권	• 매출채권회전율 둔화 원인으로 매출액과 매출채권 추이 • 매출액 허위보고와 매출채권의 팩토링 여부 확인
		재고자산	• 재고자산회전율 둔화 원인으로 재고자산 과대계상 여부 확인 • 재고자산 수량 결정방법에 따른 재고자산감모손실 여부 확인 • 재고자산 단가 결정방법이 이익변화에 미치는 영향 확인 • 매출액 허위보고와 재고자산 진부화에 따른 평가손실 확인
	비유동자산	유형자산	• 유형자산 과대투자에 따른 감가상각비 증가와 이익 감소 • 유형자산 취득과 영업현금흐름이 재무건전성에 미치는 영향 • 감가상각방법이 이익변화에 미치는 영향 • 자산재평가로 인한 자본구조와 이익에 미치는 영향
		무형자산	• 무형자산으로 인식할 수 없는 잠재적 자원의 확인 • 과도한 영업권이 이익변화에 미치는 영향 • 연구개발단계에서 비용과 비용의 자본화에 대한 이해
		금융자산	• 금융자산의 분류가 이익변화에 미치는 영향 • 종속회사(관계회사)가 지배회사 이익변화에 미치는 영향
부채	유동부채	매입채무	• 매입채무회전율을 통해 영업자금 활용과 유동성 부족 확인
		선수금	• 영업부채인 매입채무와 선수금이 재무구조에 미치는 영향
		단기차입금	• 단기채무 상환을 위한 유동성 확보
	비유동부채	장기차입금	• 부실대출 여부와 만기상환에 대응하는 유동성 확보
		사채	• 사채의 발행가액과 시장 전망을 통한 수익창출 기회 확인

		복합금융상품	• 자금조달 수단으로서 유용성과 이해관계자의 상충한 이해 • 권리 행사가 기존 주주와 재무구조에 미치는 영향
		퇴직급여부채	• 퇴직연금제도 종류가 현금사용과 이익변화에 미치는 영향 • 확정급여형 제도가 재무구조에 미치는 영향
		충당부채	• 충당부채와 우발부채 구분과 충당부채의 이익에 대한 영향
자본	자본거래	납입자본 (자본금+ 자본잉여금)	• 주식의 종류와 증자와 감자의 종류가 주가에 미치는 영향 • 상환우선전환주의 권리행사와 이해관계자의 상충한 이해
	손익거래	기타포괄손익누계액	• 기타포괄손익누계액이 재무구조에 미치는 영향
		이익잉여금	• 이익잉여금의 처분과 재무안정성에 미치는 영향 • 배당의 종류와 주식수의 변화를 가져오는 거래
	조정	자본조정	• 자본거래에 미치는 영향과 주주환원정책과의 관계

2. 포괄손익계산서

항 목	분석사항
매출액	• 매출액 허위보고가 이익변화에 미치는 영향
매출원가	• 이익을 높이기 위해 매출액 증대 방안과 매출원가 절감 방안 모색
매출총이익	• 매출액총이익률에 따른 업종 특성과 체질 개선을 위한 대안 모색
판매비와 관리비	• 영업이익을 높이기 위해 판매비와 관리비 절감 방안 모색
영업이익	• 영업이익 예측치 확인과 한계기업에서 벗어나기 위한 재무구조 개선 확인
법인세비용 차감전순이익	• 영업외수익을 가져올 수 있는 자산 구성요소의 확인
당기순이익	• 이익의 질을 높이는 현금흐름, 이익지속성 그리고 상대적 가치 평가 이해
주당이익	• 주당이익의 유용성을 이해하고 기업가치 평가에 활용 • 기본주당이익과 희석주당이익을 이해하고 주식가치 평가에 활용
기타포괄손익/ 총포괄손익	• 총포괄손익에 영향을 주는 기타포괄손익 항목 이해

3. 현금흐름표

항 목	현금유입	현금유출	분석사항
영업활동으로 인한 현금흐름	• 제품(상품)과 용역 매출 • 로열티, 수수료 등 수취 • 단기금융자산 이자수익이나 배당금 수취	• 재고자산 구매 • 종업원 급여 지급 • 단기금융부채 이자비용이나 법인세 지급	• 회계이익과 영업현금흐름으로 유동성 확인 • 잉여현금흐름으로 기업가치 평가
투자활동으로 인한 현금흐름	• 대여금 회수 • 금융상품 처분 • 유·무형자산 처분 등	• 대여금 대여 • 금융상품 취득 • 유·무형자산 취득 등	• 투자활동을 위한 충분한 영업현금흐름 확인 • 기업수명주기 확인
재무활동으로 인한 현금흐름	• 사채발행이나 은행차입 • 주식 발행	• 사채나 차입금 상환 • 자기주식 취득 • 배당금 지급	• 재무활동이 재무구조에 미치는 영향 • 기업수명주기 확인

4. 자본변동표

항 목	분석사항
자본거래/손익거래	• 기초자기자본과 기말자기자본이 차이 나는 원인 파악 • 자본잠식률을 확인하여 그 원인과 해결방안 모색

5. 주석

항 목	분석사항
불리한 정보	• 소송사건의 패소가능성으로 잠재적 우발부채 유무 확인 • 지급보증에 따른 부채상환가능성으로 잠재적 우발부채 유무 확인 • 소유권이 제한된 담보 제공자산의 유무 확인 • 기타 특수관계자 거래 등 이해관계자의 상충한 이해 정보 확인

사례별 참고 기사

사례 1	더벨, '그룹 핵심' 삼성전자, 반도체 재고 증가폭 둔화 '숨통', 2024년 4월 9일자
사례 2	아시아투데이, '수익성 증가에 화색' 함영준號 오뚜기, 반년새 현금성자산 1,800억 껑충, 2023년 8월 22일자
사례 3	더벨, 신세계건설, 유동성 확보 카드 '계열사 합병' 효과는, 2024년 1월 19일자
사례 4	조세일보, 매출액 103억 과대계상… 1년 후 정정, 재무제표 신뢰도 손상, 2024년 7월 26일자
사례 5	딜사이트, LG디플, 유동성 확보 안간힘… 매출채권 팩토링↑, 2023년 1월 16일자
사례 6	머니투데이, "이번엔 정말 피크아웃" 현대차 · 기아, 재고자산 30조 돌파, 2024년 11월 19일자
사례 7	톱데일리, 볼빅, '재고자산 과대계상'… 코넥스 거래정지, 2023년 4월 28일자
사례 8	뉴스웨이, 에코프로, 3분기 줄줄이 적자… 대규모 재고평가손실 반영, 2024년 11월 1일자
사례 9	더벨, 활발한 자산 재배치… 유형자산 확충에 전력 집중, 2024년 10월 23일자
사례 10	더벨, 안정성은 현대차 '판정승'… 순현금은 테슬라가 '4배', 2024년 2월 15일자
사례 11	연합뉴스, 롯데삼강, "감가상각방식 변경", 2005년 5월 16일자 머니투데이, 한일약품, 감가상각방법 변경, 2005년 1월 20일자 머니투데이, [공시분석] 인선이엔티, 회계처리 변경… 세전순익 17억↑, 2003년 5월 2일자 머니투데이, 일지테크, 회계변경 올 순익 7.58억 감소, 2004년 8월 27일자 더벨, 서울반도체, 설비 내용연수 늘려 261억 비용절감, 2020년 3월 25일자
사례 12	머니투데이, 2분기 '역대급' 매출 롯데관광개발… 자산재평가로 부채비율 급감, 2024년 8월 14일자
사례 13	비즈니스포스트, KB금융 인적자원 관리분야 국제인증 획득, "장기 기업가치 강화", 2024년 11월 5일자
사례 14	더벨, 증발한 영업권 가치, 웃돈 매입 SO 비용 '전액 손상', 2025년 2월 13일자
사례 15	더벨, 유한양행, 렉라자 상각 시작… 공백은 애드파마 '개량신약', 2025년 4월 24일자
사례 16	더벨, 보험사, 롱숏펀드 꽂혔다… 새 IFRS에 머니무브 오나, 2023년 5월 26일자
사례 17	소비자가 만드는 신문, 코오롱 상장사 6곳 중 4곳 수익성 '뚝'… 창업 4세 이규호, 경영능력 시험대에, 2024년 12월 18일자
사례 18	연합인포맥스, '납품대금 지급지연' 쿠팡, 매입채무 증가 악순환, 2018년 4월 24일자
사례 19	뉴스1, '새 심장' 단 한화엔진… 조선 슈퍼사이클 타고 '매출 1조' 재시동, 2024년 11월 21일자
사례 20	아주경제, '모뉴엘 사태' 벌써 잊었나… 은행 수출채권 중복매입 '확인불가', 2020년 7월 2일자
사례 21	매일경제, [증권] IMF땐 채권투자로 '재미' 증권 50% 정기예금 20%…, 2003년 11월 30일자
사례 22	스카이데일리, 1분기 주식관련 사채 권리행사 증가… 전분기 대비 19%↑, 2021년 4월 7일자
사례 23	파이낸셜뉴스, 솔루엠, CB 및 BW 권리 행사로 재무구조 개선 효과, 2021년 2월 17일자

사례 24	매일경제, 상장사 퇴직연금 적립금 13조 '펑크', 2019년 11월 25일자
사례 25	서울파이낸스, 증선위, 금호고속·아시아나항공 등 회계처리 위반 제재, 2024년 3월 27일자
사례 26	비즈니스포스트, KB금융지주 1분기 순이익 1조491억 내 30% 줄어, 홍콩 ELS 비용 반영 탓, 2024년 4월 25일자
사례 27	한국경제, '2,500억 증자' 차바이오텍 주가 급락… 소액주주 집단 행동 예고, 2024년 12월 23일자
사례 28	아시아경제, 삼양홀딩스, 1우선주 상장폐지 우려 예고, 2024년 12월 2일자
사례 29	연합인포맥스, 현대차증권 대규모 주주배정 유상증자… 5년 전 RCPS 발행과 대비, 2024년 11월 27일자
사례 30	논객닷컴, 롯데손보, 지급여력 급속 악화… '몸값' 추락 불가피할 듯, 2024년 12월 2일자
사례 31	톱데일리, HD현대일렉트릭, 이익잉여금 7,329억… 작년의 1.8배↑, 2024년 12월 5일자
사례 32	파이낸셜뉴스, "100% 무상증자" 소식에 노브랜드 12%대 강세, 2024년 12월 5일자
사례 33	비즈니스포스트, 삼성전자 주가 장중 7%대 급등, 자사주 10조 매입 결정 영향, 2024년 11월 18일자
사례 34	뉴시스, 금융위, '중징계' 카카오모빌리티에 최종 과징금 34억 부과, 2024년 11월 27일자
사례 35	금융감독원 감리 사례(FSS/2311-02), 매출 조기인식을 통한 매출액 과대계상, 금융감독원
사례 36	더팩트, 남는 게 없다… 건설업계, 원가율 상승에 3분기도 '암울', 2024년 10월 23일자
사례 37	딜사이트, 하이트진로, 소주·맥주 '어닝 서프라이즈' 합작, 2024년 11월 13일자
사례 38	한국일보, 거래소, LG생활건강 불성실공시법인 지정, 2022년 2월 14일자
사례 39	한국경제, 상장폐지 피하려 분식회계… 금감원, 한계기업 신속 퇴출시킨다, 2024년 11월 26일자
사례 40	딜사이트, 한화호텔앤드리조트, 순이익 '쑥' 비결은, 2024년 11월 22일자
사례 41	이데일리, 기아, 밸류업 프로그램 발표 통한 저평가 해소 기대-다올, 2024년 12월 4일자
사례 42	비즈니스포스트, SK이노베이션과 합병 앞둔 SK E&S, KKR과 상환전환우선주 재계약 완료, 2024년 10월 21일자
사례 43	프라임경제, 신한은행 해외법인 뜯어보니 총포괄순익 '감소'… "환율 때문", 2023년 4월 20일자
사례 44	매경이코노미, PF 위험 노출된 건설사들 '살얼음판', 2024년 1월 5일자
사례 45	헤럴드경제, SK하이닉스, "주당 고정배당금 25% 상향", 2024년 11월 28일자
사례 46	딜사이트, 녹십자, 현금흐름 '울상'… 허리띠 졸라맨다, 2024년 2월 21일자
사례 47	블로터, 엔씨소프트 차입금 감소… 재무지표 개선 '결실', 2024년 12월 16일자
사례 48	딜사이트, 다 팔아서 채운 역대 최대 CAPEX, 2024년 3월 6일자
사례 49	뉴스핌, 국내 토건1호 삼부토건, 완전자본잠식 위기… 우크라 재건 기대감도 '흔들', 2024년 11월 20일자
사례 50	한국금융신문, 증선위 '담보설정액 주석 미기재' 코스모화학 등 4곳 제재, 2019년 2월 28일자

7

재무비율

1 재무비율의 이해

2 재무비율의 개별 분석

3 재무비율의 종합분석

1 재무비율의 이해

재무비율의 분류와 재무비율 분석의 유용성과 한계점을 설명한다. 재무비율 분석은 재무제표를 구성하는 항목 간의 비율분석(ratio analysis)을 통해 숨겨진 정보를 확인하고 의사결정에 유용하게 사용하는 데 목적이 있다.

(1) 재무비율의 분류

재무비율은 분석자료, 분석방법 그리고 평가방법에 따라 분류할 수 있다. 따라서 재무비율은 기업가치를 평가할 때 방법에 따라 절대적 가치보다 상대적 가치를 추구하며 상황에 맞게 해석할 필요가 있다.

1) 분석자료의 분류

재무비율 분석은 재무제표의 두 항목 간 상대적 크기를 이용하여 관계에서 지니는 의미를 파악하고 의사결정에 합리적으로 반영한다. 따라서 어떤 재무제표의 항목을 활용하느냐에 따라 재무비율의 사용 목적과 의미가 달라질 수 있다. 재무비율에 사용되는 재무제표의 항목에 따라 다음과 같이 세 가지로 분류할 수 있다.

① 재무상태표비율 : 재무비율이 재무상태표를 구성하는 항목으로만 산출
② 손익계산서비율 : 재무비율이 손익계산서를 구성하는 항목으로만 산출
③ 혼합비율 : 재무비율의 항목이 재무상태표, 손익계산서 또는 현금흐름표 항목으로 혼합

일반적으로 재무비율은 재무상태표와 손익계산서 항목을 주로 이용하지만, 현금흐름표의 항목도 이용할 수 있다. 예를 들어, 재무상태표 항목인 '현금및현금성자산'은 현금흐름표의 '영업활동으로 인한 현금흐름'과 비교해야 한다. 기업의 현금은 영업활동, 투자활동 그리고 재무활동으로 이루어지지만, 대부분 영업활동

으로 이루어졌을 때 예측가능성과 지속가능성이 커진다. 또한 손익계산서 항목인 영업손익도 영업활동으로 인한 현금흐름과 밀접한 관련이 있다. 기업이 흑자도산을 예방하려면 유동성 확보를 위해 영업손익과 영업활동으로 인한 현금흐름을 수시로 비교해야 한다. 따라서 재무비율의 사용 목적에 따라 재무제표의 다양한 항목을 이용할 수 있다. 자본변동표 항목은 재무상태표의 자본 항목과 같아 재무비율 분석에서 따로 활용되지는 않는다. 한편 재무제표 중 재무상태표는 일정 시점의 상태를 나타내지만, 손익계산서와 현금흐름표는 일정 기간의 변동을 나타낸다. 따라서 재무상태표 항목을 이용한 재무비율을 '정태비율(static ratio)'이라고 하며, 손익계산서 항목을 이용한 재무비율을 '동태비율(dynamic ratio)'이라고 한다. 재무상태표 항목과 손익계산서 항목을 함께 이용한 재무비율은 '혼합비율'이라고 한다.

2) 분석방법의 분류

재무비율은 기준이 되는 상대 항목을 무엇으로 선택하느냐에 따라 분석방법이 달라진다. 재무비율 분석방법은 다음과 같이 관계비율(relative ratio)과 구성비율(component ratio)로 나눌 수 있다.

① 관계비율 : 재무제표를 구성하는 두 항목 간의 상대적 크기나 정도
② 구성비율 : 재무제표의 한 항목이 총자산이나 매출액에서 차지하는 비중

구성비율은 두 항목 간의 상대적 관계를 분석하였다는 점에서 관계비율과 본질적으로 같다. 그러나 구성비율은 특정 항목이 특정 항목을 포함한 전체 항목에서 얼마나 중요한지를 평가한다는 점에서 관계비율과 차이가 있다. 관계비율은 특정 항목이 비교하고자 하는 다른 상대 항목과의 관계만을 나타낸다. 예를 들어, 유동비율은 유동자산을 유동부채로 나눈 비율이다. 유동비율이 높을수록 기업은 유동부채의 단기적 자금 수요에 탄력적으로 대응할 수 있다. 반면에 유동성을 확인하기 위해 유동자산이 총자산에서 차지하는 비중을 확인할 수 있다. 총자산에서 유동자산이 차지하는 비중이 높다는 것은 기업의 부채상환능력이 높고 투자 재원이 충분함을 나타낸다. 이렇게 구성비율은 총자산을 구성하는 항목이 총

자산에 차지하는 의미를 보여준다. 따라서 구성비율을 나타낸 재무제표를 '공통형재무제표' 또는 '백분율재무제표'라고 부르기도 한다.

3) 평가방법의 분류

재무비율은 상대적 가치를 나타내므로 평가의 의미를 지니기 위해 비교할 수 있는 기준(표준비율)이 필요하다. 기업의 재무비율 비교기준(표준비율)을 과거에 두고 기간과 기간 간에 평가한다면 종단분석(longitudinal analysis)이 된다. 반면에 기업의 재무비율 비교기준(표준비율)을 특정 시점의 산업평균비율이나 다른 기업의 재무비율로 정하고 평가한다면 횡단분석(cross-sectional analysis)이 된다.

① 종단분석

시계열 분석(time-series analysis)이라고도 한다. 같은 기업의 여러 항목을 시간의 흐름에 따라 인과관계를 분석하여 미래의 주가를 예측한다. 시계열 분석을 통해 장기적 관점에서 재무비율의 추세(trend), 상승과 하강의 순환(cycle), 계절(seasonal) 변동 그리고 예측할 수 없는 사건이나 외부 충격에 의한 불규칙성(irregularity)을 확인할 수 있다.

예를 들어, A기업의 2024년 유동비율을 분석하기 위해 2014년의 유동비율 200%를 표준비율로 설정하였다. 2024년 유동비율이 180%라면 유동성이 2014년에 비해 떨어졌다고 볼 수 있다. 유동비율이 2014년부터 추세적으로 감소하고 있다면 A기업의 유동성에 구조적 문제가 없는지 살펴봐야 한다. 유동성 감소추세가 기업 내부요인이 아닌 경제환경 변화나 외부 충격에 기인한다면 새로운 혁신이 필요할 것이다. 따라서 종단분석은 같은 기업의 기간 간 비교가 가능해진다.

② 횡단분석

특정 시점에 기업의 재무비율이 갖는 의미를 확인하기 위해 산업평균비율이나 경쟁기업의 비율을 표준비율로 설정한다. 한국은행은 매년 『기업경영분석』을 발간하고 있으며, 다양한 재무비율의 산업별 평균을 제시하고 있다.

예를 들어, 전기장비를 제조하는 A기업은 2023년 부채비율과 차입의존도가 각각 96%와 23%이다. A기업은 현재의 부채비율과 차입의존도가 적정한지 궁금하여 산업평균과 비교하였다. 2023년도 한국은행의 『기업경영분석』에 있는 전기장비 제조업의 부채비율과 차입의존도 평균은 각각 95.0%와 24.2%였다. 따라서 A기업의 부채비율은 산업평균보다 약간 높고 차입의존도는 산업평균보다 약간 낮은 것으로 나타났다. 한편 2023년 삼성전자(주)의 영업이익률은 2.54%였지만, LG전자(주)의 영업이익률은 4.21%로 나타났다. LG전자(주)가 기업규모에서는 삼성전자(주)보다 작지만, 영업이익률은 삼성전자(주)보다 높은 것이다. 재무비율의 횡단분석으로 기업규모의 차이를 극복하고 산업평균 또는 기업 간 비교가 가능해진다.

(2) 재무비율 분석의 유용성과 한계점

재무비율은 다양한 분야에서 다양한 목적으로 활용된다. 이렇게 활용도가 높은 재무비율은 유용성뿐만 아니라 한계점이 존재한다.

1) 유용성

재무비율은 대출 목적으로 신용평가를 하는 은행, 보험회사 그리고 증권회사와 채권 발행을 위해 신용등급을 부여하는 신용평가회사가 활용한다. 또한 기업가치를 평가하고 주식매매 보고서를 작성하는 재무분석가와 재무제표를 감사하고 감사보고서를 작성하는 외부감사인(회계사)이 활용한다. 그 외에도 기업위험관리와 경영정책 수립 등에 다양하게 활용된다. 재무비율의 활용도가 높은 이유는 다음의 유용성에서 찾을 수 있다.

첫째, 재무비율의 산출에 필요한 재무제표를 무료로 손쉽게 구할 수 있어서 자료수집에 따른 시간과 비용이 절감된다.

둘째, 재무비율은 두 항목의 상대적 크기를 통해 관계의 의미를 직관적으로 이해할 수 있어서 일반투자자도 쉽게 활용할 수 있다.

셋째, 재무비율은 수익성, 활동성, 유동성 평가 등 다양한 목적의 의사결정에 유용하게 활용할 수 있다.

넷째, 재무비율은 복잡한 기업분석에 앞서 적은 비용으로도 예비분석이 가능하여 분석의 효율성을 가져온다.

2) 한계점

재무비율은 다양한 유용성에도 불구하고 다음의 한계점이 존재하므로 활용과 해석에 주의해야 한다.

첫째, 재무비율은 과거의 자료인 재무제표를 이용하므로 미래의 주가 예측에 반드시 도움이 된다고 말할 수 없다. 경제환경은 항상 변화하므로 과거의 사실이 미래에도 발생한다고 보장할 수 없다. 예를 들어, 올해 A기업의 총자산이익률이 10%라고 해서 내년도 이와 같다는 보장이 없다. 따라서 주식투자 의사결정에 다양한 변수들을 함께 고려해야 한다.

둘째, 회계정책(회계처리방법)과 회계추정에서 경영자 재량이 개입될 수 있다. 재무비율은 경영자의 회계 재량을 반영하지 못한다. 예를 들어, 두 기업의 유형자산 감가상각방법이 다르면 감가상각비도 달라져 당기순이익도 달라진다. 그러나 두 기업의 당기순이익이 같다면 관련된 재무비율은 감가상각방법의 차이를 나타내지 못한다. 또한 유형자산 내용연수와 잔존가치의 추정이 다르면 감가상각비도 달라져 당기순이익도 달라진다. 그러나 두 기업의 당기순이익이 같다면 관련된 재무비율은 추정의 차이를 나타내지 못한다.

셋째, 재무비율은 표준비율을 무엇으로 정하느냐에 따라 평가가 달라진다. 예를 들어, A기업의 유동비율이 200%일 때 산업평균비율은 150%이고 B기업의 유동비율은 250%라고 하자. 표준비율을 산업평균비율로 정하면 A기업은 유동성이 양호하다. 그러나 표준비율을 B기업의 유동비율로 정하면 유동성이 불량한 것으로 평가된다. 따라서 재무비율 분석은 표준비율에 따라 달리 해석될 수 있는 한계가 있다.

2 재무비율의 개별 분석

주식투자자는 기업의 미래가치를 예측하기 위해 수익성과 성장성을 중요하게 생각한다. 반면에 채권투자자는 원금과 이자를 회수하기 위해 기업의 안정성을 중요하게 생각한다. 따라서 재무비율의 종류로 수익성, 활동성, 성장성, 유동성, 부채성 그리고 시장가치비율을 살펴본다. 제시한 재무비율은 가장 널리 활용되는 재무비율이지만 이 외에도 목적에 따라 다양한 재무비율이 있다.

한편 각 재무비율의 공식과 의미를 설명한 후 재무비율을 활용한 사례 분석을 제시하였다. 재무비율의 이해를 돕기 위해 삼성전자(주)의 연결재무제표를 활용하였다. 연결재무제표에서 구할 수 없는 일부 항목은 가정하여 제시하였다. 사례 분석에서 종단분석의 표준비율은 전년도 재무비율로 설정하였고, 횡단분석의 표준비율은 한국은행이 발간한 『기업경영분석』의 산업평균비율로 설정하였다.

〈표 7-1〉 연결재무상태표

(단위 : 백만원)

일정 시점 항 목	2023.12.31	2022.12.31	2021.12.31
자산			
유 동 자 산	195,936,557	218,470,581	218,163,185
현금및현금성자산	69,080,893	49,680,710	39,031,415
단기금융상품	22,690,924	65,102,886	81,708,986
단기상각후원가금융자산	608,281	414,610	3,369,034
FVPL금융자산	27,112	29,080	40,757
매 출 채 권	36,647,393	35,721,563	40,713,415
미 수 금	6,633,248	6,149,209	4,497,257
선 급 비 용	3,366,130	2,867,823	2,336,252
재 고 자 산	51,625,874	52,187,866	41,384,404
기타유동자산	5,038,838	6,316,834	5,081,665
매각예정분류자산	217,864	–	–
비유동자산	259,969,423	229,953,926	208,457,973
FVOCI금융자산	7,481,297	11,397,012	13,965,839
FVPL금융자산	1,431,394	1,405,468	1,525,344

관계종속기업투자자산	11,767,444	10,893,869	8,932,251
유 형 자 산	187,256,262	168,045,388	149,928,539
무 형 자 산	22,741,862	20,217,754	20,236,244
순확정급여자산	4,905,219	5,851,972	2,809,590
이연법인세자산	10,211,797	5,101,318	4,261,214
기타비유동자산	14,174,148	7,041,145	6,798,952
자산총계	455,905,980	448,424,507	426,621,158
부채			
유 동 부 채	75,719,452	78,344,852	88,117,133
매 입 채 무	11,319,824	10,644,686	13,453,351
단기차입금	7,114,601	5,147,315	13,687,793
미 지 급 금	15,324,119	17,592,366	15,584,866
선 수 금	1,492,602	1,314,934	1,224,812
예 수 금	892,441	1,298,244	1,294,052
미지급비용	26,013,273	29,211,487	27,928,031
당기법인세부채	3,358,715	4,250,397	6,749,149
유동성장기부채	1,308,875	1,089,162	1,329,968
충 당 부 채	6,524,876	5,844,907	5,372,872
기타유동부채	2,308,472	1,951,354	1,492,239
매각예정분류부채	61,654	–	–
비유동부채	16,508,663	15,330,051	33,604,094
사 채	537,618	536,093	508,232
장기차입금	3,724,850	3,560,672	2,866,156
장기미지급금	5,488,283	2,753,305	2,991,440
순확정급여부채	456,557	268,370	465,884
이연법인세부채	620,549	5,111,332	23,198,205
장기충당부채	2,878,450	1,928,518	2,306,994
기타비유동부채	2,802,356	1,171,761	1,267,183
부채총계	92,228,115	93,674,903	121,721,227
자본			
지배기업 소유주지분	353,233,775	345,186,142	296,237,697
자 본 금	897,514	897,514	897,514
주식발행초과금	4,403,893	4,403,893	4,403,893
이익잉여금	346,652,238	337,946,407	293,064,763
기타자본항목	1,280,130	1,938,328	(2,128,473)
비지배지분	10,444,090	9,563,462	8,662,234
자본총계	363,677,865	354,749,604	304,899,931
자본과부채총계	455,905,980	448,424,507	426,621,158

〈표 7-2〉 연결손익계산서

(단위 : 백만원)

항 목 \ 일정 기간	2023.1.1~ 2023.12.31	2022.1.1~ 2022.12.31	2021.1.1~ 2021.12.31
매 출 액	258,935,494	302,231,360	279,604,799
매 출 원 가	180,388,580	190,041,770	166,411,342
매출총이익	78,546,914	112,189,590	113,193,457
판매비와 관리비	71,979,938	68,812,960	61,559,601
영 업 이 익	6,566,976	43,376,630	51,633,856
기 타 이 익	1,180,448	1,962,071	2,205,695
기 타 손 실	1,083,327	1,790,176	2,055,971
지분법이익	887,550	1,090,643	729,614
금 융 수 익	16,100,148	20,828,995	8,543,187
금 융 비 용	12,645,530	19,027,689	7,704,554
법인세비용차감전순이익(손실)	11,006,265	46,440,474	53,351,827
법인세비용(수익)	(4,480,835)	(9,213,603)	13,444,377
당기순이익(손실)	15,487,100	55,654,077	39,907,450
주 당 이 익			
기본주당이익(손실)	2,131	8,057	5,777
희석주당이익(손실)	2,131	8,057	5,777

〈표 7-3〉 연결현금흐름표

(단위 : 백만원)

항 목 \ 일정 기간	2023.1.1~ 2023.12.31	2022.1.1~ 2022.12.31	2021.1.1~ 2021.12.31
영업활동 현금흐름	44,137,427	62,181,346	65,105,448
영업에서 창출된 현금흐름	46,547,889	71,728,568	72,676,199
당기순이익	15,487,100	55,654,077	39,907,450
조 정	36,519,534	33,073,439	49,055,633
영업활동으로 인한 자산부채의 변동	(5,458,745)	(16,998,948)	(16,286,884)
이자의 수취	4,786,010	2,136,795	1,406,706
이자의 지급	(844,691)	(714,543)	(434,441)
배당금 수입	269,169	529,421	299,033
법인세 납부액	(6,620,950)	(11,498,895)	(8,842,049)
투자활동 현금흐름	(16,922,817)	(31,602,804)	(33,047,763)
단기금융상품의 순감소(증가)	39,421,565	15,214,321	10,917,128
단기상각후원가금융자산의 순감소(증가)	(195,616)	3,050,104	(336,959)
단기FVPL금융자산의 순감소(증가)	2,718	11,677	30,694
장기금융상품의 처분	4,565,426	8,272,909	10,216,082

장기금융상품의 취득	(5,307,770)	(4,393,754)	(6,981,810)
FVOCI금융자산의 처분	6,521,568	496,090	2,919,888
FVOCI금융자산의 취득	(124,488)	(37,687)	(1,121,201)
FVPL금융자산의 처분	63,962	166,315	350,212
FVPL금융자산의 취득	(130,459)	(158,244)	(208,262)
관계기업 및 공동기업 투자처분	33,457	13,233	19,169
관계기업 및 공동기업 투자취득	(78,690)	(907,958)	(47,090)
유형자산의 처분	98,341	217,878	358,284
유형자산의 취득	(57,611,292)	(49,430,428)	(47,122,106)
무형자산의 처분	11,744	23,462	1,752
무형자산의 취득	(2,922,875)	(3,696,304)	(2,706,915)
사업결합으로 인한 현금유출액	(356,511)	(31,383)	(5,926)
매각예정 비유동자산 등	–	–	661,168
기타투자활동으로 인한 현금유출입액	(913,897)	(413,035)	8,129
재무활동 현금흐름	(8,593,059)	(19,390,049)	(23,991,033)
단기차입금의 순증가(감소)	2,145,400	(8,339,149)	(2,616,943)
장기차입금의 차입	354,712	271,997	58,279
사채 및 장기차입금의 상환	(1,219,579)	(1,508,465)	(894,749)
배당금의 지급	(9,864,474)	(9,814,426)	(20,510,350)
비지배지분의 증감	(9,118)	(6)	(27,270)
매각예정분류	(14,153)	–	139
외화환산으로 인한 현금의 변동	792,785	(539,198)	1,582,046
현금및현금성자산의 순증감	19,400,183	10,649,295	9,648,837
기초현금및현금성자산	49,680,710	39,031,415	29,382,578
기말현금및현금성자산	69,080,893	49,680,710	39,031,415

(1) 수익성비율

주식투자의 의사결정에서 가장 중요한 평가항목은 수익성일 것이다. 수익성이 높다는 것은 주식시장에서 미래의 기업가치가 높게 평가되어 주가가 오를 가능성이 크다는 것을 의미한다.

1) 총자산이익률

총자산이익률은 총자산 대비 이익이 얼마나 발생하는지를 보여준다. 이익을 영업이익으로 활용하면 총자산영업이익률이 되고, 당기순이익으로 활용하면 총자산순이익률(return of assets : ROA)이 된다. 기업의 자본제공자는 채권자와 주주이며, 재무상태표에서는 부채(타인자본)와 자본(자기자본)으로 표시된다. 자산은 부채와 자본의 합이므로 총자산이익률은 자본제공자에게 투자이익률(return on investments : ROI)이 된다. 한편 총자산순이익률에서 분자인 당기순이익은 채권자 보상인 이자비용이 차감되어 있지만, 주주의 보상인 배당금은 차감되어 있지 않다. 분모의 부채에는 채권자 보상이 조정되어 있지 않다. 따라서 주주 관점에서 총자산순이익률이 상대적으로 낮게 나타날 수 있다. 이러한 점을 보완하기 위해 이익을 영업이익이나 이자와 법인세비용차감전순이익(earnings before interest and tax : EBIT)을 활용하는 것도 좋은 대안이다. 계산식에서 분자인 이익은 일정 기간의 기업성과이고 분모인 총자산은 일정 시점의 상태이므로 일관성을 높이기 위해 연평균총자산[(기초총자산+기말총자산)/2]을 사용하는 것이 좋을 것이다.

$$\text{총자산영업이익률} = \frac{\text{영업이익}}{\text{연평균총자산}}$$

$$\text{총자산순이익률} = \frac{\text{당기순이익}}{\text{연평균총자산}}$$

2) 자기자본순이익률

자기자본순이익률(return of equity : ROE)은 자기자본 대비 순이익이 얼마나 발생하는지를 보여준다. 자기자본순이익률은 총자산순이익률과 달리 주식투자자의 투자금에 대한 이익률이므로 이익은 당기순이익이 타당할 것이다. 영업이익은 채권자의 보상인 이자비용이 포함되어 있어서 영업이익을 활용하면 주주의 투자이익률이 상대적으로 높게 나타난다. 분모인 자기자본은 일정 시점의 상태이므로 일정 기간의 당기순이익과 일관성을 높이기 위해 연평균자기자본[(기초자기자본+기말자기자본)/2]을 사용하는 것이 좋을 것이다.

$$\text{자기자본순이익률} = \frac{\text{당기순이익}}{\text{연평균자기자본}}$$

3) 영업투하자본세후영업이익률

영업투하자본세후영업이익률(return on invested capital : ROIC)은 영업활동에 투하된 자본의 영업이익률을 보여준다. 총자산이나 자기자본이 모두 영업활동을 위해 투하된 것은 아니다. 따라서 영업활동의 이익창출을 평가하기 위해 총자산이익률이나 자기자본이익률보다 영업투하자본세후영업이익률이 더 적합할 것이다.

영업투하자본(invested capital : IC)은 영업활동을 위한 영업자산에서 영업활동을 위한 영업부채를 차감한 금액으로 영업이익을 위한 투하자본이다. 재무제표의 자산과 부채는 영업자산과 영업부채를 따로 구분하여 인식하지 않는다. 그러나 자산과 부채 중 명확하게 영업활동과 관련된 항목이 있다. 예를 들어, 영업자산으로 유동자산의 매출채권이나 재고자산 등이 있고, 비유동자산의 유·무형자산이 있다. 영업부채로 유동부채의 매입채무나 미지급비용 등이 있다. 그러나 많은 항목은 영업자산과 영업부채로 구분하기가 쉽지 않아 활용목적과 성격에 따라 잘 분류해야 한다. 예를 들어, 현금및현금성자산 중 영업활동을 목적으로 보유하는 부분도 있지만, 차입금 상환 목적으로 보유한 부분도 있다. 토지도 영업활동을 목적으로 보유하는 유형자산도 있지만, 투자활동을 목적으로 보유하는 투자자산도 있다.

세후순영업이익(net operating profit after tax : NOPAT)은 당기순이익에서 투자활동과 재무활동으로 인한 손익과 세금을 차감한 순수한 영업활동의 손익이다.

$$\text{영업투하자본세후영업이익률} = \frac{\text{세후순영업이익}}{\text{영업투하자본}}$$

4) 매출액이익률

매출액이익률(return on sales : ROS)은 일정 기간의 매출액에서 얼마의 이익을 얻을 수 있는지를 보여준다. 총자산이익률, 자기자본이익률 그리고 영업투하자본세후영업이익률은 투하자본에 대한 이익률을 나타낸다. 반면에 매출액이익률은 매출액을 창출하기 위해 지출된 비용의 효율성인 매출 차액(margin on sales)을 나타낸다.

매출액영업이익률은 매출액에서 영업활동으로 인한 이익창출능력을 평가하기 위한 것이다. 매출액순이익률은 매출액에서 이익창출능력을 평가하기 위한 것이다. 매출액이 아무리 높아도 이익률이 떨어지면 판매가격이 너무 낮게 책정되었거나 비용이 과도하게 많이 발생한 것이다. 구체적으로 매출총이익(매출액－매출원가)이 높은데도 영업이익(매출총이익－판매비와 관리비)이 낮다면 판매비와 관리비의 효율성이 떨어지는 것이다. 영업이익이 높은데도 당기순이익(영업이익－영업외손익－법인세비용)이 낮다면 영업외비용인 이자비용이나 자산처분손실이 과도하게 발생한 것으로 재무활동과 투자활동의 효율성이 떨어지는 것이다.

$$\text{매출액영업이익률} = \frac{\text{영업이익}}{\text{매출액}}$$

$$\text{매출액순이익률} = \frac{\text{당기순이익}}{\text{매출액}}$$

사례 1 수익성 분석

삼성전자(주) 수익성비율의 종단분석과 횡단분석 결과는 다음과 같다. 사례 분석에서 제시한 재무비율은 한국은행 『기업경영분석』에서 산업평균비율을 구할 수 있는 것만 제시하였다. 삼성전자(주)의 산업분류는 『기업경영분석』 제조업의 'C26. 전자부품 등(대기업)'으로 하였다. 산업평균비율은 2023년만 나타내었다.

재무비율	2023년	2022년	산업 평균
총자산 순이익률	$\frac{15,487,100}{(455,905,980+448,424,507)/2} \times 100 = 3.43\%$	$\frac{55,654,077}{(448,424,507+426,621,158)/2} \times 100 = 12.72\%$	5.48%
자기자본 순이익률	$\frac{15,487,100}{(363,677,865+354,749,604)/2} \times 100 = 4.31\%$	$\frac{55,654,077}{(354,749,604+304,899,931)/2} \times 100 = 16.87\%$	7.77%
매출액 영업이익률	$\frac{6,566,976}{258,935,494} \times 100 = 2.54\%$	$\frac{43,376,630}{302,231,360} \times 100 = 14.35\%$	−4.03%
매출액 순이익률	$\frac{15,487,100}{258,935,494} \times 100 = 5.98\%$	$\frac{55,654,077}{302,231,360} \times 100 = 18.41\%$	9.12%

아래의 방사형 그래프에서 빨간색 선은 2023년도 수익성비율을 연결한 선이고, 파란색 선은 표준비율을 연결한 선이다. 종단분석에서 2023년 삼성전자(주)의 수익성은 2022년에 비해 모든 재무비율이 악화한 것으로 나타났다. 반면에 횡단분석에서 삼성전자(주) 매출액영업이익률은 산업평균비율보다 높았다. 2023년 산업평균비율은 2022년보다 낮아 산업 전체가 경기침체의 영향을 받은 것으로 보인다. 그러나 삼성전자(주) 매출액영업이익률은 산업평균보다 높아 경기침체기에 매출 차액(margin on sales)을 잘 방어하는 것으로 보인다.

특이한 점은 2023년도 매출액순이익률(5.98%)이 매출액영업이익률(2.54%)보다 높다는 것이다. 그 원인으로 손익계산서와 주석을 살펴보면 금융수익이 금융비용보다 많이 발생한 것을 알 수 있다. 영업활동으로 인한 수익은 줄어들었지만, 금융자산의 수익으로 이익 감소를 일정 부분 만회한 것으로 보인다.

종단 분석

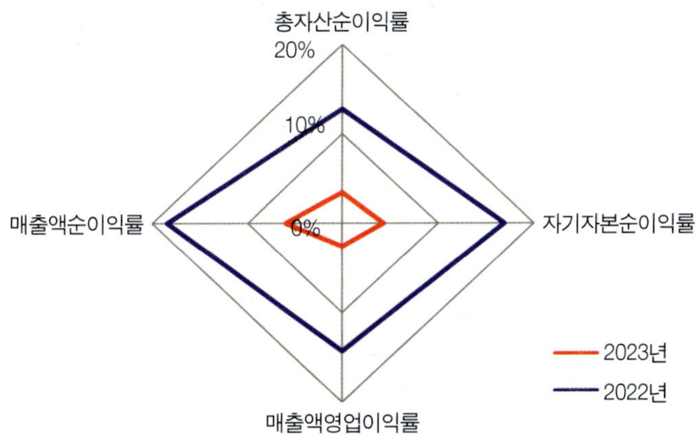

횡단 분석

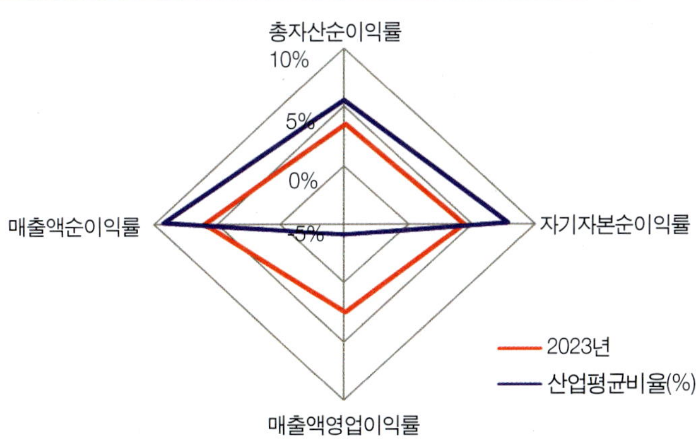

(2) 활동성비율

활동성비율은 수익인 매출액을 창출하기 위해 얼마나 자산을 효율적으로 활용하였는지를 나타낸다. 따라서 활동성비율은 수익성비율과 함께 기업의 수익성을 평가할 때 중요한 지표로 활용된다. 기업이 자산을 효율적으로 활용한다면 같은 기업규모라도 더 많은 수익을 창출할 수 있는 능력이 있는 것이다.

1) 매출채권회전율

매출채권회전율(receivables turnover)은 일정의 매출채권으로 얼마나 많은 매출액을 창출하는지를 보여준다. 매출채권을 너무 많이 보유하면 부실채권으로 인한 현금회수불능 위험과 유동성 부족에 직면할 수 있다. 매출채권이 너무 적다는 것은 신용판매로 인한 수익 확대에 소극적인 결과일 수도 있다. 따라서 매출채권회전율은 매출채권의 적정 보유수준을 평가하는 중요한 척도이다.

매출채권회전율은 매출액 관점에서 해석될 수도 있고, 매출채권 관점에서 해석될 수도 있다. 매출채권회전율을 높이려면 매출액이 늘어나거나 매출채권이 줄어들어야 한다. 매출채권은 전년도와 변화가 없는데 매출채권회전율이 높아졌다면 상대적으로 매출액이 늘어난 것이다. 이 경우 같은 수준의 매출채권을 유지하면서도 매출액이 늘어나 매출채권의 효율성이 높아진 것이다. 반면에 매출액이 전년도와 변화가 없는데 매출채권회전율이 높아졌다면 상대적으로 매출채권이 줄어든 것이다. 이 경우 같은 매출액을 유지하면서도 매출채권이 줄어들었기 때문에 현금창출능력이 높아진 것이다. 따라서 일정 시점의 매출채권회전율도 의미를 갖지만, 과거 시점과 비교하면 더 큰 의미를 부여할 수 있다.

한편 매출채권회전율이 높다고 무조건 매출채권의 효율성이 높다고 단언해서는 안 된다. 매출액에 가공의 매출이나 조기 인식 등 허위 매출이 포함되어 있지 않은지 확인해 봐야 한다. 또한 매출채권의 감소가 정상적인 현금회수과정이 아니라 유동성 부족으로 금융회사에 할인 양도한 팩토링에 기인한 것은 아닌지 확인해 봐야 한다. 계산식에서 분자인 매출액은 일정 기간의 성과이고 분모인 매출채권은 일정 시점의 상태이므로 일관성을 높이기 위해 연평균매출채권[(기초매출채권+기말매출채권)/2]을 사용하는 것이 좋을 것이다.

$$\text{매출채권회전율} = \frac{\text{매출액}}{\text{연평균매출채권}}$$

$$\text{매출채권평균회수기간} = \frac{365\text{일}}{\text{매출채권회전율}} = \frac{\text{연평균매출채권}}{\text{매출액}} \times 365\text{일}$$

매출채권평균회수기간은 365일을 매출채권회전율로 나눈 기간으로 매출채권이 얼마나 빨리 현금화되는지를 나타낸다. 즉 매출액에서 현금판매 비중이 높을수록 매출채권이 줄어들어 매출채권회전율은 높아지고 매출채권평균회수기간은 짧아지는 것이다.

2) 재고자산회전율

재고자산회전율(inventory turnover)은 일정의 재고자산으로 얼마나 많은 매출액을 창출하는지를 보여준다. 재고자산을 너무 많이 보유하면 진부화 위험이 커지고 창고임대료 등 유지·관리비용이 많이 발생한다. 재고자산이 너무 적으면 판매수요에 적절히 대응하지 못해 수익창출의 기회를 잃는다. 따라서 재고자산회전율은 재고자산의 적정 보유수준을 평가하는 중요한 척도이다.

재고자산이 판매되면 매출원가로 전환되면서 매출액이 발생한다. 재고자산회전율은 매출액 관점에서 해석될 수도 있고, 재고자산 관점에서 해석될 수도 있다. 재고자산회전율을 높이려면 매출액이 늘어나거나 재고자산이 줄어들어야 한다. 재고자산 보유수준이 전년도와 변화가 없는데 재고자산회전율이 높아졌다면 상대적으로 매출액이 늘어난 것이다. 이 경우 같은 수준의 재고자산을 유지하면서도 매출액이 늘어나 재고자산의 효율성이 높아진 것이다. 반면에 매출액이 전년도와 변화가 없는데 재고자산회전율이 높아졌다면 상대적으로 재고자산이 줄어든 것이다. 이 경우 같은 매출액을 유지하면서도 재고자산이 줄어들어 재고관리능력이 높아진 것이다.

한편 재고자산회전율이 높다고 무조건 재고자산의 효율성이 높다고 단언해서는 안 된다. 앞에서 언급한 대로 매출액에 허위 매출이 포함되어 있지 않은지 확인해 봐야 한다. 또한 재고자산의 감소가 정상적인 영업활동이 아니라 진부화에 따른 가치하락이나 도난 또는 화재로 인한 수량 감소에 기인한 것은 아닌지 확인해 봐야 한다. 반대로 재고자산회전율이 낮다면 재고자산이 시장가치보다 낮은데도 부풀려져 있지는 않은지 확인해 봐야 한다. 기말에 재고자산이 높게 평가되면 상대적으로 매출원가가 줄어들어 이익이 높아진다. 따라서 경영자는 재고자산을 제대로 평가하여 재고자산회전율을 높이는 대신 이익을 높이기 위해 재고자산을 높게 평가했을 수도 있다. 계산식에서 분자인 매출액은 일정 기간의 성과이고 분모인 재고자산은 일정 시점의 상태이므로 일관성을 높이기 위해 연평균재고자산[(기초재고자산+기말재고자산)/2]을 사용하는 것이 좋을 것이다. 또한 재고자산이 판매되면 매출원가로 전환되므로 분자에 매출액보다 매출원가를 사용하는 것이 더 타당할 수도 있다.

$$재고자산회전율 = \frac{매출액}{연평균재고자산}$$

$$재고자산평균보유기간 = \frac{365일}{재고자산회전율} = \frac{연평균재고자산}{매출액} \times 365일$$

재고자산평균보유기간은 365일을 재고자산회전율로 나눈 기간으로 재고자산이 얼마나 빨리 판매되는지를 나타낸다. 즉 매출액 대비 재고자산 보유수준이 낮을수록 재고자산회전율이 빨라져 재고자산평균보유기간도 짧아지는 것이다.

3) 순운전자본회전율

순운전자본회전율(net working capital turnover)은 일정의 순운전자본으로 얼마나 많은 매출액을 창출하는지를 보여준다. 순운전자본은 유동자산에서 유동부채를 차감한 잔액으로 기업의 영업활동을 위한 자금력을 나타낸다. 순운전자본이 너무 많으면 기업이 투자활동에 소극적인 상태로 수익창출의 기회를 놓치는 것이다. 순운전자본이 너무 적으면 부채상환에 따른 자금수요에 적절히 대응하지 못해 파산가능성이 커질 수 있다. 따라서 순운전자본회전율은 순운전자본의 적정 수준을 평가하는 중요한 척도이다. 순운전자본 수준이 전년도와 변화가 없는데 순운전자본회전율이 높아졌다면 상대적으로 매출액이 늘어난 것이다. 이 경우 같은 수준의 순운전자본을 유지하면서도 매출액이 늘어나 순운전자본의 효율성이 높아진 것이다. 반면에 매출액이 전년도와 변화가 없는데 순운전자본회전율이 높아졌다면 상대적으로 순운전자본이 줄어든 것이다. 이 경우 같은 매출액을 유지하면서도 순운전자본이 줄어들어 유동자산의 감소나 유동부채의 증가 원인을 살펴봐야 한다.

한편 순운전자본회전율이 낮다면 순운전자본이 과대평가되어 있지는 않은지 확인해야 한다. 순운전자본은 영업활동을 위한 자본이므로 영업활동과 관련 없는 자산·부채 항목은 제외해야 한다. 미수금, 선급금, 미지급금 그리고 선수금 중에는 영업활동과 관련 없는 부분도 있다. 계산식에서 분모인 순운전자본은 일정 시점의 상태이므로 일관성을 높이기 위해 연평균순운전자본[(기초순운전자본+기말순운전자본)/2]을 사용하는 것이 타당하다.

$$\text{순운전자본회전율} = \frac{\text{매출액}}{\text{연평균순운전자본}}$$

$$\text{순운전자본회수기간} = \frac{\text{365일}}{\text{순운전자본회전율}} = \frac{\text{연평균순운전자본}}{\text{매출액}} \times \text{365일}$$

순운전자본회수기간은 365일을 순운전자본회전율로 나눈 기간으로 순운전자본이 얼마나 빨리 영업활동(매출)에 사용되었다가 회수되는지를 나타낸다. 즉 매출액 대비 순운전자본 보유수준이 낮을수록 순운전자본회전율이 빨라져 순운전자본회수기간도 짧아지는 것이다.

4) 비유동자산회전율

비유동자산회전율(noncurrent assets turnover)은 비유동자산이 얼마나 많은 매출액을 창출하는지를 보여준다. 비유동자산은 영업활동에 사용되는 유형자산과 무형자산만을 의미한다. 비유동자산이 너무 많으면 생산 효율성이 떨어지고 과도한 유지관리비용이 발생한다. 비유동자산이 너무 적으면 매출수요에 적절히 대응하지 못해 수익창출의 기회를 놓칠 수 있다. 따라서 비유동자산회전율은 비유동자산의 적정 보유수준을 평가하는 중요한 척도이다.

비유동자산 수준이 전년도와 변화가 없는데 비유동자산회전율이 높아졌다면 상대적으로 매출액이 늘어난 것이다. 반면에 매출액이 전년도와 변화가 없는데 비유동자산회전율이 높아졌다면 상대적으로 비유동자산이 줄어든 것이다.

비유동자산회전율을 평가할 때 비유동자산에 대한 감가상각과 자산재평가를 고려해야 한다. 먼저 비유동자산회전율이 높을 때는 감가상각(상각)으로 인해 비유동자산의 장부가액이 줄어든 것은 아닌지 확인해 봐야 한다. 유형자산이 감가상각으로 평가액이 많이 줄어들었다면 사용 연한이 지났고 노후화되어 제품의 생산성이 떨어지고 불량률이 높아질 수 있다. 무형자산이 상각으로 평가액이 많이 줄어들었다면 독점적 · 배타적으로 사용할 수 있는 권리가 사라져 영업활동에 불리한 영향을 줄 수 있다. 반면에 비유동자산회전율이 낮을 때에는 비유동자산이 자산재평가로 과대평가된 것은 아닌가 확인해 봐야 한다. 비유동자산의 가치가 높아지면 비유동자산회전율이 낮아져 효율성이 떨어지는 것으로 평가될 수 있다. 따라서 경영자의 재량에 따라 비유동자산회전율이 달라질 수 있으니 다른 재무비율과 함께 평가해야 한다.

$$\text{비유동자산회전율} = \frac{\text{매출액}}{\text{연평균유형자산} + \text{연평균무형자산}}$$

5) 총자산회전율

총자산회전율(total assets turnover)은 총자산으로 얼마나 많은 매출액을 창출하는지를 보여준다. 총자산은 모두 영업활동에 활용되었다는 가정하에 자산의 효율성을 검증한 것이다. 총자산 수준이 전년도와 변화가 없는데 총자산회전율이 높아졌다면 상대적으로 매출액이 늘어난 것이다. 반면에 매출액이 전년도와 변화가 없는데 총자산회전율이 높아졌다면 상대적으로 총자산이 줄어든 것이다.

총자산회전율을 평가할 때 매출 차액(margin)과 자본조달비용의 영향을 고려해야 한다. 먼저, 총자산회전율이 높다면 매출 차액이 적은 것은 아닌지 확인해 봐야 한다. 부채 규모에 변화가 없다면 총자산의 규모는 손익거래에 의해 달라진다. 기타포괄손익은 자본의 '기타포괄손익누계액' 항목에 영향을 주어 총자산 증감을 가져온다. 당기순손익은 자본의 '이익잉여금' 항목에 영향을 주어 총자산 증감을 가져온다. 기타포괄손익누계액도 변화가 없다면 매출액은 당기순손익에 영향을 주어 총자산의 증감을 가져온다. 총자산에 비해 상대적으로 매출액이 높다면 매출액이

자본의 '이익잉여금'에 미치는 영향이 적다는 방증이다. 즉 매출 차액이 적어 매출 규모가 커져도 총자산이 늘어나지 않는 것이다. 한편, 총자산회전율이 높다고 해도 자본구조에 따라 다르게 해석될 수 있다. 총자산 규모가 같아도 타인자본과 자기자본의 조달비용이 다르므로 자본구조에 따라 당기손익이 달라진다. 총자산회전율이 같아도 자본조달비용이 더 적은 자본구조를 가진 기업이 긍정적인 평가를 받을 것이다. 따라서 자기자본회전율도 함께 고려하는 것이 좋다.

$$\text{총자산회전율} = \frac{\text{매출액}}{\text{연평균총자산}}$$

사례 2 활동성 분석

삼성전자(주) 활동성비율의 종단분석과 횡단분석 결과는 다음과 같다. 종단분석을 보면 2023년 모든 활동성비율이 2022년에 비해 조금씩 줄어들었다. 이러한 결과는 경기침체로 매출액은 감소하였지만, 자산은 그대로 유지되어 자산의 효율성이 떨어진 것이다. 횡단분석에서는 매출채권회전율과 비유동자산회전율이 산업평균보다 높았고, 다른 자산회전율은 산업평균보다 낮았다. 따라서 자산 중 미래에 경제적 효익을 가져다줄 자산과 그렇지 못한 자산을 구분하여 효율화시킬 필요가 있다.

재무비율	2023년	2022년	산업평균
매출채권회전율	$\frac{258,935,494}{(36,647,393+35,721,563)/2}$ =7.16회	$\frac{302,231,360}{(35,721,563+40,713,415)/2}$ =7.91회	7.01회
재고자산회전율	$\frac{258,935,494}{(51,625,874+52,187,866)/2}$ =4.99회	$\frac{302,231,360}{(52,187,866+41,384,404)/2}$ =6.46회	6.44회
비유동자산회전율	$\frac{258,935,494}{177,650,825+21,479,808}$ =1.30회	$\frac{302,231,360}{158,986,964+20,226,999}$ =1.69회	0.84회
총자산회전율	$\frac{258,935,494}{(455,905,980+448,424,507)/2}$ =0.57회	$\frac{302,231,360}{(448,424,507+426,621,158)/2}$ =0.69회	0.60회

종단분석의 방사형 그래프에서 2023년 삼성전자(주)의 활동성을 나타내는 빨간색 선은 모두 표준비율인 파란색 선 안에 있다. 따라서 삼성전자(주)의 자산이 전년도에 비해 효율적으로 활용되지 못한 것이다. 자산의 효율성이 떨어진 이유를 다양한 각도에서 확인해 보고 불필요한 자산은 정리할 필요가 있다. 횡단분석에서 빨간색 선은 매출채권회전율과 비유동자산회전율을 제외하고 파란색 선 안에 있다. 매출채권회전율은 산업평균보다 높아 현금회수기간이 짧았으나 재고자산회전율은 산업평균보다 낮아 재고자산 보유기간이 늘어났다. 적정한 재고자산 유지로 진부화로 인한 평가손실을 줄여야 할 것이다.

종단 분석	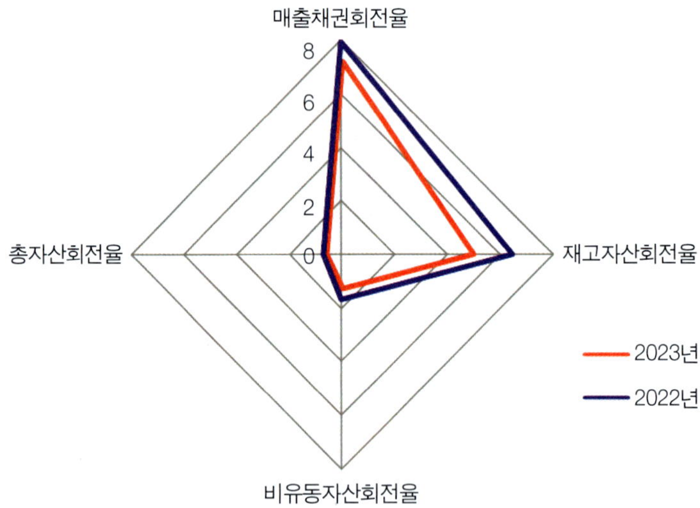
횡단 분석	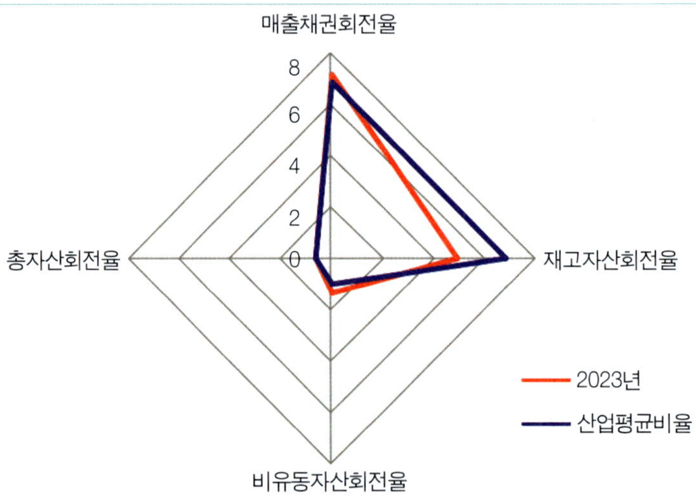

2023년도 활동성비율은 매출채권회전율, 재고자산회전율, 비유동자산회전율 그리고 총자산회전율 순으로 작아지고 있다. 이러한 결과는 자산의 현금화 속도와 일치한다. 만약 매출채권회전율이 재고자산회전율보다 떨어진다면 매출액이 증가해도 현금회수가 느려져 심각한 유동성 위기에 직면할 수 있다.

(3) 성장성비율

성장성비율은 수익성비율, 활동성비율과 함께 주식투자 의사결정에 중요한 지표이다. 주식은 기업의 미래가치를 현재가치로 나타내므로 성장성비율은 미래의 주가를 예측하는 데 도움을 준다.

1) 매출액증가율

매출액증가율(growth rate of sales)은 당기와 전기의 매출액 증감을 전기매출액으로 나눈 비율로 영업활동의 성장성을 보여준다. 그러나 매출액의 증가 원인이 허위매출에 기인한 것은 아닌지 확인해 봐야 한다. 또한 기존 제품의 판매가격 인상, 판매 수량의 증가 또는 신제품 출시에 따른 새로운 매출이 발생하였는지 확인하여 매출액의 질을 검증해야 한다.

$$\text{매출액증가율} = \frac{\text{당기매출액} - \text{전기매출액}}{\text{전기매출액}}$$

2) 영업이익증가율과 순이익증가율

순이익증가율은 당기와 전기의 순이익 증감을 전기순이익으로 나눈 비율로 전체 경영성과의 성장성을 보여준다. 그러나 영업활동으로 인한 이익의 성장성을 확인하려면 당기와 전기의 영업이익 증감을 전기영업이익으로 나눈 영업이익증가율로 확인해야 한다. 영업이익증가율이 상대적으로 매출액증가율보다 낮다면 판매비와 관리비의 과다지출을 의심해야 한다. 순이익증가율이 상대적으로 영업이익증가율보다 낮다면 영업외손실(금융비용 등)이 과도하게 발생하였는지 확인해 봐야 한다.

따라서 이익증가율을 통해 합리적인 비용관리 전략을 모색할 필요가 있다.

$$영업이익증가율 = \frac{당기영업이익 - 전기영업이익}{전기영업이익}$$

$$순이익증가율 = \frac{당기순이익 - 전기순이익}{전기순이익}$$

3) 재고자산증가율과 유형자산증가율

재고자산증가율(growth rate of inventories)은 당기와 전기의 재고자산 증감을 전기재고자산으로 나눈 비율로 영업 규모의 성장성을 보여준다. 매출액증가율보다 재고자산증가율이 더 높다면 재고자산 증가는 영업 성장보다 매출 부진에 기인한다고 볼 수 있다. 유형자산증가율(growth rate of tangible assets)은 당기와 전기의 유형자산 증감을 전기유형자산으로 나눈 비율로 영업활동을 위한 투자 수준의 성장성을 보여준다. 매출액증가율보다 유형자산증가율이 더 높다면 유형자산이 과대투자되었을 가능성이 크다. 또한 유형자산증가율이 재고자산증가율보다 더 높다면 유형자산의 생산성이 떨어지거나 과대투자되었을 가능성이 크다. 경영자는 과대투자활동으로 발생한 특권적 지위를 이용하여 사익(private interest)을 추구할 가능성이 있다.

$$재고자산증가율 = \frac{당기재고자산 - 전기재고자산}{전기재고자산}$$

$$유형자산증가율 = \frac{당기유형자산 - 전기유형자산}{전기유형자산}$$

4) 자기자본증가율과 총자산증가율

자기자본증가율(growth rate of stockholders' equity)은 기초와 기말의 자기자본 증감을 기초자기자본으로 나눈 비율로 자본의 성장성을 보여준다. 자본은 자본거래(납입자본)나 손익거래(기타포괄손익누계액과 이익잉여금)로 변동되었을 것이다. 자본거래(납입자본)가 없었다면 자본은 자산재평가(기타포괄손익누계액)나 당기손익(이익잉여금)으로 변동되었을 것이다. 자기자본증가율이 매출액증가율과 순이익(영업이익)증가율보다 높다면 자본거래(납입자본 등)나 자산재평가(기타포괄손익누계액)에 기인하였을 것이다. 총자산증가율(growth rate of total assets)은 기초와 기말의 총자산 증감을 기초총자산으로 나눈 비율로 기업규모의 성장성을 보여준다. 총자산은 부채와 자본으로 구성되므로 증감의 원인으로 자본구조의 변화를 확인해 봐야 한다. 총자산증가율이 매출액증가율과 순이익(영업이익)증가율보다 높다면 부채, 납입자본 또는 자산재평가이익 증가에 기인하였을 것이다. 즉 총자산이 이익창출보다 과대투자되었다고 평가될 것이다. 따라서 자기자본증가율과 총자산증가율은 증감 원인에 따라 다르게 해석될 수 있다.

$$\text{자기자본증가율} = \frac{\text{기말자기자본} - \text{기초자기자본}}{\text{기초자기자본}}$$

$$\text{총자산증가율} = \frac{\text{기말총자산} - \text{기초총자산}}{\text{기초총자산}}$$

사례 3 성장성 분석

삼성전자(주) 성장성비율의 종단분석과 횡단분석 결과는 다음과 같다. 한국은행 『기업경영분석』은 순이익(영업이익)증가율의 산업평균을 제공하지 않아 본 분석에서도 순이익(영업이익)증가율을 제외하였다. 종단분석을 보면 2023년 모든 성장성비율은 2022년에 비해 감소하였다. 성장성비율이 전년도에 비해 감소한 원인이 내부요인에 기인하는지 외부요인에 기인하는지를 파악하고 개선해야 한다. 횡단분석에서 매출액증가율, 재고자산증가율 그리고 유형자산증가율은 산업평균보다 높았고, 다른 성장성비율은 산업평균보다 낮았다. 이러한 결과는 상대적으로 영업활동과 관련된 매출액, 재고자산 그리고 유형자산이 산업평균보다 증가한 것이다.

재무비율	2023년	2022년	산업 평균
매출액 증가율	$\frac{258,935,494-302,231,360}{302,231,360}\times100=-14.33\%$	$\frac{302,231,360-279,604,799}{279,604,799}\times100=8.09\%$	−16.31%
재고자산 증가율	$\frac{51,625,874-52,187,866}{52,187,866}\times100=-1.08\%$	$\frac{52,187,866-41,384,404}{41,384,404}\times100=26.11\%$	−1.33%
유형자산 증가율	$\frac{187,256,262-168,045,388}{168,045,388}\times100=11.43\%$	$\frac{168,045,388-149,928,539}{149,928,539}\times100=12.08\%$	7.24%
자기자본 증가율	$\frac{363,677,865-354,749,604}{354,749,604}\times100=2.52\%$	$\frac{354,749,604-304,899,931}{304,899,931}\times100=16.35\%$	5.59%
총자산 증가율	$\frac{455,905,980-448,424,507}{448,424,507}\times100=1.67\%$	$\frac{448,424,507-426,621,158}{426,621,158}\times100=5.11\%$	10.74%

종단분석의 방사형 그래프에서 2023년 삼성전자(주) 성장성을 나타내는 빨간색 선은 모두 표준비율인 파란색 선 안에 있다. 삼성전자(주)가 경기침체로 투자활동이 위축된 것으로 보인다. 그러나 성장성이 떨어진 이유를 기업 내부에서도 확인해야 한다. 횡단분석에서 빨간색 선은 매출액증가율, 재고자산증가율 그리고 유형자산증가율이 파란색 선 바깥에 있다. 따라서 영업활동의 성장성은 산업평균보다 높은 것이다.

2023년 매출액증가율은 −14.33%이고 재고자산증가율은 −1.08%이다. 즉 매출보다 재고가 더 빨리 쌓이는 상황이다. 따라서 재고자산의 진부화로 인한 가치감소나 관리비용 증가를 막기 위해 적절한 관리가 필요해 보인다. 한편 유형자산증가율은 매출액증가율과 재고자산증가율보다 높다. 영업활동을 목적으로 보유하는 유형자산이 매출액이나 재고자산보다 빨리 증가한다는 것은 미래를 위한 투자이거나 잘못된 과대투자일 수 있다. 따라서 유형자산이 증가한 원인을 확인해 봐야 한다.

종단분석	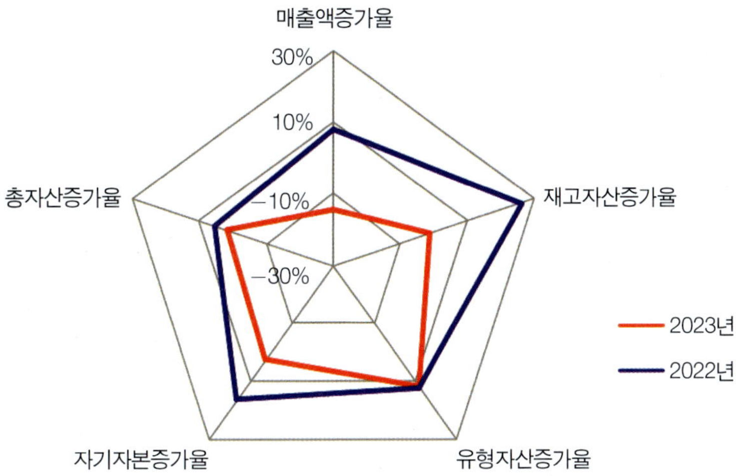
횡단분석	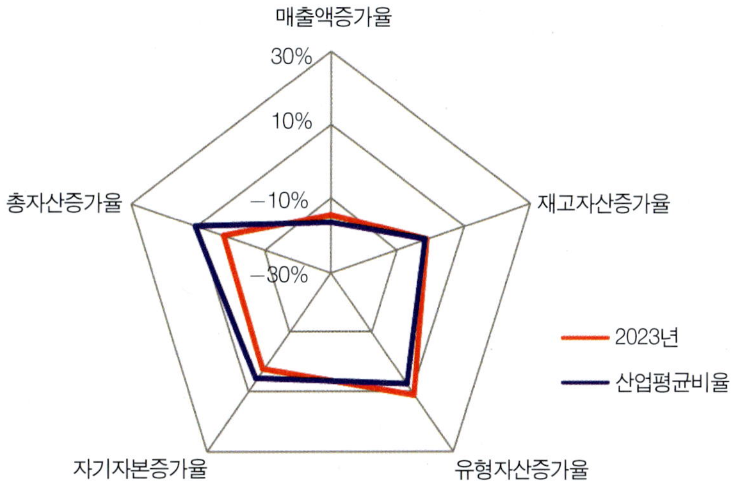

(4) 유동성비율

유동성비율은 단기채무 변제능력이나 갑작스러운 자금수요의 대응능력을 보여준다. 유동성이 부족하면 파산가능성이 커지므로 유동성비율은 기업경영에 매우 중요한 지표이다. 그러나 유동성비율은 대부분 정태비율이므로 특정 시점의 유동성 수준만 보여준다는 한계가 있다.

1) 유동비율

유동비율(current ratio)은 유동자산을 유동부채로 나눈 비율로 단기채무 상환능력을 보여준다. 유동자산은 1년 이내에 현금화할 수 있는 자산이고, 유동부채는 1년 이내에 상환해야 하는 부채이다. 따라서 유동부채를 상환하기 위해서는 유동자산으로 대응해야 한다. 그러나 유동비율은 순운전자본(유동자산−유동부채)의 규모에 따라 다르게 해석될 수 있다. 유동비율이 높으면 유동성이 풍부해져 기업의 파산 가능성이 작아지지만, 순운전자본 규모가 커져 수익을 창출할 기회를 잃게 된다.

$$\text{유동비율}=\frac{\text{유동자산}}{\text{유동부채}}$$

2) 당좌비율

당좌비율(quick ratio)은 당좌자산을 유동부채로 나눈 비율로 유동비율보다 더 엄격한 단기채무 상환능력을 보여준다. 당좌자산은 유동자산에서 재고자산을 차감하고 남은 자산이다. 재고자산은 유동자산 중 상대적으로 현금화 속도가 느리고 처분할 때 진부화나 변질로 인해 손실이 발생할 수 있다. 반면에 당좌자산은 처분과정을 거치지 않고 현금화가 가능하여 단기자금 수요에 더 긴밀하게 대응할 수 있다. 따라서 유동비율이 높아도 당좌비율이 낮다면 유동자산에서 재고자산이 차지하는 비중이 높은 것이다. 유동비율은 재고자산의 종류와 성격에 따라 단기채무 상환능력이 달라진다.

$$\text{당좌비율}=\frac{\text{당좌자산}}{\text{유동부채}}=\frac{\text{유동자산}-\text{재고자산}}{\text{유동부채}}$$

3) 현금비율과 영업현금흐름 대 유동부채비율

현금비율(cash ratio)은 현금및현금성자산을 유동부채로 나눈 비율로 초단기 채무 상환능력을 보여준다. 현금성자산은 취득했을 때 만기가 3개월 이내인 단기금융상품이므로 1년 이내에 상환해야 하는 유동부채를 충분히 대응할 수 있다. 영업현금흐름 대 유동부채비율은 영업활동으로 인한 현금흐름을 유동부채로 나눈 비율로 영업활동을 통한 단기채무 상환능력을 보여준다. 유동부채는 대부분 영업활동을 위해 사용된다. 따라서 영업현금흐름이 부족하면 일시적으로 투자나 재무활동의 현금흐름으로 유동부채를 상환할 수 있겠지만 장기적으로는 유동성이 부족해져 파산가능성이 커질 것이다. 계산식에서 영업현금흐름은 일정 기간의 결과이므로 일관성을 위해 유동부채도 연평균유동부채를 사용하는 것이 좋다.

$$현금비율 = \frac{현금및현금성자산}{유동부채}$$

$$영업현금흐름\ 대\ 유동부채비율 = \frac{영업현금흐름}{유동부채}$$

4) 순운전자본 대 총자본비율

순운전자본 대 총자본비율(net working capital to total assets)은 순운전자본을 총자본으로 나눈 비율로 총자본의 유동성 정도를 보여준다. 즉 총자본의 부채상환능력을 보여주어 파산가능성을 예측할 수 있다. 그러나 순운전자본 대 총자본비율이 높다고 해도 자본구조에 따라 다르게 평가될 수 있다. 총자본 규모가 같아도 부채와 자본의 구성에 따라 파산가능성이 달라진다. 즉 부채 규모가 적은 자본구조를 가진 기업은 파산가능성도 적으므로 더 긍정적인 평가를 받을 것이다.

$$순운전자본\ 대\ 총자본비율 = \frac{순운전자본}{총자본} = \frac{유동자산 - 유동부채}{총자본}$$

사례 4 **유동성 분석**

삼성전자(주) 유동성비율의 종단분석과 횡단분석 결과는 다음과 같다. 한국은행 『기업경영분석』에 영업현금흐름 대 유동부채비율이 없어서 본 분석에 포함하지 않았다. 종단분석을 보면 2023년 현금비율을 제외한 다른 유동성비율은 2022년에 비해 감소하였다. 그러나 그 감소폭은 크지 않았고, 오히려 현금비율은 증가폭이 커졌다. 이러한 원인은 경기침체로 인한 투자활동의 감소와 미래의 부채상환을 위한 유동성 확보에 기인한 것으로 보인다. 횡단분석에서는 모든 유동성비율이 산업평균비율보다 높게 나타났다. 이러한 결과는 삼성전자(주)가 산업평균보다 미래의 불확실성을 더 크게 받아들여 적극적으로 유동성을 관리한 것으로 보인다. 유동성이 높다는 것은 현재 더 높은 수익을 창출할 투자처를 발견하지 못했거나 경기침체에 따른 파산위험을 줄이려는 노력일 것이다.

재무비율	2023년	2022년	산업 평균
유동비율	$\frac{195,936,557}{75,719,452}\times 100=258.77\%$	$\frac{218,470,581}{78,344,852}\times 100=278.86\%$	145.90%
당좌비율	$\frac{195,936,557-51,625,874}{75,719,452}\times 100=190.59\%$	$\frac{218,470,581-52,187,866}{78,344,852}\times 100=212.24\%$	98.03%
현금비율	$\frac{69,080,893}{75,719,452}\times 100=91.23\%$	$\frac{49,680,710}{78,344,852}\times 100=63.41\%$	22.02%
순운전자본 대 총자본비율	$\frac{195,936,557-75,719,452}{455,905,980}\times 100=26.37\%$	$\frac{218,470,581-78,344,852}{448,424,507}\times 100=31.25\%$	8.46%

종단분석의 방사형 그래프에서 2023년 삼성전자(주) 유동성을 나타내는 빨간색 선은 현금비율을 제외하고 모두 표준비율인 파란색 선의 안쪽에 있다. 삼성전자(주)는 경기변화에도 일정 수준의 유동성을 유지하려고 노력한 것이다. 특이한 점은 초단기 채무상환을 위한 현금비율이 2022년보다 높아졌다는 것이다. 횡단분석에서는 빨간색 선이 표준비율인 파란색 선보다 바깥에 있어서 산업평균보다 유동성이 높았다.

2023년 유동비율은 258.77%이고 당좌비율은 190.59%이다. 이러한 결과는 현금화 속도가 느린 재고자산을 제외해도 단기채무를 상환하는 데 문제없는 것이다. 또한 현금비율은 91.23%로 유동부채 중 초단기 채무상환의 대응에도 문제없어 보인다. 당좌비율과 현금비율의 산업평균이 각각 98.03%와 22.02%인 것을 고려하면 삼성전자(주)의 유동성비율은 양호하다. 순운전자본도 총자본의 26.37%를 차지하여 긴급한 자금수요에 충분히 대응할 수 있을 것으로 보인다.

종단 분석

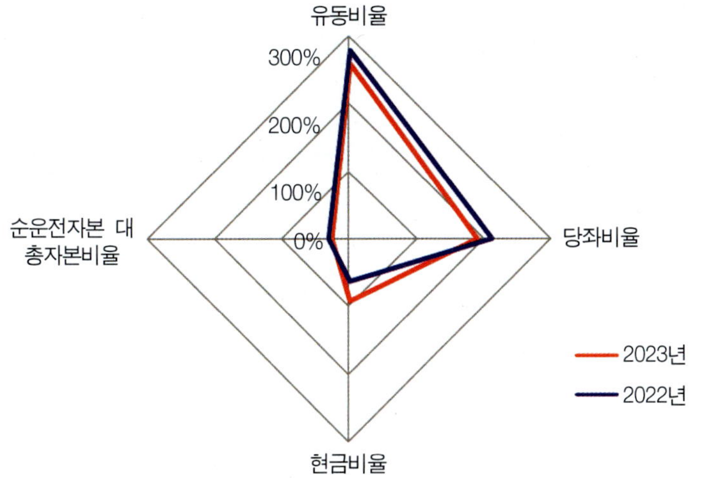

횡단 분석

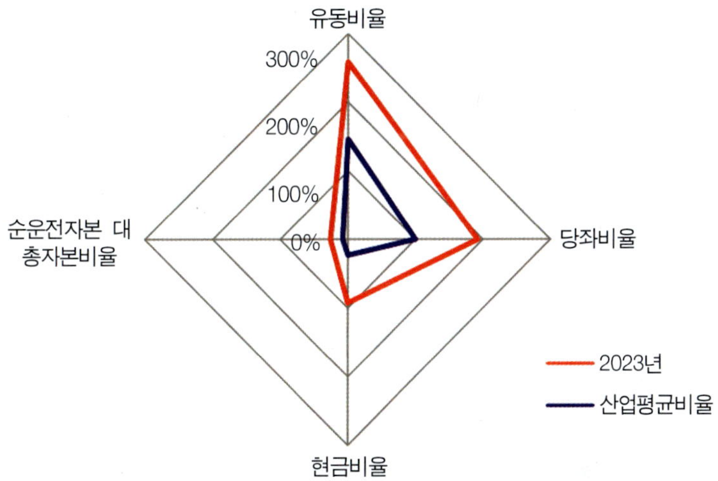

(5) 부채성비율

부채성(레버리지)비율은 기업의 부채 의존도나 장기채무 상환능력을 보여준다. 유동성비율과 함께 기업의 재무안정성을 나타내는 지표이다. 따라서 부채가 자본구조에서 어느 정도 차지하는지와 기업이 영업활동으로 이자비용을 감당할 수 있는지는 투자자의 지대한 관심 사안이다.

1) 부채비율

부채비율(debt to equity ratio)은 총부채를 자기자본으로 나눈 비율로 재무구조의 안정성을 보여준다. 즉 자기자본은 상환의무가 없지만, 부채는 상환하지 않으면 기업이 파산할 수 있어서 부채가 커질수록 재무안정성이 떨어진다. 그러나 경영자, 채권자 그리고 주주는 부채비율에 대해 상반된 이해관계를 가질 수 있다.

첫째, 재무레버리지를 이용한 수익창출은 경영자와 주주에게 유리하지만, 채권자에게는 불리하다. 기업이 부채로 투하자본을 늘리면 더 많은 이익이 발생하여 경영자는 더 많은 보상을 받고 주주는 더 많은 배당금과 자본이익을 얻는다. 반면에 채권자는 이익이 늘어나도 계약상의 이자수익만 받는다. 오히려 부채 증가로 기업의 파산가능성이 커져 원리금 회수가능성이 작아진다.

둘째, 기업이 부채로 자금을 조달하면 주주 권리에 유리하지만, 채권자에게 불리하다. 기업이 주식발행으로 자금을 조달하면 기존 주주의 기업지배력과 이익분배가 줄어들어 주가가 하락한다. 반면에 부채로 자금을 조달하면 부채상환기간에 따라 기존 채권자의 회수 순서가 후순위로 밀려날 수도 있다.

셋째, 부채 증가로 발생한 이자비용은 이익을 줄여 절세효과(tax shield effect)를 가져온다. 주식보다 채권으로 자금을 조달할 때 기업은 세금을 더 적게 낸다. 따라서 부채비율의 증가가 모든 이해관계자에게 부정적인 것은 아니다.

$$\text{부채비율} = \frac{\text{총부채}}{\text{자기자본}}$$

$$\text{차입의존도} = \frac{\text{장·단기차입금} + \text{회사채} + \text{유동성장기부채}}{\text{총자본}}$$

한편 차입의존도(total borrowings and bonds payable to total assets)는 장·단기차입금, 회사채 그리고 유동성장기부채의 합계액을 총자본으로 나눈 비율로 부채비율보다 더 엄격한 채무상환능력을 보여준다. 영업활동에서 발생한 매입채무, 미지급비용 그리고 퇴직급여충당부채 등 영업부채는 이자비용이 발생하지 않으며 영업활동을 통해 자연스럽게 상환된다. 따라서 영업활동과 관련이 적은 금융부채는 상환을 위해 엄격한 관리가 필요하다.

2) 자기자본비율

자기자본비율(equity ratio)은 자기자본을 총자본으로 나눈 비율로 부채비율과 마찬가지로 재무구조의 안정성을 보여준다. 총자본에서 상환의무가 없는 자기자본 비중이 커질수록 파산가능성이 작아지는 것이다. 그러나 재무상태표의 총자본은 우발부채나 채무보증과 관련된 부채를 포함하고 있지 않아서 자기자본비율이 상대적으로 높게 나타날 수도 있다. 따라서 자기자본비율이 높다면 추가로 부외부채가 없는지 확인하여 이를 반영할 필요가 있다.

$$\text{자기자본비율} = \frac{\text{자기자본}}{\text{총자본}}$$

3) 비유동비율과 비유동장기적합률

비유동비율(noncurrent ratio)은 비유동자산을 자기자본으로 나눈 비율로 자금조달과 자금운용의 적합성을 보여준다. 비유동자산은 1년 이후에 현금화할 수 있는 자산으로 1년 이내에 상환하거나 지급해야 하는 유동부채로 취득하면 파산가능성이 커진다. 따라서 상환의무가 없는 자기자본으로 비유동자산을 취득하면 파산가능성이 작아진다. 즉 비유동비율이 낮을수록 재무안정성은 커진다. 더 나아가 비유동장기적합률은 비유동자산을 자기자본과 비유동부채의 합계로 나눈 비율로 비유동비율보다 더 완화된 자금조달과 자금운용의 적합성을 보여준다. 비유동자산을 취득하기 위한 자금은 상환의무가 없는 자기자본으로 조달하며, 부채로 조달한다면 1년 이후에 상환하는 비유동부채를 활용하라는 것이다.

$$\text{비유동비율} = \frac{\text{비유동자산}}{\text{자기자본}}$$

$$\text{비유동장기적합률} = \frac{\text{비유동자산}}{\text{자기자본} + \text{비유동부채}}$$

〈표 7-4〉는 비유동비율과 비유동장기적합률에 따라 재무상태표에서 비유동

자산에 대응하는 자금조달 원천을 나타낸 것이다.

〈표 7-4〉 비유동비율과 비유동장기적합률의 구성요소

비유동비율

자금운용	자금조달
유동자산	부채
비유동자산	자본

비유동장기적합률

자금운용	자금조달
유동자산	유동부채
	비유동부채
비유동자산	자본

4) 이자보상비율

이자보상비율(interest coverage ratio)은 영업이익(EBIT)을 이자비용으로 나눈 비율로 영업활동으로 얻은 이익이 이자비용을 감당할 수 있는지를 보여준다. 이자보상비율이 높을수록 영업이익으로 부채의 금융비용을 감당할 능력이 높아진다. 부채의 원금뿐만 아니라 이자비용을 지급하지 못하면 파산가능성이 커진다. 한계기업은 이자보상비율이 3년 연속 1 미만인 기업으로 재무구조상 더 이상 성장할 수 없는 기업을 말한다.

$$\text{이자보상비율} = \frac{\text{영업이익(EBIT)}}{\text{이자비용}}$$

사례 5 **레버리지 분석**

삼성전자(주) 부채성비율의 종단분석과 횡단분석 결과는 다음과 같다. 종단분석을 보면 2023년 이자보상비율을 제외한 다른 부채성비율은 2022년의 것과 큰 차이를 보이지 않았다. 2023년 이자보상비율이 낮은 이유는 2022년에 비해 영업이익은 줄었지만, 상대적으로 높은 수준의 금융부채를 유지했기 때문이다. 영업이익이 일시적 감소가 아니라면 금융부채를 큰 폭으로 줄일 필요가 있다. 그러나 2022년 이자보상비율이 227.97%인 점을 고려하면 영업이익은 일시적 감소로 보인다. 횡단분석에서는 모든 부채성비율이 산업평균보다 양호하게 나타났다. 이러한 결과는 삼성전자(주)가 산업평균보다 미래의 불확실성을 더 크게 받아들여 투자활동은 줄이고 부채는 적정 수준 이하로 관리한 것이다. 경기침체기에 높은 부채 수준은 상환불능으로 이어져 파산가능성을 높인다.

재무비율	2023년	2022년	산업 평균
부채 비율	$\frac{92,228,115}{363,677,865}\times 100=25.36\%$	$\frac{93,674,903}{354,749,604}\times 100=26.41\%$	45.04%
차입 의존도	$\frac{10,839,451+537,618+1,308,875}{455,905,980}\times 100=2.78\%$	$\frac{8,707,987+536,093+1,089,162}{448,424,507}\times 100=2.30\%$	14.40%
자기자본 비율	$\frac{363,677,865}{455,905,980}\times 100=79.77\%$	$\frac{354,749,604}{448,424,507}\times 100=79.11\%$	69.94%
비유동 비율	$\frac{259,969,423}{363,677,865}\times 100=71.48\%$	$\frac{229,953,926}{354,749,604}\times 100=64.82\%$	106.04%
비유동장기 적합률	$\frac{259,969,423}{363,677,865+16,508,663}\times 100=68.38\%$	$\frac{229,953,926}{354,749,604+15,330,051}\times 100=62.14\%$	89.63%
이자보상 비율	$\frac{6,566,976}{12,645,530}\times 100=51.93\%$	$\frac{43,376,630}{19,027,689}\times 100=227.97\%$	−442.16%

종단분석의 방사형 그래프에서 2023년 삼성전자(주) 부채성을 나타내는 빨간색 선은 이자보상비율을 제외하면 표준비율인 파란색 선과 겹친다. 이자보상비율은 영업활동 위축으로 2022년보다 낮게 나타났다. 횡단분석에서는 빨간색 선이 자기자본비율과 이자보상비율을 제외하고 모두 표준비율인 파란색 선의 안쪽에 있다. 자기자본비율과 이자보상비율은 높을수록 재무안정성이 높아지므로 산업평균보다 양호한 것이다. 따라서 삼성전자(주)의 부채 수준은 산업평균보다 안정적으로 관리되고 있다.

2023년 부채비율은 25.36%이고 차입의존도는 2.78%이다. 차입금은 금융비용을 발생시키며, 기업이 이를 상환하지 못하면 파산한다. 삼성전자(주)의 부채는 금융비용이 발생하지 않는 영업부채나 충당부채가 상대적으로 많은 것이다. 자기자본비율은 79.77%로 총자본에서 자기자본 비중이 높아 재무안정성이 높은 것으로 나타났다. 비유동자산도 자기자본과 비유동부채의 합계보다 작아 자금상환을 위해 긴급하게 처분할 가능성은 작아 보인다. 1년 이후에 현금화가 가능한 비유동자산은 1년 이후에 상환의무가 있는 비유동부채나 만기가 없는 주식발행으로 자금을 조달하여 취득하는 것이 재무안정성에 유리하다.

종단 분석

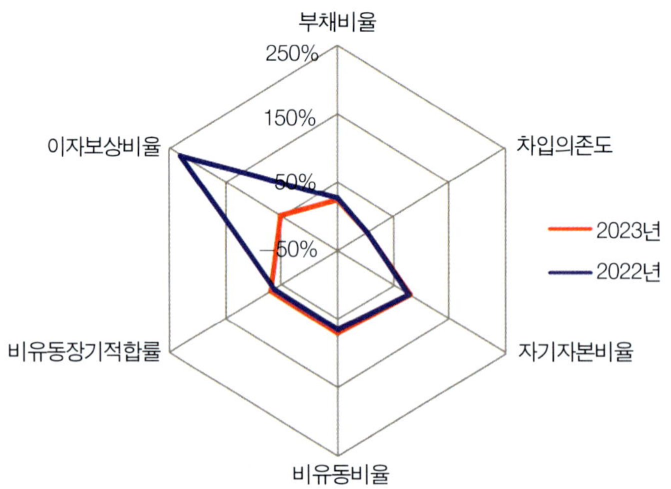

횡단 분석

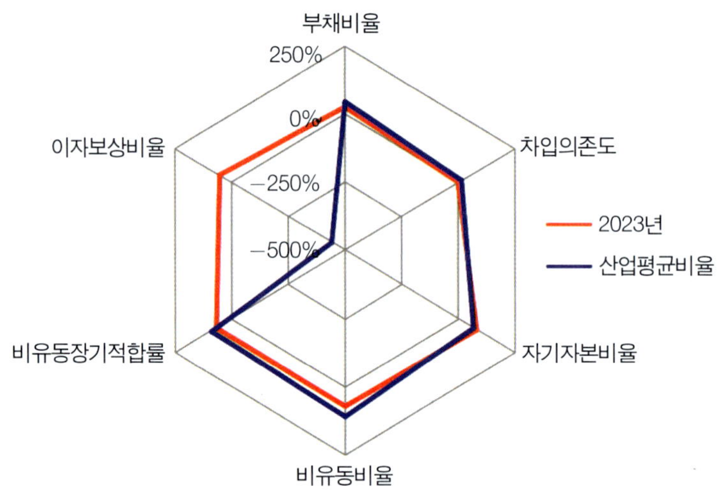

(6) 시장가치비율

재무비율 분석은 재무제표 항목을 이용한 기업가치의 평가이다. 자본시장에서 주식가격은 경영성과를 반영한 기업가치의 평가이다. 회계이익은 기업의 경영성과이므로 궁극적으로 자본시장의 주식가격에 반영될 것이다. 따라서 재무제표 항목을 이용하여 주식가격의 적정성을 평가할 필요가 있다.

1) 주당순이익(EPS)과 주가이익비율(PER)

주당이익(earnings per share : EPS)은 보통주 당기순이익을 가중평균유통보통주식수로 나눈 비율로 보통주 한 주가 얼마만큼의 이익창출능력이 있는지를 보여준다. 보통주 당기순이익은 당기순이익에서 우선주에게 지급될 배당금과 채권자에 대한 이자비용이 차감되어 있다. 가중평균유통보통주식수는 매일 변동하는 주식수를 가중평균하고 유통시장에 거래되는 보통주만을 포함한 것이다.

주가이익비율(price-earnings ratio : PER)은 주식가격을 주당이익(EPS)으로 나눈 비율로 이익에 대한 주가의 상대적 수준을 보여준다. 즉 주가의 상대적 적정성을 평가하여 주식투자 의사결정에 반영하는 것이다. 예를 들어, A기업과 B기업의 주가는 각각 2,000원과 1,000원이라고 하자. 그러나 두 기업의 주당이익은 모두 500원이다. A기업과 B기업의 주가이익비율(PER)은 각각 4와 2로 주당이익을 고려할 때 A기업의 주가가 B기업의 주가보다 상대적으로 높다. 따라서 주가가 상대적으로 낮은 B기업의 주식을 사야 자본이익을 얻을 수 있다. 그러나 경기상황과 업종 특성에 따라 같은 주당이익에 대해서도 주가배수가 달라질 수 있음을 유의해야 한다.

$$\text{주당순이익(EPS)} = \frac{\text{보통주 당기순이익}}{\text{가중평균유통보통주식수}}$$

$$\text{주가이익비율(PER)} = \frac{\text{주식가격}}{\text{주당순이익(EPS)}}$$

2) 주당순자산(BPS)과 주가순자산비율(PBR)

주당순자산(book value per share : BPS)은 순자산(총자산－총부채)을 가중평균유통보통주식수로 나눈 비율로 보통주 한 주가 얼마만큼의 순자산 가치에 해당하는지를 보여준다. 주가순자산비율(price-to-book value ratio : PBR)은 주식가격을 주당순자산(BPS)으로 나눈 비율로 순자산에 대한 주가의 상대적 수준을 보여준다. 즉 주가의 상대적 적정성을 평가하여 주식투자 의사결정에 반영하는 것이다. 예를 들어, A기업과 B기업의 주가는 각각 2,000원과 1,000원이라고 하자. 그러나 두 기업의 주당순자산이 모두 1,000원이다. A기업과 B기업의 주가순자산비율(PBR)은 각각 2와 1로 주당순자산을 고려할 때 A기업의 주가는 B기업의 주가보다 상대적으로 높다. 따라서 주가가 상대적으로 낮은 B기업의 주식을 사야 자본이익을 얻을 수 있다. 보통 PBR이 1보다 작으면 주가가 순자산보다 저평가되어 있고, PBR이 1보다 크면 주가가 순자산보다 고평가되어 있다고 본다. PBR은 이익이 발생하지 않아 주당이익을 산출할 수 없는 기업에서 유용하게 사용할 수 있다. 그러나 순자산은 인적자원이나 내부창출 무형자산(고객 충성도, 시장점유율 등)을 포함할 수 없어서 과소평가될 수 있다. 반면에 순자산은 경영자의 자의적인 비용의 자본화(개발비)로 과대평가될 수도 있다. 따라서 비율을 해석할 때 이러한 점을 주의해야 한다.

$$\text{주당순자산(BPS)} = \frac{\text{순자산 장부가액}}{\text{가중평균유통보통주식수}}$$

$$\text{주가순자산비율(PBR)} = \frac{\text{주식가격}}{\text{주당순자산(BPS)}}$$

3) 주당매출액(SPS)과 주가매출액비율(PSR)

주당매출액(sales per share : SPS)은 매출액을 가중평균유통보통주식수로 나눈 비율로 보통주 한 주가 얼마만큼의 매출액을 창출하는지를 보여준다. 주가매출액비율(price-to-sale ratio : PSR)은 주식가격을 주당매출액(SPS)으로 나눈 비율로 매출액에 대한 주가의 상대적 수준을 보여준다. 이 비율은 손실이 발생하였거나 자본잠식 상태여서 주당이익과 주당순자산을 산출할 수 없는 기업에서 유용하게 사용할 수 있다. 기업수명주기로 보면, 손실이 발생하는 도입기나 성숙기에 있는 기업에 적용할 수 있다. 그러나 매출액에 허위 매출이 포함될 수 있고, 매출액이 현금흐름이 없는 신용매출로 발생할 수 있어서 비율을 해석할 때 이러한 점을 주의해야 한다.

$$\text{주당매출액(SPS)} = \frac{\text{매출액}}{\text{가중평균유통보통주식수}}$$

$$\text{주가매출액비율(PSR)} = \frac{\text{주식가격}}{\text{주당매출액(SPS)}}$$

4) 토빈의 Q비율

토빈의 Q(Tobin's Q)비율은 자산의 시장가치를 자산의 대체원가로 나눈 비율로 기업의 투자가치를 보여준다. 자산의 시장가치는 시장에서 수요와 공급으로 결정되는 가격이다. 대체원가는 현재의 자산을 신규 취득이 아닌 같은 조건의 자산으로 대체하는 데 소요되는 원가이다. 물가상승이 없다면 대체원가는 장부가액과 같겠지만 물가상승이 있다면 대체원가는 장부가액보다 높을 수 있다. Q비율이 1보다 크다면 기업의 성장성이 높아 투자가치가 있다고 해석되지만, Q비율이 1보다 낮다면 기업은 성장성이 낮아 투자가치가 없다고 해석될 것이다. Q비율은 주가의 적정성을 평가한 다른 비율과 달리 자산 전체를 평가하였다는 점에서 기업의 인수합병(merger and acquisition : M&A) 의사결정에 활용될 수 있다.

$$\text{Q비율} = \frac{\text{자산의 시장가치}}{\text{자산의 대체원가}}$$

사례 6 시장가치 분석

삼성전자(주) 시장가치비율의 종단분석과 횡단분석 결과는 다음과 같다. 한국은행『기업경영분석』에는 시장가치비율이 없어서 표준비율로 LG전자(주) 시장가치비율을 선정하였다. 종단분석을 보면 2023년 주가이익비율(PER)을 제외한 다른 시장가치비율은 2022년의 것과 유사하거나 조금 높다. 2023년 PER가 높은 이유는 주당이익에 비해 주가가

고평가되었기 때문이다. 물론 주가는 이익 외에도 다양한 요소를 반영하지만, 이익만 고려하면 주가가 상대적으로 높은 것이다. 횡단분석에서는 주가이익비율(PER), 주가순자산비율(PBR) 그리고 토빈의 Q비율은 LG전자(주)보다 높고, 주가매출액비율(PSR)은 LG전자(주)보다 낮았다. 매출액을 제외하면 삼성전자(주) 주가는 LG전자(주) 주가보다 상대적으로 높게 평가되는 것이다. 토빈의 Q비율에서 자산의 대체원가는 물가상승이 없다고 가정하여 자산의 장부가액으로 계산하였다. 자산의 시장가치는 부채의 장부가액에 보통주 시가총액을 합한 금액으로 계산하였다.

재무비율	2023년 말	2022년 말	2023년 LG전자(주)
주가이익비율 (PER)	$\frac{78,500}{2,131}=36.84$	$\frac{55,300}{8,057}=6.86$	25.82
주가순자산비율 (PBR)	$\frac{78,500}{52,002}=1.51$	$\frac{55,300}{50,817}=1.09$	0.93
주가매출액비율 (PSR)	$\frac{78,500}{43,374}=1.81$	$\frac{55,300}{50,627}=1.09$	2.35
토빈의 Q비율	$\frac{92,228,115+468,627,930}{455,905,980}=1.23$	$\frac{93,674,903+330,128,975}{448,424,507}=0.95$	0.89

종단분석의 방사형 그래프에서 2023년 삼성전자(주) 시장가치를 나타내는 빨간색 선은 PER를 제외하면 표준비율인 파란색 선과 겹친다. 주당이익의 관점에서 전년도와 비교하면 주식의 추가 매수보다 매도를 고려해야 한다. 횡단분석에서도 빨간색 선이 PSR을 제외하고 모두 표준비율인 파란색 선의 바깥쪽에 있다. PER, PBR 그리고 Q비율이 경쟁업체보다 높다는 것은 주가가 상대적으로 고평가되어 있다는 방증이다.

2023년 PER가 다른 시장가치비율에 비해 높은 것은 자산과 매출액은 변화가 없는데 이익이 상대적으로 많이 줄어들었기 때문이다. 삼성전자(주)의 2023년 종가 78,500원이 적정한 주가가 되려면 주당이익이 더 높아져야 한다.

종단 분석	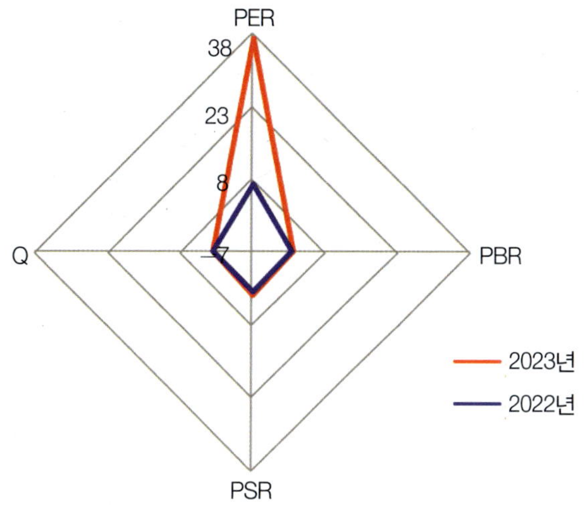
횡단 분석	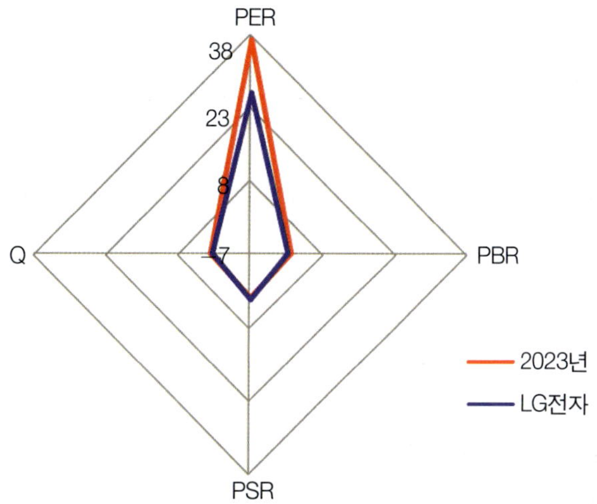

(7) 생산성비율

생산성비율은 재화나 용역을 초기(생산) 단계에서 최종소비자에게 전달하는 과정의 각 단계에서 부가한 경제적 가치(부가가치)를 생산요소인 경영, 자본 그리고 노동으로 나눈 비율이다. 부가가치는 크게 공제법과 가산법으로 산출한다. 공제법은 매출액에서 외부에서 구매한 가치(매입액)를 차감한 잔액을 부가가치로 본다. 반면에 가산법은 법인세차감전순이익에 인건비, 임차료, 세금과공과, 순금융비용 그리고 감가상각비를 합한 금액을 부가가치로 본다. 재무제표 항목을 이용하여 부가가치를 계산한다면 가산법이 더 수월할 수 있다. 가산법에서 순금융비용을 제외한 나머지 항목은 손익계산서의 '매출원가' 구성항목과 '판매비와 관리비' 구성항목에 중복으로 포함되어 있다. 판매비와 관리비의 구성항목은 손익계산서를 통해 확인할 수 있지만 매출원가 구성항목은 제조원가명세서를 통해 확인해야 한다. 그러나 제조원가명세서는 기업의 영업비밀이므로 공식적으로 외부에 공개되지 않아 구하기 쉽지 않다.

1) 부가가치율

부가가치율은 부가가치를 매출액으로 나눈 비율로 매출액의 생산성을 보여준다. 공제법으로 부가가치가 산출되었다면 매입액이 줄어들수록 부가가치율은 높아진다. 반면에 가산법으로 부가가치가 산출되었다면 어떠한 항목이 부가가치율을 높였는지 확인할 수 있다.

$$\text{부가가치율} = \frac{\text{부가가치}}{\text{매출액}}$$

2) 자본생산성비율

자본생산성비율은 부가가치를 총자본으로 나눈 비율로 총자본의 생산성을 보여준다. 총자본을 부채와 자본으로 구분하여 각각 비율을 산출하면 투입된 타인자본과 자기자본의 생산성을 확인할 수 있다. 그 외에도 총자본을 유형자산(건설중인 자산 제외)이나 무형자산으로 대체하면 설비투자효율이나 무형자산 생산성을 확인할 수 있다.

$$\text{자본생산성비율(총자본투자효율)} = \frac{\text{부가가치}}{\text{총자본}}$$

$$\text{설비투자효율} = \frac{\text{부가가치}}{\text{유형자산} - \text{건설중인 자산}}$$

3) 노동생산성비율

노동생산성비율은 부가가치를 종업원 수로 나눈 비율로 노동의 생산성을 보여준다. 종업원 수는 사업보고서를 통해 확인할 수 있다. 노동집약산업에 속한 기업은 노동생산성비율이 낮을 것이다. 반면에 기술집약산업에 속한 기업은 노동생산성비율이 높을 것이다. 반면에 종업원이 정당한 보상을 받는지 확인하기 위해 인건비를 부가가치로 나눈 노동소득분배율도 함께 고려해야 한다.

$$\text{노동생산성비율} = \frac{\text{부가가치}}{\text{종업원 수}}$$

$$\text{노동소득분배율} = \frac{\text{인건비}}{\text{부가가치}}$$

사례 7 생산성 분석

삼성전자(주) 생산성비율의 종단분석과 횡단분석 결과는 다음과 같다. 다만, 삼성전자(주) 부가가치를 산출하는 데 필요한 '제조원가명세서'는 구할 수 없어서 본 분석에서는 부가가치를 100조원이라고 가정하였다. 종단분석을 보면 2023년 부가가치율은 2022년에 비해 조금 더 높으며, 총자본투자효율과 설비투자효율은 2022년에 비해 조금 더 낮았다. 횡단분석에서는 모든 생산성비율이 산업평균보다 높아 삼성전자(주)의 생산성이 양호하였다. 설비투자효율의 계산에서 '건설중인 자산'은 없는 것으로 가정하였다.

재무비율	2023년 말	2022년 말	산업 평균
부가가치율	$\frac{100,000,000}{258,935,494} \times 100 = 38.62\%$	$\frac{100,000,000}{302,231,360} \times 100 = 33.09\%$	24.06%
총자본 투자효율	$\frac{100,000,000}{455,905,980} \times 100 = 21.93\%$	$\frac{100,000,000}{448,424,507} \times 100 = 22.30\%$	10.87%
설비 투자효율	$\frac{100,000,000}{187,256,262} \times 100 = 53.40\%$	$\frac{100,000,000}{168,045,388} \times 100 = 59.51\%$	28.79%

종단분석의 방사형 그래프에서 2023년 삼성전자(주) 생산성을 나타내는 빨간색 선은 표준비율인 파란색 선과 겹친다. 2023년 삼성전자(주) 생산성은 2022년

과 큰 차이를 보이지 않았다. 횡단분석에서는 빨간색 선이 표준비율인 파란색 선의 바깥쪽에 있다. 이러한 결과는 삼성전자(주) 생산성이 산업평균보다 높다는 것을 보여준다.

2023년 부가가치율은 다른 생산성비율에 비해 2022년보다 높아 매출액에 대한 생산성이 양호하였다.

종단 분석	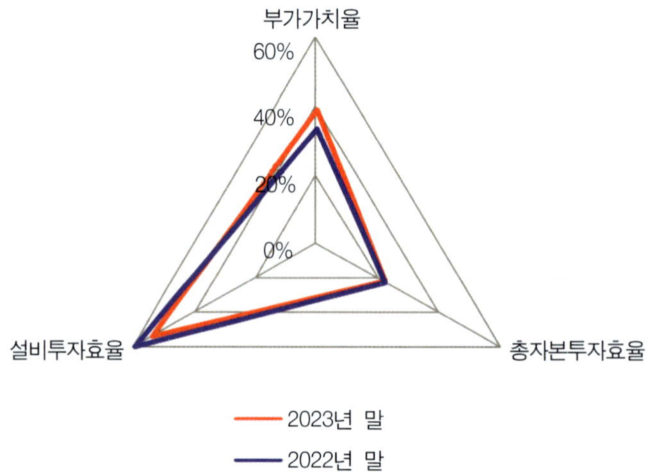
횡단 분석	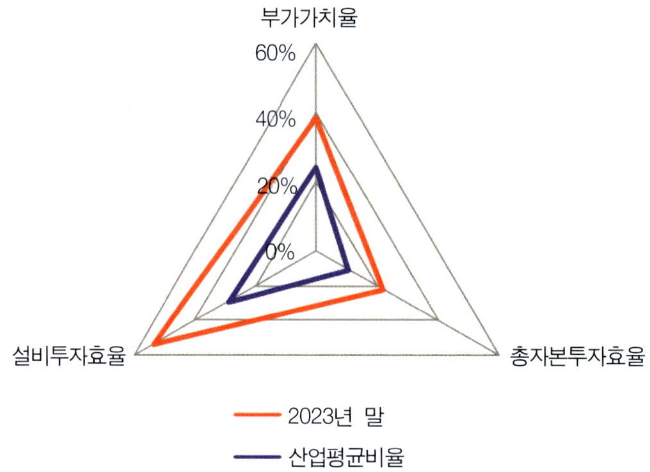

3 재무비율의 종합분석

재무비율의 개별 분석을 종합적으로 투자의사결정에 반영하기 위해 확장된 분석 방법을 활용할 수 있다.

(1) 공통형 재무제표

공통형 재무제표(common-size financial statements)는 규모가 다른 기업 간의 재무상태나 경영성과를 상호비교하는 데 유용하다. 이러한 분석은 표준비율이 경쟁업체 비율이 되는 횡단분석 중 하나이다. 구체적으로 공통형 재무상태표는 자산총계(또는 부채총계나 자본총계)를 100%로 설정하고, 해당 구성항목이 차지하는 비율을 산출한 다음 다른 기업의 같은 항목과 상호비교하는 것이다. 공통형 손익계산서도 매출액을 100%로 설정하고 수익과 비용 항목이 차지하는 비율을 산출한 다음 다른 기업의 같은 항목과 상호비교하는 것이다.

공통형 재무제표를 설명하기 위해 2023년 삼성전자(주)와 LG전자(주)의 연결재무제표를 이용하였다. 같은 업종에 속해 있어도 비교대상기업을 선정할 때 다양한 기준이 존재한다. 본 사례는 비교대상기업을 매출의 구성항목으로 선정하였다.

사업보고서의 사업내용을 보면 삼성전자(주)와 LG전자(주)는 전자제품의 매출 비중이 높아 상호비교대상기업이라고 판단하였다. 삼성전자(주)는 전자제품 매출 비중이 전체 매출액의 65.7%를 차지하며, LG전자(주)도 H&A, HE 그리고 BS부문을 합하면 59.1%에 달한다. 본 사례는 상호비교대상기업의 공통된 재무제표 항목만 분석하였으므로 일부 세부 항목은 제외하였다.

〈표 7-5〉 삼성전자(주) 매출 구성

부 문	주요 제품	매출액 (단위 : 백만원)	비율(%)
DX부문	TV, 모니터, 냉장고, 세탁기, 에어컨, 스마트폰, 네트워크시스템, 컴퓨터 등	1,699,923	65.7
DS부문	DRAM, NAND Flash, 모바일AP 등	665,945	25.7
SDC	스마트폰용 OLED패널 등	309,754	12.0
Harman	디지털 콕핏, 카오디오, 포터블 스피커 등	143,885	5.6
기타	부문 간 내부거래 제거 등	−230,152	−9.0
총 계		2,589,355	100.0

〈표 7-6〉 LG전자(주) 매출 구성

부 문	주요 제품	매출액 (단위 : 백만원)	비율(%)
H&A	냉장고, 세탁기, 에어컨 등	301,395	35.8
HE	TV, Audio 등	142,328	16.9
VS	텔레매틱스, AV, AVN, 모터, 인버터, 컨버터 등	101,476	12.0
BS	모니터, PC, 사이니지 등	54,120	6.4
이노텍	Optics Solution 등	206,053	24.5
기타	설비, 부문 간 내부거래 등	36,906	4.4
총 계		842,278	100.0

1) 공통형 재무상태표

삼성전자(주)의 자산총계는 455조원이며, LG전자(주)의 자산총계는 60조원이다. 따라서 기업규모의 차이로 재무상태를 단순히 상호비교할 수는 없다. 다음의 공통형 재무상태표는 삼성전자(주)와 LG전자(주)의 자산총계를 각각 100%로 설정하고, 구성항목을 자산총계에서 차지하는 비율로 나타내었다. 두 기업은 공통으로 자산총계를 100%로 설정하였기 때문에 다른 항목도 상호비교가 가능한 것이다.

삼성전자(주)의 유동자산과 비유동자산은 각각 자산총계의 43.0%와 57.0%를 차지하였다. 반면에 LG전자(주)의 유동자산과 비유동자산은 각각 자산총계의 50.4%와 49.6%를 차지하였다. 따라서 LG전자(주)의 유동성이 삼성전자(주)보다

〈표 7-7〉 공통형 재무상태표

2023년 12월 31일 현재

항 목 \ 기 업	삼성전자(주)		LG전자(주)	
	금액(백만원)	백분율(%)	금액(백만원)	백분율(%)
자산				
유 동 자 산	195,936,557	43.0	30,341,209	50.4
현금및현금성자산	69,080,893	15.2	8,487,563	14.1
매 출 채 권	36,647,393	8.0	9,265,022	15.4
재 고 자 산	51,625,874	11.3	9,125,404	15.1
기타유동자산	5,038,838	1.1	1,379,180	2.3
비유동자산	259,969,423	57.0	29,899,584	49.6
유 형 자 산	187,256,262	41.1	16,818,629	27.9
무 형 자 산	22,741,862	5.0	2,867,687	4.8
이연법인세자산	10,211,797	2.2	2,821,557	4.7
자산총계	455,905,980	100.0	60,240,793	100.0
부채				
유 동 부 채	75,719,452	16.6	24,160,380	40.1
매 입 채 무	11,319,824	2.5	9,427,288	15.6
단기차입금	7,114,601	1.6	2,601,636	4.3
충 당 부 채	6,524,876	1.4	1,049,625	1.7
기타유동부채	2,308,472	0.5	3,987,373	6.6
비유동부채	16,508,663	3.6	12,581,877	20.9
장기차입금	3,724,850	0.8	10,719,175	17.8
순확정급여부채	456,557	0.1	105,278	0.2
이연법인세부채	620,549	0.1	35,025	0.1
장기충당부채	2,878,450	0.6	327,495	0.5
기타비유동부채	2,802,356	0.6	209,754	0.3
부채총계	92,228,115	20.2	36,742,257	61.0
자본				
지배기업 소유주지분	353,233,775	77.5	19,664,754	32.6
자 본 금	897,514	0.2	904,169	1.5
주식발행초과금	4,403,893	1.0	3,088,179	5.1
이익잉여금	346,652,238	76.0	16,201,439	26.9
기타자본항목	1,280,130	0.3	−108,079	−0.2
비지배지분	10,444,090	2.3	3,833,782	6.4
자본총계	363,677,865	79.8	23,498,536	39.0
자본과부채총계	455,905,980	100.0	60,240,793	100.0

조금 더 높다. 한편 자본구조를 살펴보면, 삼성전자(주)의 부채와 자본은 각각 자산총계의 20.2%와 79.8%를 차지하였다. 반면에 LG전자(주)의 부채와 자본은 각각 자산총계의 61.0%와 39.0%를 차지하였다. 따라서 삼성전자(주)의 부채비율이 LG전자(주)보다 더 낮아 재무안정성이 더 높다고 말할 수 있다. 부채의 구성을 살펴보면, 삼성전자(주)의 유동부채와 비유동부채는 각각 자산총계의 16.6%와 3.6%를 차지하였다. 반면에 LG전자(주)의 유동부채와 비유동부채는 각각 자산총계의 40.1%와 20.9%를 차지하였다. 따라서 LG전자(주)의 유동부채비율이 삼성전자(주)보다 높아 단기채무 상환에 따른 자금 수요압박이 더 크다고 할 수 있다. 이렇게 규모는 달라도 공통형 재무상태표를 이용하면 기업 간 재무상태를 상호비교할 수 있다.

2) 공통형 손익계산서

삼성전자(주)의 매출액은 258조원이며, LG전자(주)의 매출액은 84조원이다. 따라서 매출액 규모의 차이로 경영성과를 단순히 상호비교할 수는 없다. 다음의 공통형 손익계산서는 삼성전자(주)와 LG전자(주)의 매출액을 각각 100%로 설정하고, 구성항목을 매출액에서 차지하는 비율로 나타내었다. 두 기업은 공통으로 매출액을 100%로 설정하였기 때문에 다른 항목도 상호비교가 가능한 것이다.

삼성전자(주)와 LG전자(주)의 매출총이익은 각각 매출액의 30.3%와 23.5%를 차지하였다. 반면에 삼성전자(주)와 LG전자(주)의 영업이익은 각각 매출액의 2.5%와 4.2%를 차지하였다. 따라서 매출 차액(margin on sales)은 삼성전자(주)가 LG전자(주)보다 높지만, 판매비와 관리비 효율은 LG전자(주)가 삼성전자(주)보다 높다. 따라서 삼성전자(주)는 판매비와 관리비의 효율성을 높여야 하고, LG전자(주)는 원가절감의 노력이 필요해 보인다. 삼성전자(주)와 LG전자(주)의 당기순이익은 각각 매출액의 6.0%와 1.4%를 차지하여 삼성전자(주)가 이익률은 더 높았다. 이렇게 매출 규모가 달라도 공통형 손익계산서를 이용하면 기업 간 경영성과를 상호비교할 수 있다. 공통형 재무제표를 이용하여 해당 기업의 강점과 약점을 파악하면 합리적인 투자의사결정이 가능할 것이다.

〈표 7-8〉 공통형 손익계산서

2023년 1월 1일부터 2023년 12월 31일까지

항 목 \ 기 업	삼성전자(주)		LG전자(주)	
	금액(백만원)	백분율(%)	금액(백만원)	백분율(%)
매 출 액	258,935,494	100.0	84,227,765	100.0
매 출 원 가	180,388,580	69.7	64,425,110	76.5
매출총이익	78,546,914	30.3	19,802,655	23.5
판매비와 관리비	71,979,938	27.8	16,253,581	19.3
영 업 이 익	6,566,976	2.5	3,549,074	4.2
기 타 이 익	1,180,448	0.5	2,295,013	2.7
기 타 손 실	1,083,327	0.4	2,766,111	3.3
지분법이익(손실)	887,550	0.3	(1,044,728)	−1.2
금 융 수 익	16,100,148	6.2	1,285,261	1.5
금 융 비 용	12,645,530	4.9	1,425,480	1.7
법인세비용차감전순이익	11,006,265	4.3	1,869,879	2.2
법인세비용(수익)	(4,480,835)	−1.7	720,212	0.9
당기순이익(손실)	15,487,100	6.0	1,150,611	1.4

(2) 추세분석

추세분석(trend analysis)은 일정 기간의 구성비율이나 재무비율이 시간의 흐름에 따라 어떻게 변화했는지 관찰하여 재무상태나 경영성과의 방향성을 확인하고 예측하는 것이다. 따라서 추세분석은 시간의 흐름에 따른 변화를 관찰하므로 시계열 분석(time-series analysis)이며 종단분석이라고 할 수 있다. 그러나 추세분석도 재무제표 항목을 활용하므로 기간별로 회계처리방법이나 회계추정이 자주 변경되면 추세가 갖는 의미는 약화한다.

1) 지수형 재무제표 추세분석

지수형 재무제표(common base-year financial statements)는 기준 시점의 재무제표 항목을 100%로 설정하고 이후 기준 시점 대비 해당 항목의 상대적 비율을 관찰하여 일정 기간의 추세를 의사결정에 반영하는 것이다. 그러나 기준 시점에 특정의

〈표 7-9〉 지수형 재무상태표

(단위 : %)

항 목 \ 일정 시점	2019.12.31	2020.12.31	2021.12.31	2022.12.31	2023.12.31
자산					
유 동 자 산	100.0	109.3	120.3	120.4	108.0
현금및현금성자산	100.0	109.3	145.2	184.8	256.9
단기금융상품	100.0	121.2	107.2	85.4	29.8
매 출 채 권	100.0	88.1	115.9	101.7	104.3
재 고 자 산	100.0	119.7	154.6	195.0	192.9
기타유동자산	100.0	91.1	123.3	153.2	122.2
비유동자산	100.0	105.2	121.8	134.3	151.9
투 자 자 산	100.0	124.4	139.1	134.9	117.8
유 형 자 산	100.0	107.6	125.1	140.2	156.3
무 형 자 산	100.0	89.2	97.7	97.7	109.8
기타비유동자산	100.0	64.0	85.1	88.1	177.3
자산총계	100.0	107.3	121.0	127.2	129.3
부채					
유 동 부 채	100.0	118.5	138.2	122.8	118.7
매 입 채 무	100.0	111.7	154.3	122.1	129.8
단기차입금	100.0	115.0	95.1	35.8	49.4
미 지 급 금	100.0	99.1	129.8	146.6	127.7
기타유동부채	100.0	108.7	143.9	188.2	222.6
비유동부채	100.0	103.0	129.7	59.2	63.7
사 채	100.0	97.2	52.1	55.0	55.1
장기차입금	100.0	91.0	130.4	162.1	169.5
장기미지급금	100.0	77.0	137.0	126.1	251.3
기타비유동부채	100.0	71.6	52.6	48.6	116.3
부채총계	100.0	114.1	135.7	104.4	102.8
자본					
지배기업 소유지분	100.0	105.0	116.2	135.4	138.6
자 본 금	100.0	100.0	100.0	100.0	100.0
주식발행초과금	100.0	100.0	100.0	100.0	100.0
이익잉여금	100.0	106.5	115.1	132.7	136.2
기타자본항목	100.0	174.8	42.8	−39.0	−25.8
비지배지분	100.0	103.9	108.8	120.1	131.1
자본총계	100.0	105.0	116.0	134.9	138.3
부채와자본총계	100.0	107.3	121.0	127.2	129.3

경제적 충격이 발생하여 재무제표 항목의 금액이 과도하게 높거나 과도하게 낮다면 비교 시점의 분석 결과는 왜곡될 수 있다.

2019년을 기준 시점으로 한 삼성전자(주)의 지수형 재무상태표와 지수형 손익계산서는 각각 〈표 7-9〉 및 〈표 7-10〉과 같다. 지수형 재무상태표를 보면, 2019년을 기준으로 2023년의 현금및현금성자산은 256.9% 증가한 것을 알 수 있다. 2019년을 기준으로 2023년의 매출채권, 자산총계, 부채총계 그리고 자본총계는 모두 증가하였지만, 상대적으로 부채총계는 거의 증가하지 않았다. 이러한 결과는 2023년 삼성전자(주)가 2019년에 비해 현금 비중은 많이 증가시켰지만, 부채는 거의 늘리지 않았다는 것을 보여준다. 그 외의 항목도 2019년을 기준으로 다른 연도와 비교하면 의미 있는 결과를 얻을 것이다.

한편 지수형 재무상태표를 통해 항목의 추세를 확인할 수 있다. [그림 7-1]의 그래프를 보면, 삼성전자(주)의 '현금및현금성자산'은 5년간 가파르게 증가한 것을 알 수 있다. 이러한 추세에 따르면 삼성전자(주)가 미래의 불확실성에 대비하여 현금을 비축해 온 것으로 보인다. 또한 자본도 완만하지만 5년간 증가추세에 있다. 자본거래가 없었다면 손익거래에서 이익이 발생했을 것으로 보인다. 나머지 자산, 부채 그리고 매출채권은 완만하게 증가하였으나 추세적으로 큰 의미는 없었다.

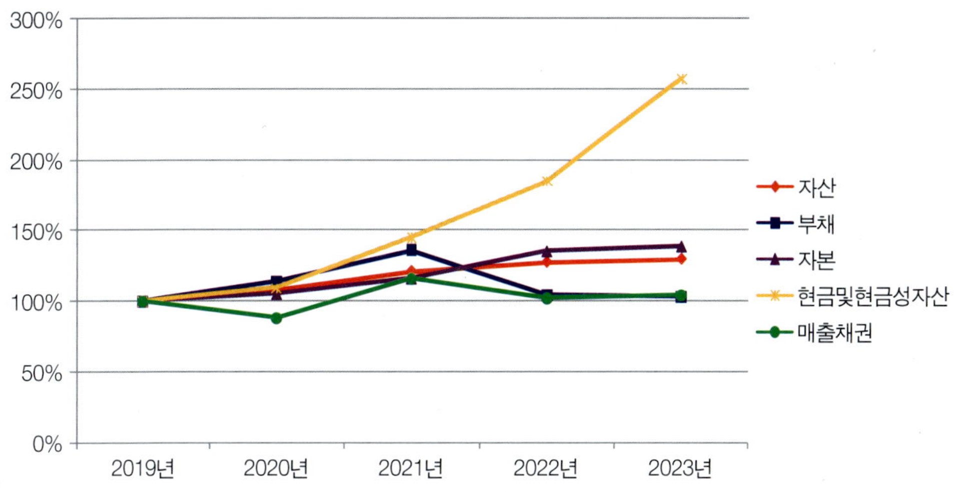

[그림 7-1] 지수형 재무상태표 주요 항목의 추세

지수형 손익계산서를 보면, 2019년을 기준으로 2023년의 매출액은 112.4%가 증가하였고, 매출원가는 122.5%가 증가하였다. 또한 2019년을 기준으로 2023년의 매출총이익은 94.5%로 감소하였다. 이러한 결과는 원가율이 상승하면서 매출 차액이 줄어든 것이다. 2019년을 기준으로 2023년의 영업이익과 당기순이익도 각각 23.6%와 71.2%로 감소하였다. 2023년의 경영성과는 2019년에 비해 떨어지는 것이다.

〈표 7-10〉 지수형 손익계산서

(단위 : %)

일정 기간 / 항 목	2019.1.1~ 2019.12.31	2020.1.1~ 2020.12.31	2021.1.1~ 2021.12.31	2022.1.1~ 2022.12.31	2023.1.1~ 2023.12.31
매 출 액	100.0	102.8	121.4	131.2	112.4
매 출 원 가	100.0	98.1	113.0	129.1	122.5
매출총이익	100.0	111.0	136.1	134.9	94.5
판매비와 관리비	100.0	101.7	111.1	124.2	129.9
영 업 이 익	100.0	129.6	185.9	156.2	23.6
기 타 수 익	100.0	77.8	124.0	110.3	66.4
기 타 비 용	100.0	175.9	145.3	126.5	76.6
금 융 수 익	100.0	120.7	84.1	205.0	158.4
금 융 비 용	100.0	136.8	93.1	229.9	152.8
법인세비용차감전순이익	100.0	119.4	175.3	152.6	36.2
법인세비용	100.0	114.3	154.7	−106.0	−51.5
당기순이익(손실)	100.0	121.5	183.6	256.0	71.2

한편 지수형 손익계산서를 통해 항목의 추세를 확인할 수 있다. [그림 7-2]의 그래프를 보면, 삼성전자(주)의 '당기순이익'은 2022년까지 가파른 증가추세에 있다가 2022년부터 하락추세로 돌아섰다. '영업이익'은 2021년까지 가파른 증가추세에 있다가 2021년부터 하락추세로 돌아섰다. 이러한 추세변화는 2022년부터 경기침체가 시작되었기 때문으로 보인다. '매출액'과 '매출원가'도 2022년까지 완만한 증가추세에 있었지만 2023년부터는 매출원가가 매출액보다 더 가파르게 증가하여 매출 차액이 줄어든 것으로 보인다. 따라서 매출총이익도 2022년을 기점으로 하락추세로 돌아섰다.

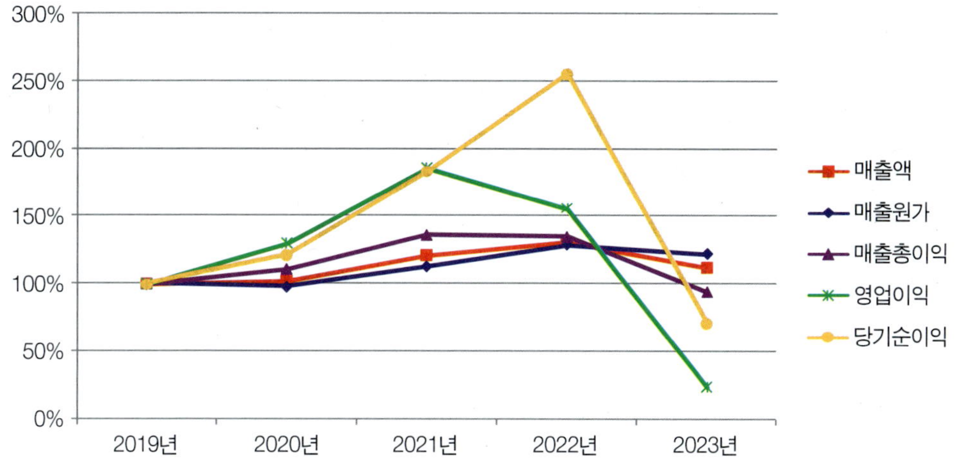

[그림 7-2] 지수형 손익계산서 주요 항목의 추세

2) 공통형 재무제표 추세분석

공통형 재무제표의 추세분석은 재무제표 항목이 자산총계나 매출액에서 차지하는 비중의 추세를 분석한 것이다. 즉 재무제표 항목의 구성이 시간의 흐름에 따라 어떻게 달라지는지를 확인하는 것이다. 물론 다른 기업의 재무제표 항목 구성의 추세와도 상호비교가 가능하다. 따라서 공통형 재무제표의 추세분석은 횡단분석과 종단분석을 결합한 형태이다.

2019년부터 2023년까지의 삼성전자(주)의 공통형 재무상태표와 공통형 손익계산서는 각각 〈표 7-11〉 및 〈표 7-12〉와 같다. 공통형 재무상태표는 자산총계를 100%로 설정하였고, 공통형 손익계산서는 매출액을 100%로 설정하였다. 공통형 재무상태표를 보면, 유동자산과 단기금융상품이 자산총계에서 차지하는 비중은 2019년에 각각 51.4%와 21.6%였는데, 2023년에는 각각 43.0%와 5.0%로 감소하였다. 반면에 현금및현금성자산 비중은 2019년에 7.6%였는데, 2023년에는 15.2%로 증가하였다. 이러한 결과는 초단기 채무에 대응하기 위해 단기금융상품을 줄이고 일부는 현금및현금성자산으로 대체한 것이다. 유동부채와 부채총계가 자산총계에서 차지하는 비중은 2019년에 각각 18.1%와 25.4%였는데, 2023년에는 각각 16.6%와 20.2%로 감소하였다. 반면에 자본총계의 비중은 2019년에 74.6%였는데, 2023년에는 79.8%로 증가하였다. 이러한 결과는 재무안정성을 높이기 위해 유동부채와 부채총계 비중을 줄여 자본총계 비중이 늘어난 것으로 보인다.

〈표 7-11〉 기간별 공통형 재무상태표

(단위 : %)

항 목 \ 일정 시점	2019.12.31	2020.12.31	2021.12.31	2022.12.31	2023.12.31
자산					
유 동 자 산	51.4	52.4	51.1	48.7	43.0
현금및현금성자산	7.6	7.8	9.1	11.1	15.2
단기금융상품	21.6	24.4	19.2	14.5	5.0
매 출 채 권	10.0	8.2	9.5	8.0	8.0
재 고 자 산	7.6	8.5	9.7	11.6	11.3
기타유동자산	1.2	1.0	1.2	1.4	1.1
비유동자산	48.6	47.6	48.9	51.3	57.0
투 자 자 산	5.0	5.8	5.7	5.3	4.5
유 형 자 산	34.0	34.1	35.1	37.5	41.1
무 형 자 산	5.9	4.9	4.7	4.5	5.0
기타비유동자산	2.3	1.4	1.6	1.6	3.1
자산총계	100.0	100.0	100.0	100.0	100.0
부채					
유 동 부 채	18.1	20.0	20.7	17.5	16.6
매 입 채 무	2.5	2.6	3.2	2.4	2.5
단기차입금	4.1	4.4	3.2	1.1	1.6
미 지 급 금	3.4	3.1	3.7	3.9	3.4
기타유동부채	0.3	0.3	0.3	0.4	0.5
비유동부채	7.3	7.1	7.9	3.4	3.6
사 채	0.3	0.3	0.1	0.1	0.1
장기차입금	0.6	0.5	0.7	0.8	0.8
장기미지급금	0.6	0.4	0.7	0.6	1.2
기타비유동부채	0.7	0.5	0.3	0.3	0.6
부채총계	25.4	27.0	28.5	20.9	20.2
자본					
지배기업 소유지분	72.3	70.8	69.4	77.0	77.5
자 본 금	0.3	0.2	0.2	0.2	0.2
주식발행초과금	1.2	1.2	1.0	1.0	1.0
이익잉여금	72.2	71.7	68.7	75.4	76.0
기타자본항목	−1.4	−2.3	−0.5	0.4	0.3
비지배지분	2.3	2.2	2.0	2.1	2.3
자본총계	74.6	73.0	71.5	79.1	79.8
부채와자본총계	100.0	100.0	100.0	100.0	100.0

[그림 7-3]의 그래프를 보면, 삼성전자(주) 유동자산이 자산총계에서 차지하는 비중은 감소추세에 있고, 현금및현금성자산 비중은 증가추세에 있다. 이러한 추세는 유동자산이 줄어도 현금비중이 늘어나 단기채무 상환능력을 강화한 것으로 보인다. 유동부채와 부채총계 비중은 완만한 감소추세에 있고 자본총계는 증가추세에 있다. 종합해 보면, 삼성전자(주)는 부채가 감소하면서 상대적으로 자본이 증가하여 재무안정성이 높아진 것이다.

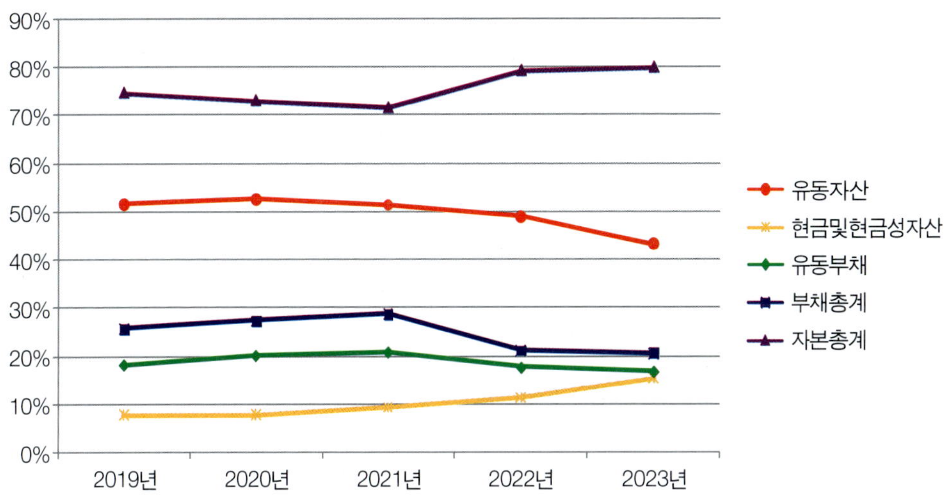

[그림 7-3] 공통형 재무상태표 주요 항목의 추세

공통형 손익계산서를 보면, 매출원가가 매출액에서 차지하는 비중은 2019년에 63.9%였으나 2023년에는 69.7%로 증가하였다. 판매비와 관리비 비중도 2019년에 24.0%였으나 2023년에는 27.8%로 증가하였다. 반면에 매출총이익, 영업이익 그리고 당기순이익이 차지하는 비중은 2019년에 각각 36.1%, 12.1% 그리고 9.4%로 나타났으나 2023년에는 각각 30.3%, 2.5% 그리고 6.0%로 감소하였다. 이러한 결과는 매출 차액이 줄면서 모든 경영성과가 줄어든 것으로 보인다. 따라서 물가상승을 고려하면서 원가절감과 비용의 효율적 관리가 필요해 보인다.

〈표 7-12〉 기간별 공통형 손익계산서

(단위 : %)

항 목 \ 일정 기간	2019.1.1~ 2019.12.31	2020.1.1~ 2020.12.31	2021.1.1~ 2021.12.31	2022.1.1~ 2022.12.31	2023.1.1~ 2023.12.31
수 익(매출액)	100.0	100.0	100.0	100.0	100.0
매 출 원 가	63.9	61.0	59.5	62.9	69.7
매출총이익	36.1	39.0	40.5	37.1	30.3
판매비와 관리비	24.0	23.8	22.0	22.8	27.8
영 업 이 익	12.1	15.2	18.5	14.4	2.5
기 타 수 익	0.8	0.6	0.8	0.6	0.5
기 타 비 용	0.6	1.1	0.7	0.6	0.4
금 융 수 익	4.4	5.2	3.1	6.9	6.2
금 융 비 용	3.6	4.8	2.8	6.3	4.9
법인세비용차감전순이익	13.2	15.3	19.1	15.4	4.3
법인세비용	3.8	4.2	4.8	−3.0	−1.7
당기순이익(손실)	9.4	11.2	14.3	18.4	6.0

[그림 7-4]의 그래프를 보면, 삼성전자(주)의 매출원가와 판매관리비가 매출액에서 차지하는 비중은 증가추세에 있고, 매출총이익, 영업이익 그리고 당기순이익 비중은 감소추세에 있다. 이러한 추세는 원가율과 비용 상승에 기인한 것으로 보인다.

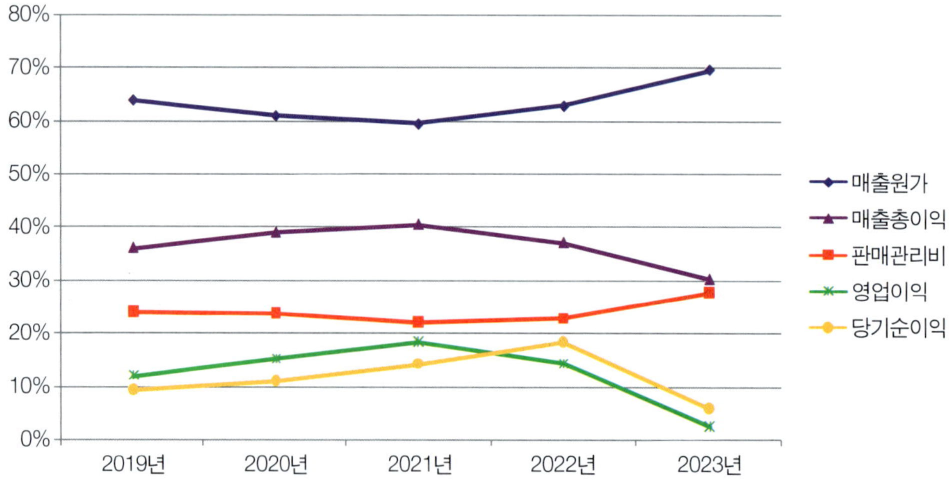

[그림 7-4] 공통형 손익계산서 주요 항목의 추세

3) 재무비율 추세분석

재무비율의 추세분석은 일정 기간 시간의 흐름에 따라 재무비율의 변화를 관찰하고 그 추세의 의미를 평가하는 것이다. 재무비율의 추세분석에서 다른 비율과 의미가 중복되는 자기자본비율, 자기자본증가율 그리고 토빈의 Q비율은 생략하였다. 또한 삼성전자(주)의 실제 부가가치를 구할 수 없어서 생산성비율도 생략하였다. 〈표 7-13〉은 2019년부터 2023년까지 삼성전자(주)의 수익성, 활동성, 성장성, 유동성, 부채성 그리고 시장가치비율의 추세를 나타낸다.

수익성비율을 보면, 2022년을 정점으로 2023년부터 감소추세에 있다. 특히 2023년에는 매출액영업이익률이 급격히 하락하였다. 따라서 영업활동의 매출 차액을 높일 방안을 마련해야 할 것이다. 활동성비율을 보면, 재고자산회전율이 감소추세에 있고, 다른 회전율은 큰 변화가 없다. 따라서 재고자산의 적정 수준을 파악할 필요가 있다. 성장성비율을 보면, 2021년을 정점으로 2022년부터 감소추세에 있다. 성장성비율은 수익성비율을 선행하는 것이다. 유동성비율을 보면, 유동비율, 당좌비율 그리고 순운전자본 대 총자본비율은 약간의 감소추세에 있다. 반면에 현금비율은 지속해서 뚜렷한 상승추세에 있다. 삼성전자(주)는 의도적으로 현금보유량을 늘린 것으로 보인다. 부채성비율을 보면, 부채비율과 차입의존도는 완만한 감소추세에 있고, 비유동비율과 비유동장기적합률은 완만한 증가추세에 있다. 유동자산과 부채는 감소하고 있지만, 비유동자산은 증가한 것이다. 이자보상비율은 2021년을 기점으로 하락추세에 있다. 시장가치비율을 보면, PBR과 PSR은 추세적으로 큰 변화가 없지만, PER는 2022년을 기점으로 가파른 상승추세로 돌아섰다. 주가가 과대평가된 것은 아닌지 확인할 필요가 있다.

〈표 7-13〉 재무비율 추세분석

재무비율		2019년	2020년	2021년	2022년	2023년
수익성 (%)	총자산순이익률	6.3	7.2	9.9	12.7	3.4
	자기자본순이익률	8.5	9.8	13.7	16.9	4.3
	매출액영업이익률	12.1	15.2	18.5	14.4	2.5
	매출액순이익률	9.4	11.2	14.3	18.4	6.0
활동성 (회)	매출채권회전율	6.7	7.2	7.8	7.9	7.2
	재고자산회전율	8.3	8.1	7.6	6.5	5.0
	비유동자산회전율	1.7	1.6	1.8	1.7	1.3
	총자산회전율	0.7	0.6	0.7	0.7	0.6
성장성 (%)	매출액증가율	−5.5	2.8	18.1	8.1	−14.3
	재고자산증가율	−7.7	19.7	29.2	26.1	−1.1
	유형자산증가율	3.8	7.6	16.3	12.1	11.4
	총자산증가율	3.9	7.3	12.8	5.1	1.7
유동성 (%)	유동비율	284.4	262.2	247.6	278.9	258.8
	당좌비율	242.4	219.8	200.6	212.2	190.6
	현금비율	42.2	38.9	44.3	63.4	91.2
	순운전자본 대 총자본비율	33.4	32.4	30.5	31.2	26.4
부채성 (%)	부채비율	34.1	37.1	39.9	26.4	25.4
	차입의존도	5.0	5.2	4.0	2.1	2.5
	비유동비율	65.1	65.2	68.4	64.8	71.5
	비유동장기적합률	59.3	59.5	61.6	62.1	68.4
	이자보상비율	335.6	318.0	670.2	228.0	51.9
시장성 (배)	PER	17.6	21.1	13.6	6.9	36.8
	PBR	1.2	1.9	1.8	1.1	1.5
	PSR	1.4	2.1	1.7	1.1	1.8

[그림 7-5]의 그래프는 삼성전자(주)의 수익성, 활동성, 성장성, 유동성, 부채성 그리고 시장가치비율의 추세를 보여준다. 이자보상비율은 변동폭이 커서 생략하였다.

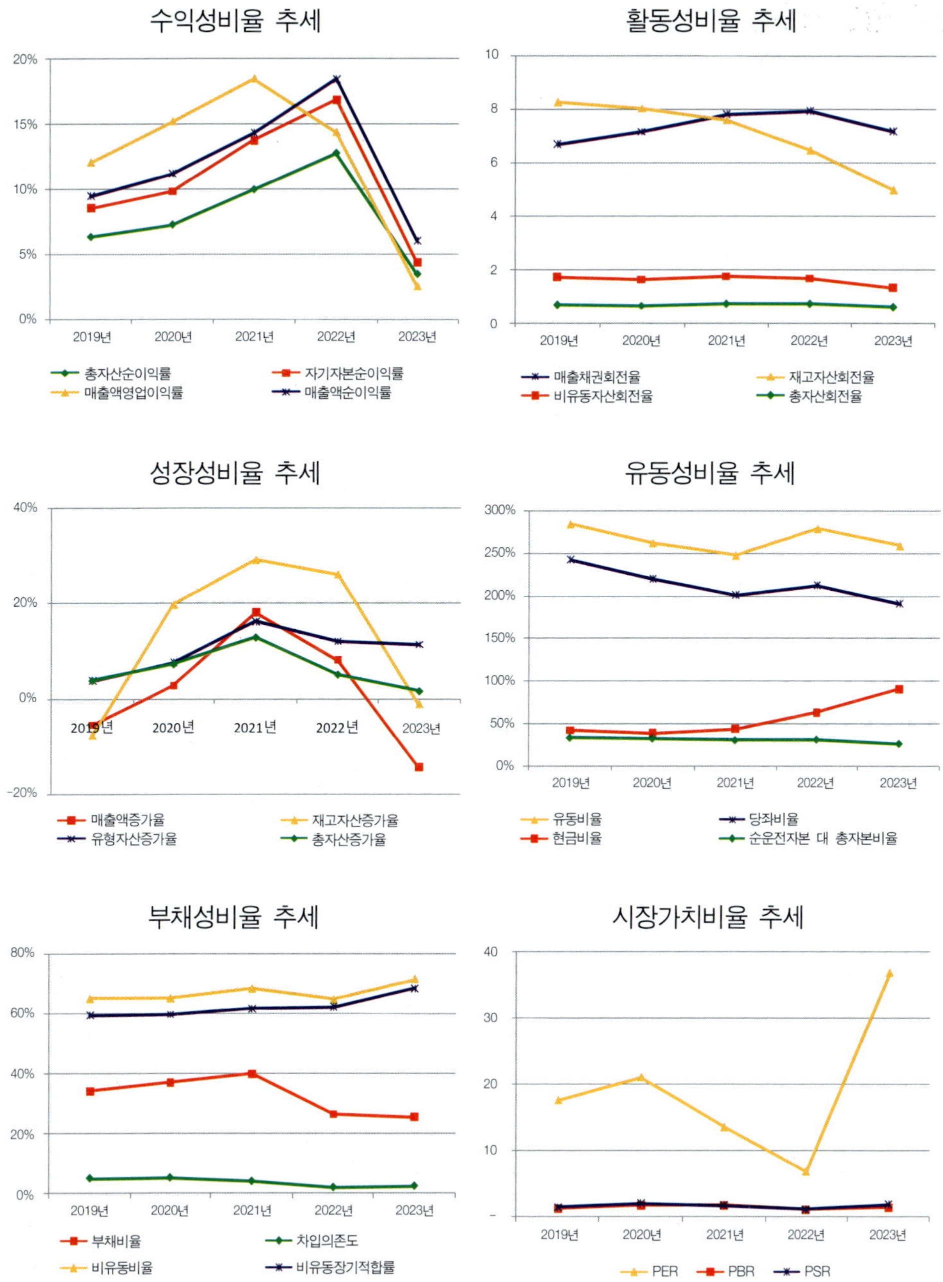

[그림 7-5] 연도별 재무비율의 추세분석

(3) 종합지수법

종합지수법은 기업평가를 위한 개별 재무비율을 하나의 단일 지표로 변형하여 종합적으로 평가하는 방법이다. 특정 기업의 수익성비율이 양호해도 유동성비율이 불량하면 각각의 특성을 기업평가에 종합적으로 반영하거나 결론을 내리기 어렵다.

1) 종합지수법 계산방법과 종류

종합지수법은 대표적으로 월(A. Wall) 지수법, 트랜트(J. B. Trant) 지수법 그리고 브리체트(F. F. Burichet) 지수법이 있다. 이후 많은 금융기관은 다양한 목적에 맞게 자체적으로 응용한 지수법을 이용하고 있다. 구체적으로 지수법의 계산순서는 다음과 같다.

① 중요한 재무비율 선택 : 기업평가의 목적에 맞는 재무비율을 선택한다.
② 선택된 재무비율 가중치 부여 : 전체를 100으로 설정하고, 각 재무비율의 중요도에 따라 가중치를 부여한다.
③ 관계비율 계산 : 개별 재무비율의 실제비율과 표준비율을 구한다. 그리고 실제비율을 표준비율로 나누어 관계비율을 산출한다. 주의할 점은 부채비율과 비유동비율은 표준비율보다 작을수록 양호하므로 표준비율을 실제비율로 나누어 관계비율을 산출한다. 실제비율이 표준비율과 같다면 관계비율은 1이 된다.
④ 종합지수 계산 : ③의 관계비율에 ②의 가중치를 곱한 다음 개별 재무비율 지수를 합산하여 종합지수를 산출한다.
⑤ 종합평가 : 선택된 재무비율의 관계비율이 모두 1이라면 개별 지수는 가중치와 같아지므로 종합지수는 100이 된다. 즉 실제비율이 표준비율보다 높으면 종합지수는 100 이상이 되고, 실제비율이 표준비율보다 작으면 종합지수는 100 미만이 된다.

다음은 각각의 지수법이 선택한 재무비율과 가중치를 나타낸다. 월(Wall) 지수법과 트랜트(Trant) 지수법은 3개의 안정성비율과 4개의 활동성비율로 구성되어 있다. 두 지수법은 수익성비율을 포함하지 않았다. 반면에 브리체트(Burichet) 지수법은 5개의 안정성비율과 3개의 활동성비율 그리고 2개의 수익성비율로 구성되어 있다.

월 지수법은 유동비율과 부채비율에 높은 가중치를 부여하여 기업의 재무안정성에 초점을 맞추고 있다. 반면에 트랜트 지수법은 재고자산회전율과 비유동자산회전율에 높은 가중치를 부여하여 기업의 활동성에 초점을 맞추고 있다.

월 지수법과 트랜트 지수법은 매출액을 이용한 활동성비율을 포함하고 있지만, 직접적인 수익성을 나타내지는 못한다. 브리체트 지수법은 금융기관과 사채권자 관점에 따라 재무비율의 가중치를 다르게 적용하였다. 금융기관은 기업의 단기채무 상환능력을 중시하므로 유동비율, 유동자산 대 당좌자산 비율 그리고 매출채권회전율에 높은 가중치를 부여하였다. 반면에 사채권자는 기업의 장기채무 상환능력을 중시하므로 부채비율, 총자산회전율 그리고 이자보상비율에 높은 가중치를 부여하였다.

〈표 7-14〉 지수법의 주요 재무비율과 가중치

주요 비율	가중치		주요 비율	브리체트 가중치	
	월	트랜트		금융기관	사채권자
유동비율	25	15	유동비율	20	3
부채비율	25	10	당좌자산/유동자산	20	3
비유동비율	15	10	매출채권/재고자산	5	3
매출채권회전율	10	10	부채비율	5	20
재고자산회전율	10	20	재고자산회전율	10	4
비유동자산회전율	10	20	매출채권회전율	25	4
자기자본회전율	5	–	총자산회전율	5	20
매입채무회전율	–	15	이자보상비율	2	30
			매출액순이익률	5	8
			총자산순이익률	3	5
합 계	100	100	합 계	100	100

2) 종합지수법의 유용성과 한계점

종합지수법은 다음과 같은 유용성과 한계점이 존재한다.

① 유용성

첫째, 종합지수법은 다수의 재무비율을 하나의 단일 지표로 제시하여 기업평가의 종합적 의사결정이 가능하다. 특히 기업의 재무상태와 경영성과를 나타내는 재무비율을 고르게 반영하여 균형 있는 평가방법이 될 수 있다.

둘째, 종합지수법은 의사결정의 목적에 맞게 변형하여 사용할 수 있다. 재무안정성 평가, 채무상환능력, 유동성 평가 등 다양한 목적에 맞게 설계할 수 있다.

② 한계점

첫째, 종합지수법에 사용되는 재무비율이 임의로 선택되어 평가자가 의도한 결과를 가져올 수 있다. 예를 들어, 수익성이 낮은 기업을 양호하게 평가하려면 종합지수법에 수익성비율을 포함하지 않으면 된다.

둘째, 종합지수법의 재무비율에 부여되는 가중치는 객관적인 근거가 없어서 평가자가 의도한 결과를 가져올 수 있다. 예를 들어, 유동성이 높은 기업을 양호하게 평가하려면 유동성비율의 가중치를 높이면 된다.

셋째, 종합지수법의 관계비율은 표준비율에 따라 달라지므로 종합지수도 표준비율의 선택에 따라 달라진다. 예를 들어, 특정 기업의 종합지수가 A표준비율보다 B표준비율을 선택할 때 높아진다면 특정 기업은 B표준비율 선택을 요구할 것이다.

넷째, 종합지수법에서 상관관계가 높은 재무비율이 선택되면 재무비율이 종합지수에 모호한 영향을 줄 수 있다. 예를 들어, 부채비율과 비유동비율은 높을수록 재무안정성이 떨어져 종합지수에 중복적인 영향을 준다. 반면에 매출채권회전율은 높고 매입채무회전율은 낮아야 현금화 속도가 빨라져 종합지수에 상충한 영향을 준다.

3) 종합지수법 사례 분석

〈표 7-15〉는 월 지수법과 트랜트 지수법으로 분석한 2023년 삼성전자(주)의 종합

평가 결과이다.[1] 표준비율은 한국은행 『기업경영분석』에서 제조업의 'C26. 전자부품 등(대기업)' 산업평균을 이용하였다. 부채비율과 비유동비율은 산업평균보다 낮을수록 양호하므로 표준비율을 실제비율로 나누어 관계비율을 산출하였다.

분석 결과, 월 지수법과 트랜트 지수법에 의한 종합지수는 각각 149.6과 150.0으로 둘 다 100을 넘었다. 앞에서 설명한 대로 월 지수법은 유동비율과 부채비율에 높은 가중치를 부여하고, 트랜트 지수법은 재고자산회전율과 비유동자산회전율에 높은 가중치를 부여한다. 삼성전자(주)는 가중치가 높은 재무안정성과 활동성이 양호하게 나타나 두 지수법에 의한 종합지수도 비슷하게 나타난 것이다. 따라서 삼성전자(주)의 종합평가는 우수한 것으로 나타났다.

〈표 7-15〉 삼성전자(주)의 지수법 분석

주요 비율	① 가중치		② 실제비율	③ 표준비율	④ 관계비율 (②/③)	⑤ 종합지수 (①×④)	
	월	트랜트				월	트랜트
유동비율	25	15	258.8	145.9	1.8	44.3	26.6
부채비율	25	10	25.4	45.0	1.8	44.3	17.7
비유동비율	15	10	71.5	106.0	1.5	22.2	14.8
매출채권회전율	10	10	7.2	7.0	1.0	10.3	10.3
재고자산회전율	10	20	5.0	6.4	0.8	7.8	15.6
비유동자산회전율	10	20	1.3	0.8	1.6	16.3	32.5
자기자본회전율	5	–	0.7	0.8	0.9	4.4	–
매입채무회전율	–	15	23.6	10.9	2.2	–	32.5
합 계	100	100				149.6	150.0

※ ⑤ 종합지수=②/③(부채비율과 비유동비율은 ③/②)×①, 소수점 둘째 자리에서 반올림하였음.

(4) 재무비율의 분해

1) ROA와 ROE의 분해

총자산이익률(ROA)은 순이익을 총자산으로 나눈 비율로 투자수익률(ROI)이라고도

1) 김종오 · 이우백 · 선우혜정, 「재무분석－이론과 사례」, 생능, 2020, p.199 참조.

한다. ROA를 분해하면 매출액순이익률과 총자산회전율로 나눌 수 있다. 즉 총자산순이익률은 수익성과 활동성을 나타낸다. 따라서 같은 ROA라고 해도 수익성과 활동성에 따라 다르게 평가할 수 있다. 여기서, 일정 기간의 경영성과와 일관성을 높이기 위해 총자산을 연평균총자산으로 사용하는 것을 권유한다.

$$\text{ROA} = \frac{\text{순이익}}{\text{총자산}} = \frac{\text{순이익}}{\text{매출액}} \times \frac{\text{매출액}}{\text{총자산}} = \text{매출액순이익률} \times \text{총자산회전율}$$

〈표 7-16〉에서 A기업과 B기업의 ROA는 모두 4%이다. 그러나 A기업은 매출액순이익률이 4%이고, 총자산회전율이 1회이다. 반면에 B기업은 매출액순이익률이 2%이고, 총자산회전율이 2회이다. A기업은 매출 차액(margin)은 높으나 적게 파는 산업에 속해 있다. 대표적으로 설비투자 규모가 큰 철강, 자동차, 조선업종 등 중공업이 이에 해당한다. 반면에 B기업은 매출 차액은 낮으나 많이 파는 산업에 속해 있다. 대표적으로 음식료업종이나 섬유, 신발, 종이 업종 등 경공업이 이에 해당한다. 같은 업종에 속해 있고 같은 ROA값을 갖는다 해도 수익성과 활동성을 분해해서 평가해야 한다. 예를 들어, 경공업에 속해 있는 기업이 총자산회전율이 떨어진다면 재고자산의 진부화나 유형자산의 과대투자를 의심할 수 있다.

〈표 7-16〉 ROA 분해를 통한 비교 분석

비교대상	ROA	매출액순이익률	총자산회전율	기업 특성
A기업	4%	4%	1회	고차액, 저효율
B기업	4%	2%	2회	저차액, 고효율

〈표 7-17〉은 2023년 삼성전자(주)와 LG전자(주)의 ROA를 분해한 결과이다. ROA와 매출액순이익률은 삼성전자(주)가 더 높지만, 총자산회전율은 LG전자(주)가 더 높다. 이러한 결과는 두 기업이 같은 전자산업에 속해 있어도 삼성전자(주)는 기술집약적인 반도체 제품에 집중한 것으로 보이고, LG전자(주)는 상대적으로 많이 팔리는 가전제품에 집중한 것으로 보인다.

〈표 7-17〉 삼성전자(주)와 LG전자(주)의 ROA 분해를 통한 비교 분석

비교대상	ROA	매출액순이익률	총자산회전율	기업 특성
삼성전자(주)	3.40%	5.98%	0.57회	고차액, 저효율
LG전자(주)	1.91%	1.37%	1.40회	저차액, 고효율

자기자본이익률(ROE)은 순이익을 자기자본으로 나눈 비율로 주주의 투자수익률을 나타낸다. ROE를 분해하면 ROA와 재무레버리지로 나눌 수 있다. 따라서 ROE는 수익성, 활동성 그리고 안정성(부채성)을 동시에 나타낸다. 따라서 같은 ROE라고 해도 구성된 재무비율의 값에 따라 다르게 평가될 것이다.

$$
\begin{aligned}
ROE &= \frac{\text{순이익}}{\text{자기자본}} = \frac{\text{순이익}}{\text{매출액}} \times \frac{\text{매출액}}{\text{총자산}} \times \frac{\text{총자산}}{\text{자기자본}} \\
&= \text{매출액순이익률} \times \text{총자산회전율} \times (1 + \text{부채비율}) \\
&= ROA \times \text{재무레버리지}
\end{aligned}
$$

〈표 7-18〉에서 A기업과 B기업의 ROE와 매출액순이익률은 같다. 그러나 A기업은 총자산회전율이 1회이고, 재무레버리지는 2배이다. 반면에 B기업은 총자산회전율이 2회이고, 재무레버리지는 1배이다. A기업은 타인자본과 자기자본을 투입하여 매출액순이익률 2%를 달성하였고, B기업은 자기자본만 투입하여 매출액순이익률 2%를 달성하였다. 따라서 ROE는 같아도 B기업이 A기업보다 총자산의 효율성이 더 높은 것이다. 같은 논리로 재무레버리지가 변함없고 두 기업의 총자산회전율이 2회로 같다면, A기업의 매출액순이익률은 1%가 되어 B기업의 2%보다 낮아진다. 그 이유는 A기업은 타인자본을 사용하였지만, B기업은 자기자본만 사용했기 때문이다.

〈표 7-18〉 ROE 분해를 통한 비교 분석

비교대상	ROE	매출액순이익률	총자산회전율	재무레버리지
A기업	4%	2%	1회	2
B기업	4%	2%	2회	1

〈표 7-19〉는 2023년 삼성전자(주)와 LG전자(주)의 ROE를 분해한 결과이다. 삼성전자(주)의 매출액순이익률은 5.98%로 LG전자(주)의 1.37%보다 높고, 총자산회전율은 0.57회로 LG(주)의 1.40회보다 낮다. 위에서 ROA는 삼성전자(주)가 3.40%였고, LG전자(주)가 1.91%였다. 그러나 재무레버리지는 삼성전자(주)가 1.25이고, LG전자(주)가 2.56이다. 따라서 자기자본의 이익률인 ROE는 삼성전자(주)가 LG전자(주)보다 상대적으로 낮다. 즉 LG전자(주)가 이익창출을 위해 상대적으로 더 많은 타인자본을 사용하였으므로 ROE가 높아진 것이다. ROE를 분해하여 분석하면 그 원인을 더 명확하게 알 수 있고 적절한 경영전략을 세울 수 있다.

〈표 7-19〉 삼성전자(주)와 LG전자(주)의 ROE 분해를 통한 비교 분석

비교대상	ROE	매출액순이익률	총자산회전율	재무레버리지
삼성전자(주)	4.26%	5.98%	0.57회	1.25
LG전자(주)	4.90%	1.37%	1.40회	2.56

2) ROIC와 ROE의 분해

영업투하자본세후영업이익률(ROIC)을 자기자본이익률(ROE)과의 관계로 설명하려면 영업투하자본에 영업외자산을 포함하고 영업이익(NOPAT)에 투자수익(net investment profit after tax : NIPAT)을 포함해야 한다. 따라서 영업활동과 투자활동의 수익성을 나타내는 투하자본세후이익률(ROIC)이 된다. ROIC를 계산하기 위해서는 먼저 다음과 같이 재무상태표에서 영업투하자본과 투하자본의 이해가 필요하다.

① 재무상태표의 자산에서 매출채권과 재고자산 등 영업활동과 관련된 유동자산과 영업활동 목적으로 보유한 비유동자산을 '영업자산'으로 분류한다. 영업활동과 관련이 없는 금융자산과 투자자산은 '영업외자산'으로 분류한다. (〈표 7-20〉 참조)

② 재무제표의 부채는 매입채무, 미지급비용 그리고 퇴직급여충당부채 등 영업활동과 관련된 '영업부채'와 차입금과 사채 등 '금융부채'로 분류한다. (〈표 7-20〉 참조)

③ 영업자산에서 이자가 발생하지 않는 영업부채를 차감하면 '영업투하자산'

이 된다. 따라서 영업투하자산은 영업활동과 관련된 유동자산에서 영업부채를 차감한 '영업순운전자본'과 '영업비유동자산'으로 구성된다. (〈표 7-21〉 참조)

④ 영업투하자본은 금융부채에서 금융자산을 차감한 '순금융부채'와 영업활동에 활용된 '자기자본'으로 구성된다. 영업투하자본에 포함된 순금융부채는 영업활동에만 투입되었다고 가정한 것이므로 영업이익에서 이자비용의 절세효과를 반영해야 한다. 결국 '영업투하자산'은 '영업투하자본'과 같아지게 된다. (〈표 7-21〉 참조)

⑤ 투하자본(invested capital : IC)은 영업활동과 투자활동을 위해 투하된 자본이므로 '금융부채'와 '자기자본'의 합이 된다. 따라서 투하자본에는 ROE의 자기자본이 모두 포함되는 것이다.

〈표 7-20〉 영업활동 중심으로 재무상태표 분해

<table>
<tr><th>자 산</th><th>부 채</th></tr>
<tr><td rowspan="3">영업자산</td><td>영업부채</td></tr>
<tr><td>금융부채</td></tr>
<tr><td rowspan="2">자기자본</td></tr>
<tr><td>영업외자산</td></tr>
</table>

➡

<table>
<tr><th>자 산</th><th>부 채</th></tr>
<tr><td rowspan="3">영업자산</td><td>무이자부부채</td></tr>
<tr><td>이자부부채
(금융부채)</td></tr>
<tr><td rowspan="3">자기자본</td></tr>
<tr><td>금융자산</td></tr>
<tr><td>투자자산</td></tr>
</table>

〈표 7-21〉 영업투하자본과 투하자본의 구성요소

영업투하자본

자 산	자 본
영업투하자산 =영업순운전자본 +영업비유동자산	영업투하자본 =순금융부채 +자기자본
투자자산	자기자본

투하자본

<table>
<tr><th>자 산</th><th>자 본</th></tr>
<tr><td>영업투하자산
=영업순운전자본
+영업비유동자산</td><td rowspan="3">투하자본
=금융부채
+자기자본</td></tr>
<tr><td>금융자산</td></tr>
<tr><td>투자자산</td></tr>
</table>

다음은 영업투하자본세후영업이익률의 세후영업이익과 투하자본세후이익률의 세후이익의 차이를 나타낸다. 영업투하자본세후영업이익(NOPAT)은 투자활동과 자본구조에 영향을 받지 않는 경영성과이다. 따라서 순이익에 세후투자수익(NIPAT)은 차감하고 세후이자비용은 가산하였다. 투하자본세후이익은 세후영업이익에 세후투자수익을 더한 것으로 영업활동과 투자활동의 성과를 나타낸다. 세후투자수익은 금융자산의 이자수익과 투자자산의 투자수익을 합한 금액이다.

영업투하자본 산출물	세후영업이익(NOPAT)＝순이익－세후투자수익＋세후이자비용
투하자본 산출물	세후이익＝세후영업이익(NOPAT)＋세후투자수익(NIPAT)

투하자본세후이익률(ROIC)의 계산식은 다음과 같다.

$$\text{ROIC}=\frac{\text{세후영업이익}+\text{세후투자수익}}{\text{투하자본}}=\frac{\text{세후영업이익}+\text{세후투자수익}}{\text{금융부채}+\text{자기자본}}$$

$$=\frac{\text{세후영업이익}+\text{세후투자수익}}{\text{영업순운전자본}+\text{영업비유동자산}+\text{금융자산}+\text{투자자산}}$$

ROE와 ROIC의 관계를 살펴보면 다음과 같다.[2] ROE는 자기자본을 분모로 두고 분자는 세후영업이익, 세후투자수익 그리고 세후이자비용으로 나눈다. 다시 분모를 투하자본으로 변형하여 식을 정리하면 아래와 같다. ROE는 순이익을 자기자본으로 나눈 비율이므로 ROIC에 재무레버리지를 반영한 ROIC와 세후금융부채이자율의 차이를 더한 것과 같다. ROIC가 세후금융부채이자율보다 크다면 금융부채를 영업활동과 투자활동에 투입하여 얻은 이익이 금융부채로 발생한 이자비용보다 더 큰 것이다. 반면에 ROIC가 세후금융부채이자율보다 작다면 금융부채를 영업활동과 투자활동에 투입하여 얻은 이익이 금융부채로 발생한 이자비용보다 더 작은 것이다. 이러한 차이는 금융부채 대 자기자본비율(재무레버리지)에 따라 달라진다. 만약 투하자본이 자기자본으로만 조달되었다면 금융부채가 이익

2) 반선섭 · 박창래 · 최수미, 「재무제표의 이해와 분석」, 제4판, 신영사, 2022, p.404 참조.

에 미치는 영향이 사라져 ROIC는 ROE와 같아진다.

$$\begin{aligned} ROE &= \frac{\text{세후영업이익}+\text{세후투자수익}}{\text{자기자본}} - \frac{\text{세후이자비용}}{\text{자기자본}} \\ &= \left(\frac{\text{세후영업이익}+\text{세후투자수익}}{\text{투하자본}} \times \frac{\text{투하자본}}{\text{자기자본}}\right) - \left(\frac{\text{세후이자비용}}{\text{금융부채}} \times \frac{\text{금융부채}}{\text{자기자본}}\right) \\ &= \left[\frac{\text{세후영업이익}+\text{세후투자수익}}{\text{투하자본}} \times \left(1+\frac{\text{금융부채}}{\text{자기자본}}\right)\right] - \left(\frac{\text{세후이자비용}}{\text{금융부채}} \times \frac{\text{금융부채}}{\text{자기자본}}\right) \\ &= ROIC + \left(ROIC \times \frac{\text{금융부채}}{\text{자기자본}}\right) - \left(\frac{\text{세후이자비용}}{\text{금융부채}} \times \frac{\text{금융부채}}{\text{자기자본}}\right) \\ &= ROIC + (ROIC - \text{세후금융부채이자율}) \times \frac{\text{금융부채}}{\text{자기자본}} \end{aligned}$$

3) ROE, EPS, PBR 그리고 주가와의 관계

주가(P)는 자기자본이익률(ROE), 주당순자산(BPS) 그리고 주가이익비율(PER)과 관계가 있다.[3] 먼저 주당순이익(EPS)은 보통주 한 주가 창출하는 순이익 크기로 규모가 다른 기업 간의 수익성을 비교하거나 주가이익비율(PER)을 계산할 때 사용된다. EPS는 다시 ROE와 주당순자산(BPS)으로 분해할 수 있다. EPS는 자기자본을 투입하여 얻은 이익률에 주식 한 주에 해당하는 순자산의 가치를 곱한 것이다. 따라서 주당순이익은 주식 한 주에 해당하는 순자산으로 얻은 이익이다. ROE에 대한 분해는 '1) ROA와 ROE의 분해'를 참조하기 바란다.

$$\begin{aligned} \text{주당순이익(EPS)} &= \frac{\text{순이익}}{\text{총발행주식수}} = \frac{\text{순이익}}{\text{연평균자기자본}} \times \frac{\text{연평균자기자본}}{\text{총발행주식수}} \\ &= ROE \times BPS \end{aligned}$$

주가순자산비율(PBR)은 순자산 대비 주가의 적정성을 나타낸다. PBR은 다시

3) 장영광 · 송치승, 「경영분석－재무제표와 증권 정보 활용」, 제6판, 한빛아카데미, 2022, p.162 참조.

ROE와 주가이익비율(PER)로 분해할 수 있다. 주가순자산비율은 자기자본을 투입하여 얻은 이익으로 주가의 적정성을 평가한 것이다.

$$주가순자산비율(PBR)=\frac{시가총액}{연평균자기자본}=\frac{순이익}{연평균자기자본}\times\frac{시가총액}{순이익}$$
$$=ROE\times PER$$

위의 두 식을 확장하면 주가는 ROE, BPS 그리고 PER로 분해할 수 있다. 즉 자기자본이익률(ROE)을 이용하여 주당순자산이 창출하는 주당순이익(EPS)을 계산한다. 그리고 주당순이익을 주가이익비율(PER)에 곱하면 주가만 남게 된다. 결국 재무제표를 이용하면 주가는 자기자본이익률, 주당순자산 그리고 주가이익비율이 결정하게 된다.

$$주가(P)=\frac{순이익}{총발행주식수}(주당순이익)\times\frac{주가}{주당순이익}=EPS\times PER$$
$$=\frac{순이익}{연평균자기자본}\times\frac{연평균자기자본}{총발행주식수}\times PER=ROE\times BPS\times PER$$

아래의 계산식은 2023년 삼성전자(주)의 주가를 재무제표 항목으로 분해한 결과이다. 주당순이익(EPS)은 2,131원이고 종가는 78,500원이므로 주가이익비율(PER)은 36.84이다. 주당순자산(BPS)은 52,002원이고 자기자본이익률(ROE)은 4.1%로 하였다. 각 항목의 계산 결과가 종가와 같게 하려고 소수점 이하의 차이를 ROE로 수정하였다.

$$78,500=2,131\times\frac{78,500}{2,131}=2,131\times36.84=4.1\%\times52,002\times36.84$$

4) ROE의 유용성과 한계점

미국 듀퐁(Du Pont)사는 ROE를 구성요소별로 분해하는 재무기법을 개발하였고 이후 듀퐁시스템이라고 불린다. ROE의 분해를 도식화하면 [그림 7-6]과 같다.

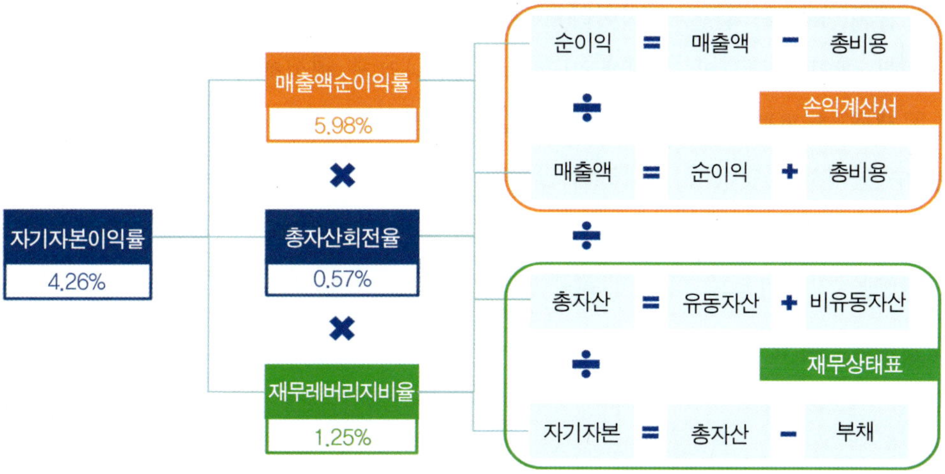

[그림 7-6] 듀퐁시스템에 의한 ROE 분해

도식의 아래에 있는 숫자는 2023년 삼성전자(주)의 재무비율이다. 자기자본이익률(ROE)과 총자산회전율은 재무상태표와 손익계산서 항목의 혼합비율이다. 매출액순이익률은 손익계산서 항목의 비율(동태비율)이며, 재무레버리지비율은 재무상태표 항목의 비율(정태비율)이다. 따라서 자기자본이익률은 재무상태표와 손익계산서 항목이 고루 반영된 종합평가 지표가 된다.

① 유용성

첫째, ROE는 수익성, 활동성 그리고 재무적 안정성으로 확장하여 종합적으로 분석할 수 있다. 이러한 분석으로 기업의 경영성과와 재무상태의 문제점을 확인하여 투자의사결정에 반영할 수 있다.

둘째, ROE는 재무요인의 분해를 통해 기업 내부의 경영자와 종업원에게 책임을 인식하게 하여 성과를 높이는 지표로 활용할 수 있다.

셋째, ROE는 회계 지식이 높지 않은 일반투자자도 쉽게 이해하고 이용할 수 있는 논리성을 가지고 있다.

② 한계점

첫째, ROE는 회계처리방법과 회계추정이 달라지면 기간 간 또는 기업 간에 비교할 수 없다. 특히 경영자가 이익을 부풀리기 위해 회계처리방법과 회계추정을 변경하면 ROE도 같이 부풀려진다.

둘째, ROE는 같은 이익이라도 자기주식이 매입되면 높아진다. 따라서 자기주식이 매입된 규모와 성격에 따라 ROE를 다르게 해석해야 한다.

셋째, ROE는 경기순환, 기업이 속한 업종 또는 기업 고유 특성에 따라 달라질 수 있어서 절댓값이 존재하지 않는다. 예를 들어, 차입을 적게 하는 기업은 상대적으로 금융비용이 적어 이익이 커질 것이다. 경기순환에 민감한 반도체나 건설업종은 상대적으로 그렇지 않은 음식료업종보다 ROE 변동성이 클 것이다.

요약정리

1. 재무비율의 분류

분석자료	분석방법	평가방법
① 재무상태표비율 : 재무상태표 항목 간 비율 ② 손익계산서비율 : 손익계산서 항목 간 비율 ③ 혼합비율	① 관계비율 : 기준이 비교대상 항목 ② 구성비율 : 기준이 총자산이나 매출액	① 종단분석 : 표준비율이 과거 시점 ② 횡단분석 : 표준비율이 산업 평균 또는 경쟁업체

2. 재무비율의 개별 분석

재무비율		계산식	요 약
수익성 (%)	총자산순이익률	$\frac{\text{당기순이익}}{\text{연평균총자산}}$	• 당기순이익은 채권자 보상인 이자비용 차감
	총자산영업이익률	$\frac{\text{영업이익}}{\text{연평균총자산}}$	• 영업이익은 채권자와 주주 보상 지급 이전 성과
	자기자본순이익률	$\frac{\text{당기순이익}}{\text{연평균자기자본}}$	• 주식투자자의 투자수익률을 잘 나타냄
	영업투하자본세후영업이익률	$\frac{\text{세후순영업이익}}{\text{영업투하자본}}$	• 영업활동의 이익창출 평가를 위해 적합
	매출액영업이익률	$\frac{\text{영업이익}}{\text{매출액}}$	• 비용의 효율성인 매출 차액(margin on sales)을 나타냄
	매출액순이익률	$\frac{\text{당기순이익}}{\text{매출액}}$	• 비용의 효율성인 당기순이익을 나타냄
활동성 (회)	매출채권회전율	$\frac{\text{매출액}}{\text{연평균매출채권}}$	• 매출채권의 효율성을 나타내며 유동성 평가에 중요
	재고자산회전율	$\frac{\text{매출액}}{\text{연평균재고자산}}$	• 재고자산의 적정 보유수준을 잘 나타냄
	순운전자본회전율	$\frac{\text{매출액}}{\text{연평균순운전자본}}$	• 영업활동을 위한 자금의 효율성을 나타냄
	비유동자산회전율	$\frac{\text{매출액}}{\text{연평균유형자산}+\text{연평균무형자산}}$	• 영업 목적 자산의 효율성과 과대투자 여부를 확인
	총자산회전율	$\frac{\text{매출액}}{\text{연평균총자산}}$	• 총자산의 효율성을 나타냄

성장성 (%)	매출액증가율	$\frac{당기매출액-전기매출액}{전기매출액}$	• 매출액 허위보고와 신규매출 발생 여부 확인
	영업이익증가율	$\frac{당기영업이익-전기영업이익}{전기영업이익}$	• 판매비와 관리비의 적정 지출 여부 확인
	순이익증가율	$\frac{당기순이익-전기순이익}{전기순이익}$	• 영업외비용 지출의 적정성을 확인
	재고자산증가율	$\frac{당기재고자산-전기재고자산}{전기재고자산}$	• 재고자산 진부화와 매출부진의 확인
	유형자산증가율	$\frac{당기유형자산-전기유형자산}{전기유형자산}$	• 유형자산의 과대투자 여부의 확인
	자기자본증가율	$\frac{기말자기자본-기초자기자본}{기초자기자본}$	• 자본거래와 손익거래 증감 확인
	총자산증가율	$\frac{기말총자산-기초총자산}{기초총자산}$	• 부채, 자본거래 그리고 손익거래 증감 확인
유동성 (%)	유동비율	$\frac{유동자산}{유동부채}$	• 지나치게 높으면 수익창출 기회 상실
	당좌비율	$\frac{당좌자산}{유동부채}$	• 유동비율과 함께 고려하여 유동성 파악
	현금비율	$\frac{현금및현금성자산}{유동부채}$	• 지나치게 많은 현금보유는 수익창출기회 상실
	영업현금흐름 대 유동부채비율	$\frac{영업현금흐름}{유동부채}$	• 영업현금흐름으로 유동부채 상환능력 파악
	순운전자본 대 총자본비율	$\frac{순운전자본}{총자본}$	• 총자본에서 영업활동에 활용가능한 유동성 파악
부채성 (%)	부채비율	$\frac{총부채}{자기자본}$	• 높으면 재무안정성에 저해되나 긍정적인 효과도 고려
	차입의존도	$\frac{장 \cdot 단기차입금+회사채+유동성장기부채}{총자본}$	• 지나치게 많은 차입금은 파산가능성 높임
	자기자본비율	$\frac{자기자본}{총자본}$	• 부외부채에 따른 총자본의 과소계상 확인
	비유동비율	$\frac{비유동자산}{자기자본}$	• 상환기간에 따른 자금조달과 자금운용의 적합성 확인
	비유동장기적합률	$\frac{비유동자산}{자기자본+비유동부채}$	• 비유동부채 자금으로 비유동자산 취득이 타당
	이자보상비율	$\frac{영업이익(EBIT)}{이자비용}$	• 영업이익으로 부채의 금융비용 감당 능력 평가

시장성 (배)	PER	$\frac{\text{주식가격}}{\text{주당순이익(EPS)}}$	• 주당순이익 대비 주가의 적정성 평가
	PBR	$\frac{\text{주식가격}}{\text{주당순자산(BPS)}}$	• 주당순자산 대비 주가의 적정성 평가
	PSR	$\frac{\text{주식가격}}{\text{주당매출액(SPS)}}$	• 주당매출액 대비 주가의 적정성 평가
	토빈의 Q비율	$\frac{\text{자산의 시장가치}}{\text{자산의 대체원가}}$	• 총자산의 대체원가 대비 시장가치 평가
생산성 (%)	부가가치율	$\frac{\text{부가가치}}{\text{매출액}}$	• 매출을 통한 부가가치 창출능력 평가
	자본생산성비율	$\frac{\text{부가가치}}{\text{총자본}}$	• 총자본으로 부가가치 창출능력 평가
	노동생산성비율	$\frac{\text{부가가치}}{\text{종업원 수}}$	• 종업원 1인당 부가가치 창출 능력 평가
	노동소득분배율	$\frac{\text{인건비}}{\text{부가가치}}$	• 부가가치의 노동에 대한 소득분배 평가

3. 재무비율의 종합분석

구 분	요 약
공통형 재무제표	① 공통형 재무상태표 : 총자산을 100%로 설정하고 구성항목의 비율 제시 ② 공통형 손익계산서 : 매출액을 100%로 설정하고 구성항목의 비율 제시
추세분석	① 지수형 재무제표 추세분석 : 기준 시점의 재무제표 항목을 100%로 설정하고 이후 기준 시점 대비 해당 항목의 상대적 비율을 추세 관찰 ② 공통형 재무제표 추세분석 : 공통형 재무제표 항목의 구성이 시간의 흐름에 따라 어떻게 달라지는지를 추세 관찰 ③ 재무비율 추세분석 : 재무비율이 시간의 흐름에 따라 어떻게 달라지는지를 추세 관찰
종합지수법	① 월(Wall) 지수법 : 유동비율과 부채비율에 높은 가중치를 부여하여 기업의 재무안정성에 초점 ② 트랜트(Trant) 지수법 : 재고자산회전율과 비유동자산회전율에 높은 가중치를 부여하여 기업의 활동성에 초점 ③ 브리체트(Burichet) 지수법 : 금융기관과 사채권자 관점에서 각각 단기채무 상환능력과 장기채무 상환능력을 평가

4. 재무비율의 분해

항 목	계산식	요 약
ROA	$\frac{\text{순이익}}{\text{매출액}} \times \frac{\text{매출액}}{\text{총자산}}$	• 총자산순이익률은 수익성과 활동성을 나타냄
ROE	$\frac{\text{순이익}}{\text{매출액}} \times \frac{\text{매출액}}{\text{총자산}} \times \frac{\text{총자산}}{\text{자기자본}}$	• 자기자본이익률은 수익성, 활동성 그리고 재무레버리지를 나타냄
ROE와 ROIC 관계	$\text{ROIC} + (\text{ROIC} - \text{세후금융부채이자율}) \times \frac{\text{금융부채}}{\text{자기자본}}$	• 자기자본이익률은 영업투하자본세후영업이익률과 세후금융부채이자율 초과이자율의 합
EPS	$\text{ROE} \times \text{BPS}$	• 주당순이익은 주당순자산에 자기자본이익률을 곱한 금액
PBR	$\text{ROE} \times \text{PER}$	• 주가순자산비율은 자기자본이익률과 주가이익비율을 곱한 비율
주가	$\text{ROE} \times \text{BPS} \times \text{PER}$	• 주가는 자기자본이익률, 주당순자산 그리고 주가이익비율을 곱한 금액

8

주식가치평가

1 현금흐름을 이용한 주식평가모형

2 회계이익을 이용한 주식평가모형

1 현금흐름을 이용한 주식평가모형

현금흐름을 이용한 주식평가모형은 주식의 가치가 주식보유에 따른 미래현금흐름으로 평가된다는 것이다. 또한 회계이익도 궁극적으로 현금으로 전환되어야 하므로 기업의 가치는 미래현금흐름과 관련이 있다는 것이다.

(1) 현금흐름할인모형

현금흐름할인모형(discount cash flow valuation : DCF)은 어떤 자산을 보유함으로써 미래에 창출되는 순현금흐름(cash flow)을 현재가치로 할인한 금액이 현재의 자산가치라는 개념이다. 주식을 보유한다면 미래에 받게 될 배당금이 미래의 현금흐름이 된다. 채권을 보유한다면 미래에 받게 될 이자수익과 원금이 미래의 현금흐름이 된다.

할인율은 기업과 투자자 관점에 따라 단순히 미래가치를 현재가치와 같게 만들어주는 수단 이상의 의미를 지닌다. 주식과 채권을 발행한 기업은 할인율이 주식투자자와 채권투자자에게 미래에 지급하게 될 자본조달비용이 된다. 반면에 주식투자자와 채권투자자는 할인율이 주식과 채권을 투자하면서 기대하는 요구수익률이 된다. 기업가치가 높고 신용위험이 낮은 기업은 상대적으로 적은 자본조달비용을 제공해도 자본조달이 가능할 것이다. 반면에 기업가치가 낮고 신용위험이 큰 기업은 상대적으로 높은 자본조달비용을 지급하지 않으면 자본을 조달할 수 없을 것이다. 따라서 할인율은 기업 관점에서 지급해야 할 비용이면서 동시에 투자자의 기대와 요구수익률이 된다. 이러한 할인율은 기업가치나 신용위험에 따라 달라지므로 기업의 위험을 나타내는 척도이기도 하다.

1) 현재가치와 미래가치의 계산

1년 후의 미래가치(future value : FV)는 현재가치(present value : PV)에 (1+이자율)을 곱한 금액이다. 반대로 현재가치(PV)는 1년 후의 미래가치(FV)에 [1/(1+이자율)]을 곱한 금액이다. [그림 8-1]을 보면, A기업은 여유자금 ₩10,000을 연 10% 이자를 지급하는 B은행의 예금상품에 입금하였다. 현재가치는 ₩10,000이고, 1년 후의 미래가치는 ₩10,000과 ₩10,000의 10%인 ₩1,000의 이자가 붙어 ₩11,000이 된다. 즉 ₩10,000에 (1.1)을 곱하면 ₩11,000이 된다. 반면에 미래가치인 ₩11,000을 현재가치인 ₩10,000으로 할인하려면 ₩11,000에 (1/1.1)을 곱하면 된다. 2년 후의 미래가치는 ₩10,000에 $(1.1)^2$을 곱해 ₩12,100이 된다. 2년 후의 미래가치인 ₩12,100을 현재가치 ₩10,000으로 할인하려면 ₩12,100에 $(1/1.1^2)$을 곱하면 된다.

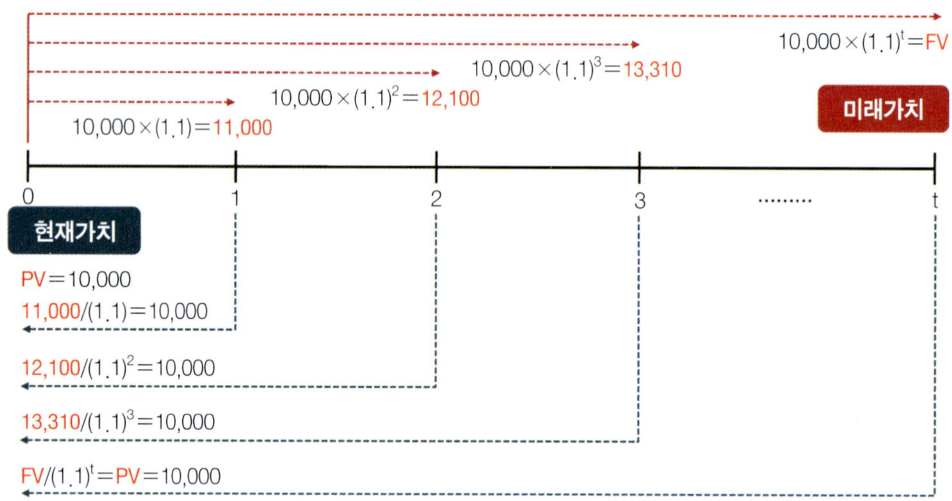

[그림 8-1] 현재가치와 미래가치의 관계

결국 기간이 확장되면 현재가치에 $(1+\text{이자율})^{\text{기간수}}$를 곱하여 미래가치를 계산하고, 미래가치에 $1/(1+\text{이자율})^{\text{기간수}}$을 곱하여 현재가치를 계산한다. 계산식에서 r은 이자율이고, t는 기간수이다.

$$\text{미래가치(FV)} = PV \times (1+r)^t$$

$$\text{현재가치(PV)} = FV \times \frac{1}{(1+r)^t}$$

미래가치와 현재가치를 이해하기 위해 단리(單利)와 복리(複利)의 이해도 필요하다. 단리는 원금에 대해서만 이자를 계산하므로 기간이 지나도 같은 이자만 얻게 된다. 반면에 복리는 원금과 이자에 대해 이자를 계산하므로 기간이 지날수록 이자에 이자가 붙어 단리보다 금액이 더 빨리 늘어난다.

A기업이 3년 만기 단리 예금상품에 가입하였다면, 매년 원금 ₩10,000에 대해서만 이자가 계산되어 누적 이자는 ₩3,000이 된다. 반면에 A기업이 3년 만기 복리 예금상품에 가입하였다면, 매년 전년도에 발생한 이자가 원금과 합쳐져 이자가 계산되므로 누적 이자는 ₩3,310이 된다. 단리와 복리의 차이인 ₩310은 이자가 다시 이자 계산에 포함되어 발생한 이자이다. 미래가치 계산식에 대입하여 현재가치 ₩10,000을 3년 후 미래가치로 환산하면 ₩13,310[=₩10,000×$(1.1)^3$]이 된다. 따라서 미래가치와 현재가치는 복리로 계산된다.

〈표 8-1〉 단리와 복리 계산의 차이

	단리 계산		복리 계산	
연 도	미래가치	누적이자	미래가치	누적이자
1년 말	₩10,000×1.1=₩11,000	₩1,000	₩10,000×1.1=₩11,000	₩1,000
2년 말	₩10,000×1.1=₩11,000	₩2,000	₩11,000×1.1=₩12,100	₩2,100
3년 말	₩10,000×1.1=₩11,000	₩3,000	₩12,100×1.1=₩13,310	₩3,310

2) 현금흐름할인모형의 구성요소

현금흐름할인모형을 이용하려면 현금흐름을 예측하는 기간, 미래의 현금흐름 크기 그리고 할인율의 구성요소가 있어야 한다. 이러한 구성요소는 미래를 예측하여 추정하므로 미래의 투자의사결정에 유용하면서도 추정의 신뢰성이 할인모형의 가장 큰 한계점이 될 수 있다.

① 현금흐름의 예측가능기간

주식의 보유에 따른 미래의 현금흐름기간을 예측하기 위해서는 두 가지 가정이 필요하다. 첫째, 기업이 영속적으로 계속 존재한다는 계속기업(going concern)의 가정이다. 현재 기업이 존재한다고 해도 기업을 둘러싼 상황의 변화로 언제 사라질지 아무도 모른다. 기업이 계속 존재한다는 가정을 해야 회계처리가 가능한 항목들이 많다. 대표적으로 유형자산을 내용연수 동안 감가상각하는 경우이다. 기업이 언제 없어질지 몰라도 내용연수 동안은 기업이 계속 존재한다는 가정을 해야 감가상각 회계처리가 가능하다. 주식의 미래현금흐름 예측도 기업이 계속 존재한다는 가정이 필요하다. 둘째, 미래현금흐름 예측가능기간을 명시적 예측기간과 그 이후인 잔존가치 추정기간으로 나눈다는 가정이다. 명시적 예측기간은 아무리 근거가 뒷받침되어도 미래의 기간이므로 사실상 추정이 어렵다. 그런데 잔존가치의 계산을 위해 그 이후의 기간도 추정할 수 있다고 가정한다.

잔존가치 추정기간에는 명시적 예측기간 끝 지점의 현금흐름이 영구히 발생한다고 가정하고 현금흐름을 명시적 예측기간의 끝 지점으로 할인한다. 할인된 잔존가치를 다시 현재가치로 전환하여 명시적 예측기간에 발생한 현금흐름의 현재가치와 합산한다. 잔존가치의 추정방법은 이 외에도 예측기간 끝 지점에 자산의 대체원가나 청산가치로 측정할 수도 있다. 그러나 현금흐름할인모형은 현금흐름이 영구히 유지된다는 가정을 하므로 잔존가치 추정기간의 현금흐름을 할인하여 잔존가치를 계산하는 것이 타당할 것이다.

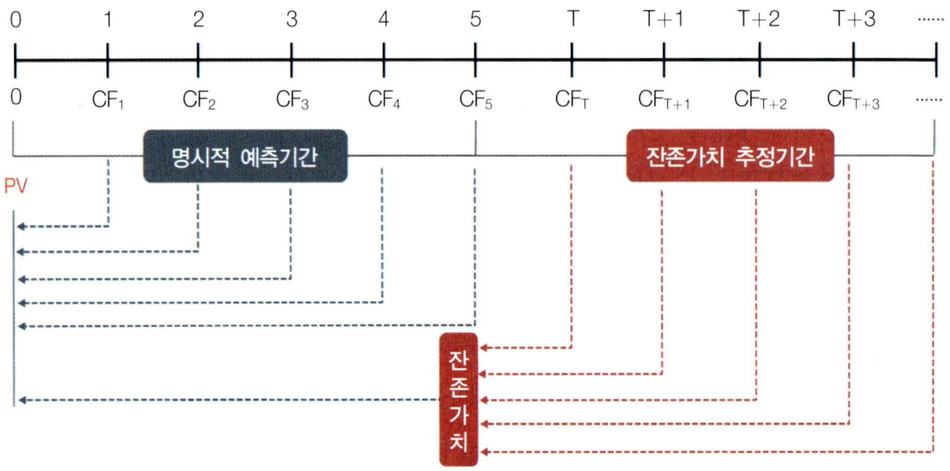

[그림 8-2] 명시적 예측기간과 잔존가치 추정기간

② 미래현금흐름

미래현금흐름은 자산을 보유함으로써 미래에 발생할 현금유입에서 현금유출을 차감한 순현금흐름이다. 미래현금흐름을 예측하기 위해서는 다음과 같은 근거가 필요하다. 첫째, 경영자는 재무제표를 이용하여 미래현금흐름을 예측할 때 영업활동으로 인한 현금흐름에 근거해야 한다. 영업활동은 경상적이고 반복적이므로 미래현금흐름의 예측가능성이 크다. 반면에 투자활동이나 재무활동은 비경상적이고 비반복적이므로 예측가능성이 떨어진다. 둘째, 경영자는 합리적이고 객관적인 증거로 내부 증거보다 외부 증거에 근거해야 한다. 기업 내부 증거는 경영자의 자의적 판단이 개입될 수 있지만 거시 경제지표나 경제흐름 등 외부 증거는 수용이 가능한 객관성이 존재한다. 그러나 아무리 합리적이고 객관적인 증거라고 해도 미래현금흐름을 예측하는 데에는 많은 잠재적 변수들이 있음을 유의해야 한다.

③ 할인율

할인율은 미래가치를 현재가치와 같게 만드는 화폐의 시간가치 개념이 포함되어 있다. 또한 할인율은 주식 특유의 위험이나 예측 불확실성에 대한 보상을 반영하고 있다. 따라서 미래현금흐름과 마찬가지로 할인율도 객관적이고 합리적인 증거에 근거하여 결정되어야 한다. 할인율을 결정하는 근거로 다음과 같은 사항이 고려될 수 있다. 첫째, 기업의 자본조달비용 크기이다. 자본조달비용이 큰 기업은 미래의 가치창출을 위해 현재 더 큰 비용을 희생하였다. 따라서 이러한 기업의 미래현금흐름은 더 큰 할인율이 적용되어야 한다. 둘째, 자본시장에서 형성된 금리이다. 금리는 투자자가 기대하는 요구수익률이자 시장이자율이다. 따라서 미래가치의 할인율 선정에 기준이 될 수 있다. 셋째, 경기불황에 따른 미래의 불확실성이다. 미래 불확실성이 높아지면 투자자는 상응하는 위험을 보상받기 위해 더 높은 수익률을 요구한다. 넷째, 높은 물가상승으로 인한 화폐가치의 하락이다. 투자자는 화폐가치의 하락을 보상받기 위해 더 높은 수익률을 요구한다. 다섯째, 기업의 자본구조에 따라 달라진다. 자기자본과 타인자본은 각각 현금흐름의 특성에 따라 조달비용이 달라진다. 따라서 할인율은 자본구조에 영향을 받는다. 이 외에도 다양한 요소가 할인율의 결정에 영향을 줄 수 있다.

3) 자기자본비용과 타인자본비용

미래가치를 현재가치로 전환하는 데 사용하는 할인율은 자본조달의 원천에 따라 달라진다. 자기자본을 조달하였다면 자기자본비용이 발생하며, 타인자본을 조달하였다면 타인자본비용이 발생한다. 기업은 자기자본부터 조달하므로 타인자본만 조달하는 기업은 존재할 수 없다. 따라서 기업이 타인자본을 조달하였다면 자기자본과 가중한 평균자본비용(weighted average cost of capital : WACC)을 할인율로 사용한다.

① 자기자본비용

자기자본비용은 주식투자자가 자본을 제공하고 받을 최소한의 보상 또는 이익을 의미한다. 자기자본비용은 보통 자본자산가격결정모형(capital asset pricing model : CAPM)을 이용하여 측정한다. 무위험이자율은 아무런 위험을 부담하지 않고 얻을 수 있는 이자율로 대표적으로 시중은행 이자율이나 국채금리가 있다. 주식투자자는 위험을 부담하고 자본을 제공하였으므로 얻게 될 이자율은 무위험이자율보다 높아야 한다. 따라서 주식투자자는 시장위험을 부담한 대가로 시장위험프리미엄을 받는다. 시장위험프리미엄은 시장 전체가 얻을 수 있는 예상수익률에서 무위험이자율을 차감한 이자율이다. 그러나 시장위험프리미엄은 시장 전체를 의미하므로 개별 주식의 시장위험프리미엄은 따로 계산해야 한다. 즉 시장위험프리미엄에 시장위험에 대한 개별 주식의 민감도를 나타내는 베타를 곱하여 계산한다. 결국 자기자본비용은 기업 관점에서 주식투자자에게 지급해야 할 자본조달비용이며, 주식투자자 관점에서는 자본제공에 대한 대가인 요구수익률이다. 따라서 주식보유에 따른 미래현금흐름을 자기자본비용으로 할인하여 현재의 주식가치를 평가한다.

자기자본비용＝무위험이자율＋(시장예상수익률－무위험이자율)×베타

② 가중평균자본비용(WACC)

자본비용은 자본제공자의 요구수익률로 타인자본과 자기자본의 요구수익률이 다를 수 있다. 따라서 총자본 중 타인자본과 자기자본이 차지하는 비중을 가중하여 자본비용을 계산해야 한다. 자본제공자의 요구수익률을 계산하는 것이므로 타인자본과 자기자본은 시장가치로 평가한다. 타인자본비용은 기업 관점에서

만기에 상환할 원금과 매기 지급할 이자비용을 할인하여 현재가치(시장가치)와 동등하게 만드는 내부수익률(internal rate of return : IRR)이 이용될 수 있다. 채권투자 관점에서는 만기까지 얻을 수 있는 이자율로 무위험이자율에 위험프리미엄을 더한 만기수익률(yield to maturity : YTM)이 활용될 수 있다.

사례 1 **내부수익률(IRR)과 만기수익률(YTM)**

A기업이 20×1.1.1 액면금액 ₩10,000, 액면이자율 10%, 만기 3년인 사채를 발행하였다. 채권시장에서 같은 조건의 사채가 ₩9,520에 거래되고 있어서 A기업은 ₩9,520에 발행하였다. 사채의 미래현금흐름은 A기업이 만기에 ₩10,000을 상환해야 하고 매년 ₩1,000의 이자를 지급해야 한다.
기업 관점에서 미래현금흐름인 만기금액 ₩10,000과 매년 지급하는 이자비용 ₩1,000을 현재가치(시장가치) ₩9,520과 같게 만드는 내부수익률(IRR) 연 12%(파란색)가 타인자본비용이 된다. 투자자 관점에서는 ₩9,520에 취득한 사채를 만기까지 보유하면 매년 ₩1,000의 이자수익과 만기금액 ₩10,000을 받는다. 투자자는 현금 이자수익 ₩3,000(연 10%)과 만기금액과 현재가치의 차이인 ₩480(연 2%)을 얻어 만기수익률(YTM) 연 12%(파란색)가 타인자본비용이 된다. 결국 내부수익률과 만기수익률은 같아진다. 타인자본비용은 무위험이자율에 개별 기업의 신용위험 프리미엄이 더해지면서 달라진다. 즉 원리금 상환의 불확실성이 큰 기업은 상대적으로 더 큰 비용을 지급해야 타인자본을 조달할 수 있고, 자본제공자는 신용위험이 큰 기업의 채권을 취득할 때 위험보상을 위해 더 높은 수익률을 요구한다.

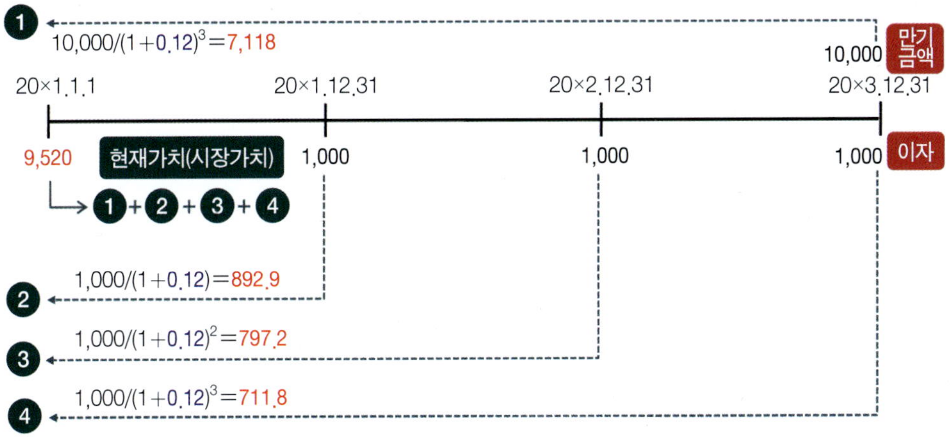

[그림 8-3] 내부수익률과 만기수익률의 관계

기업이 타인자본을 조달하면 이자비용이 발생하여 이익이 줄고 법인세도 줄어드는 절세효과가 나타난다. 이러한 절세효과를 반영하기 위해 타인자본비용에 (1－법인세율)을 곱해야 한다.

$$가중평균자본비용(WACC)=\left(\frac{타인자본}{자기자본+타인자본}\right)\times 타인자본비용\times(1-법인세율)$$
$$+\left(\frac{자기자본}{자기자본+타인자본}\right)\times 자기자본비용$$

(2) 배당할인모형

배당할인모형(dividend discount model : DDM)은 주식투자로부터 얻는 미래현금흐름을 배당금으로 보고 배당금을 자기자본비용으로 할인한 현재가치가 주식의 내재가치라는 것이다. 이 모형은 주식이 만기가 없어서 배당금이 영구적으로 존재한다고 가정한다. 배당할인모형은 크게 고정배당모형과 일정성장배당모형으로 나눌 수 있다.

1) 고정배당모형

고정배당모형은 기업이 계속 존재하고 배당금과 자기자본비용(할인율)이 영구적으로 같다는 가정하에 주식의 내재가치를 평가한다. 아래의 식(1)과 같이 배당금을 자기자본비용으로 할인하면 주식의 내재가치가 된다. 그러나 주식은 만기가 없으므로 식(1)을 무한등비수열로 정리하면 식(2)만 남게 된다.

$$주식가치=\frac{배당금_1}{(1+자기자본비용)^1}+\frac{배당금_2}{(1+자기자본비용)^2}$$
$$+\frac{배당금_3}{(1+자기자본비용)^3}+\cdots+\frac{배당금_\infty}{(1+자기자본비용)^\infty} \quad \cdots\cdots(1)$$

$$주식가치=\sum_{t=1}^{\infty}\frac{배당금_t}{(1+자기자본비용)^t}=\frac{배당금}{자기자본비용} \quad \cdots\cdots(2)$$

2) 일정성장배당모형

일정성장배당모형(constant growth model)은 기업의 이익과 배당이 매년 일정 비율만큼 증가한다는 가정하에 주식의 내재가치를 평가하며, 고든(Gordon)모형이라도 한다. 이 모형은 성장을 위해 내부금융만 활용하며 배당성향(현금배당/당기순이익)이 일정하다는 가정도 한다. 아래의 식(1)과 같이 배당금에 $(1+\text{배당성장률})^t$을 곱한 후 자기자본비용으로 할인하면 주식의 내재가치가 된다. 주식은 만기가 없으며 영구적으로 배당금이 성장하므로 식(1)을 무한등비수열로 정리하면 식(2)만 남게 된다. 식(2)의 분모에서 자기자본비용은 배당성장률보다 커야 하며 배당성장률이 높을수록 분모의 할인율이 낮아져 주식의 내재가치는 커진다. 배당성장률이 0이라면 고정배당모형과 같아진다. 따라서 고정배당모형으로 평가한 주식가치와 일정성장배당모형으로 평가한 주식가치의 차이는 성장기회의 현재가치(net present value of growth opportunity : NPVGO)가 된다.

배당성장률은 이익에서 배당하고 남은 사내유보이익이 매년 자기자본이익률(ROE)만큼 성장한다는 가정하에 계산된다. 즉 내부금융만 활용한다면 사내유보율과 ROE를 곱한 비율이 성장률로 활용된다.

$$\text{주식가치}=\frac{\text{배당금}_1(1+\text{배당성장률})^1}{(1+\text{자기자본비용})^1}+\frac{\text{배당금}_2(1+\text{배당성장률})^2}{(1+\text{자기자본비용})^2}+\frac{\text{배당금}_3(1+\text{배당성장률})^3}{(1+\text{자기자본비용})^3}+\cdots+\frac{\text{배당금}_\infty(1+\text{배당성장률})^\infty}{(1+\text{자기자본비용})^\infty}\quad\cdots\cdots\cdots(1)$$

$$\text{주식가치}=\sum_{t=1}^{\infty}\frac{\text{배당금}_t(1+\text{배당성장률})^t}{(1+\text{자기자본비용})^t}=\frac{\text{배당금}(1+\text{배당성장률})}{\text{자기자본비용}-\text{배당성장률}}\quad\cdots\cdots\cdots\cdots(2)$$

배당할인모형은 깊은 지식이 없는 일반투자자도 쉽고 빠르게 주식가치를 평가할 수 있다. 또한 주식투자자가 제공한 자본에 대한 보상 개념을 포함하고 있어서 가치배분 측면에서 타당하다. 따라서 현재의 주가가 내재가치보다 높으면 매도를 고려하고 현재의 주가가 내재가치보다 낮다면 매수를 고려할 수 있다. 그러나 배당할인모형은 현금배당을 지급하지 않는 기업에 대해 주식가치를 평가할 수 없다. 또한 이익의 창출에 자기자본뿐만 아니라 타인자본도 도움을 주어 배당금이 온전히 자기자본의 투하로 얻은 결과물이라고 단언할 수 없다. 더 나아가 배당할인모형은 구성요소인 기간, 미래 배당금 그리고 자기자본비용이 모두 추정으로 정해져 결과의 신뢰성이 떨어질 수 있다.

사례 2 배당할인모형으로 주식의 가치평가

다음은 배당할인모형으로 주식가치를 평가할 때 필요한 삼성전자(주)의 5년간 자료이다. 각 항목의 5년간 평균에서 소수점 밑은 생략하였다.

항 목	2019년	2020년	2021년	2022년	2023년	평 균
주당현금배당(DPS)(원)	1,416	2,994	1,444	1,444	1,444	1,748
배당성향(%)	44.7	78.0	25.0	17.9	67.8	47
ROE(%)	8.5	9.8	13.7	16.9	4.3	11

자기자본비용은 주어진 자료를 이용하면 다음과 같이 7%가 된다.

무위험이자율	시장이자율	베 타	계산과정
4%	6.5%	1.2	$0.07 = 0.04 + (0.065 - 0.04) \times 1.2$

① 고정배당모형을 이용한 주식의 가치평가

배당할인모형은 배당금이 미래에도 영구적으로 지속된다고 가정한다. 본 사례는 지속될 배당금을 삼성전자(주) 주당현금배당의 5년간 평균인 ₩1,748으로 하였다. 삼성전자(주) 주식의 내재가치는 주당현금배당금(₩1,748)을 자기자본비용 7%로 나눈 ₩24,971이다. 현재 주가를 다음과 같이 가정하였을 때 주식의 내재가치 24,971원 기준으로 투자의사결정을 할 수 있다.

현재 주가	가치평가	투자의사결정	주식의 내재가치
30,000원	고평가	매도	$24{,}971원 = \frac{1{,}748원}{0.07}$
20,000원	저평가	매수	

② 일정성장배당모형을 이용한 주식의 가치평가

일정성장배당모형은 배당금이 일정 비율로 미래에도 영구적으로 성장한다고 가정한다. 배당성장률을 계산하기 위해 사내유보율과 자기자본이익률(ROE)을 알아야 한다. 본 사례는 각 항목의 5년간 평균을 이용하였다. 배당성향 평균이 47%이므로 사내유보율은 53%가 되고, ROE 평균은 11%가 된다. 따라서 배당성장률은 5.8%(=0.53×0.11)가 된다. 따라서 삼성전자(주) 주식의 내재가치는 주당 배당금(₩1,748)에 (1+0.058)을 곱한 금액을 자기자본비용 7%에서 배당성장률 5.8%를 차감한 할인율(1.2%)로 나누어 ₩154,115이 된다. 현재 주가를 다음과 같이 가정하였을 때 주식의 내재가치 154,115원을 기준으로 투자의사결정을 할 수 있다.

현재 주가	가치평가	투자의사결정	주식의 내재가치
170,000원	고평가	매도	$154,115원=\frac{1,748\times(1+0.058)}{0.07-0.058}$
140,000원	저평가	매수	

만약 배당성장률(사내유보율×자기자본이익률)이 자기자본비용 7%를 넘는다면 일정성장배당모형으로는 주식가치를 평가할 수 없다. 또한 사례에서 보는 바와 같이 주식의 내재가치는 자기자본비용과 배당성장률의 설정에 따라 변동이 심한 것을 알 수 있다. 따라서 배당할인모형은 이론적으로는 타당하나 할인율의 추정에 잠재적 오류가 있어서 실무적으로 직접 적용하는 데는 한계가 있다.

(3) 잉여현금흐름할인모형

잉여현금흐름할인모형(discount free cash flow model)은 단순한 현금흐름이 아닌 영업활동으로 인한 현금흐름에서 영업활동 투자액을 차감하고 남은 잉여현금흐름(free cash flow : FCF)을 총자본비용으로 할인한 현재가치가 기업가치라는 것이다. 잉여현금흐름(FCF)은 현금흐름표의 영업활동으로 인한 현금흐름에서 투자활동으로 인한 현금흐름 중 영업활동과 관련된 자산의 취득과 처분으로 발생한 현금흐름을 차감한 금액이다. 할인율은 잉여현금흐름의 창출을 위해 타인자본과 자기자본이 조달되었으므로 가중평균자본비용(WACC)이 사용된다.

잉여현금흐름할인모형은 배당할인모형과 달리 잉여현금흐름이 매기 달라질 수 있다. 따라서 기업가치는 명시적 예측기간의 잉여현금흐름의 현재가치와 이후 추정기간의 잔존가치를 할인한 현재가치를 합하여 계산한다.

$$기업가치 = \sum_{t=1}^{\infty} \frac{잉여현금흐름_t}{(1+가중평균자본비용)^t}$$

잉여현금흐름할인모형은 배당금이 없는 기업의 가치평가도 가능하다. 또한 잉여현금흐름은 타인자본과 자기자본이 모두 투하된 결과이므로 기업의 종합적인 가치평가가 가능하다. 그러나 기업의 영업활동에서 현금유입은 거래나 사건의 발생보다 먼저 발생할 수도 있고 늦게 발생할 수도 있다. 마찬가지로 현금지출도 거래나 사건의 발생보다 먼저 발생할 수도 있고 늦게 발생할 수도 있다. 따라서 당해 연도의 잉여현금흐름이 당해 연도의 가치창출 결과물이라고 단언할 수 없다.

사례 3 잉여현금흐름할인모형으로 주식의 가치평가

삼성전자(주)의 2023년 재무제표에 근거하여 다음과 같이 잉여현금흐름(FCF)을 예측하였다. 잉여현금흐름의 명시적 추정기간은 5년이고, 이후 추정기간은 2028년 잉여현금흐름이 영구히 지속된다고 가정하였다.

(단위 : 억원)

항 목	2024년	2025년	2026년	2027년	2028년	이 후
영업활동 현금흐름(A)	730,000	830,000	840,000	850,000	900,000	900,000
영업활동 투자액(B)	538,000	635,000	640,000	640,000	680,000	680,000
잉여현금흐름(A−B)	192,000	195,000	200,000	210,000	220,000	220,000

가중평균자본비용(WACC)은 다음의 주어진 자료와 삼성전자(주)의 자본구조를 이용하면 6.3%가 된다.

자기자본 비용	타인자본 비용	법인세율	계산과정
7%	5%	30%	$0.063 = \frac{3,636,779}{4,559,060} \times 0.07 + \frac{922,281}{4,559,060} \times 0.05 \times (1-0.3)$

① 잉여현금흐름할인모형을 이용한 기업가치평가

먼저 명시적 예측기간의 잉여현금흐름(FCF)에 현가율[PR=1/(1+가중평균자본비용)^t]을 곱하여 현재가치로 전환한다. 명시적 예측기간 이후의 잔존가치는 배당할인모형의 원리를 이용하여 2028년 기준 현재가치로 전환한 후 다시 할인하여 2024년 기준 현재가치로 전환한다. 즉 2028년 기준 잔존가치는 잉여현금흐름 220,000억원을 가중평균자본비용 6.3%로 나눈 3,492,063억원(=220,000/0.063)이 되며, 이를 다시 2024년으로 현가화하면 2,572,858억원[=3,492,063/(1.063)^5]이 된다. 따라서 잉여현금흐름할인모형으로 계산된 기업가치는 현재가치를 모두 합한 3,419,116억원이 된다.

(단위 : 억원)

항 목	2024년	2025년	2026년	2027년	2028년	이 후
잉여현금흐름(FCF)	192,000	195,000	200,000	210,000	220,000	220,000
현가율(PR)	0.941	0.885	0.833	0.783	0.737	0.737
현재가치(FCF×PR)	180,621	172,571	166,506	164,470	162,090	2,572,858

※ 현재가치는 현가율(PR)의 소수점 이하 숫자를 하나도 버리지 않고 계산한 결과임.

② 잉여현금흐름할인모형을 이용한 주식의 가치평가

주식의 가치평가를 위해 모형을 통해 산출한 기업가치로 주식의 내재가치를 산출한다. 주식의 내재가치는 기업가치에서 이자부부채를 차감한 후 발행주식수로 나누어 계산한다. 본 사례에서 삼성전자(주)의 이자부부채는 350,000억원이라고 가정하였다. 2023년 삼성전자(주)의 발행주식수는 5,969,782,550이다. 현재 주가를 다음과 같이 가정하였을 때 주식의 내재가치 51,411원을 기준으로 투자의사결정을 할 수 있다.

현재 주가	가치평가	투자의사결정	주식의 내재가치
80,000원	고평가	매도	$51{,}411\text{원} = \dfrac{3{,}419{,}116\text{억원} - 350{,}000\text{억원}}{5{,}969{,}782{,}550}$
40,000원	저평가	매수	

2 회계이익을 이용한 주식평가모형

회계이익을 이용한 주식평가모형은 발생주의를 채택하고 있는 회계를 고려하면 더 타당할 수 있다. 현금흐름은 거래나 사건의 발생과 일치하는 때도 있고, 일치하지 않는 때도 있다. 반면에 회계이익은 거래나 사건의 발생과 일치하는 기업성과이다.

(1) 이익평가모형

이익평가모형(earnings valuation model : EVM)은 미래 주당이익을 자기자본비용으로 할인한 현재가치가 주식의 내재가치라는 것이다. 배당할인모형은 현금배당이 없는 기업에 적용할 수 없지만, 이익평가모형은 모든 기업에 적용할 수 있다. 경영자는 이익을 현금, 현물 또는 주식으로 배당할 수 있다. 때로는 미래 사업목적으로 이익을 배당하지 않고 사내에 유보할 수도 있다. 따라서 주식의 가치를 평가하기 위해 배당금보다 이익을 활용하는 것이 더 타당할 수 있다. 아래의 식(1)과 같이 주당이익을 자기자본비용으로 할인하면 주식의 내재가치가 된다. 그러나 주식은 만기가 없으므로 식(1)을 무한등비수열로 정리하면 식(2)만 남게 된다.

$$\text{주식가치} = \frac{\text{주당이익}_1}{(1+\text{자기자본비용})^1} + \frac{\text{주당이익}_2}{(1+\text{자기자본비용})^2} + \frac{\text{주당이익}_3}{(1+\text{자기자본비용})^3} + \cdots + \frac{\text{주당이익}_\infty}{(1+\text{자기자본비용})^\infty} \quad \cdots\cdots (1)$$

$$\text{주식가치} = \sum_{t=1}^{\infty} \frac{\text{주당이익}_t}{(1+\text{자기자본비용})^t} = \frac{\text{주당이익}}{\text{자기자본비용}} \quad \cdots\cdots (2)$$

이익평가모형으로 주식가치를 평가할 때 세 가지 가정을 고려할 수 있다. 첫째, 기업의 성장이 없다면 같은 주당이익이 영구히 지속된다는 가정이다. 이러한 가정은 고정배당모형과 같은 논리로 주식을 평가하게 된다. 둘째, 기업의 성장기회가 있다면 주당이익은 일정 비율로 성장이 지속된다는 가정이다. 이러한 가정은 일정성장배당모형과 같은 논리로 주식을 평가하게 된다. 셋째, 기업의 주당이익을 명시적으로 예측할 수 있는 기간과 잔존가치를 산출할 수 있는 기간의 추정이 가능하다는 가정이다. 이러한 세 가지 가정에 따라 이익평가모형을 이용하여 계산한 주식가치는 달라진다.

사례 4 이익평가모형으로 주식의 가치평가

다음은 이익평가모형으로 주식가치를 평가할 때 필요한 삼성전자(주)의 5년간 주당이익(EPS) 자료이다. 주당이익(EPS)의 평균에서 소수점 밑은 생략하였다. 삼성전자(주)의 사내유보율은 53%이고 ROE는 11%이므로 배당성장률은 5.8%이다.

항 목	2019년	2020년	2021년	2022년	2023년	평 균
주당이익(EPS)(원)	3,166	3,841	5,777	8,057	2,131	4,594

① 성장기회가 없다고 가정할 때 주식의 가치평가

이익평가모형도 주당이익이 미래에 영구적으로 지속된다고 가정한다. 본 사례는 지속될 주당이익을 삼성전자(주) 주당이익 5년간 평균인 ₩4,594으로 하였다. 삼성전자(주)는 현금배당을 한다. 삼성전자(주)의 미래 배당금은 주당이익에 배당성향(47%)을 곱한 금액이 된다. 주식의 내재가치는 주당 배당금(₩2,159)을 자기자본비용 7%로 나눈 ₩30,845이다. 현재 주가를 다음과 같이 가정하였을 때 주식의 내재가치 30,845원을 기준으로 투자의사결정을 할 수 있다.

현재 주가	가치평가	투자의사결정	주식의 내재가치
50,000원	고평가	매도	$30,845원=\frac{4,594 \times 0.47}{0.07}=\frac{2,159}{0.07}$
20,000원	저평가	매수	

② 성장기회가 있다고 가정할 때 주식의 가치평가

배당금이 일정 비율로 미래에 영구적으로 성장한다고 가정한다. 배당성장률은 사내유보율이 53%이고 ROE가 11%이므로 5.8%(=0.53×0.11)가 된다. 따라서 삼성전자(주) 주식의 내재가치는 주당 배당금(₩2,159)에 (1+0.058)을 곱한 금액을 자기자본비용 7%에서 배당성장률 5.8%를 차감한 할인율(1.2%)로 나누어 ₩190,352이 된다. 현재 주가를 다음과 같이 가정하였을 때 주식의 내재가치 190,352원을 기준으로 투자의사결정을 할 수 있다. 주식의 내재가치는 성장기회 여부에 따라 큰 차이가 나는 것을 알 수 있다.

현재 주가	가치평가	투자의사결정	주식의 내재가치
200,000원	고평가	매도	190,352원$=\dfrac{2,159\times(1+0.058)}{0.07-0.058}$
150,000원	저평가	매수	

③ 주당이익의 예측이 가능하다고 가정할 때 주식의 가치평가

삼성전자(주)의 2023년 재무제표에 근거하여 다음과 같이 주당이익(EPS)을 예측하였다. 주당이익의 명시적 추정기간은 5년이고, 이후 추정기간은 2028년 주당이익이 영구히 지속된다고 가정하였다. 주당 배당금(DPS)은 주당이익에 배당성향(47%)을 곱한 금액이다. 주식의 내재가치를 계산하기 위해 먼저 명시적 예측기간의 주당 배당금(DPS)에 현가율[PR=1/(1+자기자본비용)^n]을 곱하여 현재가치로 전환한다. 이후의 잔존가치는 배당할인모형의 원리를 이용하여 2028년 기준 현재가치로 전환한 후 다시 할인하여 2024년 기준 현재가치로 전환한다. 즉 2028년 기준 잔존가치는 주당 배당금(DPS) ₩3,700을 자기자본비용 7%로 나눈 ₩52,857(=3,700/0.07)이 되며, 이를 다시 2024년으로 현가화하면 ₩37,686[=52,857/(1.07)^5]이 된다. 따라서 이익평가모형으로 계산된 주식가치는 현재가치를 모두 합한 ₩50,114이 된다.

(단위 : 원)

항 목	2024년	2025년	2026년	2027년	2028년	이 후
주당이익(EPS)	4,894	5,745	6,809	7,447	7,873	7,873
주당 배당금(DPS)	2,300	2,700	3,200	3,500	3,700	3,700
현가율(PR)	0.935	0.873	0.816	0.763	0.713	0.713
현재가치(DPS×PR)	2,150	2,358	2,612	2,670	2,638	37,686

※ 현재가치는 현가율(PR)의 소수점 이하 숫자를 하나도 버리지 않고 계산한 결과임.

현재 주가를 다음과 같이 가정하였을 때 주식의 내재가치 50,114원을 기준으로 투자의사결정을 할 수 있다.

현재 주가	가치평가	투자의사결정	주식의 내재가치
80,000원	고평가	매도	50,114원＝현재가치(DPS×PR) 총합
40,000원	저평가	매수	

이상으로 이익평가모형의 세 가지 가정을 통해 주식의 가치를 평가하였다. 배당의 성장기회가 없다고 가정하면 주가가 과소평가되는 경향이 있고, 배당의 성장기회가 있다고 가정하면 지속해서 성장하므로 주가가 과대평가되는 경향이 있다. 반면에 과거 자료에 근거한 예측자료를 사용하면 현실적인 주식의 내재가치를 도출할 수 있다. 그러나 할인모형은 추정요소가 많아 실무 적용에 유의해야 한다.

(2) 초과이익모형

초과이익모형(residual income model : RIM)은 기업이 창출한 이익에서 자기자본조달비용을 차감한 미래 초과이익을 할인한 현재가치가 주식의 내재가치라는 것이다.[1] 즉 기업의 자기자본이익률(ROE)은 최소한 자기자본비용보다 커야 가치를 지닌다. 여기서 자기자본은 순이익이 반영되기 전인 기초자기자본을 이용하였다.

$$\begin{aligned} \text{초과이익(RI)} &= \text{순이익} - \text{자기자본조달로 지출한 비용 총액} \\ &= \frac{\text{순이익}}{\text{기초자기자본}} \times \text{기초자기자본} - \text{자기자본비용} \times \text{기초자기자본} \\ &= \left(\frac{\text{순이익}}{\text{기초자기자본}} - \text{자기자본비용} \right) \times \text{기초자기자본} \\ &= (\text{ROE} - \text{자기자본비용}) \times \text{기초자기자본} \end{aligned}$$

자기자본순이익률(ROE)은 투하된 자기자본의 기회비용을 고려하지 않아 제대로 수익성을 나타내지 못한다. 예를 들어, A기업의 자기자본순이익률(ROE)은 당해

1) 김종오 · 이우백 · 선우혜정, 「재무분석－이론과 사례」, 생능, 2020, p.371 참조.

연도에 5%이고 산업평균은 3%이며, 전년도에는 4%였다. A기업은 주주의 수익률이 산업평균보다 높고, 전년도보다도 증가하여 수익성이 양호하다고 평가했을 것이다. 그러나 당해 연도에 주주는 시장에서 5%의 이익을 얻을 수 있는 다른 투자기회가 있었다. 따라서 주주 관점에서 A기업의 ROE는 0%인 것이다. 주식투자자는 ROE가 자기자본비용보다 커야 주식 매수를 통해 추가의 이익을 얻을 수 있다고 판단할 것이다. 초과이익모형에서 주식가치는 자기자본에 명시적 예측기간 초과이익의 현재가치와 이후 추정기간 잔존가치를 할인한 현재가치를 합하여 계산한다. 즉 주식가치는 현재의 자기자본과 미래 초과이익의 현재가치 합이 된다.

$$\text{주식가치} = \text{기초자기자본} + \sum_{t=1}^{\infty} \frac{\text{초과이익}_t}{(1+\text{자기자본비용})^t}$$

초과이익모형은 주주 관점에서 기업가치를 더 엄격하게 평가하였다. 그러나 자기자본비용만 고려하고 타인자본비용은 배제하여 초과이익이 과대평가될 수 있다. 또한 초과이익은 순이익을 기준으로 계산하였으나 기업의 지속가능성을 나타내기 위해 영업이익을 활용하는 것이 더 타당하다. 마지막으로 다른 모형과 마찬가지로 예측기간, 초과이익 그리고 자기자본비용을 추정하므로 결과의 신뢰성이 떨어질 수 있다.

사례 5 초과이익모형으로 주식의 가치평가

〈사례 2〉에서 제시한 2019년부터 2023년까지 5년간 삼성전자(주)의 자기자본이익률(ROE)에 근거하여 다음과 같이 ROE를 예측하였다. 명시적 추정기간은 5년이고, 이후 추정기간은 2028년 ROE가 영구히 지속된다고 가정하였다. 자기자본비용은 2023년 기준 7%를 계속 적용하였다. 모든 금액의 소수점 밑은 생략하였다.

(단위 : 억원)

항 목	2024년	2025년	2026년	2027년	2028년	이 후
당기순이익(A)	226,800	266,400	332,000	319,200	369,000	369,000
기초자기자본(B)	3,600,000	3,700,000	4,000,000	4,200,000	4,500,000	4,500,000
ROE(A/B)	0.063	0.072	0.083	0.076	0.082	0.082
자기자본비용(E)	0.070	0.070	0.070	0.070	0.070	0.070

① 초과이익모형을 이용한 기업가치평가

기업가치를 산출하기 위해 먼저 초과이익(RI)을 계산한다. 초과이익(RI)은 ROE에서 자기자본비용(E)을 차감한 후 기초자기자본(B)을 곱한 금액이다. 명시적 예측기간의 초과이익(RI)에 현가율[PR＝1/(1＋자기자본비용)^{t}]을 곱하여 현재가치로 전환한다. 이후의 잔존가치는 2028년 기준 현재가치로 전환한 후 다시 할인하여 2024년 기준 현재가치로 전환한다. 즉 2028년 기준 잔존가치는 초과이익(RI) 54,000억원을 자기자본비용 7%로 나눈 771,429억원(＝54,000/0.07)이 되며, 이를 다시 2024년으로 현가화하면 550,018억원[＝771,429/(1.07)^{5}]이 된다. 따라서 초과이익모형으로 계산된 기업가치는 현재 자기자본 3,600,000억원과 현재가치 656,654억원의 합인 4,256,654억원이 된다.

(단위 : 억원)

항 목	2024년	2025년	2026년	2027년	2028년	이 후
초과이익[RI＝(ROE－E)×B]	0	7,400	52,000	25,200	54,000	54,000
현가율(PR)	0.935	0.873	0.816	0.763	0.713	0.713
현재가치(RI×PR)	0	6,463	42,447	19,225	38,501	550,018

※ 현재가치는 현가율(PR)의 소수점 이하 숫자를 하나도 버리지 않고 계산한 결과임.

② 자기자본만 투하하였다고 가정할 때 주식의 가치평가

초과이익을 창출하기 위해 자기자본만 투하하였다면 기업가치는 모두 주식가치가 된다. 따라서 초과이익모형으로 산출된 기업가치를 발행주식수로 나누어 주식의 내재가치를 계산한다. 2023년 삼성전자(주)의 발행주식수는 5,969,782,550이다. 현재 주가를 다음과 같이 가정하였을 때 주식의 내재가치 71,303원을 기준으로 투자의사결정을 할 수 있다.

현재 주가	가치평가	투자의사결정	주식의 내재가치
80,000원	고평가	매도	$71{,}303\text{원}=\dfrac{4{,}256{,}654\text{억원}}{5{,}969{,}782{,}550}$
40,000원	저평가	매수	

③ 자기자본과 타인자본을 투하하였다고 가정할 때 주식의 가치평가

자기자본뿐만 아니라 타인자본도 투하하였다면 기업가치에서 타인자본의 가치를 차감한 후 주식가치를 평가한다. 주식의 내재가치는 기업가치에서 이자부부채를 차감한 후 발행주식수로 나누어 계산한다. 본 사례에서 삼성전자(주)의 이자부부채는 350,000억원이라고 가정하였다. 현재 주가를 다음과 같이 가정하였을 때 주식의 내재가치 65,440원을 기준으로 투자의사결정을 할 수 있다.

현재 주가	가치평가	투자의사결정	주식의 내재가치
80,000원	고평가	매도	$65,440원=\frac{4,256,654억원-350,000억원}{5,969,782,550}$
40,000원	저평가	매수	

(3) 경제적 부가가치모형

경제적 부가가치(economic value added : EVA)모형은 영업활동으로부터 창출된 이익에서 총자본비용을 차감한 미래 초과이익을 할인한 현재가치가 기업가치를 나타낸다는 것이다. 경제적 부가가치모형이 초과이익모형과 차이 나는 점은 이익을 순이익이 아닌 세후영업이익으로 이용하였으며, 자본조달비용을 자기자본비용이 아닌 총자본비용으로 이용하였다는 점이다. 결국 기업 본연의 활동인 영업활동을 통해 얻은 부가가치는 자본비용을 초과한 부분만 기업가치를 나타낸다는 것이다.

경제적 부가가치(EVA)는 영업투하자본세후영업이익률(ROIC)에서 가중평균자본비용(WACC)을 차감한 후 기초영업투하자본을 곱한 금액이다. 즉 경제적 부가가치는 영업투하자본을 투입하여 얻은 세후영업이익 중 총자본비용을 차감하고 남은 금액이다. 경제적 부가가치를 산출하기 위해 초기 투하자본인 기초영업투하자본을 이용해야 한다.

$$
\begin{aligned}
\text{경제적 부가가치(EVA)} &= \text{세후영업이익} - \text{총자본조달로 지출한 비용 총액} \\
&= \frac{\text{세후영업이익}}{\text{기초영업투하자본}} \times \text{기초영업투하자본} - \text{가중평균자본비용} \times \text{기초영업투하자본}
\end{aligned}
$$

$$=\left(\frac{\text{세후영업이익}}{\text{기초영업투하자본}}-\text{가중평균자본비용}\right)\times\text{기초영업투하자본}$$

$$=(\text{ROIC}-\text{가중평균자본비용})\times\text{기초영업투하자본}$$

기업가치는 기초영업투하자본에 명시적 예측기간 경제적 부가가치의 현재가치와 이후 추정기간 잔존가치를 할인한 현재가치를 합하여 계산한다. 즉 기업가치는 현재의 영업투하자본과 미래 경제적 부가가치의 현재가치 합이 된다.

$$\text{기업가치}=\text{기초영업투하자본}+\sum_{t=1}^{\infty}\frac{\text{EVA}_t}{(1+\text{가중평균자본비용})^t}$$

경제적 부가가치모형은 영업활동으로 창출된 가치를 다루고 있어서 기업 본연의 가치를 더 잘 나타낸다. 또한 가치창출에 투하된 자본의 기회비용을 자기자본비용뿐만 아니라 타인자본비용도 고려하였다. 그러나 영업투하자본을 산출하기 위해 자산을 영업자산과 영업외자산으로 구분하기가 쉽지 않고 가중평균자본비용을 추정하기도 쉽지 않다.

사례 6 EVA모형으로 주식의 가치평가

2019년부터 2023년까지 5년간 삼성전자(주)의 재무제표에 근거하여 다음과 같이 ROIC를 예측하였다. 명시적 추정기간은 5년이고, 이후 추정기간은 2028년 ROIC가 영구히 지속된다고 가정하였다. 가중평균자본비용은 2023년 기준 6.3%를 계속 적용하였다. 모든 금액의 소수점 밑은 생략하였다.

(단위 : 억원)

항 목	2024년	2025년	2026년	2027년	2028년	이 후
세후영업이익(A)	228,000	284,000	285,600	330,000	366,600	366,600
기초영업투하자본(B)	3,800,000	4,000,000	4,200,000	4,400,000	4,700,000	4,700,000
ROIC(A/B)	0.060	0.071	0.068	0.075	0.078	0.078
가중평균자본비용(W)	0.063	0.063	0.063	0.063	0.063	0.063

① EVA모형을 이용한 기업가치평가

기업가치를 산출하기 위해 먼저 경제적 부가가치(EVA)를 계산한다. 경제적 부가가치(EVA)는 ROIC에서 가중평균자본비용(W)을 차감한 후 기초영업투하자본(B)을 곱한 금액이다. 명시적 예측기간의 EVA에 현가율[PR＝1/(1＋가중평균자본비용)^t]을 곱하여 현재가치로 전환한다. 이후의 잔존가치는 2028년 기준 현재가치로 전환한 후 다시 할인하여 2024년 기준 현재가치로 전환한다. 즉 2028년 기준 잔존가치는 경제적 부가가치(EVA) 70,500억원을 가중평균자본비용 6.3%로 나눈 1,119,048억원(＝70,500/0.063)이 되며, 이를 다시 2024년으로 현가화하면 824,484억원[＝1,119,048/(1.063)^5]이 된다. 따라서 EVA모형으로 계산된 기업가치는 2024년 초 영업투하자본 3,800,000억원과 현재가치 963,580억원의 합인 4,763,580억원이 된다.

(단위 : 억원)

항 목	2024년	2025년	2026년	2027년	2028년	이 후
EVA[(ROIC－W)×B]	0	32,000	21,000	52,800	70,500	70,500
현가율(PR)	0.941	0.885	0.833	0.783	0.737	0.737
현재가치(EVA×PR)	0	28,319	17,483	41,352	51,942	824,484

※ 현재가치는 현가율(PR)의 소수점 이하 숫자를 하나도 버리지 않고 계산한 결과임.

② EVA모형을 이용한 주식의 가치평가

주식의 내재가치는 기업가치에서 이자부부채를 차감한 후 발행주식수로 나누어 계산한다. 삼성전자(주)의 이자부부채는 350,000억원이라고 가정하였다. 현재 주가를 다음과 같이 가정하였을 때 주식의 내재가치 73,932원을 기준으로 투자의사결정을 할 수 있다.

현재 주가	가치평가	투자의사결정	주식의 내재가치
80,000원	고평가	매도	$73,932원 = \frac{4,763,580억원 - 350,000억원}{5,969,782,550}$
40,000원	저평가	매수	

요약정리

1. 현재가치와 미래가치

가 치	계산식	특 징
미래가치 (FV)	현재가치(PV) × (1 + 이자율)^{기간수}	• 기간수 확장가능 • 이자율 산정 유의 • 자산의 가치평가 활용 • 실무의 다양한 분야 적용
현재가치 (PV)	미래가치(FV) × $\frac{1}{(1+이자율)^{기간수}}$	

2. 자기자본비용과 가중평균자본비용

비 용	계산식	특 징
자기자본 비용	무위험이자율 + (시장예상수익률 − 무위험이자율) × 베타	• 시장의 예상수익률과 베타 계산 어려움
가중평균 자본비용	$\left(\frac{타인자본}{자기자본+타인자본}\right)$ × 타인자본비용 × (1 − 법인세율) + $\left(\frac{자기자본}{자기자본+타인자본}\right)$ × 자기자본비용	• 자본은 시장가치로 평가 • 타인자본 절세효과

3. 현금흐름을 이용한 주식평가모형

모 형	계산식	특 징
고정배당 모형	주식가치 = $\frac{배당금}{자기자본비용}$	• 배당금 고정 • 배당금 영구 존재
일정성장 배당모형	주식가치 = $\frac{배당금(1+배당성장률)}{자기자본비용-배당성장률}$	• 배당금 성장 • 배당금 영구 성장
FCF 할인모형	기업가치 = $\sum_{t=1}^{\infty}\frac{잉여현금흐름_t}{(1+가중평균자본비용)^t}$	• 영업활동 중심 • 현금흐름 예측

4. 회계이익을 이용한 주식평가모형

모 형	계산식	특 징
이익평가 모형	주식가치 = $\sum_{t=1}^{\infty}\frac{주당이익_t}{(1+자기자본비용)^t} = \frac{주당이익}{자기자본비용}$	• 주당이익 변동가능 • 자기자본비용만 고려
초과이익 모형	주식가치 = 기초자기자본 + $\sum_{t=1}^{\infty}\frac{초과이익_t}{(1+자기자본비용)^t}$	• 순이익으로 가치평가 • 자기자본비용만 고려
EVA 모형	기업가치 = 기초영업투하자본 + $\sum_{t=1}^{\infty}\frac{EVA_t}{(1+가중평균자본비용)^t}$	• 영업이익으로 가치평가 • 영업투하자본 계산 복잡

9

사업보고서 이해

1 사업보고서
2 기업의 사업내용
3 재무보고
4 재무제표 신뢰성
5 기업지배기구
6 주주, 임원 그리고 직원에 관한 정보
7 기타 투자자가 알아야 할 사항

1 사업보고서

자본시장과 금융투자업에 관한 법률(이하 "자본시장법")은 주권상장법인, 그 밖에 대통령령으로 정하는 법인(이하 "사업보고서 제출대상법인")에 그 사업보고서를 각 사업연도 경과 후 90일 이내에 금융위원회와 거래소에 제출하도록 요구하고 있다(제159조). 사업보고서에는 회사의 목적, 상호, 사업내용, 임원 보수, 임원 개인별 보수와 그 구체적인 산정기준 및 방법, 재무에 관한 사항, 그 밖에 대통령령으로 정하는 사항이 포함된다.

사업보고서는 금융감독원 전자공시시스템(DART)에서 무료로 볼 수 있다. 따라서 주식투자자는 당연히 사업보고서를 통해 기업을 이해하는 과정이 필요하다. 특히 사업보고서는 재무제표를 포함하고 있어서 기본적 분석을 위해 반드시 봐야 한다.

〈표 9-1〉은 사업보고서가 투자자에게 전달되는 과정을 나타낸다. 일반적으로 많은 기업은 12월에 결산하므로 12월 결산기업을 중심으로 설명하고자 한다. 기업은 12월에 결산이 끝나면 주주총회 6주 전까지 재무제표를 작성하여 회계감사를 받아야 한다. 기업은 늦어도 주주총회 2주 전까지는 주주총회 소집을 공시해야 한다. 외부감사인(회계사)은 주주총회 1주 전까지 감사의견이 담긴 감사보고서를 작성하여 기업과 금융위원회에 제출해야 한다. 주주총회는 보통 3월 초중순에 개최되며, 주주총회에서 일 년간의 경영활동을 나타내는 재무제표가 승인된다. 승인된 재무제표는 주주총회일로부터 2주 이내에 감사보고서와 함께 증권선물위원회에 제출해야 한다. 재무제표가 포함된 사업보고서는 결산일(12월 31일)로부터 90일 이내, 즉 3월 말까지 금융위원회에 제출해야 한다. 금융감독원은 제출된 사업보고서를 전자공시시스템(DART)에 공시한다. 따라서 일반투자자가 공식적으로 기업의 회계정보를 접할 수 있는 시기는 12월 결산기업을 기준으로 3월 말에서 4월 초가 된다.

〈표 9-1〉 사업보고서 공시과정

주주총회	절 차
6주 전(연결F/S 4주)	재무제표 작성, 회계감사 의뢰(회사 → 외부감사인과 증권선물위원회)
2주 전	주주총회 소집공시(요약재무제표 첨부)
1주 전	감사보고서 제출(외부감사인 → 기업과 금융위원회)
주주총회일	재무제표 승인
2주 내	감사보고서/재무제표 제출(회사 → 증권선물위원회)
결산일 3개월 내	사업보고서 제출(회사 → 금융위원회)

사업보고서를 보기 위해 먼저 네이버 검색창에 '금융감독원 전자공시시스템'을 입력하고 해당 사이트에 들어간다. 그러면 [그림 9-1]과 같은 화면이 뜬다. 본 책은 2023년 삼성전자(주)의 사업보고서를 예시로 설명하고자 한다.

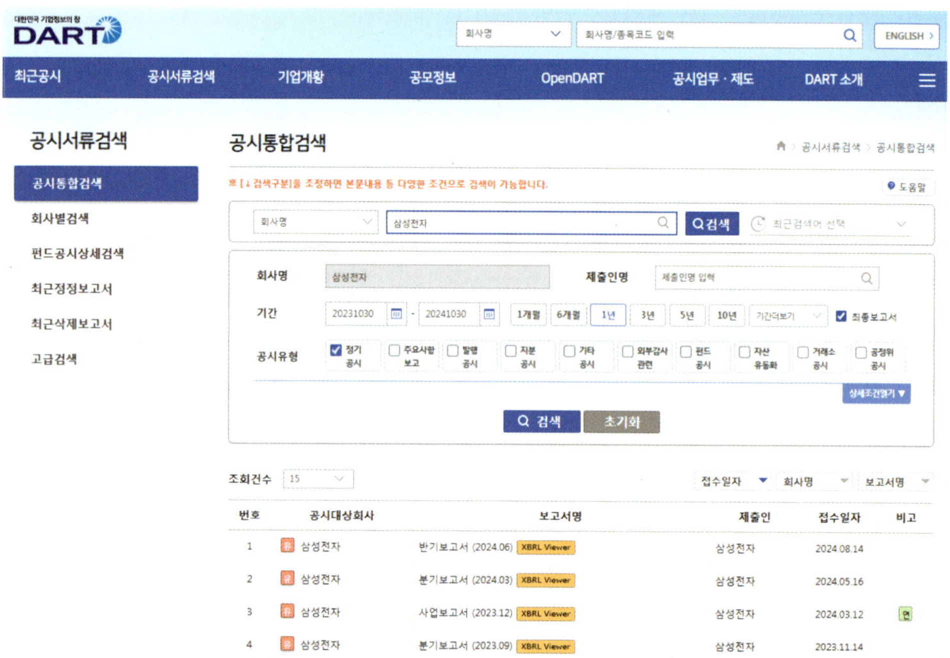

[그림 9-1] 금융감독원 전자공시시스템 첫 화면

금융감독원 전자공시시스템에서 사업보고서를 찾는 순서는 다음과 같다.

① 검색창에 회사명 '삼성전자'를 입력한다.
② 검색할 기간을 설정한다. 1개월, 6개월, 1년, 3년, 5년, 10년 그리고 '기간 더보기'로 구분되어 있다.
③ 공시유형에서 '정기공시'를 선택한 후, '사업보고서'를 선택한다.
④ 사업보고서를 선택하여 검색한다. '정기공시' 안에는 사업보고서, 반기보고서, 분기보고서, 소액공모법인결산서류, 등록법인결산서류(자본시장법 이전)가 있는데 일 년의 기업성과를 보려면 '사업보고서'를 선택한다.

기업은 사업보고서를 반기(6월 말), 분기(3월 말, 9월 말) 그리고 기말(12월 말) 등 일 년에 네 번 공시해야 한다. 주식투자자는 사업보고서에서 투자의사결정에 도움이 될 수 있는 사항을 찾아 확인하고 이해할 필요가 있다.

2 기업의 사업내용

기업의 목적은 이윤추구이다. 따라서 주식투자자는 기업이 어떠한 사업을 통해 먹고사는지 확인해야 한다. 또한 주식투자자는 기업의 안정성보다 성장성에 관심이 있으므로 기업의 매출구조와 제품의 핵심기술을 확인해야 한다. 기업이 미래시장을 선도할 수 있는 '블루오션'에 있는지 아니면 경쟁이 치열한 '레드오션'에 있는지 확인하는 것은 매우 중요하다.

신문 등 다양한 언론 매체를 통해 현재 경제상황에서 가장 성장가능성이 큰 분야를 확인하고, 그 분야에서 영향력이 큰 제품을 생산하는 기업을 확인한다. 대부분의 한국 기업은 수출기업이므로 해당 제품에 대해 국제적 수요가 있는지 그리고 국제적 기업으로 성장할 수 있는 판매망이 확보되어 있는지도 확인한다.

사업보고서에서 기업의 사업내용을 확인할 수 있는 부분은 다음과 같다.

Ⅰ. 회사의 개요

1. 회사의 개요

회사의 법적·상업적 명칭, 설립일자, 본사의 주소, 전화번호 및 홈페이지, 주요 사업의 내용, 연결재무제표 작성 대상 종속회사 현황(요약), 중소기업 해당 여부, 신용평가에 관한 사항, 주권상장(또는 등록·지정) 여부 및 특례상장에 관한 사항이 포함되어 있다. 눈여겨볼 부분은 주요 사업의 내용과 연결재무제표 작성 대상 종속회사의 현황이다. 주요 제품의 내용은 〈표 9-2〉와 같다. 각 주요 제품에 대한 상세한 설명은 사업보고서에 있지만, 신문기사나 기타 보고서를 통해 해당 기업의 제품 경쟁력을 확인할 필요가 있다.

〈표 9-2〉 부문별 주요 제품

부 문	주요 제품
DX부문	TV, 모니터, 냉장고, 세탁기, 에어컨, 스마트폰, 네트워크시스템, 컴퓨터 등
DS부문	DRAM, NAND Flash, 모바일AP 등
SDC	스마트폰용 OLED 패널 등
Harman	디지털 콕핏(Digital Cockpit), 카오디오, 포터블 스피커 등

※ 당사는 2021년 12월 조직개편을 통해 CE부문과 IM부문을 DX부문으로 통합하였으며, 내부 조직체계에 맞추어 SDC를 DS부문과 별도로 구분하였습니다.

연결재무제표 작성 대상 종속회사의 현황을 이해하려면 연결재무제표 작성 대상기업을 알아야 한다. 별개의 독립된 기업이라도 경제적으로 하나의 실체라면 하나의 재무제표로 작성하여 보고해야 한다. 연결재무제표 작성은 분식회계 예방에도 도움이 된다. 예를 들어, 경기침체기에 지배회사가 실적을 부풀리기 위해 종속회사에 제품을 판매하면, 지배회사는 수익이 증가하고 종속회사는 비용이 증가한다. 지배회사가 살아남기 위해 종속회사를 희생시키면, 종속회사의 주주들은 엄청난 손실을 보게 된다. 이를 방지하기 위해 지배회사와 종속회사의 재무제표를 하나로 연결하여 보고하는 것이 타당하다.

그렇다면 연결재무제표를 작성해야 하는 지배회사의 지배력 기준은 무엇인가? 한국채택국제회계기준(K-IFRS 제1110호)은 지배회사가 종속회사의 의결권을 50% 이상 소유할 때 실질적 지배력이 있다고 본다. 사업보고서는 연결대상회사 수 현황을 〈표 9-3〉과 같이 공시하고 있다.

〈표 9-3〉 연결대상회사수 현황

(단위 : 사)

구 분	연결대상회사수				주요 종속회사수
	기 초	증 가	감 소	기 말	
상장	–	–	–	–	–
비상장	232	6	6	232	146
합계	232	6	6	232	146

※ 상세 현황은 사업보고서의 '상세표-1. 연결대상 종속회사 현황(상세)'에 어떠한 기업인지 자세히 나와 있다.

Ⅰ. 회사의 개요에는 위의 1. 회사의 개요 외에 2. 회사의 연혁, 3. 자본금 변동사항, 4. 주식의 총수 등, 5. 정관에 관한 사항 등이 포함되어 있다. 이러한 정보는 회계와 관련된 설명에서 다시 언급하도록 한다.

Ⅱ. 사업의 내용

1. 사업의 개요

사업의 개요에서는 생산되는 제품과 국내외 제품의 판매망에 관해 설명하고 있다. 특히 지역별로 해외에 있는 법인이 주로 생산하고 있는 제품들을 알 수 있다.

2. 주요 제품 및 서비스

부문별 매출액과 전체 매출액에서 차지하는 비중을 확인할 수 있다. 따라서 기업의 주력상품 및 핵심기술이 무엇인지 파악할 수 있다.

〈표 9-4〉 부문별 주요 제품의 매출액과 비중

(단위 : 억원, %)

부 문	주요 제품	매출액	비 중
DX부문	TV, 모니터, 냉장고, 세탁기, 에어컨, 스마트폰, 네트워크시스템, 컴퓨터 등	1,699,923	65.7%
DS부문	DRAM, NAND Flash, 모바일AP 등	665,945	25.7%
SDC	스마트폰용 OLED패널 등	309,754	12.0%
Harman	디지털 콕핏, 카오디오, 포터블 스피커 등	143,885	5.6%
기타	부문 간 내부거래 제거 등	△230,152	△9.0%
총계		2,589,355	100.0%

※ 부문별 매출액은 부문 등 간 내부거래를 포함하고 있습니다. [△는 부(−)의 값임]
※ 세부 제품별 매출은 '4. 매출 및 수주상황' 항목을 참고하시기 바랍니다.

3. 원재료 및 생산설비

주요 매입처의 확인을 통해 해당 기업과 관련된 다른 투자가능 기업들을 확인할 수 있다. 간혹 원재료를 공급하는 기업이 원재료를 구매하는 기업보다 주가가 더 많이 오르는 경우가 있다. 예를 들어, 2023년 주식시장을 뜨겁게 달궜던 2차 전지 관련주 에코프로(주)가 대표적이다.

에코프로(주)는 양극재를 삼성SDI(주)에 납품하는 회사이다. 2차 전지를 만드는 삼성SDI(주)의 주가는 많이 오르지 않았는데 에코프로(주)의 주가는 10배 이상 상승하였다. 이러한 현상은 주식투자자들이 에코프로(주)의 미래 전망을 너무 낙관적으로 평가한 측면도 있지만, 2차 전지에서 가장 많은 이익을 남길 수 있는 부분이 양극재라고 생각했기 때문이다. 따라서 제품의 제조기업뿐만 아니라 원재료 납품기업도 눈여겨볼 필요가 있다. 삼성전자(주)는 부문별로 다양한 매입처로부터 원재료를 공급받고 있다.

〈표 9-5〉 부문별 원재료 매입처와 매입 규모

(단위 : 억원, %)

부 문	품 목	구체적 용도	매입액	비 중	주요 매입처
DX부문	모바일AP 솔루션	CPU	117,320	18.1%	Qualcomm, MediaTek 등
	디스플레이 패널	TV · 모니터용 화면표시장치	58,624	9.0%	CSOT, AUO 등
	Camera Module	스마트폰 카메라	52,124	8.0%	삼성전기(주), (주)파워로직스 등
	기타	–	421,425	64.9%	
	소계		649,493	100.0%	
DS부문	Chemical	원판 가공	25,700	15.7%	솔브레인(주), 동우화인켐(주) 등
	Wafer	반도체 원판	22,393	13.7%	SK실트론(주), SUMCO 등
	기타	–	115,283	70.6%	
	소계		163,376	100.0%	
SDC	FPCA	구동회로	24,307	22.2%	(주)비에이치, 영풍전자(주) 등
	Cover Glass	강화유리	16,856	15.4%	Apple, Biel 등
	기타	–	68,121	62.4%	
	소계		109,284	100.0%	
Harman	SOC (System-On-Chip)	CPU	7,678	9.9%	NVIDIA, Intel 등
	통신 모듈	차량 통신	4,752	6.1%	WNC(Wistron NeWeb Corp.) 등
	기타	–	65,503	84.0%	
	소계		77,933	100.0%	
기타	–	–	462	–	
총계			1,000,548	–	

※ 매입액은 부문 등 간의 내부거래를 포함하고 있지 않습니다.
※ 비중은 각 부문의 원재료 총매입액 대비 각 품목의 매입액 비중입니다.
※ 주요 매입처 중 삼성전기(주)는 계열회사입니다.

4. 매출 및 수주상황

먼저 가. 매출실적에는 (1) 주요 제품별 매출실적, (2) 매출유형별 매출실적 그리고 (3) 주요 지역별 매출 현황이 있다. 나. 판매경로 등에는 (1) 국내, (2) 해외, (3) 판매경로별 매출액 비중이 있다. 다. 판매방법 및 조건에는 (1) 국내와 (2) 해외로 구분하여 보여주고 있다. 그 외에 라. 판매전략, 마. 주요 매출처 그리고 바. 수주상황이 나타나 있다. 〈표 9-6〉과 같이 가. (3) 주요 지역별 매출 현황을 보면 삼성전자(주)는 국내보다 해외 매출이 더 많고, 해외 매출은 주로 미주지역인 것을 알 수 있다.

〈표 9-6〉 주요 지역별 매출 현황

(단위 : 억원)

구 분		제55기	제54기	제53기
내수	국내	205,196	221,799	221,497
수출	미주	510,934	659,617	583,805
	유럽	239,342	265,147	258,227
	아시아 · 아프리카	326,262	425,114	336,671
	중국	422,007	546,998	597,247
계		1,703,741	2,118,675	1,997,447

〈표 9-7〉과 같이 나. 판매경로 등의 (3) 판매경로별 매출액 비중을 보면 삼성전자(주)는 특직판 비중이 가장 크고, 다음으로 소매판매 비중이 큰 것을 알 수 있다.

〈표 9-7〉 판매경로별 매출액 비중

경 로	도 매	소 매	특직판	기 타
비중	19%	30%	46%	5%

5. 위험관리 및 파생거래

해당 기업의 재무적 위험관리(시장위험, 신용위험)에 대한 정보를 포함하고 있다.

6. 주요 계약 및 연구개발 활동

기술에 대한 계약과 진행 중인 연구개발 활동의 정보가 있다. 과거 제조업 중심의 노동집약적 산업구조에서 기술집약적 산업구조로 전환되면서 연구개발 활동이 중요해졌다. 따라서 시장을 주도하기 위해 연구개발과 관련된 기업을 확인하는 것은 매우 중요하다. 삼성전자(주)는 제품 생산을 위해 다양한 기업과 계약 및 연구개발 활동을 진행하고 있다.

〈표 9-8〉 주요 계약 및 연구개발 활동

계약 상대방	항 목	내 용
Google	계약유형	상호 특허 사용 계약
	체결시기	2014.1.25
	목적 및 내용	상호 특허 라이선스 계약 체결을 통한 사업 자유도 확보
	기타 주요 내용	영구 라이선스 계약(향후 10년간 출원될 특허까지 포함)
Global Foundries	계약유형	공정 기술 라이선스 계약
	체결시기	2014.2.28
	목적 및 내용	14nm 공정의 고객기반 확대
Google	계약유형	EMADA
	체결시기 및 기간	2019.2.27~2023.12.31(연장)
	목적 및 내용	유럽 32개국(EEA) 대상으로 Play Store, YouTube 등 구글 앱 사용에 대한 라이선스 계약
Ericsson	계약유형	상호 특허 사용 계약
	체결시기	2021.5.7
	목적 및 내용	상호 특허 라이선스 계약 체결을 통한 사업 자유도 확보
Qualcomm	계약유형	상호 특허 사용 계약
	체결시기	2022.7.6
	목적 및 내용	상호 특허 라이선스·부제소를 통한 사업 자유도 확보
Huawei	계약유형	상호 특허 사용 계약
	체결시기	2022.7.13
	목적 및 내용	상호 특허 라이선스 계약 체결을 통한 사업 자유도 확보
Nokia	계약유형	상호 특허 사용 계약
	체결시기	2023.1.19
	목적 및 내용	상호 특허 라이선스 계약 체결을 통한 사업 자유도 확보

※ 기타 영업기밀에 해당하는 사항은 기재하지 않았습니다.

3 재무보고

재무보고는 기업의 다양한 이해관계자가 의사결정을 할 때 중요한 근거가 된다. 재무보고는 재무제표(재무상태표, 포괄손익계산서, 자본변동표, 현금흐름표, 주석)와 기타 수단(사업보고서, 경영자 예측 등)으로 나눌 수 있다. 따라서 재무보고는 재무제표보다 더 포괄적인 개념이다. 사업보고서의 재무에 관한 사항에는 재무제표가 포함되어 있다. 기업의 주식가치 평가는 회계정보를 이용한 '기본적 분석'과 주가와 거래량을 이용한 '기술적 분석'이 병행될 때 완성된다. 한국은 〈표 9-9〉와 같이 재무제표를 작성하기 위한 세 가지 회계기준이 있다. 코스피(KOSPI)와 코스닥(KOSDAQ) 상장기업은 모두 한국채택국제회계기준(K-IFRS)에 의해 재무제표를 작성해야 한다.

〈표 9-9〉 회계기준의 종류와 적용 대상

종 류	한국채택국제회계기준	일반기업회계기준	중소기업회계기준
적용 대상	• 상장법인, 금융기관 • 자발적 채택 비상장	비상장법인	중소기업

여기에서는 재무제표의 이해보다 재무에 관한 사항을 설명하고자 한다. 사업보고서에서 재무에 관한 사항은 다음과 같다.

Ⅲ. 재무에 관한 사항

1. 요약재무정보

3개년도의 요약된 연결재무제표와 연결된 자회사수 정보가 포함되어 있다. 여기에서는 재무에 관해 어떠한 정보가 포함되어 있는지를 설명한다.

2. 연결재무제표

연결재무제표는 지배회사와 종속회사를 하나의 회계실체로 간주하여 작성한 재무제표이다. 대부분의 한국 기업이 기업집단을 이루고 있어서 연결재무제표를 기준으로 기업을 평가하는 것이 타당하다. 연결재무제표의 작성을 이해하기 위해서는 중급·재무회계와 고급회계의 학습이 필요하다.

3. 연결재무제표주석

연결재무제표 작성 대상 종속회사의 정보, 기타 재무제표 항목의 상세한 정보를 포함하고 있다.

4. 재무제표

삼성전자(주)의 개별재무제표를 공시하고 있다.

5. 재무제표주석

재무제표의 중요한 회계처리방침, 중요한 회계추정 및 가정, 기타 항목의 상세한 정보를 포함하고 있다.

6. 배당에 관한 사항

현금배당과 주식배당 총액, 배당 성향, 수익률, 배당 횟수 등에 관한 정보를 공시한다. 주식투자자의 투자 목적이 배당에 있다면 도움이 될 수 있는 정보이다. 배당 이력에 관한 정보는 생략하였지만 살펴보기를 바란다.

〈표 9-10〉 주요 배당지표

구 분	주식의 종류	당기 제55기	전기 제54기	전전기 제53기
주당액면가액(원)		100	100	100
(연결)주당순이익(원)		2,131	8,057	5,777
현금배당금총액(백만원)		9,809,438	9,809,438	9,809,438
주식배당금총액(백만원)		–	–	–
(연결)현금배당성향(%)		67.8	17.9	25
현금배당수익률 (%)	보통주	1.9	2.5	1.8
	우선주	2.4	2.7	2
주당현금배당금 (원)	보통주	1,444	1,444	1,444
	우선주	1,445	1,445	1,445

※ 상기 표의 당기(제55기) 현금배당금은 정기주주총회 승인 전 금액으로, 향후 정기주주총회에서 부결되거나 수정이 발생한 경우 정정보고서를 통해 그 내용 및 사유 등을 반영할 예정입니다.

7. 증권의 발행을 통한 자금조달에 관한 사항

주식과 채권의 발행사항(채권등급, 금액, 상환 여부 등)을 공시한다.

8. 기타 재무에 관한 사항

재무제표 재작성 여부, 사업부문의 매각 또는 양수, 우발부채(소송사건, 채무보증), 대손충당금, 재고자산 보유와 실사 내역, 금융자산 평가 그리고 유형자산 재평가에 관한 정보를 포함한다. 많은 선행연구는 재무제표 재작성은 회계오류나 부정 등에 의해 발생하는 경우가 많아 기업가치에 부정적인 영향을 미친다고 보고하고 있다.

Ⅳ. 이사의 경영진단 및 분석의견

구체적인 미래 예측치의 제시보다는 미래 예측에 필요한 고려사항 위주로 설명되어 있다. 즉 과거 영업실적, 신규사업 및 중단사업, 조직의 변경, 환율변동 영향, 자산손상 인식, 유동성 및 자금조달과 지출 그리고 장부에 포함되어 있지 않은 다양한 거래(부외거래) 등에 관한 내용이다.

4 재무제표 신뢰성

(1) 대리인 문제

자본주의가 태동하면서 기업의 소유와 경영의 분리는 경영자와 주주 간의 대리인 문제(agency problems)를 발생시켰다. 경영자는 소유주(주주)가 맡긴 재산으로 소유주(주주)의 부(wealth)를 높이기 위해 최선을 다해야 한다. 그리고 그 결과를 소유주(주주)에게 보고할 수탁책임(stewardship)을 진다. 그러나 경영자는 소유주(주주)의 재산으로 사익(private interests)을 추구하려는 기회주의적(opportunistic) 목적을 가질 수 있다. 기회주의적 목적은 소유주(주주)의 비용을 이용하여 달성하므로 소유주(주주)의 부(wealth)를 감소시킨다. 더 근본적으로 대리인 문제는 기업에 대해 경영자가 가진 정보와 소유주(주주)가 가진 정보의 비대칭에서 온다. 경영자는 기회주의적 목적을 달성하기 위해 기업정보를 주주와 완전히 공유하길 원치 않는다.

정보 비대칭(information asymmetry)은 크게 두 가지 유형의 문제를 가져올 수 있다. 첫 번째는 경영자가 정보 비대칭으로 기회주의적 목적을 달성하는 역선택(adverse selection)을 할 수 있다. 경영자는 기업의 내부정보를 이용하여 소유주(주주)의 부(wealth)가 아닌 그들의 주식 보상(stock option)을 극대화할 수 있다. 두 번째는 경영자가 소유주(주주)의 감시망을 피해 그들의 효용을 높이는 도덕적 해이(moral hazard)를 할 수 있다. 예를 들어, 출장 갈 때 일등석 비행기만 타거나 비싼 호텔만 이용하기, 사무실을 호화롭게 꾸미기, 관용차를 비싼 외제차로 사용하기, 경영자보상을 높게 책정하기 등이 있다.

한편 대리인 문제는 소유와 경영의 분리 여부에 따라 대립하는 주체가 달라질 수 있다. 소유와 경영이 엄격히 분리된 서구국가(영국이나 미국 등)의 기업에서는 대리인 문제가 주로 경영자와 외부 주주(principal-agent) 간에 발생한다. 반면에 소유와 경영이 엄격히 분리되어 있지 않은 아시아 국가의 기업에서는 대리인 문제가 주로 지배주주와 소액주주(principal-principal) 간에 발생한다.

(2) 재무보고

[그림 9-2]는 '재무보고'와 '외부감사'의 역학관계를 나타낸다.[1] [그림 9-2]의 하단은 재무보고과정을 나타내었고, 상단은 외부감사과정을 나타내었다. 먼저 '재무보고' 부분을 살펴보면, 경영자가 왜 재무제표를 통해 분식회계를 하는지 알 수 있다. 주식을 가진 자는 소유주이며 기업의 주인이다. 기업은 전통적으로 소유와 경영이 분리되어 있다. 따라서 소유와 경영이 분리된 경우를 중심으로 설명하고자 한다.

1) 박범진(2020), 감사위원회 형성종류와 최적의 관행준수가 회계정보 가치관련성에 미치는 영향, (사단법인)감사위원회포럼 2020년 연구용역 보고서, p.51 참조.

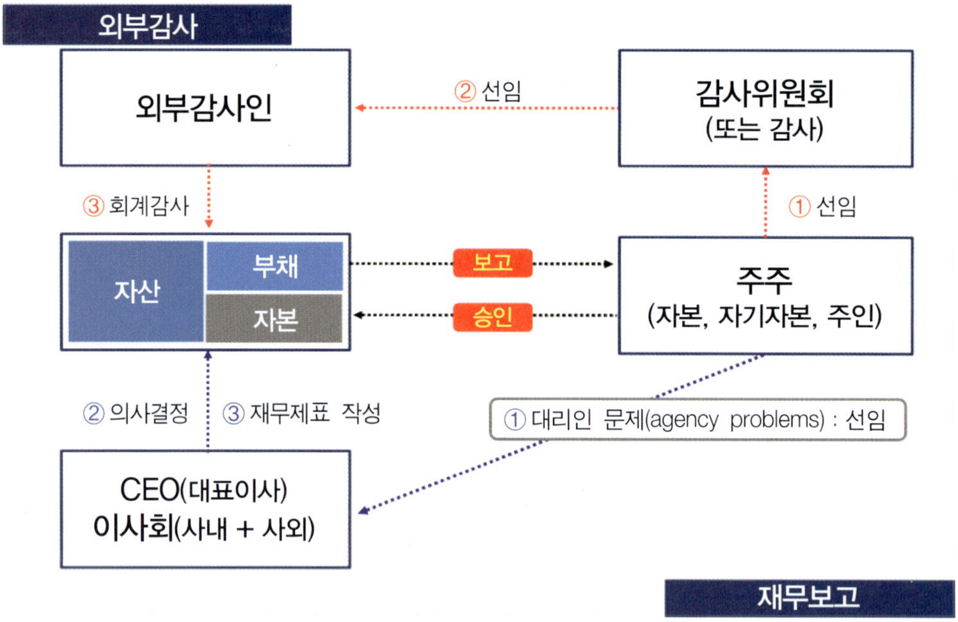

[그림 9-2] 재무보고와 외부감사의 관계

그림 하단 ① 대리인 문제가 발생할 수 있음에도 불구하고 주주들은 그들을 대신하여 기업을 경영할 이사를 뽑는다. 흔히 말하는 임원은 경영자로 불리지만 임원은 다시 이사와 감사로 나뉜다. 기업은 창립총회에서 이사와 감사를 선임해야 한다. 이사는 주로 업무를 집행하고, 감사는 이사가 집행한 업무를 감독한다. 따라서 기업의 의사결정은 이사회가 한다. 소유와 경영이 일치되면 지배주주가 경영하므로 경영자는 소유경영자가 된다. 따라서 대리인 문제는 지배주주와 소액주주 간에 발생한다.

그림 하단 ② 이사는 상근 여부에 따라 사내이사와 사외이사로 나눌 수 있다. 사내이사는 회사에 상근하며 직무를 수행하는데 흔히 사원으로 입사하여 임원이 된 사람들이다. 반면에 사외이사는 회사에 상근하지 않지만, 이사회에 참석하여 의사결정을 내린다. 사외이사는 기업에 관한 전문가로 보통 교수, 기업인, 전문자격사 등이 된다. 한편 사내이사는 회사에서 성장해 소유주 일가의 영향을 받으므로 의사결정에서 독립성이 떨어질 수 있다. 반면 사외이사는 지배주주나 경영자로부터 독립적이므로 의사결정에서 주주의 이익을 위해 일할 수 있다. 따라서 이사회 내 사외이사 비중이 높을수록 이사회 독립성이 높아진다.

1998년 유가증권상장규정은 상장회사에 이사 총수의 4분의 1 이상(최소 1인 이상)을 사외이사로 선임하도록 의무화하였다. 2000년 말 자본시장법은 자산총액 2조원 이상인 상장회사에 3인 이상의 사외이사를 선임하며, 이사 총수의 과반수가 되도록 의무화하였다. 이사회의 대표를 '대표이사'라고 한다. 이사가 이사회에 포함되려면 법인 등기부 등본에 등기임원으로 등록되어야 한다. 미등기임원도 '경영자'로 불릴 수 있지만, 이사회 의사결정에 실질적인 영향력을 행사할 수는 없다.

그림 하단 ③ 경영자는 주주총회에서 선임되고, 주주총회에서 해임된다. 따라서 경영자는 해고되지 않기 위해 주주총회에서 우수한 성과를 냈다는 증거를 제시해야 한다. 그 증거는 재무제표에 나타나게 된다. 경영자가 우수한 성과를 냈을 때에는 문제가 없지만, 그렇지 못할 때는 재무제표를 예쁘게 보이려고 화장을 한다. 이것이 분식회계이다. 경영자는 경영성과를 좋게 보이게 하려고 자산과 이익을 부풀리고 부채와 비용은 축소하여 보고한다. 투자자는 이러한 재무제표를 믿을 수 있나?

(3) 외부감사

감사 또는 감사위원회는 외부감사인을 선임하고, 외부감사인은 재무제표 감사를 통해 회계정보 신뢰성을 높인다.

그림 상단 ① 감사의 기본 임무는 이사의 업무 집행을 감독하여 주주를 보호하는 것이다. 그러나 감사는 주주총회에서 추천 및 선임되어 지배주주나 소유경영자의 영향력으로부터 완전히 벗어난다고 볼 수 없다. 따라서 자본시장법은 자산총액 2조원 이상인 상장회사에 의무적으로 감사위원회를 설치하도록 요구하고 있다. 감사위원회는 3명 이상의 이사로 구성하며, 3분의 2 이상을 사외이사로 선임해야 한다. 또한 감사위원회는 회계 또는 재무 전문가를 최소 1명 이상 포함해야 한다. 따라서 감사위원회는 감사보다 상대적으로 전문성과 독립성이 높아 지배주주나 경영자를 견제하는 데 더 효과적이다. 따라서 감사위원회 강제 규정을 적용받지 않는 기업들도 자발적으로 감사위원회를 설치하는 추세이다. 감사위원회가 감사를 갈음하므로 기업의 내부지배기구는 감사나 감사위원회이다.

그림 상단 ② 기업의 지배기구(감사나 감사위원회)는 주주보호를 위해 재무제표 신뢰성을 확보할 수 있는 회계감사를 의뢰해야 한다. 주식회사 등의 외부감사에 관한 법률(이하 '외감법')은 감사위원회가 설치된 기업에서는 감사위원회가 외부감사인을 선정하고 승인하도록 하였다. 감사위원회가 설치되어 있지 않은 기업에서는 감사가 외부감사인을 선정하고, 감사인선임위원회가 승인하도록 하였다. 감사인선임위원회는 7명 이상으로 구성하며, 재적위원 3분의 2 이상의 출석으로 개의(開議)하고, 출석위원 과반수의 찬성으로 의결한다. 구성원은 감사 1명, 사외이사 2명, 기관투자자의 임직원 1명, 의결권 있는 주식을 가장 많이 가진 주주(지배주주와 특수관계자 제외) 2명, 채권액이 가장 많은 2개 금융기관(지배주주와 특수관계자 제외)의 임원 각 1명 등이다.

그림 상단 ③ 회계정보 신뢰성은 외부감사인의 재무제표 감사에 의해 최종적으로 결정된다. 감사위원회는 외부감사인의 선임, 평가 그리고 보상 결정의 권한과 책임을 지고 있다. 경영자의 회계부정을 막기 위해 외부감사인과 감사위원회는 긴밀하게 정보공유를 협력할 필요가 있다. 외부감사인의 독립성이 손상되면 재무제표의 신뢰성을 확보할 수 없다. 따라서 공인회계사 윤리기준(200.3)은 외부감사인의 독립성을 손상할 수 있는 이기적 위협, 자기검토위협, 변호위협, 유착위협 그리고 압력위협을 분류해 놓았다.

결론적으로 경영자는 일 년에 한 번 주주총회에 재무제표를 보고해야 한다. 또한 재무제표 신뢰성을 확보하기 위해 회계감사를 의뢰해야 한다. 경영자는 주주를 위해 일해야 하지만, 상충한 이해로 주주와 대리인 문제(또는 정보비대칭)가 발생할 수 있다. 따라서 주주는 경영자를 견제 및 감시하며, 외부감사인을 선임하기 위해 지배기구(감사 또는 감사위원회)를 설치한다. 그러나 외부감사인이 경영자와 경제적 유대(economic-bonding)관계가 형성되면 독립성이 손상될 수도 있다.

5 기업지배기구

(1) 외부감사인

외부감사인은 감사용역을 제공함으로써 회계정보 신뢰성을 결정짓는 중요한 역할을 한다. 외부감사인은 주로 '회계법인'이다. 한국에는 약 200여 개의 회계법인이 있다. 그중 가장 큰 네 개의 회계법인을 'Big 4 감사인(삼일PwC, 삼정KPMG, 딜로이트안진, EY한영)'이라고 한다. 회계법인은 자본금이 5억원 이상이고, 10명 이상의 회계사로 구성된다.

회계법인이 제공하는 용역은 크게 감사용역과 비감사용역으로 나눌 수 있다. 감사용역은 재무제표가 왜곡표시되어 있는지 확인하기 위해 자료를 수집 및 평가하고, 그 결과를 이해관계자에게 전달하는 용역이다. 반면에 비감사용역은 기업의 자산평가, 세무 절세, 재무정보기술시스템 업무 그리고 소송지원 등 경영컨설팅과 같은 용역이다. 한편 감사인이 특정 기업에 대해 감사용역과 비감사용역을 동시에 제공하면 독립성이 손상될 우려가 있다. 즉 감사인이 비감사용역 보수를 받기 위해 감사용역에서 경영자의 기회주의적 주장에 대해 관대할 수 있다. 외부감사인이 경영자 주장에 대해 관대하면 회계정보 신뢰성은 떨어지고, 그 피해는 고스란히 주주와 잠재적 투자자에게 돌아간다. 따라서 공인회계사법은 감사인이 고객에게 감사용역을 제공할 때 일부 비감사용역(세무자문 등)만 제한적으로 제공을 허용하였다. 구체적으로 사업보고서에 포함된 외부감사인에 대한 정보는 다음과 같다.

Ⅴ. 회계감사인의 감사의견 등

1. 외부감사에 관한 사항

3개 사업연도의 감사인, 감사의견 그리고 핵심감사사항의 정보를 포함하고 있다. 경영자는 감사의견구매(audit opinion shopping) 목적으로 감사인을 교체하거나 더 많은 보수를 제시할 수 있다. 감사의견구매는 경영자가 '적정' 감사의견을 얻기 위한 기회주의적 행동이다. 감사의견은 '적정', '한정', '부적정' 그리고 '의견거절'로 나뉜다. 적정의견은 재무제표가 회계기준에 맞게 작성된 경우이다. 한정의견은 일부 항목에 대해 감사 범위가 제한되거나 회계기준 위반사항이 있는 경우이다. 부적정의견은 재무제표가 회계기준을 중대하게 위반하여 신뢰할 수 없는 경우이다. 의견거절은 감사인이 증거를 수집할 수 없어서 의견을 낼 수 없는 경우이다.

〈표 9-11〉 감사인, 감사의견 그리고 핵심감사사항

사업연도	감사인	감사의견	강조사항 등	핵심감사사항
제55기 (당기)	삼정 회계법인	적정	해당 사항 없음	(연결재무제표) 1. 메모리 반도체 재고자산 순실현가치 평가 2. 재화의 판매장려활동에 대한 매출차감의 정확성과 완전성
				(별도재무제표) 1. 메모리 반도체 재고자산 순실현가치 평가 2. 재화의 판매장려활동에 대한 매출차감의 정확성과 완전성
제54기 (전기)	안진 회계법인	적정	해당 사항 없음	(연결재무제표) 1. 재화의 판매장려활동에 대한 매출차감
				(별도재무제표) 1. 재화의 판매장려활동에 대한 매출차감
제53기 (전전기)	안진 회계법인	적정	해당 사항 없음	(연결재무제표) 1. 재화의 판매장려활동에 대한 매출차감
				(별도재무제표) 1. 재화의 판매장려활동에 대한 매출차감

※ 감사의견은 별도 · 연결 재무제표에 대한 감사의견입니다.

3개 사업연도의 계약상 감사보수와 감사시간 그리고 실제 감사보수와 감사시간을 포함하고 있다. 일반적으로 감사용역 품질이 좋으면 감사보수도 커진다. 또한 감사인이 재무제표에 대한 확신을 얻기 위해 더 큰 노력을 투입하면 감사시간이 길어진다. 계약상 감사보수는 실제로 지급될 수 있지만, 계약상 감사시간은 감사 수행과정에서 실제 감사시간과 달라질 수 있다. 재무제표의 왜곡표시가능성이 크면 예상보다 더 많은 감사시간이 투입될 수 있다.

〈표 9-12〉 감사보수와 감사시간

(단위 : 백만원, 시간)

<table>
<tr><th rowspan="2">사업연도</th><th rowspan="2">감사인</th><th rowspan="2">내 용</th><th colspan="2">감사계약내역</th><th colspan="2">실제수행내역</th></tr>
<tr><th>보 수</th><th>시 간</th><th>보 수</th><th>시 간</th></tr>
<tr><td>제55기
(당기)</td><td>삼정
회계법인</td><td>• 분 · 반기 재무제표 검토
• 별도 및 연결 재무제표에 대한 감사
• 별도 및 연결 내부회계관리제도 감사</td><td>7,800</td><td>85,700</td><td>7,800</td><td>85,036</td></tr>
<tr><td>제54기
(전기)</td><td>안진
회계법인</td><td>• 분 · 반기 재무제표 검토
• 별도 및 연결 재무제표에 대한 감사
• 내부회계관리제도 감사</td><td>8,424</td><td>78,000</td><td>8,424</td><td>78,146</td></tr>
<tr><td>제53기
(전전기)</td><td>안진
회계법인</td><td>• 분 · 반기 재무제표 검토
• 별도 및 연결 재무제표에 대한 감사
• 내부회계관리제도 감사</td><td>7,900</td><td>76,741</td><td>7,900</td><td>76,999</td></tr>
</table>

3개 사업연도의 비감사용역 제공 내용을 포함하고 있다. 비감사보수가 커질수록 감사인의 독립성 손상을 의심받을 수 있다. 〈표 9-13〉의 비감사용역은 감사인 독립성이 손상되지 않는 용역이다.

〈표 9-13〉 비감사용역 내용, 기간 그리고 보수

(단위 : 백만원)

<table>
<tr><th>사업연도</th><th>계약체결일</th><th>용역내용</th><th>용역수행기간</th><th>용역보수</th><th>비 고</th></tr>
<tr><td rowspan="4">제55기
(당기)</td><td>2017.2</td><td>세무자문업무(해외종속기업)</td><td>2023.1～2023.12</td><td>202</td><td rowspan="4">삼정
회계법인</td></tr>
<tr><td>2018.9</td><td>세무자문업무(해외종속기업)</td><td>2023.1～2023.12</td><td>27</td></tr>
<tr><td>2019.5</td><td>세무자문업무(해외종속기업)</td><td>2023.1～2023.12</td><td>79</td></tr>
<tr><td>2023.5</td><td>ESG인증업무(국내종속기업)</td><td>2023.5～2023.7</td><td>25</td></tr>
<tr><td>제54기
(전기)</td><td>–</td><td>–</td><td>–</td><td>–</td><td>–</td></tr>
<tr><td>제53기
(전전기)</td><td>2017.6</td><td>E-Discovery 자문업무</td><td>2021.1～2021.12</td><td>394</td><td>안진
회계법인</td></tr>
</table>

회계감사의 질을 높이기 위해서는 외부감사인과 내부지배기구 간에 커뮤니케이션이 중요하다. 외감법은 외부감사인이 직무를 수행할 때, 이사의 직무수행에서 부정행위나 법령 또는 정관을 위반한 중대한 사실을 발견하면 감사 또는 감사위원회에 통보하도록 하였다(제22조①). 또한 감사 또는 감사위원회는 이사의

직무수행에서 부정행위나 법령 또는 정관을 위반한 중대한 사실을 발견하면 외부 감사인에게 통보하도록 하였다(제22조⑥). 2014년에는 외부감사인과 지배기구 간 커뮤니케이션 횟수를 의무적으로 공시하도록 하였으며(외감법 시행령 제25조① 4), 2018년에는 커뮤니케이션의 개최일자, 참여자 그리고 회의내용도 공시하도록 하였다. 따라서 사업보고서는 〈표 9-14〉와 같이 외부감사인, 회사 그리고 지배기구 간에 회의내용을 포함하고 있다. 일반적으로 회의가 많을수록 경영자에 대한 견제와 감시 수준이 높아져 회계정보의 신뢰성도 높아진다고 보고되고 있다.

〈표 9-14〉 외부감사인과 지배기구 간 커뮤니케이션

구 분	일 자	참석자	방 식	주요 논의 내용
1	2023.1.27	• 감사위원회 : 위원 3명 • 회사 : 감사팀장 • 감사인 : 업무수행이사 외 4명	대면회의	• 핵심감사사항 등 중점 감사사항 • 내부회계관리제도 감사 진행 상황 • 기타 감사종료단계 필수 커뮤니케이션 사항
2	2023.4.25	• 감사위원회 : 위원 3명 • 회사 : 감사팀장 • 감사인 : 업무수행이사 외 4명	대면회의	• 분기 검토 경과 보고 • 연간 회계감사 계획 • 기타 감사계획단계 필수 커뮤니케이션 사항
3	2023.7.25	• 감사위원회 : 위원 3명 • 회사 : 감사팀장 • 감사인 : 업무수행이사 외 5명	대면회의	• 연간 회계감사 진행 상황 • 핵심감사사항 선정 계획 • 내부회계관리제도 감사 진행 상황 • 분기 중점 검토사항 및 기타 필수 커뮤니케이션 사항
4	2023.10.27	• 감사위원회 : 위원 3명 • 회사 : 감사팀장 • 감사인 : 업무수행이사 외 5명	대면회의	• 연간 회계감사 진행 상황 • 핵심감사사항 선정 계획 • 내부회계관리제도 감사 진행 상황 • 분기 중점 검토사항 및 기타 필수 커뮤니케이션 사항
5	2024.1.29	• 감사위원회 : 위원 3명 • 회사 : 감사팀장 • 감사인 : 업무수행이사 외 5명	대면회의	• 연간 회계감사 진행 상황 • 핵심감사사항 등 중점 감사사항 • 내부회계관리제도 감사 진행 상황 • 기타 감사종료단계 필수 커뮤니케이션 사항

※ 내부감사기구와 2023년 1월 논의한 감사인은 안진회계법인이며, 2023년 4월 이후 논의한 감사인은 삼정회계법인입니다.

기타 조정협의 회의내용 및 재무제표 불일치정보와 외부감사인 변경에 관한 내용이 포함되어 있다. 일반적으로 합리적인 이유 없이 외부감사인이 변경되면 회계정보 신뢰성에 대해 의심받으며, 필요한 경우 증권선물위원회가 감사인을 지정할 수 있다.

2. 내부통제에 관한 사항

회계정보 생산과정의 설계와 운영체계에 대한 정보를 포함한다. 외부감사인은 재무제표뿐만 아니라 내부통제를 확인하는 내부회계관리제도에 대해서도 감사의견을 제시한다. 내부회계관리제도에 지적사항이 없는 기업일수록 회계정보 신뢰성이 높다고 볼 수 있다.

〈표 9-15〉 내부회계관리제도에 대한 감사의견

사업연도	감사인	감사의견	지적사항
제55기 (당기)	삼정 회계법인	(별도 내부회계관리제도) 회사의 내부회계관리제도는 2023년 12월 31일 현재 「내부회계관리제도 설계 및 운영 개념체계」에 따라 중요성의 관점에서 효과적으로 설계 및 운영되고 있습니다. (연결 내부회계관리제도) 회사의 연결 내부회계관리제도는 2023년 12월 31일 현재 「내부회계관리제도 설계 및 운영 개념체계」에 따라 중요성의 관점에서 효과적으로 설계 및 운영되고 있습니다.	해당 사항 없음
제54기 (전기)	안진회계 법인	회사의 내부회계관리제도는 2022년 12월 31일 현재 「내부회계관리제도 설계 및 운영 개념체계」에 따라 중요성의 관점에서 효과적으로 설계 및 운영되고 있습니다.	해당 사항 없음
제53기 (전전기)	안진회계 법인	회사의 내부회계관리제도는 2021년 12월 31일 현재 「내부회계관리제도 설계 및 운영 개념체계」에 따라 중요성의 관점에서 효과적으로 설계 및 운영되고 있습니다.	해당 사항 없음

(2) 회사의 내부기관

회사의 대표적인 내부기관으로 이사회, 감사 그리고 감사위원회가 있다. 회계정보 신뢰성은 내부기관 구성원의 적격성과 활동성에 따라 달라질 수 있다.

Ⅵ. 이사회 등 회사의 기관에 관한 사항

1. 이사회에 관한 사항

이사회는 경영목적에 따라 하위 위원회를 구성할 수 있고, 각 위원회의 구성과 역할을 공시해야 한다. 일반적으로 좋은 기업일수록 역할을 분담하는 하위 위원회가 많다.

〈표 9-16〉 이사회와 하위 위원회 구성 및 주요 역할

(기준일 : 2023년 12월 31일)

구 분	구 성	소속 이사명	의장 · 위원장	주요 역할
이사회	사내이사 5명, 사외이사 6명	한○○, 경○○, 노○○, 박○○, 이○○, 김○○, 김○○, 김○○, 김○○, 허○○, 유○○	김○○ (사외이사)	• 법령 또는 정관이 규정하고 있는 사항, 주주총회를 통해 위임받은 사항, 회사 경영의 기본방침 및 업무집행에 관한 중요사항 의결 • 경영진의 업무집행 감독
경영위원회	사내이사 5명	한○○, 경○○, 노○○, 박○○, 이○○	한○○ (사내이사)	• 경영 일반, 재무 관련 사항 및 이사회가 위임한 사안을 심의 · 결의
감사위원회	사외이사 3명	김○○, 김○○, 김○○	김○○ (사외이사)	• 재무상태를 포함한 회사업무 전반에 대한 감사
사외이사 후보추천 위원회	사외이사 3명	김○○, 허○○, 유○○	김○○ (사외이사)	• 사외이사 후보의 독립성, 다양성, 역량 등을 검증하여 추천
내부거래 위원회	사외이사 3명	김○○, 김○○, 김○○	김○○ (사외이사)	• 자율적인 공정거래 준수를 통해 회사경영의 투명성을 제고
보상위원회	사외이사 3명	김○○, 김○○, 김○○	김○○ (사외이사)	• 이사보수 결정과정의 객관성과 투명성을 확보
지속가능 경영위원회	사외이사 6명	김○○, 김○○, 김○○, 김○○, 허○○, 유○○	김○○ (사외이사)	• 환경(Environment), 사회(Social), 지배구조(Governance) 등 영역에서 지속가능경영을 추진하고 주주가치를 제고

이사회의 의결사항에 대해 공시하고 있다. 이사회 모임이 많으면 이사 간에 정보공유로 경영자의 감시 효과성이 높아지는 긍정적인 측면이 있다. 그러나 회사에 해결해야 할 많은 문제가 있다는 부정적인 신호일 수도 있다. 다른 위원회의 모임과 의안 내용 그리고 이사별 찬반도 공시되어 있다. 2023년 1차 이사회 모임의 의결사항에 관해서만 제시하였다.

〈표 9-17〉 이사회 중요 의결사항

일자	의안내용	가결여부	이사의 성명										
			사내이사					사외이사					
			한○○ (출석률 :100%)	경○○ (출석률 :75%)	노○○ (출석률 :88%)	박○○ (출석률 :100%)	이○○ (출석률 :100%)	김○○ (출석률 :100%)	김○○ (출석률 :100%)	김○○ (출석률 :100%)	김○○ (출석률 :100%)	허○○ (출석률 :100%)	유○○ (출석률 :100%)
			찬반 여부										
2023. 1.31 (1차)	1. 2022년(제54기) 재무제표 및 영업보고서 승인의 건	가결	찬성	찬성	불참	찬성	찬성	찬성	찬성	찬성	찬성	찬성	찬성
	2. 삼성디스플레이(주)와 임차계약 체결의 건	가결	찬성	찬성	불참	찬성	찬성	찬성	찬성	찬성	찬성	찬성	찬성

기타 이사의 선임 배경, 추천인, 활동 분야(담당업무), 회사와의 거래, 최대주주 또는 주요주주와의 관계 등의 정보를 포함하고 있다. 또한 사외이사 후보추천위원회의 활동과 사외이사 전문성에 관한 정보를 포함하고 있다.

2. 감사제도에 관한 사항

기업이 지배기구로 '감사'를 설치하였는지, '감사위원회'를 설치하였는지를 보여준다. 감사위원회가 설치되어 있다면, 감사위원회 구성(사내이사, 사외이사), 위원의 경력 그리고 전문성(회계 또는 재무)에 관한 정보가 포함되어 있다. 일반적으로 감사위원회가 감사보다 경영자를 감시하는 데 더 효과적인 것으로 알려져 있다.

〈표 9-18〉 감사위원회 구성

(기준일 : 2023년 12월 31일)

<table>
<tr><th rowspan="2">성 명</th><th rowspan="2">사외이사 여부</th><th rowspan="2">경 력</th><th colspan="3">회계 · 재무전문가 관련</th></tr>
<tr><th>해당 여부</th><th>전문가 유형</th><th>관련 경력</th></tr>
<tr><td>김○○</td><td>예</td><td>• 하나금융나눔재단 이사장(2022~현재)
• 하나금융공익재단 이사장(2019~2021)
• 하나금융나눔재단 이사장(2015~2019)
• (주)하나금융지주 부회장(2015~2016)
• (주)한국외환은행 은행장(2014~2015)
• 외환캐피탈(주) 사장(2013~2014)</td><td>예</td><td>4호 유형(금융기관 · 정부 · 증권유관기관 등 경력자)</td><td>• (주)하나금융지주 부회장(2015~2016)
• (주)한국외환은행 은행장(2014~2015)
• 외환캐피탈(주) 사장(2013~2014)
• (주)한국외환은행
-기업사업그룹장(2012~2013)
-지점장(1999~2002, 2004~2005)</td></tr>
<tr><td>김○○</td><td>예</td><td>• 이화여대 법학전문대학원 명예교수(2018~현재)
• 이화여대 법학과(법학전문대학원) 교수(1995~2018)
• 이화여대 총장(2010~2014)
• 법제처 처장(2005~2007)</td><td>–</td><td>–</td><td>–</td></tr>
<tr><td>김○○</td><td>예</td><td>• Kiswe Mobile 공동 창업자 및 회장(2013~현재)
• Alcatel-Lucent 최고전략책임자(CSO)(2011~2013)
• Alcatel-Lucent Bell 연구소 사장(2005~2013)
• University of Maryland 전기 및 컴퓨터공학과 교수 겸 기계공학과 교수(2002~2013)
• Lucent Technologies 사장(1998~2001)
• Yurie Systems 창업자, 회장 및 CEO(1992~1998)</td><td>–</td><td>–</td><td>–</td></tr>
</table>

※ 전문가 유형은 기업공시서식 작성기준 및 「상법 시행령」 제37조 제2항에 따른 회계 · 재무 전문가 유형입니다.

• 4호 유형 : 금융기관 · 정부 · 증권유관기관 등에서 회계 · 재무 관련 업무 또는 이에 대한 감독업무를 수행한 경력이 모두 5년 이상인지 여부

감사위원회 독립성에 관한 법령을 충족하였는지에 대한 정보를 포함하고 있다. 이러한 법령은 자산총액 2조원 이상의 상장회사에 적용하고 있다.

〈표 9-19〉 감사위원회 독립성 요구조건

선출기준의 주요 내용	선출기준의 충족 여부	관련 법령 등
3명의 이사로 구성	충족(3명)	「상법」 제415조의2 제2항
사외이사가 위원의 3분의 2 이상	충족(전원 사외이사)	당사 감사위원회 규정 제2조
위원 중 1명 이상은 회계 또는 재무전문가	충족(김○○ 위원)	「상법」 제542조의11 제2항
감사위원회의 대표는 사외이사	충족(김○○ 위원)	당사 감사위원회 규정 제3조
그 밖의 결격요건(최대주주의 특수관계자 등)	충족(해당 사항 없음)	「상법」 제542조의11 제3항

기타 감사위원회 활동 내역과 교육 실시 현황정보를 포함하고 있다. 또한 준법감시인 인적사항과 점검내용에 관한 정보를 포함하고 있다. 준법감시인은 기업이 제반 규정을 준수할 수 있도록 지원하는 활동을 하며, 주로 임원(사내이사 또는 업무집행 책임자)이 선임된다. 기타 준법감시인 지원 조직 현황정보가 포함되어 있다.

3. 주주총회 등에 관한 사항

집중투표제, 서면투표제, 전자투표제 시행 여부, 회사의 경영지배권과 관련된 경쟁 사항 여부 그리고 발행주식총수 중에 의결권을 행사할 수 있는 주식수의 정보를 포함하고 있다.

집중투표제(cumulative voting)는 주주가 보유한 주식수에 후보이사수만큼을 곱한 의결권을 행사할 수 있다. 따라서 주주는 단순투표제보다 더 많은 의결권을 행사하여 그들이 선호하는 이사를 선임할 수 있다. 이러한 제도는 주로 소액주주

〈표 9-20〉 투표제도 현황

(기준일 : 2023년 12월 31일)

투표제도 종류	집중투표제	서면투표제	전자투표제
도입 여부	배제	미도입	도입
실시 여부	–	–	제54기(2022년도) 정기주주총회

의결권을 보호하는 제도이다. 서면투표제(paper voting)는 주주가 주주총회에 직접 참석하지 않고 주주총회가 열리기 하루 전까지 서면으로 회사에 제출하여 의결권을 행사하는 제도이다. 이러한 제도 역시 소액주주 의결권을 보호하는 제도이다. 주주총회는 비슷한 시기에 개최되어 소액주주가 의결권을 행사하는 데 시간과 장소의 제약을 받는다. 더 나아가 전자투표제(electronic voting)는 온라인으로 의결권을 행사하는 제도이다. 최근 소액주주의 목소리가 커지면서 회사에 소액주주 의결권 보호제도인 집중투표제, 서면투표제 그리고 전자투표제의 도입을 요구하고 있다.

기타 소수주주권, 경영권 경쟁, 의결권 현황과 주주총회 의사록 요약 내용이 포함되어 있다.

6 주주, 임원 그리고 직원에 관한 정보

(1) 지배주주

한국 기업은 서구국가의 기업과 달리 지분이 가족 중심으로 집중되어 있어서 대리인 문제가 지배주주와 외부 소액주주 간에 발생한다. 지배주주는 기업에 대한 지배력을 이용하여 외부 주주의 부(wealth)를 그들의 부로 이전하는 터널링(tunneling)에 관여할 수 있다. 즉 지배주주는 지배력을 이용하여 소액주주의 손실을 발생시키며 사익을 추구할 수 있다.

한국 기업은 대부분 대규모기업집단에 속해 있다. 기업집단의 지배주주는 자회사 간 상호출자(cross-shareholdings)나 피라미드(pyramid)식 출자구조를 통해 그들이 가진 소유권(ownership)보다 더 많은 지배권(control)을 행사할 수 있다. 소유권(ownership)은 주식을 소유함으로써 얻게 되는 배당금 같은 현금흐름(cash flows)의 권리를 나타낸다. 지배권(control)은 주주총회에서 기업경영에 영향력을 행사할 수 있는 의결권(voting rights)을 나타낸다. 지배주주는 소유권과 지배권의 차이가 벌어질수록 기업에 대한 장악력이 더 커지게 된다. 지배주주의 소유권과 지배권에 대한 정보는 공정거래위원회(FTC)의 기업집단포털(https://www.egroup.go.kr/)에서 얻을 수 있다. 기업집단포털(eGroup)은 지배주주의 소유권을 동일인과 친족 지분으로 보고, 지배권은 소유권에 비영리법인 지분, 임원 지분 그리고 소속회사 지분까지도 포함하고 있다. 이러한 정보는 기업집단포털(eGroup)의 '대규모기업집단'으로 들어가 '소유지분구조현황'을 조회하면 확인할 수 있다.

〈표 9-21〉 소유권과 지배권의 차이

권 리	소유권과 지배권의 차이
소유권 (cash flow right)	=(동일인 보유 지분+친족 지분)÷(의결권 있는 보통주 주식수)
지배권 (voting right)	=(동일인 보유 지분+친족 지분+비영리법인 지분+임원 지분 +소속회사 지분)÷(의결권 있는 보통주 주식수)

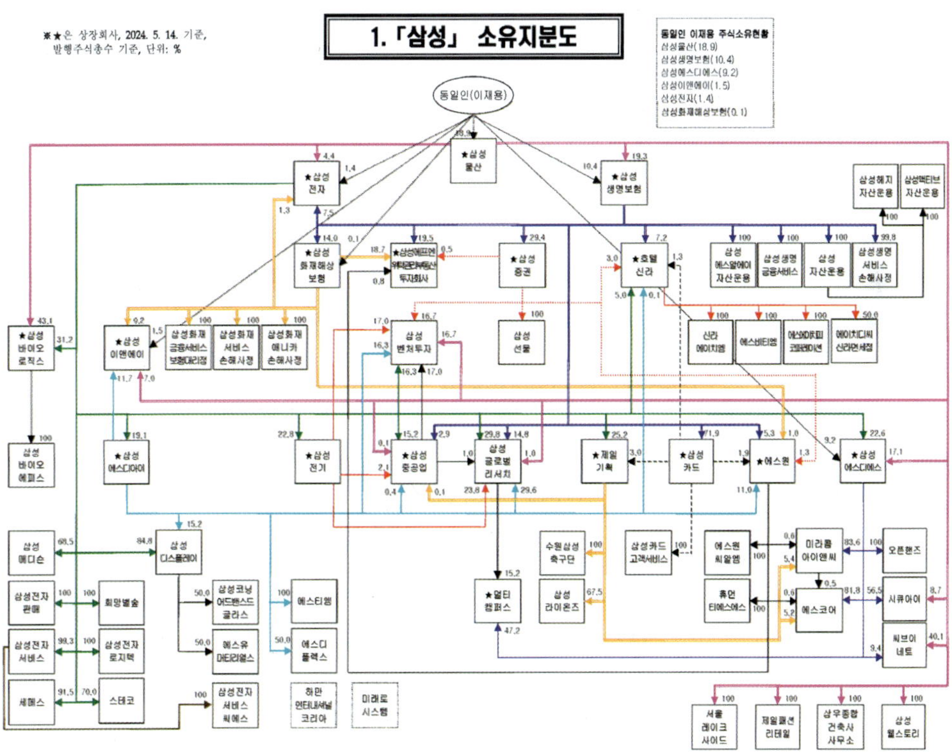

[그림 9-3] 삼성의 소유지분도

누가 대규모기업집단을 지배하고 있는지 확인하려면 '지분도'를 보면 된다. 기업집단포털의 '정보공개'로 들어가서 '지분도'를 클릭하면 현재 지정된 대규모기업집단 명단이 뜬다. [그림 9-3]은 '삼성'의 소유지분도를 나타낸다. 현재 삼성그룹을 지배하는 지주회사는 삼성물산이며, 삼성물산의 지배주주는 이재용 회장이다. 소유지분도에서 별표가 표시된 회사는 상장회사이며, 별표가 없는 회사는 비상장회사이다. 지배주주는 자회사 간 상호출자(cross-shareholdings)나 피라미드(pyramid)식 출자구조를 통해 기업집단의 자회사를 지배하고 있다.

사업보고서에서는 지주회사의 지배주주를 확인할 수 있다. 특히 지배주주와 같은 방향의 의결권을 행사할 특수관계인과 5% 이상 지분을 보유한 주주에 대한 정보를 포함하고 있다. 이러한 정보는 지배주주가 기업경영권을 안정적으로 확보했는지 확인하게 한다.

Ⅶ. 주주에 관한 사항

삼성그룹의 최대주주 기본 정보가 다음과 같이 서술되어 있다. 1963년 12월 23일에 동화부동산주식회사로 시작하여, 2014년 7월 제일모직 주식회사로 사명을 변경하였다. 또한 1938년 3월 1일 설립된 삼성상회를 모태로 1951년 1월에 설립된 삼성물산주식회사와의 합병을 통하여 2015년 9월 2일(합병등기일) 삼성물산주식회사로 사명을 변경하였다. 소유지분도에서 보는 바와 같이 삼성그룹의 지주회사는 삼성물산(주)이다. 삼성물산(주)의 최대주주는 이재용 회장으로 18.9%의 지

〈표 9-22〉 삼성그룹 최대주주

(단위 : 명, %)

명 칭	출자자수(명)	대표이사(대표조합원)		업무집행자(업무집행조합원)		최대주주(최대출자자)	
		성 명	지분(%)	성 명	지분(%)	성 명	지분(%)
삼성물산(주)	146,861	고○○	0	–	–	이○○	18.26
		오○○	0	–	–	–	–
		정○○	0	–	–	–	–

※ 2023년 12월 31일, 보통주 기준입니다.

분을 보유하고 있다. 지분도는 매년 5월에 공시되므로 2023년 말 기준 이재용 회장의 보유지분율 18.26%와 조금 차이가 난다.

삼성전자(주)의 최대주주는 삼성생명보험(주)로 8.65%(특별계정 포함)의 지분을 보유하고 있다. 또한 삼성생명보험(주)의 최대주주는 삼성물산(주)로 19.34%의 지분을 보유하고 있다. 따라서 삼성물산(주)는 최대주주의 최대주주이다.

〈표 9-23〉 최대주주의 최대주주

(단위 : 명, %)

명 칭	출자자수(명)	대표이사(대표조합원)		업무집행자(업무집행조합원)		최대주주(최대출자자)	
		성 명	지분(%)	성 명	지분(%)	성 명	지분(%)
삼성생명보험(주)	88,408	전○○	0	–	–	삼성물산(주)	19.34
		–	–	–	–	–	–

자본시장법은 보통주식수를 5%(5% Rule) 이상 보유한 주주는 대주주로 보고 금융감독원에 보고하도록 요구하고 있다. 사업보고서는 〈표 9-24〉와 같이 삼성전자(주)의 5% 이상 지분을 소유한 주주의 명단을 공개하고 있다.

〈표 9-24〉 5% 이상 지분 소유 주주

(기준일 : 2023년 12월 31일) (단위 : 주)

구 분	주주명	소유주식수	지분율(%)	비 고
5% 이상 주주	삼성생명보험(주)	516,255,086	8.65	특별계정 포함
	국민연금공단	434,549,036	7.28	–
	BlackRock Fund Advisors	300,391,061	5.03	2019년 1월 28일 기준
	삼성물산(주)	298,818,100	5.01	–
우리사주조합		–	–	–

소액주주는 의결권이 있는 주식(기타 법률에 의해 의결권 행사가 제한된 주식도 포함)을 기준으로 총발행주식수의 100분의 1에 미달하는 주식을 소유한 주주이다. 사업보고서는 전체 주주수에서 소액주주수가 차지하는 비중과 총발행주식수

에서 소액주주가 보유한 주식수가 차지하는 비중을 포함하고 있다. 지배주주는 주주수에 비해 상대적으로 많은 지분을 보유하고 있음을 알 수 있다.

〈표 9-25〉 소액주주 주주수와 소유주식

(기준일 : 2023년 12월 31일) (단위 : 주)

구 분	주 주			소유주식			비 고
	소액주주수 (명)	전체 주주수 (명)	비 율 (%)	소액주식수 (주)	총발행주식수 (주)	비 율 (%)	
소액주주	4,672,039	4,672,130	99.99	4,017,892,514	5,969,782,550	67.3	–

※ 소유주식은 의결권 있는 주식(기타 법률에 의해 의결권 행사가 제한된 주식도 포함) 기준입니다.

※ 소액주주는 총발행주식수의 100분의 1에 미달하는 주식을 소유한 주주 기준입니다.

기타 국내와 해외 증권시장에서 삼성전자(주)의 월별 주가와 거래량에 대한 정보가 포함되어 있다.

(2) 임원의 구성과 보상

이사회에 소속된 이사는 기업경영에 대한 의결권을 갖는다. 이사가 이사회 구성원이 되려면 법인 등기부 등본에 등기임원으로 등록되어야 한다. 따라서 미등기임원은 경영자이긴 하지만 이사회의 의결권은 없다.

경영자는 지분 보유 여부에 따라 소유경영자와 전문경영자로 나눌 수 있다. 등기임원이면서 상당한 지분을 보유한 경영자라면 '소유경영자'이다. 반면에 등기임원이지만 지분을 보유하고 있지 않은 고용된 경영자라면 '전문경영자'이다. 물론 전문경영자의 범위를 명확하게 구분하기는 힘들다. 미등기임원이라고 해도 고용된 이사는 '전문경영자'의 범주에 포함될 수 있다. 대부분 한국 기업은 지배주주가 경영에도 참여하므로 '소유경영자'가 많은 편이다. 이를 소유와 경영이 일치되어 있다고 말한다. 소유와 경영이 일치된 기업에서 지배주주는 주주총회뿐만 아니라 이사회에서도 상당한 영향력을 행사하므로 대리인 문제는 지배주주와 외부 소액주주 간에 발생한다.

경영자의 특성을 확인하기 위해 이사회의 성별 다양성도 살펴볼 필요가 있다. 여성 이사는 의사결정에서 위험회피적이고 보수적인 태도를 보이는 경향이 있다. 따라서 이사회에 여성 이사가 많으면 기업의 사업위험과 회계부정이 줄어들 수 있다. 그러나 대부분 한국 기업의 이사회는 남성 위주로 구성되어 있다.

한편 경영자와 주주의 이해(interests)를 일치시켜 경영자의 기회주의적 행동을 줄이는 방법으로 보상제도가 있다. 즉 경영자가 사익을 추구하지 않고 주주를 위해 일하게 하려면 경영자가 주주를 위해 일할수록 보상이 높아지게 하는 것이다. 일반적으로 경영자보상은 주식기준보상(stock-based compensation)과 현금기준보상(cash-based compensation)으로 나눌 수 있다. 먼저 주식기준보상은 현재 주가는 낮지만, 미래성과가 높아지면 경영자에게 많은 부(wealth)를 가져다준다. 따라서 경영자는 주식 보상을 극대화하기 위해 열심히 일할 것이며, 그러한 노력이 주주의 이해와 일치되어 대리인 문제가 완화하는 것이다. 그러나 경영자가 주식보상을 높이기 위해 기회주의적으로 이익을 부풀린다면, 그 피해는 주주에게 돌아가며 대리인 문제는 심화할 것이다. 따라서 주식기준보상이 대리인 문제를 해결하는 최상의 해법이라고 단언할 수 없다. 반면에 현금기준보상은 장·단기 기업성과에 영향을 받지 않는다. 그러나 현금기준보상 역시 경영자가 보상을 많이 받기 위해 이익을 부풀리려는 기회주의적 유인이 여전히 존재한다. 이러한 역학관계를 이해하는 데 사업보고서가 도움이 될 수 있다.

Ⅷ. 임원 및 직원 등에 관한 사항

1. 임원 및 직원 등의 현황

임원의 성명, 성별, 등기와 상근 여부, 소유주식수 그리고 임기만료일 등 임원에 대한 정보를 포함하고 있다. 특히 누가 사내이사이고 사외이사인지 그리고 주요 경력은 무엇인지에 대한 정보를 보여줌으로써 경영진의 우수성 또는 적격성을 나타낸다. 소유주식수가 많은 경영자는 '소유경영자'인 것이다. 지면 관계상 〈표 9-26〉과 같이 일부 등기임원의 정보만 제시한다.

〈표 9-26〉 등기임원 현황

성명	성별	출생 연월	직위	등기 임원 여부	상근 여부	담당 업무	주요경력	소유주식수		최대 주주 와의 관계	재직 기간	임기 만료일
								의결권 있는 주식	의결권 없는 주식			
한○○	남	1962. 3.	부회장	사내 이사	상근	•대표이사 (DX부문 경영전반 총괄)	•인하대 전자공학 학사 •삼성전자 DX부문장	15,000	-	계열 회사 임원	46 개월	2026. 3.17
경○○	남	1963. 3.	사장	사내 이사	상근	•대표이사 (DS부문 경영전반 총괄)	•서울대 제어계측 공학 박사 •삼성전자 DS부문장	21,050	-	계열 회사 임원	22 개월	2025. 3.15

등기임원의 선임과 해임 그리고 타 회사와의 겸직에 대한 정보도 포함되어 있다. 등기임원은 겸직회사가 너무 많으면, 다른 회사의 잦은 이사회 참석으로 자리를 비워 부실경영으로 이어질 수 있다.

〈표 9-27〉 등기임원 겸직 현황

(기준일 : 2023년 12월 31일)

겸직자		겸직회사		
성 명	직 위	기업명	직 위	재임기간
김○○	사외이사	Kiswe Mobile	회장	2013년~현재
유○○	사외이사	HD현대건설기계	사외이사	2022년~현재

〈표 9-28〉 미등기임원 현황

(기준일 : 2023년 12월 31일) (단위 : 개월)

성 명	성 별	출생 연월	직 위	상근 여부	담당업무	주요경력	학 력	최대주주와의 관계	재직 기간
이○○	남	1968. 6.	회장	상근	회장	COO	Harvard Univ. (박사수료)	최대주주의 특수관계인	
전○○	남	1960. 12.	부회장	상근	미래사업 기획단장	삼성SDI, 이사회의장	한국과학기술원 (박사)	계열회사 임원	1
정○○	남	1960. 3.	부회장	상근	사업지원 T/F장	디지털이미징사업부장	Harvard Univ. (석사)	계열회사 임원	

미등기임원의 출생 연월, 직위, 상근 여부, 담당업무, 경력 등의 정보를 포함하고 있다. 미등기임원은 주로 업무집행 책임자로 그들의 역량을 확인할 수 있다. 지면 관계상 〈표 9-28〉과 같이 일부 미등기임원의 정보만 제시한다.

2. 임원의 보수 등

임원의 보수가 정관에 정해져 있지 않으면 주주총회에서 결정된다(상법 제388조). 그러나 주주총회는 보수의 총액에 대해서만 결의할 뿐 개별 이사의 보수는 이사회에서 결정된다. 임원이 근거 없이 보상을 많이 받으면 외부 주주와의 대리인 문제가 심화할 것이다. 따라서 2013년 자본시장법은 사업보고서에 5억원 이상 보수를 받는 등기임원의 보수 상세를 공시하도록 요구하였다. 그러자 법적 또는 정치적 외부 압력을 우려한 일부 등기임원은 공시의무가 없는 미등기임원으로 전환한 예도 있다. 한편 주식매수선택권(stock option)은 회사에 이바지한 임직원 또는 제3자에게 제공하는 주식 보상이다. 보유자가 일정 기간 내 행사금액 납부와 함께 권리를 행사하면 회사는 시세보다 저렴한 가격으로 주식을 제공한다. 일반적으로 주식매수선택권은 성장하는 기업들이 기업가치를 높이기 위한 동기부여 수단으로 활용하므로 성숙한 기업에서는 주식매수선택권 부여가 상대적으로 적은 편이다.

현재 삼성전자(주)의 사업보고서에 주식매수선택권 부여 및 행사 현황에 관한 정보는 없다. 그러나 2014년까지는 사업보고서에 주식매수선택권의 행사 현황이 있었다. 사업보고서에는 주주총회 승인금액과 이사 · 감사의 전체보수 정보가 포함되어 있다. 또한 〈표 9-29〉와 같이 등기이사, 사외이사 그리고 감사위원(감사가 있는 경우 감사)의 평균 보수액 정보도 포함하고 있어서 대리인 문제의 발생가능성을 가늠할 수 있다.

〈표 9-29〉 임원 유형별 보수현황

(단위 : 백만원)

구 분	인원수	보수총액	1인당 평균보수액	비 고
등기이사(사외이사, 감사위원회 위원 제외)	5	22,009	4,402	-
사외이사(감사위원회 위원 제외)	3	620	207	-
감사위원회 위원	3	598	199	-

보수지급금액 5억원 이상인 이사·감사의 개인별 보수현황을 포함하고 있으며, 〈표 9-30〉과 같이 각 임원의 보수산정기준과 방법이 명시되어 있다. 이러한 정보는 경영자와 외부 주주 간의 대리인 문제를 완화하기 위한 목적이다.

〈표 9-30〉 보수 산정기준 및 방법

(단위 : 백만원)

이 름	보수의 종류		총액	산정기준 및 방법
대표이사 한○○	근로소득	급여	1,467	• 임원 처우 규정(이사회 결의)에 따라 직급(부회장), 위임업무의 성격, 위임업무 수행결과 등을 고려하여 보수를 결정하고 1월부터 2월까지 매월 101백만원, 3월 181백만원, 4월부터 12월까지 매월 121백만원을 지급
		상여	5,306	• 설/추석 상여 : 각 월급여 100% 지급 • 목표인센티브 : 부서별 목표 달성도에 근거하여 대표이사가 결정하며, 월급여의 0~200% 내에서 연 2회 분할지급(조직별 성과에 따라 가감지급) • 성과인센티브 : 사업조직별 사업연도 평가세후이익, 자본비용 등 재무적 요소로 산정한 보상재원을 바탕으로 기준연봉의 0~50% 내에서 연 1회 지급(개인별 성과에 따라 가감지급) • 장기성과인센티브 : ROE, 주당수익률, 세전이익률 등을 평가하여 3년 평균연봉을 기초로 주주총회에서 정한 이사 보수 한도 내에서 산정하여 3년간 분할지급 ※ 전사 계량지표와 관련하여 2020~2022년 사이 ROE 13.2%, 세전이익률 16.6%, 주가상승률 △0.9%를 기록하였고, 2023년 DX부문 매출액 170조원, 영업이익 14.4조원을 달성한 점과, 비계량지표 관련하여 B2B 사업 강화 및 제품 간 시너지 확대로 사업경쟁력 제고에 기여한 점을 고려, 상여금 산정
		주식매수선택권 행사이익	–	–
		기타 근로소득	130	• 복리후생 : 임원 처우 규정(이사회 결의)에 따라 임원 의료지원/건강검진, 단체상해보험 등의 처우를 제공
	퇴직소득		–	–
	기타소득		–	–

(3) 직원의 구성과 보상

직원 구성의 특성 중 성별 다양성이 있다. 여성이 남성보다 상대적으로 더 윤리적이고 보수적이며, 조직 내 다양한 의사소통을 통해 긍정적인 상호작용을 발생하는 것으로 알려져 있다. 직원의 구성은 업종 특성에 영향을 받겠지만, 아직 많은 기업의 조직은 남성 위주로 구성되어 있다. 따라서 기업의 여성 지향적인 조직 구성이나 문화를 간접적으로 확인하기 위해 사업보고서를 이용할 수 있다.

사업보고서를 통해 근로자 전체 수에서 여성 근로자가 차지하는 비율, 근로자 전체 급여에서 여성 근로자 급여가 차지하는 비율, 남성 근로자 대비 여성 근로자 평균 근속연수 비율 그리고 남성 근로자 대비 여성 근로자 평균 급여 비율 등을 알 수 있다.

한편 기업의 근무환경이나 조직문화를 가늠할 수 있는 척도로 직원의 근속연수가 있다. 남성 근로자든 여성 근로자든 애사심이 크고 근무조건에 만족한다면 회사를 오래 다닐 것이다. 지배주주나 경영자의 교체주기는 기업의 조직안정성을 가늠하는 근거가 될 수 있다. 직원의 근속연수는 기업의 지속가능성을 판단하는 중요한 근거가 될 수 있다.

Ⅷ. 임원 및 직원 등에 관한 사항

1. 임원 및 직원 등의 현황

〈표 9-31〉과 같이 각 사업부문별 남녀 근로자의 비율, 평균 근속연수, 정규직과 비정규직의 비율 그리고 기업 전체 남녀 급여액 수준을 알 수 있다. 이러한 정보는 기업의 근무환경과 여성 근로자에 대한 처우를 알 수 있다.

〈표 9-31〉 직원 현황

(기준일 : 2023년 12월 31일) (단위 : 백만원)

<table>
<tr><th colspan="10">직 원</th><th colspan="3">소속 외 근로자</th></tr>
<tr><th rowspan="3">사업부문</th><th rowspan="3">성별</th><th colspan="5">직원수</th><th rowspan="3">평균근속연수</th><th rowspan="3">연간급여 총액</th><th rowspan="3">1인 평균 급여액</th><th rowspan="3">남</th><th rowspan="3">여</th><th rowspan="3">계</th></tr>
<tr><th colspan="2">기간의 정함이 없는 근로자</th><th colspan="2">기간제 근로자</th><th rowspan="2">합 계</th></tr>
<tr><th>전 체</th><th>(단시간 근로자)</th><th>전 체</th><th>(단시간 근로자)</th></tr>
<tr><td>DX</td><td>남</td><td>37,962</td><td>–</td><td>324</td><td>–</td><td>38,286</td><td>16.5</td><td>–</td><td>–</td><td rowspan="7">30,499</td><td rowspan="7">13,403</td><td rowspan="7">43,902</td></tr>
<tr><td>DX</td><td>여</td><td>12,202</td><td>220</td><td>97</td><td>–</td><td>12,299</td><td>13.3</td><td>–</td><td>–</td></tr>
<tr><td>DS</td><td>남</td><td>53,372</td><td>–</td><td>148</td><td>–</td><td>53,520</td><td>10.8</td><td>–</td><td>–</td></tr>
<tr><td>DS</td><td>여</td><td>20,671</td><td>180</td><td>28</td><td>–</td><td>20,699</td><td>11.1</td><td>–</td><td>–</td></tr>
<tr><td>성별합계</td><td>남</td><td>91,334</td><td>–</td><td>472</td><td>–</td><td>91,806</td><td>13.2</td><td>11,530,492</td><td>128</td></tr>
<tr><td>성별합계</td><td>여</td><td>32,873</td><td>400</td><td>125</td><td>–</td><td>32,998</td><td>11.9</td><td>2,947,780</td><td>97</td></tr>
<tr><td colspan="2">합계</td><td>124,207</td><td>400</td><td>597</td><td>–</td><td>124,804</td><td>12.8</td><td>14,478,272</td><td>120</td></tr>
</table>

※ 본사 기준이며, 휴직자는 포함하고 등기임원 11명(사내이사 5명, 사외이사 6명)은 제외한 기준입니다.

※ 연간급여 총액 및 1인 평균급여액은 「소득세법」 제20조에 따라 관할 세무서에 제출하는 근로소득지급명세서의 근로소득 기준(근로소득공제 반영 전)입니다.

※ 1인 평균급여액은 평균 재직자 120,509명(남 : 90,109명, 여 : 30,400명) 기준으로 산출하였습니다.

7 기타 투자자가 알아야 할 사항

(1) 기업집단의 지분구조

한국 기업은 대부분 집단을 이루고 있고, 지배주주는 집단을 지배하기 위해 복잡한 지분구조를 형성하였다. 이러한 지분구조는 지배주주의 경제력 집중을 가져와 외부 주주는 손실을 볼 수 있다. 공정거래위원회(FTC)는 지배주주의 경제력 집중을 막기 위해 매년 대규모기업집단을 지정하고 있다. 대규모기업집단으로 지정되면 기업 간 상호출자 금지, 신규 순환출자 금지, 채무보증 제한, 특수관계인에게 부당 이익 제공 금지 그리고 내부거래의 공시 등 다양한 규제가 따른다. 2023년 기준 지정된 대규모기업집단은 82개이며, 소속 회사는 3,076개이다.

Ⅸ. 계열회사 등에 관한 사항

기업집단에 속한 상장회사와 비상장회사 수를 보여준다.

〈표 9-32〉 기업집단의 계열회사수

(단위 : 사)

기업집단의 명칭	계열회사의 수		
	상 장	비상장	계
삼성	17	46	63

국내뿐만 아니라 해외 계열회사 간 출자와 피출자 관계도 알 수 있다. 이러한 출자와 피출자 관계를 그림으로 그리면 소유지분도가 된다. 지면 관계상 〈표 9-33〉과 같이 일부 계열회사 간 출자현황만 나타내었다.

〈표 9-33〉 계열회사 간 출자현황

(단위 : %)

피출자 / 출 자	삼성 물산	삼성 바이오 로직스	삼성 생명 보험	삼성 에스디 아이	삼성 에스디 에스	부동산 투자 회사	삼성 엔지 니어링	삼성 전기	삼성 전자	삼성 중공업	삼성 증권	삼성 카드	삼성화재 해상보험
삼성물산		43.1	19.3		17.1		7.0		5.0	0.1			
삼성바이오로직스													
삼성생명보험	0.1	0.1		0.1	0.1	19.5	0.1	0.2	8.6	3.1	29.4	71.9	15.0

기타 회사와 계열회사 간 임원 겸직 현황과 타법인 출자현황을 알 수 있다.

X. 대주주 등과의 거래내용

계열회사의 채무보증에 관한 정보가 포함되어 있다. 삼성전자(주)는 계열회사의 자금조달 등을 위하여 채무보증을 제공하고 있다. 삼성전자(주)의 채무보증 현황의 일부 내용은 〈표 9-34〉와 같다.

〈표 9-34〉 계열회사의 채무보증 현황

(단위 : 천US$, %)

법인명 (채무자)	관계	채권자	내용	목적	보증 시작일	보증 종료일	채무보증한도		채무금액			이자율
							기 초	기 말	기 초	증 감	기 말	
SEA	계열회사	BOA 등	지급보증	운영자금	2023. 4.16	2024. 12.16	1,278,000	1,278,000	–	–	–	
SEM	계열회사	BBVA 등	지급보증	운영자금	2023. 3.28	2024. 12.16	715,000	715,000	–	–	–	

삼성전자(주)와 계열회사 간 자산 양수도에 관한 정보가 포함되어 있다. 계열회사와 자산양수도의 일부 내용은 〈표 9-35〉와 같다.

〈표 9-35〉 계열회사와 자산양수도 현황

(단위 : 백만원)

법인명	관 계	거래종류	거래일자	거래대상물	거래목적	거래금액	처분손익
SCS	계열회사	자산매각/매입	2023.10.31	기계장치 등	생산설비 증설/생산효율화 등	50,521	26,222
SDC	계열회사	자산매입	2023.11.1	기계장치 등	생산설비 증설/생산효율화 등	10,406	–

기타 대주주와의 영업 거래와 대주주 외 이해관계자와의 거래에 대한 정보가 포함되어 있다. 이러한 계열회사의 채무보증이나 내부거래 등은 공정거래에 어긋나므로 허용되는 범위 내에서 이뤄져야 한다.

(2) 투자자 보호를 위한 사항

상장회사는 유리한 정보를 빨리 그리고 많이 공시하려고 하지만, 불리한 정보는 느리게 또는 아예 공시하려고 하지 않는다. 이러한 정보공시의 시차 불균형은 정보비대칭을 가져오며 대리인 문제를 심화한다. 대리인 문제의 심화는 결국 투자자를 잘못된 의사결정으로 인도하여 큰 피해를 보게 한다. 회계감사에서 외부감사인이 관심 있게 보는 사항 중 하나는 주석이다. 주석에는 재무제표에 대한 보충적 정보뿐만 아니라 소송, 보증 그리고 담보 제공 등 투자자가 알아야 할 사항을 포함하고 있다. 중요한 소송사건은 승패에 따라 기업의 재무상태에 중대한 영향을 미치며 더 나아가 기업 존립에도 영향을 준다. 또한 채무보증도 기업의 중대한 우발부채가 될 수 있으므로 주의 깊게 봐야 한다. 담보 제공자산은 자산 처분에 제약이 있으므로 주식투자자의 잔여재산 분배에 부정적인 영향을 준다.

XI. 그 밖에 투자자 보호를 위하여 필요한 사항

1. 공시내용 진행 및 변경사항

삼성전자(주)의 사업보고서에는 해당 사항이 없다.

2. 우발부채 등에 관한 사항

우발부채 등에 관한 사항은 X. 대주주 등과의 거래내용과 같다.

3. 제재 등과 관련된 사항

수사나 사법기관의 제재 현황이 포함되어 있다. 기업의 제재 규모가 크면 기업가치가 손상할 수 있다. 〈표 9-36〉은 삼성전자(주)의 제재 등에 관한 일부 내용이다.

〈표 9-36〉 수사 · 사법기관의 제재 현황

(단위 : 백만원)

일 자	제재기관	대상자	처벌 또는 조치 내용	금전적 제재 금액	횡령 · 배임등 금액	근거 법령
2021. 1.25	서울고등법원 (파기환송심)	당사 임직원	징역	–	약 8,681	「특정경제범죄 가중처벌 등에 관한 법률」
2021. 2.4	대법원	당사 임직원	징역	–	–	「노동조합 및 노동관계 조정법」 제90조, 제81조 등
		자회사 및 임직원 (삼성전자 서비스(주))	벌금, 징역	50	–	「노동조합 및 노동관계 조정법」 제90조, 제81조 등, 「조세범처벌법」 제10조

공정거래위원회의 제재 현황이 포함되어 있다. 공정거래위원회의 제재는 영업활동에 부정적인 영향을 줄 수 있다. 〈표 9-37〉은 삼성전자(주)의 공정거래위원회 제재 등에 관한 일부 내용이다.

〈표 9-37〉 공정거래위원회의 제재 현황

(단위 : 백만원)

일 자	제재 기관	대상자	처벌 또는 조치 내용	금전적 제재금액	사유 및 근거 법령
2021. 6.22	공정거래 위원회	당사 및 당사 임직원	검찰고발	–	「독점규제 및 공정거래에 관한 법률」 제23조(불공정거래행위의 금지) 제1항 제7호
2021. 8.27	공정거래 위원회	당사	시정조치 과징금	101,217	「독점규제 및 공정거래에 관한 법률」 제23조(불공정거래행위의 금지) 제1항 제7호
		자회사 (삼성디스플레이(주))	시정조치 과징금	22,857	「독점규제 및 공정거래에 관한 법률」 제23조(불공정거래행위의 금지) 제1항 제7호

기타 다양한 행정기관의 제재 현황을 포함하고 있다.

(3) 사업보고서의 기재 정정

자본시장법은 사업보고서에 기재해야 할 사항과 첨부서류를 명시하고 있다. 기업이 사업보고서의 중요사항을 허위기재 또는 표시하거나 중요사항을 표시하지 않았다면 손해배상의 책임(자본시장법 제162조)과 공시위반에 따른 과징금을 물게 된다(자본시장법 제429조). 그러나 제재로 인한 금전적 손실보다 시장에서 기업정보의 신뢰성 추락이 기업가치에 더 부정적인 영향을 줄 것이다.

사업보고서의 기재 정정은 다양한 사유로 발생하며 불가피하게 발생할 수도 있다. 그러나 너무 잦은 기재 정정은 기업정보의 신뢰성을 손상한다. 따라서 작성자는 사업보고서를 신중하게 작성해야 한다. 전자공시시스템(DART)에 있는 사업보고서 중 '기재 정정' 표시가 되어 있는 것이 있다. 기업이 왜 사업보고서를 기재 정정하였는지 신중하게 살펴볼 필요가 있다.

조회건수 15 | 접수일자 | 회사명 | 보고서명

번호	공시대상회사	보고서명	제출인	접수일자	비고
1	코 신라젠	[기재정정]사업보고서 (2024.12) XBRL Viewer	신라젠	2025.03.31	연
2	코 신라젠	분기보고서 (2024.09) XBRL Viewer	신라젠	2024.11.14	
3	코 신라젠	반기보고서 (2024.06) XBRL Viewer	신라젠	2024.08.13	
4	코 신라젠	분기보고서 (2024.03) XBRL Viewer	신라젠	2024.05.16	
5	코 신라젠	사업보고서 (2023.12) XBRL Viewer	신라젠	2024.03.21	연
6	코 신라젠	[기재정정]사업보고서 (2022.12)	신라젠	2023.12.21	연

[그림 9-4] 사업보고서 기재 정정 사례

요약정리

1. 사업보고서

공시 사이트	공시시기	내 용
금융감독원 전자공시시스템 (DART)	12월 결산법인 기준 3월 말까지 공시	회사의 목적, 상호, 사업내용, 임원 보수, 임원 개인별 보수와 그 구체적인 산정기준 및 방법, 재무에 관한 사항, 그 밖에 대통령령으로 정하는 사항

2. 기업의 사업내용

사업보고서	내 용
Ⅰ. 회사의 개요	
1. 회사의 개요	• 회사의 법적·상업적 명칭, 설립 일자, 본사 주소, 전화번호 및 홈페이지 • 기업의 부문별 주요 제품 • 연결재무제표 작성 대상 종속회사의 현황
기타 항목	2. 회사의 연혁, 3. 자본금 변동사항, 4. 주식의 총수 등, 5. 정관에 관한 사항
Ⅱ. 사업의 내용	
1. 사업의 개요	• 생산되는 제품과 국내외 제품의 판매망
2. 주요 제품 및 서비스	• 부문별 매출액과 전체 매출액에서 차지하는 비중
3. 원재료 및 생산설비	• 주요 매입처 확인을 통해 해당 기업과 관련된 다른 투자가능 기업 확인
4. 매출 및 수주상황	• 주요 제품별 매출실적, 매출유형별 매출실적, 주요 지역별 매출 현황 • 국내와 해외 판매경로와 판매경로별 매출액 비중 • 국내와 해외 판매 방법과 조건, 판매전략, 주요 매출처, 수주상황 등
5. 위험관리 및 파생거래	• 재무적 위험관리에 대한 정보
6. 주요 계약 및 연구개발 활동	• 기술에 대한 계약과 진행 중인 연구개발 활동의 정보

3. 재무보고

사업보고서	내 용
Ⅲ. 재무에 관한 사항	1. 요약재무정보, 2. 연결재무제표, 3. 연결재무제표 주석, 4. 재무제표, 5. 재무제표 주석, 6. 배당에 관한 사항(배당금, 배당성향, 수익률, 횟수), 7. 증권의 발행을 통한 자금조달에 관한 사항, 8. 기타 재무에 관한 사항
Ⅳ. 이사의 경영진단 및 분석의견	• 미래 예측에 필요한 고려사항 설명

4. 재무제표 신뢰성

구 분	내 용
대리인 문제	• 소유와 경영의 분리는 경영자와 주주의 이해 상충을 유발 • 정보비대칭은 경영자 역선택(adverse selection)과 도덕적 해이(moral hazard) 유발 • 서구국가는 경영자와 외부 주주(principal-agent) 간에 발생 • 아시아 국가는 지배주주와 소액주주(principal-principal) 간에 발생
재무보고	• 주주총회에서 감사와 이사 선임, 사외이사 의무 선임, 경영자 분식회계 가능성
외부감사	• 감사 또는 감사위원회가 외부감사인 선임, 외부감사를 통해 재무제표 신뢰성 제고

5. 기업지배기구

사업보고서	내 용
V. 회계감사인의 감사의견 등	
1. 외부감사에 관한 사항	• 3개 사업연도의 감사인, 감사의견 그리고 핵심감사사항 • 3개 사업연도의 계약상 감사보수(감사시간), 실제 감사보수(감사시간) • 3개 사업연도의 비감사용역 제공 내용 • 외부감사인과 지배기구 간 커뮤니케이션 회의내용 • 조정협의 회의내용 및 재무제표 불일치정보, 외부감사인 변경 등
2. 내부통제에 관한 사항	• 내부통제를 확인하는 내부회계관리제도의 감사의견과 지적사항
VI. 이사회 등 회사의 기관에 관한 사항	
1. 이사회에 관한 사항	• 이사회와 하위 위원회 구성 및 주요 역할 • 이사회 모임 횟수, 의결사항 그리고 찬반 결과 • 이사의 선임 배경, 추천인, 활동 분야, 회사와의 거래, 최대주주 또는 주요주주와의 관계 등의 정보
2. 감사제도에 관한 사항	• 감사위원회 구성과 독립성 요구조건 충족 여부 • 감사위원회 활동 내역, 교육 실시 현황 그리고 준법감시인 현황
3. 주주총회 등에 관한 사항	• 집중투표제, 서면투표제, 전자투표제 시행 여부 • 소수주주권, 경영권 경쟁, 의결권 현황과 주주총회 의사록 요약

6. 주주, 임원 그리고 직원에 관한 정보

사업보고서	내 용
Ⅶ. 주주에 관한 사항	• 최대주주와 최대주주의 최대주주, 5% 이상 지분 소유 주주 정보 • 전체 주주수에서 소액주주수가 차지하는 비중, 총발행주식수에서 소액주주가 보유한 주식수가 차지하는 비중
Ⅷ. 임원 및 직원 등에 관한 사항	
1. 임원 및 직원 등의 현황	• 임원 성명, 성별, 등기 여부, 상근 여부, 소유주식수 그리고 임기만료일 등 • 등기임원의 선임과 해임 그리고 타 회사와의 겸직에 대한 정보 • 미등기임원의 출생 연월, 직위, 상근 여부, 담당업무, 경력 등 정보 • 사업부문별 남녀 근로자 비율, 평균 근속연수, 정규직과 비정규직 비율 그리고 기업 전체 남녀 급여액 수준 등
2. 임원의 보수 등	• 주주총회 승인금액과 이사·감사의 전체보수 정보 • 등기이사, 사외이사 그리고 감사위원(감사)의 평균 보수액 정보 • 보수지급금액 5억원 이상인 이사·감사의 개인별 보수현황

7. 기타 투자자가 알아야 할 사항

사업보고서	내 용
Ⅸ. 계열회사 등에 관한 사항	• 상장과 비상장 계열회사수, 계열회사 간에 출자와 피출자 관계
Ⅹ. 대주주 등과의 거래내용	• 계열회사 간에 상호채무 보증, 자산 양수도에 관한 정보 • 대주주와의 영업거래와 대주주 외 이해관계자와의 거래에 대한 정보
Ⅺ. 그 밖에 투자자 보호를 위하여 필요한 사항	
1. 공시내용 진행 및 변경 사항	• 해당 사항 없음
2. 우발부채 등에 관한 사항	• Ⅹ. 대주주 등과의 거래내용과 같음
3. 제재 등과 관련된 사항	• 수사나 사법기관, 공정거래위원회 등 행정기관 제재 정보

10

재무예측과 투자심리

1 재무예측

2 투자심리

1 재무예측

재무예측은 기업의 재무상태와 경영성과를 예측하는 과정으로 주로 미래 매출액, 이익 그리고 현금흐름 등의 항목을 예측한다. 재무예측은 주식투자자가 주식에 투자하는 중요한 근거가 될 수 있다. 재무예측은 주관적 예측방법과 객관적 예측방법으로 나눌 수 있다.

(1) 주관적 예측방법

주관적 예측방법은 예측자가 축적된 지식과 오랜 경험을 바탕으로 주관적으로 재무항목을 예측하는 것이다. 이 방법은 예측자의 능력과 경험이 충분하다면 예측의 효과성이 높고 상황에 탄력적으로 대응하여 시간과 비용을 절약할 수 있다. 또한 예측치의 근거가 되는 성격과 원인을 확인하는 데 효과적이다. 그러나 예측치가 발생할 확률의 계량적 근거가 부족하고 같은 상황에서 예측자에 따라 예측치가 달라져 신뢰성이 떨어질 수 있다. 이러한 한계를 보완하기 위해 예측자의 의견을 우선순위 또는 서열화하여 합일점을 찾고 종합적으로 판단하는 델파이(delphi) 기법을 쓸 수 있다. 또는 예측자 집단의 예측치를 평균이나 중간값으로 수정하여 일치된 의견으로 제시하는 컨센서스(consensus) 방법도 있다.

(2) 객관적 예측방법

1) 추세 외삽법

추세 외삽법(trend extrapolation)은 시계열예측방법의 하나로 시계열자료의 추세를 확인하고, 추세선을 그어 추세선상에서 예측치를 찾는 방법이다. 그러나 시계열자료는 실제로 추세를 나타내지 않는 경우도 많다. 또한 시계열자료에 추세가 나타났다고 해도 추세는 언제든지 전환될 수 있다. [그림 10-1]은 A사의 6년간 매출액 추이를 나타낸다. 파란색 선은 연도별 매출액을 이은 선이며, 빨간색 점선은 연도별 매출액의 추세선을 나타낸다. 외삽법에 따르면, 2025년도 매출액 예측치는 추세선상에 있을 것이다. 결국 2025년도 매출액 예측치는 2024년도 매출액에 과거 매출액 연평균의 증가분이 합쳐진 금액일 것이다. 구체적으로 2025년도 매출액 예측치는 2024년도 매출액 60조원에 2024년도와 2018년도 매출액 차이(45조원)를 6년으로 나눈 7.5조원[=(60조원−15조원)/6년]을 더한 67.5조원이 될 것이다. 그러나 이러한 예측치는 추정에 의한 예측기간과 할인율의 복리효과가 반영된 것이므로 투자의사결정에 주의해서 적용해야 한다.

[그림 10-1] A사의 매출액 추이

2) 평균회귀모형

평균회귀모형(mean reverting model)은 미래 이익예측치가 일정 기간 과거 실제 이익의 평균으로 회귀한다는 것이다. 따라서 이 모형은 미래의 성장기회가 적은 기업에 적용하는 것이 타당하다. 예를 들어, 삼성전자(주)가 더 이상 성장하지 않는다고 가정할 때 미래 이익예측치는 2023년 기준 6년간 당기순이익의 평균인 33조 9천억원이 된다. 그러나 이 모형도 평균을 계산하기 위해 임의로 일정 기간을 추정해야 하므로 예측자의 추정에 따라 예측치가 달라질 수 있다. 또한 기업의 미래 성장기회가 적다는 가정은 예측치를 왜곡시킬 수도 있다.

$$\bullet \text{미래 이익예측치} = \frac{\text{이익}_t + \text{이익}_{t-1} + \text{이익}_{t-2} + \text{이익}_{t-3} + \cdots + \text{이익}_{t-n}}{\text{일정 기간}(n+1)}$$

3) 마팅겔 모형과 서브마팅겔 모형

마팅겔 모형(martingale model)은 과거의 모든 정보를 알고 있다면 미래 이익이 증가할 확률과 감소할 확률은 같으므로 미래 이익예측치는 당해 연도 이익과 같다는 것이다. 즉 미래의 이익은 랜덤 워크(random walk)로 움직이므로 당해 연도 이익이 최선의 예측치인 것이다. 반면에 서브마팅겔 모형(submartingale model)은 미래 이익예측치가 당해 연도 이익에 성장추세를 반영한 이익 증가액을 합한 금액이라고 주장하는 것이다.

- 마팅겔 모형 : 미래 이익예측치=당해 연도 이익
- 서브마팅겔 모형 : 미래 이익예측치=당해 연도 이익+성장추세 반영 이익 증가액

(3) 추정재무제표

1) 매출액백분율법

매출액백분율법(percent of sales method)은 추정된 매출액에 매출액 대비 구성항목의 비율을 곱하여 다른 항목을 예측하는 방법이다. 추정매출액은 손익계산서 항목을 예측하는 데 비례적으로 영향을 줄 것이다. 특히 경상적이고 반복적으로 발생하는 영업손익은 비경상적이고 비반복적으로 발생하는 영업외손익보다 더 정확하게 예측이 가능할 것이다. 또한 추정매출액은 재무상태표의 유동자산과 유동부채를 예측하는 데 비례적으로 영향을 줄 것이다. 영업활동은 현금, 매출채권 그리고 재고자산과 관련이 있으므로 추정매출액은 유동자산의 예측에 비례적인 영향을 준다. 또한 영업활동은 매입채무와 같은 유동부채와 관련이 있으므로 추정매출액은 유동부채 예측에도 비례적인 영향을 준다. 한편 영업활동에 사용되는 유·무형자산의 투자 수준은 매출액에 영향을 받을 수 있다. 그러나 반드시 매출

액에 비례하여 투자 수준이 증감하는 것은 아니므로 추정매출액은 비유동자산 예측에 불규칙적으로 영향을 줄 것이다. 자금조달과 관련된 비유동부채와 자본은 매출액에 간접적으로 영향을 받으므로 추정매출액은 비유동부채와 자본 예측에 직접적인 영향을 주지 못할 것이다.

$$\text{추정항목} = \text{추정매출액} \times \frac{\text{구성항목}}{\text{매출액}}$$

개별재무제표를 기준으로 삼성전자(주)의 2024년 추정매출액은 210조원이라고 가정한다. 2023년 개별재무제표의 매출액 대비 구성항목 비율에 근거하여 다음과 같이 추정재무상태표와 추정손익계산서를 작성하였다. 〈표 10-1〉에서 추정매출액에 근거하여 작성한 2024년 추정재무상태표는 2024년 실제 재무상태표와 비슷한 것을 알 수 있다.

〈표 10-1〉 삼성전자(주) 추정재무상태표

(단위 : 억원)

항 목	2023년	계산식	2024년	
	실 제		추 정	실 제
자산	2,968,572	추정항목＝추정매출액 $\times \frac{\text{구성항목}}{\text{매출액}}$	3,659,010	3,249,661
유 동 자 산	685,484		844,916	823,203
비유동자산	2,283,088		2,814,094	2,426,458
부채	720,695		888,316	885,694
유 동 부 채	417,751		514,913	801,579
비유동부채	302,944		373,403	84,114
자본	2,247,877		2,770,694	2,363,966

〈표 10-2〉에서 추정매출액에 근거하여 작성한 2024년 추정손익계산서는 2024년 실제 손익계산서와 비슷한 것을 알 수 있다. 따라서 추정재무제표를 작성하기 위해 매출액의 추정이 매우 중요하다. 그러나 미래의 추정매출액은 다양한 경제환경 변화에 따라 달라질 수 있으므로 투자의사결정에 주의해서 사용해야 한다.

〈표 10-2〉 삼성전자(주) 추정손익계산서

(단위 : 억원)

항 목	2023년	계산식	2024년	
	실 제		추 정	실 제
매 출 액	1,703,740	추정항목＝추정매출액 $\times \frac{\text{구성항목}}{\text{매출액}}$	2,100,000	2,090,522
매 출 원 가	1,440,235		1,775,208	1,520,614
매출총이익	263,505		324,792	569,907
판매비와 관리비	378,768		466,863	446,297
영 업 이 익	−115,262		−142,070	123,610
법인세차감전순이익	175,315		216,090	217,495
법인세비용	−78,655		−96,949	−18,329
당기순이익	253,970		313,039	235,825

2) 회귀모형

회귀분석(regression analysis)은 독립변수가 종속변수에 미치는 인과관계를 추정하는 통계기법으로 산출된 회귀모형으로 예측치를 구할 수 있다. 회귀모형은 하나의 종속변수에 대해 하나의 독립변수로 설명하는 단순회귀모형(simple regression model)과 하나의 종속변수에 대해 다수의 독립변수로 설명하는 다중회귀모형(multiple regression model)이 있다. 회귀모형의 변수는 비율척도(ratio scale), 구간척도(interval scale), 순위척도(ordinal scale) 그리고 명목척도(nominal scale)로 나눌 수 있다. 일반적으로 투자분석에서 사용되는 변수는 비율척도가 많다. 회귀분석에서 원자료(raw data)를 그대로 변수로 사용하면 변수별 측정 단위나 분포가 달라 결과가 왜곡될 수 있다.

① 분석방법

본 사례는 엑셀(Excel)을 이용하여 회귀분석하였다. 분석하는 방법은 엑셀의 [데이터] → [데이터분석] → [회귀분석 '확인'] → [Y축에 종속변수 '입력'] → [X축에 설명변수 '입력'] → [확인]하면 결과를 얻게 된다. 엑셀 외에도 통계프로그램인 SPSS, SAS 또는 R을 이용하여 회귀분석을 할 수 있다.

② 회귀모형

다음은 삼성전자(주)의 총자산이익률(ROA)을 추정하기 위한 단순회귀모형과 다중회귀모형이다. '매출액이 증가할수록 총자산이익률이 높아질 것이다'라는 가설을 설정하였다. 단순회귀모형은 매출액증가율(GRW)이 총자산이익률(ROA)에 미치는 영향을 추정한다. 다중회귀모형은 총자산($SIZE$)과 부채비율(LEV)의 영향을 추가로 통제한 후, 매출액증가율(GRW)이 총자산이익률(ROA)에 미치는 영향을 추정한다.

- 단순회귀모형 : $ROA = \alpha_0 + \beta_1 GRW + \epsilon$ ······························ (1)
- 다중회귀모형 : $ROA = \alpha_0 + \beta_1 GRW + \beta_2 SIZE + \beta_3 LEV + \epsilon$ ················ (2)

※ ROA = 총자산이익률(당기순이익/총자산)
GRW = 매출액증가율[(당기매출액 − 전기매출액)/전기매출액]
$SIZE$ = 총자산의 자연로그값
LEV = 부채비율(총부채/총자산)
ϵ = 오차항

③ 분석자료

〈표 10-3〉은 삼성전자(주)의 13년간 재무비율 자료이다. 자료가 많으면 많을수록 회귀모형이 정교해져 더 정확한 예측값을 얻을 수 있다. 〈표 10-3〉의 자료를 엑셀로 불러들여 '① 분석방법'에서 설명한 대로 실행하면 된다.

〈표 10-3〉 삼성전자(주)의 연도별 재무비율 자료

연 도	ROA	GRW	$SIZE$	LEV
2023	0.086	−0.196	26.417	0.243
2022	0.098	0.061	26.284	0.195
2021	0.123	0.201	26.249	0.231
2020	0.068	0.075	26.160	0.202
2019	0.071	−0.092	26.099	0.177
2018	0.150	0.052	33.020	0.210
2017	0.145	0.209	32.921	0.235

2016	0.066	−0.009	32.795	0.213
2015	0.072	−0.019	32.761	0.193
2014	0.089	−0.130	32.731	0.191
2013	0.141	0.122	32.673	0.210
2012	0.139	0.169	32.523	0.205
2011	0.083	0.076	32.398	0.248

④ 분석 결과

〈표 10-4〉는 엑셀을 이용하여 얻은 단순회귀분석과 다중회귀분석의 결과이다. (1) 단순회귀분석에서 매출액증가율(*GRW*)의 회귀계수는 0.164로 나타났다. 즉 매출액증가율이 1이면 총자산이익률은 0.164가 높아진다. (2) 다중회귀분석에서 매출액증가율(*GRW*)의 회귀계수는 0.147로 나타났다. 즉 매출액증가율이 1이면 총자산이익률은 0.147이 높아진다. 표준오차는 실제 관측값과 회귀선의 차이를 의미한다. t-값은 회귀계수가 표준오차보다 커질수록 커진다. 높은 t-값은 독립변수와 종속변수 간에 인과관계가 유의하다는 것을 의미한다. 수정된 R^2은 모형의 설명력을 나타내며, F-값은 모형의 적합성을 나타낸다.

〈표 10-4〉 회귀분석 결과

변 수	(1) 단순회귀분석			(2) 다중회귀분석		
	회귀계수	표준오차	(t-값)	회귀계수	표준오차	(t-값)
절편	0.096	0.008	$(12.576)^{***}$	0.000	0.106	(0.003)
GRW	0.164	0.060	$(2.736)^{**}$	0.147	0.066	$(2.228)^{*}$
SIZE				0.002	0.002	(0.952)
LEV				0.122	0.378	(0.323)
수정된 R^2	0.350			0.288		
F-값	7.487^{**}			2.624^{*}		

※ ***, **, *는 각각 유의수준 1%, 5% 그리고 10% 이내를 의미한다.

본 사례의 회귀모형은 총자산이익률을 추정하였지만, 다른 회귀모형으로 매출액도 추정할 수 있다. 추정된 매출액으로 1)에서 설명한 '매출액백분율법'에 따라 추정재무제표를 작성할 수 있다.

회귀모형은 과거 자료를 바탕으로 미래 이익을 예측함으로써 투자자의 의사결정에 유용하게 활용된다. 그러나 회귀모형은 독립변수와 종속변수가 선형관계이며, 변수 간에 서로 독립적이라는 가정을 하고 있다. 이러한 가정은 실제 자료에서 어긋나는 경우가 많아 분석 결과의 신뢰성이 떨어질 수 있다. 따라서 보다 정교한 예측치를 산출하기 위해 회귀분석뿐만 아니라 다양한 예측방법을 활용해야 한다. 또한 경제환경을 잘 이해하고 대응해야 더 정확한 미래 예측이 가능하다.

(4) 경영자의 미래 재무예측

사업보고서의 IV. 이사의 경영진단 및 분석의견에는 경영자의 기업 영업환경과 재무상황에 대한 전망이 서술되어 있다. 그러나 구체적인 경영자 의견보다 전체적인 시장상황을 설명하고 있어서 투자의사결정에는 결정적인 근거가 될 수 없다. 한편 경영자는 2002년에 도입된 '공정공시제도'를 통해 미래 영업실적에 대한 예측치를 자율적으로 공시할 수 있다. 영업실적 예측치가 시장에 실망을 안겨 줄 수 있다면 경영자는 아예 예측치를 공시하지 않을 것이다. 따라서 경영자는 시장의 기대(expectation)를 충족시킬 수 있을 때 영업실적 예측치를 공시할 것이다. 자율공시는 한국거래소 전자공시시스템(KIND)에서 확인할 수 있다. 전자공시시스템(KIND) 홈페이지(https://kind.krx.co.kr)에는 다음과 같이 전자공시제도를 설명하고 있다.

> 전자공시제도는 기업내용공시의 신속성 제고 및 상장기업의 편의성 도모를 위하여 2000년 4월부터 시행되었습니다. 상장법인은 자본시장과 금융투자업에 관한 법률 등에 의하여 금융감독원 및 한국거래소에 공통으로 신고하여야 하는 사항은 금융감독원의 전자공시시스템을 통하여 제출하면, 자동으로 거래소에도 제출되어 양 기관에 대한 신고의무가 동시에 완료됩니다. 또한 공정공시 및 거래소 고유수시공시, 자율공시, 의결권행사공시 등은 한국거래소 고유공시사항으로 한국거래소 전자공시시스템을 통하여 별도로 신고해야 합니다.

1) 확인방법

경영자의 미래 영업이익 예측치를 확인하는 방법은 다음과 같다. 공시시스템(KIND)에 들어가 다시 '전체메뉴보기'의 '상세검색'으로 들어간다. 그리고 [그림 10-2]와 같이 '회사명', '시장구분', '기간'을 설정한다. 다음으로 공시유형에서 '공정공시'에 들어가 '매출액 영업손익 등 전망/예측'을 확인한다.

[그림 10-2] 공시시스템(KIND)에서 영업실적 전망 확인

2) 공시내용

[그림 10-3]과 같이 공시사항에 들어가면 해당 연도의 매출액과 수주의 예측치가 공시되어 있다. 간혹 일부 기업은 당기순이익 예측치를 공시하는 때도 있다. 그 밑에는 경영자가 영업실적을 예측한 근거와 기업의 홍보팀 연락처가 표시되어 있다.

공정공시 내용을 보면 일반적으로 매출액이나 영업이익 예측치가 공시되어 있다. 그 이유는 매출액과 영업이익이 영업활동과 관련된 이익이므로 미래의 예측가능성이 크기 때문이다. 당기순이익은 영업외손익도 포함하고 있어서 정확하게 예측하기가 쉽지 않다. 이러한 예측치는 어디까지나 경영자가 자율적으로 공시한 내용이므로 경제상황에 따라 얼마든지 달라질 수 있다. 따라서 투자자는 공시내용을 참고하는 정도로 이해하면 좋을 것이다.

문서목차

영업실적 등에 대한 전망(공정공시)

자회사인	에이치디현대삼호(주)	의 주요경영사항신고

※ 동 정보는 예측정보로서 향후 실제 결과와는 다를 수 있음							
1. 영업실적 전망 내용							
구분(단위 : 억원)		2025	사업연도	2026	사업연도	2027	사업연도
대상기간	시작일	2025-01-01		-		-	
	종료일	2025-12-31		-		-	
매출액		74,317		-		-	
영업이익		-		-		-	
법인세비용차감전순이익		-		-		-	
당기순이익		-		-		-	
수주(단위:백만불)		4,571		-		-	
2. 전망 또는 예측의 근거				2025년도 경영계획은 주요지표 예측치 및 사업환경을 감안한 내부기준에 근거하여 작성되었음			
3. 정보제공내역		정보제공자		홍보팀			
		정보제공대상자		언론사 등			
		정보제공(예정)일시		2025년 1월 3일			
		행사명(장소)		2025년 신년사 배포			
4. 연락처(관련부서/전화번호)				홍보팀(02-746-5746)			
5. 기타 투자판단과 관련한 중요사항							
-상기 예측내용은 한국채택국제회계기준(K-IFRS)에 따른 개별기준 전망이며, 국내외 영업상황 및 여건에 따라 실제 결과치와 상이할 수 있음. -하기 [최근 영업실적 등에 대한 전망과 실적 차이] 관련 2024년 매출액 실적은 추정치이며, 2024년 수주 실적은 잠정 집계치로서 실제 실적과 차이가 발생할 수 있음.							

[그림 10-3] 공시시스템(KIND)에서 공시내용 확인

(5) 회계이익과 주가

효율적 시장 가설(efficient market hypothesis : EMH)은 경제학자 유진 파마(Eugene Fama)에 의해 주창되었다. 경제학은 모든 정보가 주가에 반영되어 있다면 주식시장은 초과이익을 얻을 수 없는 효율적 시장으로 본다. 즉 효율적 시장은 주식의 가치가 극대화되도록 자원이 효율적으로 배분되어 있다는 것이다. 그러나 현실적으로 주식시장은 효율적이지 못해 초과이익을 얻을 수 있다. 효율적 시장 가설은 정보의 반영 정도에 따라 다음과 같이 세 가지 가설로 나눌 수 있다.

1) 약형 효율적 시장 가설

약형 효율적 시장(weak form EMH)은 과거의 정보가 이미 현재 주가에 모두 반영되어 과거 주가나 거래량을 이용한 기술적 분석으로는 초과이익을 얻을 수 없다는 것이다. 그러나 실제 시장에서는 과거 주가와 거래량 변동이 미래 주가와 거래량 변동에 영향을 주어 초과이익을 얻는 사례가 종종 있다. 따라서 기술적 분석을 이해하여 투자의사결정에 이용하는 이유는 주식시장이 완벽한 약형 효율적 시장이 아니기 때문이다.

2) 준강형 효율적 시장 가설

준강형 효율적 시장(semi-strong form EMH)은 과거의 정보뿐만 아니라 공개된 모든 정보가 현재 주가에 반영되어 회계정보 등을 이용한 기본적 분석으로는 초과이익을 얻을 수 없다는 것이다. 그러나 실제 시장에서는 공개된 다양한 정보를 이용하여 초과이익을 얻는 사례가 종종 있다. 따라서 기본적 분석을 투자의사결정에 이용하는 이유는 투자자가 공개된 정보를 모두 활용하지 못해 주식시장은 완벽한 준강형 효율적 시장이 아니기 때문이다.

3) 강형 효율적 시장 가설

강형 효율적 시장(strong form EMH)은 기업의 모든 정보(외부정보와 내부정보)가 현재 주가에 반영되어 투자자는 어떠한 노력으로도 초과이익을 얻을 수 없다는 것이다. 그러나 실제 시장에서는 내부정보를 이용하여 초과이익을 얻는 사례가 종종 있다. 따라서 투자자가 기업의 숨겨진 정보를 찾는 이유는 주식시장이 완벽한 강형 효율적 시장이 아니기 때문이다.

투자자는 주식시장이 비효율적이라서 여전히 초과이익을 얻을 방법이 있다고 믿는다. 주가는 설명하기 어려운 다양한 잠재적 원인에 의해 변동하고 있다. 그중에서도 투자자는 기업의 내재가치를 나타내는 회계이익을 이용하여 인과관계를 설명하려고 한다. 경영자는 회계처리과정에서 회계정책(회계처리방법) 변경이나 회계추정을 통해 재량을 발휘할 수 있다. 따라서 회계이익은 경영자의 의도가 반영될 수 있다. 그런데도 투자자가 미래 이익을 예측하려는 이유는 회계이익이 주가에 결정적인 영향을 미치기 때문이다. 다만 주식시장은 비효율적이라서 회계이익이 주가에 반영되는 시점은 정확하게 예측할 수 없다.

2 투자심리

본 책은 기술적 분석과 기본적 분석을 다루고 있지만, 성공 투자의 핵심은 투자심리라고 생각한다. "주식은 무릎에서 사서 어깨에서 팔아라!"라고 말한다. 그러나 머리와 발이 어디에 있는지도 모르는데 무릎과 어깨를 알 리가 없다. 결국 주식은 욕심을 통제할 수 있는 절제에서 성공의 길이 보인다. 주식투자로 큰돈을 벌어야 주식에 관해 말할 수 있다면 나는 자격이 없을 것이다. 그러나 주식투자로 약간은 삶이 윤택해졌으니 나는 말할 자격이 있다고 생각한다. 증권회사 시절의 경험과 지식을 바탕으로 다음과 같이 투자심리를 정리하였다.

(1) 도박과 투자가 다른 이유

도박과 투자가 다른 이유는 주식을 바라보는 우리의 태도가 다르기 때문이다. 즉 주식매매의 결과를 행운에 의지하면 도박이 되고, 주식매매의 결과를 노력에 의지하면 투자가 된다.

우리는 흔히 도박에 중독되었다고 말한다. 왜 사람들은 도박에 중독되는 것일까? 그 이유는 돈을 벌려는 노력이 돈을 버는 결과와 인과관계가 없기 때문이다. 즉 도박은 행운에 의지하므로 결과에 대해 아무런 판단도 하지 못한다.

사람들이 일하면서 보람을 느낄 때는 자기가 일한 만큼 보상을 받는다고 느낄 때이다. 즉 사람들은 자기 노력에 대해 세상이 합리적으로 평가하고 정당하게 대우해 줄 때 내면의 기대와 외부의 반응이 일치하면서 안정감과 행복감을 느낀다.

그렇다면 도박은 어떠한가? 도박은 우리 내면에 기대를 심어주지만, 우리의 어떠한 노력도 반영되지 않는다. 그래서 무작위적인 행운의 결과로 우연히 얻은 보상은 생각보다 엄청난 행복감을 가져다준다. 노력 없이 다가온 행운은 우리의 뇌에 엄청난 도파민을 분비하며 우리의 마음을 속인다. 그래서 도박은 우리에게 다음에도 또 행운이 찾아올 거라는 믿음을 심어준다. 이것이 도박에 중독되는 이유이다.

한편 사람들은 세상이 자기 노력에 대해 합리적으로 평가하고 보상하지 않으면 열심히 일하지 않거나 아예 그만둘 것이다. 따라서 노력에 상응하는 보상을 기대하는 사람은 주식에 중독되지 않는다.

주식매매가 도박이 될지 아니면 투자가 될지는 우리의 태도에 달려 있다. 주식매매를 도박으로 선택한 사람들은 이익을 얻으면 무작위적 행운을 자기 선택의 결과로 합리화한다. 반면에 주식매매를 투자로 선택한 사람들은 이익을 얻으면 노력에 대한 보상으로 받아들인다. 따라서 주식으로 이익을 얻었어도 사람마다 그 과정을 다르게 해석한다.

주식을 도박으로 대하는 사람은 한번 매매를 시작하면 그것에서 헤어나질 못한다. 그 이유는 자기가 어떻게 주식으로 이익을 내는지 모르기 때문이다. 즉 언제 매매를 시작하고 언제 매매를 멈추어야 할지 모른다. 반면에 주식에 투자하는 사람은 자신의 노력과 결과에 대한 인과관계를 알기에 언제 매매를 시작하고 언제 매매를 멈춰야 할지 안다. 결론적으로 도박은 원인과 결과에 대한 인과관계를 알 수 없어 끊임없이 행운을 기다리며 매매를 멈추지 못한다.

주식시장에는 여전히 행운을 노력의 결과로 받아들이는 사람들이 많다. 그 사람들은 자신의 노력보다 더 큰 보상을 누리고 싶은 욕망이 있다. 그 욕망을 내려놓지 않으면 그들에게는 주식이 언제나 도박이 될 것이다.

(2) 주식투자로 손실이 반복되는 이유

주식투자로 손실이 반복되는 이유는 투자실패에 대한 원인을 자신이 아닌 외부로만 돌리기 때문이다. 실패 원인이 외부에 있으니 자기 선택은 문제가 없다는 것이다. 따라서 자기는 어떠한 변화나 개선도 하지 않으니 실패는 계속된다.

어렸을 때 무슨 일을 하려고 하면 가정적 특성이나 사회적 분위기로 인해 부모로부터 제지당한 경험이 있을 것이다. 이러한 경험은 욕구불만으로 이어져 성인이 되면 투자성향에도 영향을 미칠 수 있다. 특히 부모의 성향이 보수적이거나 성숙도가 떨어진다면 그러한 욕구불만은 더 크게 나타날 것이다. 그런 부모는 우리에게 왜 그 일을 하면 안 되는지에 대해 친절하게 설명하지 않았다. 그래서 우리는 의지와 상관없이 세상으로부터 강요받는 행동과 생각에 울음을 터뜨리게 된다.

어렸을 때 욕구불만으로 터뜨린 울음은 제지(制止)의 이유를 알지 못해 답답한 마음을 몸으로 표현한 행동이었을 것이다. 그러나 이러한 행동은 성인이 되어 결정을 잘못했을 때 책임을 회피하는 비상구가 된다. 이런 사람은 문제가 생길 때마다 책임을 전가할 희생양을 찾고 그에게 문제의 원인이 당신이었다고 강요한다. 결국 어떠한 일에 문제가 생기면 자기 잘못을 돌아보지 않고 외부에서만 원인을 찾는다.

이러한 책임회피는 주식투자자에게도 적용될 수 있다. 주식에 투자하여 자기 생각과 다른 결과가 나오면 그 결과를 자기 책임이 아닌 외부 탓으로 돌리는 것이다. 즉 자기 생각과 노력은 맞는데 시장이 따라주지 않았다고 믿는 것이다. 그래서 투자실패가 발생할 때마다 자신에 대한 성찰(省察)은 없고 늘 시장 탓만 하게 된다. 그렇게 하면 마음이 쉽게 편안해질 수 있다. 또한 자기보다 더 큰 손해를 입은 사람들을 찾아다니며 마음의 위로를 얻는다. 결국 투자실패의 원인을 자신에게서 찾지 않아 자기를 변화시킬 기회를 잃게 된다.

어렸을 때 왜 그 일을 하면 안 되는지 친절하게 설명 듣지 못했을 수 있다. 그러나 그 설명을 듣기 위해 얼마나 노력했었는지도 생각해 봐야 한다. 지금이라도 그 제지에 우리의 책임도 있었다는 것을 돌아봐야 한다. 우리는 투자 결과가 자기 책임이라는 것을 깨닫고 변화할 때 단단한 성공으로 나아갈 수 있다.

(3) 주식 종목토론방이 흥행하는 이유

주식 종목토론방이 흥행하는 이유는 사람 마음속에 세상을 지배하고 싶은 욕망이 있기 때문이다. 사람들은 생각보다 적은 노력으로 더 큰 이익을 얻으려고 주식투자를 한다. 주식으로 이익을 얻기 위해서는 주식을 마음대로 지배할 수 있어야 한다. 물론 위험회피 성향이 강한 사람들은 예금이나 채권 등 안전자산에만 투자할 것이다. 그들은 큰 욕심이 없기에 주식 종목토론방에서 싸울 일도 없다.

사람들은 세상을 지배하며 살고 싶어 할 것이다. 그들은 세상이 자기 마음대로 움직여 줄 때 행복감을 느낄 것이다. 그러나 그것은 욕심이다.

주식투자는 세상을 통제하고 싶은 욕망이 담겨 있다. 주가가 뜻대로 움직일 때 우리는 비로소 세상을 지배했다는 만족감과 희열을 느낀다. 주식 종목토론방에는 주가가 오를 거라고 주장하는 찬티(찬양과 안티의 합성어)와 주가가 내려갈 거라고 주장하는 안티(anti)가 싸우고 있다. 안티들은 얼마의 가격에 몇만 주 팔기를 잘했다며 은근히 자기가 주가하락을 피했다고 자랑한다. 찬티들은 이에 질세라 이제 주가가 상승하기 시작했다며 예상 목표가를 뜬금없이 높게 지른다. 찬티와 안티는 서로 자기가 생각한 대로 세상이 움직일 거라고 주장한다. 급기야 안티는 찬티에게 찬티는 안티에게 댓글을 단다. 서로 미쳤다고 말이다.

이렇게라도 해서 우리는 세상의 무엇 하나라도 마음대로 움직일 수 있다고 믿고 싶은 것이다. 주식이 내 마음대로 움직여 준 것인지 아니면 내가 운이 좋아 그렇게 움직일 주식을 맞힌 것인지 아무도 모른다. 그러나 예상한 대로 움직인 주식을 보며 주식을 지배했다는 쾌감을 느낀다. 보잘것없는 한 인간이 세상을 모두 지배할 수는 없지만, 그것 하나라도 지배했다는 자부심에 뿌듯해진다.

물론 나는 주식 종목토론방에 들어가 주장을 펼치며 싸울 생각이 없다. 다른 사람들과 싸운다고 한들 주식이 나의 주장을 들어줄 리 없고 다른 사람들의 주장 역시 들어줄 리 없다. 주식은 그냥 자기 갈 길을 가고 있을 뿐이다. 그런데도 우리는 제 갈 길 가는 주식에게 뜻대로 움직였다며 얹을 요량으로 숟가락을 반질반질 닦는다.

설사 한 번은 주식이 가는 길을 맞혔다 해도 얼마 지나지 않아 주식은 우리의 주장을 무시하고 변심(變心)한다. 그러면 주식을 지배했다는 자부심은 이내 좌절감으로 바뀐다. 주가가 오르면 안티가 힘을 잃고 주가가 내리면 찬티가 힘을 잃는다.

우리의 뇌는 패배를 인정하고 싶지 않다. 주식이 조금만 생각대로 움직이면 반질반질 닦은 숟가락을 다시 토론방에 얹는다. 그렇게 인간은 세상을 지배할 수 있다고 착각한다.

아무 생각 없이 냅다 던진 주식이든 몇 날 며칠을 고민하여 매수한 주식이든 주식이 우리 마음대로 움직여주기를 바란다. 서로의 생각을 인정하면 세상을 지배할 수 없다는 그 어리석음에 갇혀서 말이다. 그래서 세상에 겸손하지 못한 우리는 수익도 못 내면서 늘 토론방에서 싸운다.

(4) 적기에 투자하지 못하는 이유

우리가 적기(適期)에 투자하지 못하는 이유는 투자 선택에 대한 책임을 회피하려고 하기 때문이다. 권유로 투자한 주식이 손실 나면 남 탓이라도 하겠지만, 자기가 결정한 투자는 자기밖에 탓할 수 없다. 초보자의 성공 확률이 높은 이유는 실패에 대한 책임 의식도 수익에 대한 기대도 크지 않은 평온한 마음 상태 때문일 것이다.

분명 그때가 적절한 투자시점임을 알았으면서도 투자하지 못하는 경우가 많다. 그러나 다른 사람들에게는 적절한 시점이라고 투자를 권유한다. 이러한 이율배반(二律背反)적 행동은 투자에 관한 결과를 책임지지 않아도 된다는 자기 방어기제에서 나온 것이다.

증권회사에 다닐 때 고객에게 지금이 투자 적기라고 권유한 적이 있다. 그러나 정작 나의 손은 움직이지 못했다. 몇 달이 흘러 나의 말을 믿고 투자한 고객은 나에게 투자 적기를 알려주어 고맙다고 인사했다. 그 인사를 받고 가장 괴로운 사람은 바로 나였다.

대부분 초보자는 처음에 투자하면 수익 실현을 경험한다. 이것이 초보자의 저주일지도 모른다. 초보자는 수익이 났기 때문에 행운을 실력이라고 믿고 더 많은 돈을 투자한다. 차라리 손실을 보았다면 왜 손실이 났는지 그 이유를 찾으려고 노력했을 것이다. 그러나 처음부터 수익이 발생하면 그러한 과정이 생략된다.

그러면 왜 초보자는 수익을 실현하는 경험을 하게 될까? 그것은 아마 초보자가 실패에 대한 두려움 없이 주식을 평온하고 중립적인 마음으로 바라봤기 때문일 것이다. 그러나 한 번의 행운이 또 다른 행운으로 이어지기는 어렵다. 그때부터 초보자는 시장에 대한 지식이 부족하다며 실패를 극복하려고 노력한다. 그들은 끊임없이 시장을 분석하고 공부하여 시장의 진실을 파헤치려고 한다. 그들은 시장에게 자기 생각이 옳다는 것을 입증하려고 애를 쓴다. 하지만 안타깝게도 승률상 승리보다 실패가 더 많아지게 된다. 그들은 초조해진다. 그때부터 투자자는 실패의 책임을 자기 생각을 따라주지 않는 시장에게 돌린다.

주식은 중립적이고 제로섬(zero sum) 게임이다. 주식시장은 누군가가 누군가의 돈을 빼앗기도 하고, 누군가가 누군가에게 돈을 빼앗기기도 하는 기회를 마련해 준 것뿐이다. 그런데도 실패한 투자자는 시장의 규칙이나 상황이 잘못되었다며 시장을 탓한다. 실패자가 비난해야 할 상대는 다수의 움직임이나 생각을 읽지 못하고 반대로 행동했던 바로 자신이다. 그러나 대부분은 자기의 실패를 배신감으로 받아들여 책임을 전가할 대상만 찾게 된다.

결국 투자자는 초심(初心)을 잃어 투자 적기에도 책임을 회피하기 위해 투자를 주저한다. 적정한 투자시점에 투자를 실행하려면 시장에 대한 경험과 통찰력 그리고 자기 결정에 대한 책임감이 존재할 때 가능한 것이다. 따라서 자기 경험과 통찰력에서 나온 투자시점을 의심하지 않고 책임질 때 주식투자에서 성공할 것이다.

(5) 운으로 돈 벌기 어려운 이유

운(運)으로 돈 벌기 어려운 이유는 운이 만들어지는 원리를 모르기 때문이다. 운이 있어야 돈을 번다면 운이 계속 따라줘야 하지만 그런 일은 없다. 그러나 실력이 있다면 돈을 벌 수 있는 확률이 높아진다. 우리의 욕심은 운을 실력이라고 믿기 때문에 운으로 돈 벌기가 어려운 것이다.

우연한 기회로 추천받은 종목을 샀는데 운이 좋아 돈을 번다. 그러나 우리는 운을 실력으로 둔갑시켜 자만(自慢) 속에 가두고 세상의 진실에 벽을 세운다. 실력이라고 말하고 싶은데 왜 주식을 그때 사야 했고 왜 주식이 올랐는지 설명하기에는 궁색한 단어만 난무한다. 누군가는 신문기사를 보고 샀더니 올랐다고 말할 수 있고, 누군가는 주식 차트를 보고 샀더니 올랐다고 말할 수 있을 것이다. 그것이 정말로 실력이라면 같은 방법으로 계속해서 이익을 얻을 것이다.

상승기에는 리딩(leading)방이나 신문기사에서 추천하는 종목만으로도 일정의 이익을 얻을 수 있다. 물론 그러한 종목의 차트를 열어보면 주가는 이미 한참 올라와 있다. 그런데도 주식을 사면 더 상승한다. 그 이유는 추천해 준 종목이 대단한 성과를 냈거나 엄청난 비전이 있어서가 아니라 투자자들의 매수심리가 자극되어 올라가는 것이다.

하락기에는 리딩방도 사라지고 신문기사도 침묵한다. 올라갈 종목을 찬양했던 그 많은 사람은 다 어디로 가고 파랗게 멍든 주식만 덩그러니 남는다. 운을 믿고 주식을 매수한 사람들은 왜 주식이 떨어지는지도 몰라 버티기에 돌입한다. 그리고 버티면 언젠가 오를 거라는 공허한 희망으로 자신을 안심시킨다. 그러나 마음속으로는 주식을 추천했던 리딩방이나 신문기사를 원망한다.

대세 상승기에는 운으로 이익을 얻고도 자기 실력이라고 믿고, 대세 하락기에는 노력했는데도 운이 나빠 손실 났다고 말한다. 왜 주가가 오르고 왜 주가가 내려가는지 대한 인과관계를 살펴보지 않는다. 그래서 운을 쫓는 사람은 돈을 벌면 자기 실력이라고 믿고 돈을 잃으면 세상만 원망한다.

주가의 결정요소는 너무 많아 차라리 투자 선택을 운에 맡기는 것이 나을지도 모른다. 그러나 우리에게는 확률이라는 단어가 있다. 아무리 전문투자자라고 해도 항상 이익을 낼 수는 없다. 하지만 그들이 일반투자자보다 이익을 낼 확률이 높은 이유는 노력으로 얻은 원칙이 있기 때문이다. 주식의 실력은 절대적인 확신에 도달하는 것이 아니라 확률을 높이는 것이다.

유튜브에서 주식으로 돈을 벌었다며 계좌 인증하는 사람들을 본다. 한편으로 그들이 부럽지만, 한편으로 그동안 얼마나 손실을 봤을까 하는 생각도 든다. 주식으로 항상 이익을 낼 수 있는 비법이 있다면 그들은 굳이 돈을 벌었다고 자랑할 필요가 있을까!

운에 의지하기 때문에 아무런 행동을 하지 않고 아무런 행동을 하지 않기 때문에 스스로 운을 인정한 꼴이 된다. 이런 사람들은 또 다른 대세 상승기와 하락기가 와도 운에 의지하게 된다. 결국 자기가 투자했지만, 주식의 운명은 남의 손에 맡겨져 있다. 남의 손에 맡겨진 운명이 우리를 행복하게 할 리가 없다. 우리가 해야 할 일은 실력을 키워 성공확률을 높이는 것이다.

(6) 투자를 위해 공부해야 하는 이유

투자를 위해 공부해야 하는 이유는 우리가 오감(五感)으로 학습하였거나 경험했던 기억으로 사고틀을 형성하고 그 안에서 생각을 조합하여 투자결정을 내리기 때문이다. 공부하지 않으면 기존의 사고틀에서 벗어난 새로운 정보나 환경 변화를 성공으로 이끌 투자기회로 인식하지 못할 것이다. 사람들이 어떠한 주제를 놓고 열띤 토론을 벌여도 좀처럼 접점을 찾지 못하는 경우를 본다. 각자의 세월을 통해 다져진 사고틀이 너무도 다르고 그 틀을 통해 바라본 주제는 다른 해석을 가져오기 때문이다.

우리는 그때가 투자 적기였다는 것을 지나고 나서 논리적으로 이해한다. 이것은 때늦은 후회처럼 느낄 수 있지만, 뇌에서 분석하고 저장할 수 있다면 사고틀을 확장하는 계기가 된다. 주변에 아무리 좋은 정보와 투자기회가 있어도 사고틀이 그것을 포용할 만큼 넓지 못하면 무용지물(無用之物)이 된다.

우리는 사고틀을 넓히기 위해 경험이 필요하지만, 세상의 많은 일을 경험으로 체득(體得)하기에는 인생이 너무 짧다. 그래서 책을 통해 다양한 경험을 이해하고 머릿속에 분석하여 저장해야 한다.

아무런 지식이 없는 상태에서 주식 차트를 보면 투자기회를 발견하기 어렵다. 물론 주식 차트에 반드시 투자 적기가 표시되어 있다고 단언할 수 없다. 그러나 머릿속에 주식 차트에 대한 지식이 있다면 같은 차트라도 해석할 수 있는 넓이와 깊이가 달라진다. 시장 움직임은 아무도 모른다고 하지만, 학습을 통해 사고틀을 넓힌다면 랜덤(random)한 움직임 속에서 숨겨진 규칙을 발견할지도 모른다.

만약 누군가가 2020년 코로나19가 터졌을 때 교과서에서 배운 대로 경기둔화와 소비위축을 예상하였다면 주식을 모두 팔았을 것이다. 그러나 현실은 각국 정부가 경기침체를 우려하여 시장에 엄청난 유동성을 쏟아부었고, 그 유동성은 오히려 금융장세를 이끌면서 주가의 상승을 가져왔다. 자! 이제 우리는 이러한 경험을 통해 앞으로 전염병이 창궐해도 주식을 쉽게 매도하지 않을 것이다.

그렇다면 다음번에 또 전염병이 돌면 오히려 주식을 사야 하나? 이러한 결정은 우리의 사고틀 안에서 일어난다. 사고틀을 넓히기 위해서는 최소 3년에서 길게는 10년 이상의 경험이 필요할지도 모른다. 그러나 이러한 경험이 다음에도 똑같은 기회를 만들어준다고 장담할 수 없다. 따라서 한쪽으로 치우친 경험을 합리적인 판단근거로 활용하려면 다양한 지식을 쌓아 균형 있는 사고틀을 만들어야 한다.

머릿속에 지식을 넣는 일은 쉬운 일이 아니다. 우리가 너무 쉽게 새로운 지식을 받아들였다면 그 지식이 정말로 사고 체계에 변화를 가져왔는지 의심해 봐야 한다. 새로운 지식이 사고틀에 안착하기 위해서는 기존의 사고틀을 깨는 고통이 수반된다. 이러한 고통은 흔히 깨달음을 가져온다. 그 깨달음은 머릿속에서만 존재하지 않고 행동으로 옮겨져야 진정한 깨달음이 된다.

가끔 엄청난 독서량을 자랑하는 인플루언서(influencer)나 투자자들을 본다. 책을 통해 변화된 삶을 살고 있다면 다행이다. 그러나 책을 읽었는데도 삶의 변화가 없다면 책으로부터 얻은 지식은 고통을 수반한 자기성찰이 아닌 그저 즐거움을 위한 합리화 과정일 것이다.

기존의 사고틀을 깨려면 공부해야 한다. 그 사고틀을 깨야 세상을 바라보는 새로운 통찰력이 생긴다. 지금 보고 있는 세상이 먼 훗날에는 생각했던 그 세상이 아닐 수 있다. 뒤늦은 후회를 하지 않으려면 다양한 생각을 공유하고 경험을 쌓아 사고틀을 넓혀야 한다. 우리가 가진 오감(五感)의 생리적 능력은 세상을 이해하는 데 턱없이 부족하다.

(7) 경험과 지식을 맹신하면 안 되는 이유

우리는 선택한 주식이 오를 거라고 확신한다. 이러한 확신은 주식투자에 대한 경험과 지식을 바탕으로 한다. 그러나 경험과 지식은 의사결정에서 약(藥)이 될 수도 있고 독(毒)이 될 수도 있다.

경험과 지식이 투자 성공에 도움이 되려면 두 가지 조건이 충족되어야 한다.

첫째, 주식이 특정 상황이나 환경에 노출되면 경험과 지식에서 배운 대로 같은 움직임을 보여야 한다. 기술적 분석을 통해 주식을 예측하는 이유는 미래에도 같은 패턴이나 추세가 나오면 주가가 예상한 대로 움직일 것이라는 믿음 때문이다.

둘째, 현재 투자자들이 특정 상황이나 환경에 노출되면 경험과 지식을 만들어 준 그때 당시의 투자자들과 같은 행동을 해야 한다. 아무리 대단한 투자기법과 전략을 배웠다 해도 현재 투자자들이 그때 당시의 투자자들과 같은 행동을 하지 않으면 현재의 시장에 적용될 수 없다.

모든 투자자의 머릿속에 들어가 그들의 기대를 알 수 있다면 우리는 투자에서 실패할 일이 없다. 그러나 그것이 불가능하여 경험과 지식을 바탕으로 미래를 예측하는 것이다. 그러나 이러한 예측으로도 투자에서 성공하기 어려운 이유는 시장환경이 매 순간 변하기 때문이다. 경험과 지식에 대한 믿음이 확고할수록 오히려 시장의 변화를 더 받아들이기 어렵다. 결국 경험과 지식은 엄청난 실패와 좌절 끝에 그것이 잘못되었다는 것을 깨닫게 만든다.

투자의 성공을 위해 필요한 것은 현재에 대한 집중이다. 경험과 지식은 과거의 상황에 의해 만들어진 우리의 기대이다. 이 기대에 현재의 변화를 읽을 수 있는 유연한 사고가 접목되어야 때늦은 후회를 하지 않을 것이다.

과거와 현재를 조화롭게 이해하는 것은 말처럼 쉬운 일이 아니다. 그러나 경험과 지식을 무조건 진실로 받아들이는 오류는 범하지 말아야 한다. 경험과 지식은 진실과 거짓이라는 양날의 칼 위에 서 있다. 경험과 지식을 중립적인 마음으로 바라보고 시장을 겸손하게 대할 때 성공은 가까워질 것이다.

요약정리

1. 재무예측

구 분	내 용
주관적 예측방법	• 예측자가 축적된 지식과 오랜 경험을 바탕으로 주관적으로 재무예측
객관적 예측방법	• 추세 외삽법, 평균회귀모형, 마팅겔 모형과 서브마팅겔 모형 이해
추정재무제표	• 매출액백분율법과 회귀모형 이해
경영자의 미래 재무예측	• 한국거래소 전자공시시스템(KIND) 공정공시에서 확인
회계이익과 주가	• 주식시장이 비효율적이라서 여전히 초과이익을 얻을 방법이 존재 • 회계이익이 주가의 결정요소이지만 주가에 반영되는 시점은 예측 불가

2. 투자심리

- 도박과 투자가 다른 이유
- 주식투자로 손실이 반복되는 이유
- 주식 종목토론방이 홍행하는 이유
- 적기에 투자하지 못하는 이유
- 운으로 돈 벌기 어려운 이유
- 투자를 위해 공부해야 하는 이유
- 경험과 지식을 맹신하면 안 되는 이유

참고문헌

곽해선(2009), 「주식투자 궁금증 300문300답」, 동아일보사

금융감독원, 「전자공시시스템 DART」, 금융감독원

김정환(2009), 「차트의 기술」, 이레미디어

김종오 · 이우백 · 선우혜정(2020), 「재무분석 이론과 사례」, 생능

마크 더글러스(2009), 「투자, 심리학에서 길을 찾다」, 위즈덤하우스

박범진(2020), 감사위원회 형성종류와 최적의 관행준수가 회계정보 가치관련성에 미치는 영향, (사단법인)감사위원회포럼 2020년 연구용역 보고서

반선섭 · 박창래 · 최수미(2022), 「K-IFRS 재무제표의 이해와 분석」, 신영사

백재승(2020), 「증권시장의 이해(3판)」, 명경사

송인만 · 윤순석 · 최관(2023), 「K-IFRS 중급재무회계(13판)」, 신영사

이상봉(2022), 「재무제표 보는 법」, 청람

장영광(2019), 「증권투자론(8판)」, 신영사

장영광 · 송치승(2022), 「경영분석-재무제표와 증권 정보 활용(6판)」, 한빛아카데미

최관 · 백원선 · 최영수(2023), 「IFRS 회계원리(11판)」, 신영사

하진태(2003), 「하진태의 기술적 분석 핵심 노하우」, 국일증권경제연구소

한국거래소, 「전자공시시스템 KIND」, 한국거래소

한국거래소, 「초보투자자를 위한 증권과 투자 따라잡기」, 한국거래소 홈페이지

한국은행, 「2023년 기업경영분석」, 한국은행

한화투자증권(주), 「스마트 M」, HTS 시스템

Dickinson, V.(2011), Cash flow patterns as a proxy for firm life cycle, *The Accounting Review*, 86(6), pp.1969-1994

찾아보기

ㄱ

ㄴ

ㄷ

ㄹ

ㅁ

ㅂ

ㅅ

ㅇ

ㅈ

ㅊ

ㅋ

ㅌ

ㅍ

ㅎ

기타

박범진 (sunguja72@naver.com)

현) 순천향대학교 경영학과 교수
충북대학교 경영학학사(회계학전공)
한양대학교 경영학석사(회계학전공)
충북대학교 경영학박사(회계학전공)
호주 Griffith University 교환교수
현대투자신탁증권(주) 재무/회계 담당
푸르덴셜투자증권(주) 자산관리 담당
한화투자증권(주) 청주지점 부지점장
경영지도사(Certified Management Consultant : CMC)
한국투자애널리스트(Korea Certified Investment Analysts : KCIA)
투자자산운용사(Certified Investment Manager : CIM)

저서 스무 살의 해방일지(미다스북스, 2023)
넌 지금 잘 가고 있니?(신영사, 2021)

논문 소액주주 의결권이 내 · 외부감시기구의 활동성에 미치는 영향(2025)
외부감사인과 감사위원회의 커뮤니케이션이 감사위원회 활동성에 미치는 영향(2025)
소유구조와 연구개발비가 경영자-종업원 보상격차에 미치는 영향(2024)
4분기 부채규모 변동이 투자효율성에 미치는 영향(2023)
Audit committee characteristics and firms' investment efficiency: the moderating effect of audit committee mandatory requirements(2023) 외 다수

실전 주식투자와 재무분석

2025년 6월 20일 제1판 1쇄 인쇄
2025년 6월 25일 제1판 1쇄 발행

저 자 박 범 진
발 행 인 권 영 섭
발 행 처 (주)신 영 사
경기도 파주시 심학산로 12(출판문화단지)
등 록 : 1988. 5. 2 / 제406-1988-000020호
전 화 : 031-946-2894(代)
F A X : 031-946-0799
e - mail : sys28945@naver.com
홈페이지 : http://www.shinyoungsa.co.kr

저자와의 협의하에 인지생략

정가 **25,000**원

ISBN 978-89-5501-895-0